U0496850

"一带一路"法律保障研究丛书

丛书主编：许传玺

"一带一路"法律供给机制研究

许传玺 等 / 著

中国法制出版社
CHINA LEGAL PUBLISHING HOUSE

丛书序

许传玺

2013年9月—10月，习近平总书记在出访中亚和东南亚期间，先后提出共建"丝绸之路经济带"和"21世纪海上丝绸之路"的倡议。2015年3月，中国政府专门发布了《推动共建丝绸之路经济带和21世纪海上丝绸之路的愿景与行动》。作为我国最为重要的全球化发展愿景，"一带一路"倡议旨在秉持共商共建共享原则，完善双边和多边合作机制，推进同有关国家和地区在多领域互利共赢的务实合作，打造陆海内外联动、东西双向开放的全面开放新格局。

2017年5月、2019年4月和2023年10月，首届、第二届和第三届"一带一路"国际合作高峰论坛相继在北京举办，推动"一带一路"倡议全面实施落地。截至2023年8月，已有152个国家和32个国际组织与我国签署了"一带一路"合作文件，开展了3000多个务实项目，拉动了近1万亿美元投资，为全球共同发展开辟了广阔的空间，成为广受欢迎的国际公共产品。

为推动共建"一带一路"高质量发展，进一步加强各国政策沟通、设施联通、贸易畅通、资金融通和民心相通，法治保障是基础性的、必不可少的关键要素。在2019年11月和2020年11月两篇重要文稿中，习近平总书记明确指出，"推动共建'一带一路'，需要法治进行保障"。只有通过营造良好的法治环境、构建公正合理透明的国际经贸规则体系，我们才能有效协调、规范各方行为，促进双边和多边合作，充分实现"一带一路"所倡导的全球化发展愿景。

为此，我们必须对相关国家和地区的法治状况进行深入、细致的研究，并在此基础上，健全完善法治营商环境，推动、保障双边和多边合作。目前，关于"一带一路"倡议的研究和讨论主要集中于国际政治、经济、文化等领域，对法律问题的研究仍然相对较少。实际上，法律的差异甚或冲突已经成为影响共建"一带一路"的重要因素。例如，有些非世界贸易组织（WTO）成员和/或尚未加入《承认及执行外国仲裁裁决公约》（《纽约公约》）的国家，因其法律制度与实践不受国际通行规则约束，更易形成不同程度的不确定性，给双边或多边合作带来不利影响。在此背景下，我们迫切需要加强对"一带一路"法治保障的研究和优化。

加强"一带一路"法治保障研究的实践意义主要包括：

一、发现、协调和解决相关国家和地区之间的法律差异或冲突，消除国际投资及经贸合作等方面的法律障碍。如在贸易投资便利化、自由化方面，根据相关国家和地区的实际情况，通过协商，以条约或协议的形式，设定贸易投资便利化、自由化的目标，并具体确定消减贸易投资壁垒的时间表，明确相关权利义务，推动各方共商共建共享。

二、通过特定法律规则有效地克制和排除"一带一路"倡议中的政治、文化等干扰因素。作为一个如此庞大复杂的系统工程，"一带一路"倡议势必面临国内外众多因素的影响甚至干扰。只有通过明确、不易被随意更改或稀释的法律手段，对有关事项予以明确规定，并设置合理的实施机制，保障相关义务的严格、充分履行，才能最大限度地推动"一带一路"倡议。

三、通过议定具有法律效力的特定标准或协议，推动相关国家和地区完善各自的软硬件建设，使之符合"一带一路"倡议的要求。以交通基础设施为例，可根据各方经济发展、人口分布、资源条件、实际需求等，通过议定相关协议，确定其路线及站点分布、建设标准（如是否建设高速铁路，铁路轨距应采用宽轨还是窄轨）及建设进程等。

四、尽快设立涉及"一带一路"倡议的争端解决机制。通过"一带一路"倡议，相关国家和地区在基础设施的互联互通、贸易投资和金融的便利化与自由化等方面可以获得相当的利益，但同时也会对其相关权益作出一定限制，因而不排除由此产生各种分歧甚至争端的可能性。相关企业在市场化运作中也难以避免法律纠纷的发生。为此，必须尽快研究设立合理有效的机制，将参加"一带一路"倡议的众多主体纳入考量，通过合理有效的司法或仲裁等手段，及时调整、解决相关纠纷。

"一带一路"法治保障研究的理论价值主要包括：

一、着力构建"部门比较法"，推动比较法学向建设性和实践理性发展。"一带一路"倡议涉及众多国家和地区，在不同国家和地区甚至不同法系之间，法律制度和法律文化差异巨大。为有效协调、处理这种法律差异甚或法律冲突，必须将比较法的研究理念和方法运用到具体部门法之中，采用一种"部门比较法"的研究进路，开展更具建设性和实践理性的比较法研究，由此推动比较法学的深化与发展（参见拙著：《从实践理性到理性实践：构建部门比较法》，中国法制出版社 2013 年版）。

二、运用交叉学科的研究视角和方法，推动法学与其他学科——包括但不限于人类学/社会学、政治学、经济学、管理学、国际事务、系统科学、交通运输等——的相互启发、有益交流和良性互动，形成富有创新价值的理论成果和研究方法等。例如，借助法律人类学/社会学等相关理念与方法，我们可以在尊重现有差异的基础上，探索、寻求可以支持"一带一路"各方共商共建、保障各方互利共赢的法律基点，为全球治理体系的健全与完善作出理论和方法上的创新性、开拓性探索。

本丛书共组织了八个作者团队，从不同方面对"一带一路"法治保障问题进行研究与探讨。具体如下：

一、许传玺教授等的《"一带一路"法律供给机制研究》。本书是国家社会科学基金重大项目《"一带一路"战略下法律供给机制研究》（批准号 16ZDA063，立项时间 2016 年 11 月，首席专家许传玺教授）的研究成果之一，在考察法律供给原理、深入分析"一带一路"倡议实施所产生的法律需求的基础上，针对其中的法律供给重点问题，提出构建以"一带一路"新型法律共同体为基本框架的法律供给机制，以期为"一带一路"倡议实施提供有力有效的法治保障。

二、谢鸿飞教授等的《"一带一路"国家与地区的法律环境及风险防范》。本书积作者多年的授课与研究心得，重点考察、分析了"一带一路"相关国家与地区的法律环境和法律风险，并就如何防范、化解相关风险提出了意见、建议。本书分三个部分，导论为"一带一路"倡议的内核与成就，上编为"一带一路"国家与地区的法律环境和法律风险，下编为"一带一路"国家与地区的具体法治状况。

三、孙健教授的《"一带一路"背景下 WTO 能源贸易规则研究》。本书是中国法学会部级法学研究重点委托课题《"一带一路"法律问题研究》（编号 CLS(2015)ZDWT52，立项时间 2015 年 12 月，主持人许传玺教授）的研究成果之一，认为我国应利用共建"一带一路"契机，积极参与 WTO 框架下国际能源贸易法制的构建，加强与现行国际能源治理机制的合作。同时，我国应继续完善国内能源法制体系，出台《能源法》，并尽快修订与能源贸易相关的法律规范。

四、韦华腾、江德平教授等的《"21 世纪海上丝绸之路"沿线国家或地区投资与建设法律制度问题研究》。本书是中国法学会重点委托课题《"一带一路"法律问题研究》（见上述）的研究成果之一，对"21 世纪海上丝绸之路"的投资、贸易、交通与基础设施建设、法律冲突、争端解决机制、法律保障机制构建及海上安全秩序、海上执法与司法保障等进行了集中研究，涵盖"海上丝绸之路"沿线多个国家与地区的法律法规、法律文化等相关内容。

五、车虎教授的《"一带一路"倡议下的东南亚数据保护》。本书重点梳理、分析了东南亚各国的数据保护情况，并结合东南亚与中国的经贸关系等，集中讨论了数据保护相关法律法规的作用与影响，为中国投资者赴东南亚投资提出了数据合规建议，涵盖新加坡、马来西亚、菲律宾、泰国等国家的数据保护法律概况、法律保护特点及相关重点案例等。

六、齐天励教授的《吉尔吉斯共和国海关法解析》。本书是中国法学会重点委托课题《"一带一路"法律问题研究》（见上述）的研究成果之一。我国与吉尔吉斯共和国在"一带一路"框架下携手推动了在经贸、基础设施、能源资源、加工业、数字化、旅游等领域的多项合作。本书对其《海关法》予以逐条解读，既阐释条文自身的涵义，也对条文在实际运用中需注意的事项予以讲解和提示，具有较强的实用价值。

七、陈波律师的《"一带一路"投资与贸易案例及风险防范》。本书对"一带一路"投资与贸易相关案例做了较为全面、系统的梳理，并在此基础上对如何防范和解决相关风险进行了研究和讨论，其案例主要包括 ICSID 国际投资案件、WTO 等国际组织类案件、国际仲裁类案件、境外法院类案件、中国法院"一带一路"经典案例等。

八、孙佳佳、李静律师的《"一带一路"投资争端解决机制及案例研究》。本书主要关注和研究中国投资者在"一带一路"相关国家和地区投资，如发生涉及征收补偿、投资待遇、税收等争议，如何依据双边投资保护协定、多边投资保护协定、区域性自由贸易协定等，寻求法律路径、有效解决争议，涵盖投资主体、权利保护、争端解决的程序、裁决的执行等全流程要素，力求为中国投资者提供争议解决的合理化建议。

在上述国家社会科学基金重大项目、中国法学会重点委托课题外，本丛书还获得了国家出版基金项目支持。在此特向上述相关机构和负责本丛书出版的中国法制出版社致以诚挚的谢意！

前　言

本书是国家社会科学基金重大项目《"一带一路"战略下法律供给机制研究》（批准号16ZDA063，立项时间2016年11月，首席专家许传玺教授）的研究成果之一。

作为国家社会科学基金首个聚焦"一带一路"法律问题的重大项目，本课题汇聚了来自北京大学、清华大学、中国人民大学、中国政法大学、武汉大学、中共中央党校（国家行政学院）、中国社会科学院、北京市社会科学院、中国国际贸易促进委员会、中巴经济走廊委员会、北京仲裁委员会等相关机构的多位法学专家。具体包括：

子课题负责人：潘剑锋、车丕照、霍政欣、肖永平、闫立金；课题组主要成员：封丽霞、马一德、姚辉、丁相顺、刘超、王志华、何志鹏、刘敬东、陈福勇、张海燕、毕雁英、韦华腾、李玉基、郭玉军、王娜、张真理、成协中、左袖阳、王洁、罗瑞芳、陶品竹、缪宇、刘劭君、于雯雯、刘蕾、王伟伟、常秀娇、赵宇、石可涵。

本课题于2017年2月开题，在课题组全体同仁的共同努力下，按期完成了对相关文献资料的收集、整理和分析，持续关注、研析"一带一路"推进的实时动态，对相关机构和人员进行实地或访谈调研，组织召开多次国际、国内和课题组内部研讨会（包括在2018年7月首届"一带一路"法治合作国际论坛期间，受外交部和中国法学会委托主办"一带一路"法律交流与合作国际圆桌会议等），认真撰写相关对策建议、研究论文和研究报告。

截至2020年12月，本课题已有10篇对策建议获得省部级以上领导同志

（其中正国级 2 人次，副国级 1 人次，正部级 1 人次，副部级 6 人次）的肯定性批示，交有关部门研究采纳，另形成研究论文多篇和专题研究报告一部。

2021 年 3 月，鉴于上述对策建议所获批示和采纳情况，全国哲学社会科学工作办公室经过审核，准予本课题以"免于鉴定"结项。上述专题研究报告经过必要的删减修改，构成本书公开出版的主要内容。

本书的主旨是：立足于"一带一路"重大构想和倡议，在考察法律供给原理的基础上，深入分析"一带一路"倡议实施所产生的法律需求；针对"一带一路"倡议实施中的法律供给重点问题，提出构建以"一带一路"新型法律共同体为基本框架的法律供给机制，以期为"一带一路"倡议实施提供有力、有效的法治保障。

首先，本书集中考察、分析了"一带一路"倡议实施所产生的法律需求。"一带一路"倡议实施在内容上包括促进经济要素有序自由流动、资源高效配置和市场深度融合，推动各国实现经济政策协调，开展更大范围、更高水平、更深层次的区域合作，共同打造开放、包容、均衡、普惠的区域经济合作架构。这既需要修订、完善现有部分规则和制度，也需要制定一些新的规则和制度。

前述法律需求涉及三个主要方面，即我国、其他国家和国际法。就我国而言，涉外法律制度在整体上——特别是对外投资、外商投资和对外贸易三大部分——还缺乏系统性，各部门立法结构较为松散、协调性较差，在有些领域还存在立法空白、立法层级较低甚或立法冲突等情形，内外资法律法规存在明显差异。就其他国家而言，"一带一路"共建国家在法律体系、具体法律制度上存在较大差异，蕴含不同法系之间的冲突、不同发展阶段国家贸易投资规则之间的冲突、世俗法与宗教法之间的冲突等诸多法律冲突，法律环境极为复杂。就国际法而言，在已与我国签署"一带一路"合作文件的 152 个国家中，有 26 个国家尚未加入世界贸易组织（WTO），有 20 个国家尚未加入《承认及执行外国仲裁裁决公约》（《纽约公约》），此外还有一些国家不属于任何区域组织，双边和多边协议付诸阙如。在前述立法需求之外，还涉及司法、执法、法律服务等方面的多种需求。

其次，本书系统分析了"一带一路"倡议实施过程中法律供给的重点问题。对应"一带一路"倡议实施所产生的法律需求，"一带一路"法律供给的重点问题主要包括国际投资法律供给、对外贸易法律供给、海关国际合作法律供给、知识产权保护法律供给、基础设施建设法律供给和争端解决法律供给。

就国际投资法律供给而言，在国内，我们需要加快外商直接投资立法，对境外投资主体、准入程序、监督管理、鼓励支持、服务保障等作出明确规定，统一外商投资立法，厘清外商投资之边界，整合外商投资基本制度，完善外商投资法律体系。2019年3月15日，《外商投资法》已由第十三届全国人民代表大会第二次会议通过，并自2020年1月1日起施行，填补了此项空白。在国际上，我们需要积极推动修订或制订区域国际投资规则，修订或制订并升级双边投资协定。

就对外贸易法律供给而言，在国内，我们需要尽快清查、废止与"一带一路"倡议合作原则相悖的现有规定，尽快修订、完善国内相关法律法规。在国际上，我们需要尽快建立健全"一带一路"贸易信用体系，积极推动国际服务贸易规则的制定。

就海关国际合作法律供给而言，在国内，我们需要及时修订完善海关立法，增加关于国际合作的明确规定，健全完善贸易便利化促进措施，简化、优化管理制度等。在国际上，我们需要通过区域性、多边或双边贸易便利化安排，借鉴相关发达国家和自由贸易区海关贸易便利化实践经验，推动"一带一路"共建国家健全完善海关制度，优化贸易便利措施。

就知识产权保护法律供给而言，我们需要从商标、专利和版权三大制度中选取急用先行的具体适用制度，由点到面、由规则到原则，逐步推进制度设计和制度建设。

就基础设施建设法律供给而言，我们需要推动加强政府间合作，健全完善基础设施合作机制，特别是工程技术、规范和标准等领域的合作，加强融资模式创新，拓宽社会资金进入基础设施领域的政策环境和渠道。

就争端解决法律供给而言，面对复杂国际环境所带来的投资和贸易争端风险，我们需要进一步完善信息共享与合作磋商机制，建立统一、多元化的争端解决机制，将柔性机制与强制性程序相结合，持续完善和创新争端解决程序，力求构建适于"一带一路"倡议实施的系统化、便捷高效的争端解决体系。

最后，在前述分析的基础上，本书提出应适时建立"一带一路"新型法律共同体，以此为基本框架，构建可满足"一带一路"实施需求的法律供给机制。在共建"一带一路"过程中，法律供给需求强烈且复杂多样。"一带一路"法律供给需要诸多层次的机制构建，包括法律规则的生产推动机制、协调机制、分析利用机制，以及纠纷化解机制等。这些机制的建立，需要以全新的法律共同体为基本框架。

"一带一路"新型法律共同体应当是以保障主权国家和地区合作为宗旨的、更具弹性和包容性的法律共同体。它的构建不应以法律规则本身的一体化为目的，其核心在于建立并运行成熟有效的法律供给机制。

"一带一路"新型法律共同体具有以下特征：（1）以法治为新型法律共同体的基本治理形态；（2）以制度化为新型法律共同体的发展路径；（3）推进贸易规则、投资规则的趋同化；（4）与"一带一路"的推进程度相适应；（5）参与国家国情复杂多样；（6）在经济贸易规则之外，同时推进其他相关规则的必要协调。

"一带一路"新型法律共同体应主要分为三个阶段推进构建。第一个阶段，开展政府间协商与交流，开启法治化进程。第二个阶段，以共同规则为基础，多种合作形式并进。第三个阶段，适应"一带一路"倡议发展，推动更高水平的国际法治合作。

例如，为加强知识产权保护法律供给，应当借助世界知识产权组织落户北京的有利条件，以创新发展和知识产权等为主题，邀请"一带一路"共建国家相关政府部门、产业代表和专家学者，定期举办"'一带一路'创新发展与知识产权论坛"，从不同层面、不同角度探讨国际创新趋势、展望发展前景，围绕产业、区域、政策等方面的前沿问题进行深度沟通和交流，集中反映发展中国家的产业利益和创新需求，积极参与影响全球创新和贸易规则的创建。

再如，为加强争端解决法律供给，应当高度重视国际争端解决的重要性，承担起我国作为"一带一路"倡议国的重要责任，在尊重相关各国法治主权和法律制度与法律文化差异的前提下，秉持共商共建共享原则，加快推动建立"一带一路"争端法治化解决机制。如在我国香港地区专门设立"一带一路"国际仲裁中心，利用香港业已形成的法律服务声誉和地位，推动我国仲裁机构"走出去",在国际商事法律服务领域占据一席之地,积极参与全球经济规则的创制和实施。针对国内多地争相成立国际仲裁院或国际仲裁中心的情况,应当发挥举国体制优势,整合发展统一权威的国际仲裁中心,建立符合国际标准的仲裁体制机制,大力吸引真正具有国际影响和感召力的国际仲裁专家(包括外国专家),组成真正权威、一流的国际仲裁员队伍,公正、及时、有效地解决相关国际争端。

通过构建新型法律共同体,我们有望实现对现有国际制度体系的创新与变革,积极探索、改进全球治理模式和国际公共产品供给方式,优化"一带一路"法律供给,为共建"一带一路"提供切实有力的法治保障。

毋庸讳言,"一带一路"法律供给是我国乃至全球法律学者迄今需要面对的最为庞大、复杂的研究项目之一。其研究广度、深度和难度(更不必说其体量)都远超想象,远非一项国家社科重大课题或一本书所能涵盖,需要结合"一带一路"的丰富实践,不断拓展、深化、修订并持续更新。在很多方面,本书还有不到之处,敬请广大读者同仁指正。

许传玺
2023 年 7 月于北京

目 录

绪论 "一带一路"法律供给形势分析 / 001

  一、法律供给机制的一般原则 / 003
  二、"一带一路"法律供给机制的主要不足 / 006
  三、"一带一路"法律供给机制的现有基础 / 011
  四、"一带一路"法律供给机制亟需解决的主要问题 / 017

第一编 "一带一路"法律供给的渊源 / 023

  一、"一带一路"沿线国家法律制度供给 / 023
  二、国际法律制度供给 / 058

第二编 "一带一路"法律供给的重点问题 / 079

  一、"一带一路"投资法律问题研究 / 079
  二、"一带一路"贸易法律制度供给 / 148
  三、"一带一路"海关国际合作机制 / 162
  四、"一带一路"知识产权保护法律问题 / 168
  五、"一带一路"交通与基础设施建设法律问题 / 185

第三编 "一带一路"争端解决机制的构建 / 281

一、"一带一路"倡议实施与现有争端解决机制 / 281

二、"一带一路"倡议实施中争端解决体系完善的原则和思路 / 294

三、"一带一路"倡议实施中的争端解决模式一:政治解决 / 305

四、"一带一路"倡议实施中的争端解决模式二:司法解决 / 310

五、涉"一带一路"商事纠纷解决的供需分析与应对 / 332

六、构建综合、公正、高效的"一带一路"争端解决体系 / 342

第四编 "一带一路"法律共同体建设 / 361

一、构建"一带一路"新型法律共同体的必要性 / 361

二、构建"一带一路"新型法律共同体的可行性 / 374

三、"一带一路"新型法律共同体的基本内涵 / 376

四、构建"一带一路"新型法律共同体的条件与途径 / 388

五、新型法律共同体人才的培养 / 410

绪 论
"一带一路"法律供给形势分析

2013年9月至10月,中国国家主席习近平在出访中亚和东南亚国家期间,分别提出建设"丝绸之路经济带"[1]和"21世纪海上丝绸之路"[2]的合作倡议(简称"一带一路"倡议)。秉承共商、共建、共享原则的"一带一路"倡议,是21世纪人类最重要的发展思想之一。"一带一路"与人类命运共同体建设息息相关,共同处在人类发展的同一时间轴上。"一带一路"自提出之时,即向世界宣示其目的在于使各国经济联系更加紧密、相互合作更加深入、发展空间更加广阔,开创了面向未来、极具潜力的国际合作新模式。

2013年11月,党的十八届三中全会通过《中共中央关于全面深化改革若干重大问题的决定》,明确指出要"加快同周边国家和区域基础设施互联互通建设,推进丝绸之路经济带、海上丝绸之路建设,形成全方位开放新格局"。

2015年3月,国家发展和改革委员会、外交部、商务部联合发布了《推动共建丝绸之路经济带和21世纪海上丝绸之路的愿景与行动》,对"一带一路"进行了以下阐释:"'一带一路'是促进共同发展、实现共同繁荣的合作共赢之路,是增进理解信任、加强全方位交流的和平友谊之路。中国政府倡议,秉持和平合作、开放包容、互学互鉴、互利共赢的理念,全方位推进务

---

[1] 习近平2013年9月7日在哈萨克斯坦纳扎尔巴耶夫大学的演讲。见《习近平在哈萨克斯坦纳扎尔巴耶夫大学发表重要演讲:弘扬人民友谊,共同建设"丝绸之路经济带"》,载《人民日报》2013年9月8日,第1版。

[2] 习近平2013年10月3日在印度尼西亚国会的演讲。见《携手建设中国—东盟命运共同体——在印度尼西亚国会的演讲》,载《人民日报》2013年10月4日,第2版。

实合作，打造政治互信、经济融合、文化包容的利益共同体、命运共同体和责任共同体。"

2017年10月，党的十九大报告再一次强调："开放带来进步，封闭必然落后。中国开放的大门不会关闭，只会越开越大。要以'一带一路'建设为重点，坚持引进来和走出去并重，遵循共商共建共享原则，加强创新能力开放合作，形成陆海内外联动、东西双向互济的开放格局。拓展对外贸易，培育贸易新业态新模式，推进贸易强国建设。实行高水平的贸易和投资自由化便利化政策，全面实行准入前国民待遇加负面清单管理制度，大幅度放宽市场准入，扩大服务业对外开放，保护外商投资合法权益。凡是在我国境内注册的企业，都要一视同仁、平等对待。优化区域开放布局，加大西部开放力度。赋予自由贸易试验区更大改革自主权，探索建设自由贸易港。创新对外投资方式，促进国际产能合作，形成面向全球的贸易、投融资、生产、服务网络，加快培育国际经济合作和竞争新优势。""中国坚持对外开放的基本国策，坚持打开国门搞建设，积极促进'一带一路'国际合作，努力实现政策沟通、设施联通、贸易畅通、资金融通、民心相通，打造国际合作新平台，增添共同发展新动力。"

2021年，习近平总书记在第三次"一带一路"建设座谈会上发表重要讲话强调，完整、准确、全面贯彻新发展理念，以高标准、可持续、惠民生为目标，巩固互联互通合作基础，拓展国际合作新空间，扎牢风险防控网络，努力实现更高合作水平、更高投入效益、更高供给质量、更高发展韧性，推动共建"一带一路"高质量发展不断取得新成效。

可以说，"一带一路"已经成为21世纪中国对外开放的旗舰项目。随着"一带一路"思路的逐步明晰，已经有越来越多的国家开始参加或者表示愿意参加到"一带一路"中来。随着"一带一路"内容的具体化、对象化，"一带一路"对法律供给的需求也变得越发明显和迫切。"一带一路"的长久性、稳定性、开放性都在客观上呼唤着明确稳定的法律规则机制（无论是成文法还是判例法，甚或是习惯法或公认的交易规则；无论是国内法、外国法还是国际条约，包括多边、双边条约），切实有效的纠纷解决机制（无论是依托现有机制还是寄托于新建机制，无论是官方机制还是民间机制），术业有专攻的高素质跨国法律人才培养机制等。

一、法律供给机制的一般原则

（一）法律供给是什么

"法律供给"是一个相对新颖的专业词汇，是将"法律"与经济学上的"供给"相结合而生成的具有跨学科意义的术语。在"法律供给"中，"法律"具有两个层面的含义：一是规则意义上的法律，主要是指法律生活中所使用的成文法、习惯法，国内法、外国法和国际法；二是运用意义上的法律，主要是指在法律规则的基础上，社会主体运用法律解决相关问题的动态过程。经济学上的"供给"涉及的问题则比较多。首先，供给对应的是需求，有需求才会产生供给的动机。其次，供给涉及平衡的问题。供给不足或供给过剩都是供给的常态，供给平衡通常只是昙花一现甚至仅存在于理论模型当中。再次，供给涉及供给本身的成本问题。供给本身也存在着需求与成本博弈的问题，一方面供给存在着成本，另一方面外部需求是客观存在的，供给需要衡量自身的成本与收益之间的大小关系，从而寻求优化供给的方式和途径。最后，供给还涉及供给效益的问题，即供给是有效、无效甚至是负效应的问题，供给有没有满足需求等。

在本书中，所谓"法律供给"，是国家机关强制或自主进行的立法、司法、执法等活动的总称，是一种被严格限制的法律行为。它与人们"使用"法律的主观愿望和客观能力（法律需求）相对应。[1] 法律供给对应的是法律需求，其关注的是社会中出现了法律需求，进而引发的法律供给问题。法律供给的主要形式是法律规则的创设。法律规则是很多法律行为存在的前提。例如，在争端解决机制构建中，争端解决的重要前提之一就是创设解决争端必须遵循的法律规则。可以说，没有法律规则的创设，所谓法律供给就是一句空话。在提供了法律规则之后，还涉及法律如何从纸面的条文（law in paper）变成有生命的法律活动（law in action）的问题，亦即社会主体是否有遵守和适用法律规则的意愿、在遵守和执行法律规则过程中有没有实现法律规则制定时想要达到的目标等。从广义上而言，法律供给的需求方是社会公众，包括法律专业人士和非专业人士。法律供给的供给方主要是国家，因为法律本

---

[1] 冯玉军：《法律供给及其影响因素分析》，载《山东大学学报（哲学社会科学版）》2001年第6期。

身是以国家强制力为支撑的，由国家提供的法律通常享有充分的保障。同时，非国家来源的供给也可以通过特殊的方式成为法律供给的组成部分。例如，国际贸易术语就源自长期的国际贸易实践，其所确定的术语如"FOB""CIF"等具有明确的含义，买卖双方、运输方的责任约定俗成，从而形成了有效的以民间为供给方的法律供给。供给全新的法律的成本往往是巨大的，这导致法律制定者、政策设计者等习惯于从现有法律供给中发掘潜力，通过对法律条文的重新解释、法律机构功能的增扩等方式，来实现对法律需求的回应。

（二）影响法律供给的重要因素

关于影响法律供给水平的重要因素，国内已有学者进行了较为细致的研究。冯玉军教授认为影响法律供给的因素主要包括以下几个方面：社会经济状况和经济结构、社会习惯和文化传统、既定的社会政治秩序、哲学和意识形态背景、社会科学知识储备、法律生产技术水平及研究开发的弹性、法律生产成本、法律供给数量、法律供给的预算约束、法律供求信息和供给者预期。[1] 可以看出，以上讨论主要是针对影响国内法律供给的因素展开的。就"一带一路"中的法律供给而言，国内法律供给固然是非常重要的组成部分，但国际法律供给也必须得到至少同样的重视。影响国际法律供给的因素，与国内法律供给相比，存在很大差异。国际法律供给更要考虑到供给的有效性问题，因为国际法律供给本身缺乏国家强制力的支撑，国与国之间、国家与地区之间很难在文化、哲学、思维方式、习惯、经济结构和模式等方面有完全共通之处。国际法律供给的有效性，更多地来自参与法律供给的国家和地区对法律对象、目的、措施等的认可程度和认可广度。该有效性取决于参与法律供给的国家和地区在投入的同时，能否从中获益。

因此，针对国际法律供给，还应特别关注以下三种影响因素：（1）对既有国际法律制度的认可程度和广度。现有的国际法律供给，已经完全经历了"开荒""灵光一现"的阶段。几乎任何国际法律供给都可以在国际上找到近似的、可以遵循或者借鉴的法律制度。所存在的问题是，对既有的国际法律制度的认可程度和广度如何，有多少国家批准和执行了既有的国际法律制度，既有的国际法律制度存在哪些不合理和需要完善之处等。这一因素决定了是

---

[1] 冯玉军：《法律供给及其影响因素分析》，载《山东大学学报（哲学社会科学版）》2001年第6期。

否有必要"另起炉灶",进行新的法律供给。如果既有的国际法律制度已经享有较高的认可度,而新的法律供给只是换个名称、"小修小补",那么它势必在认可程度和广度上处于劣势,甚至最终成为效率低下的法律供给。当然,这并不意味着新的国际法律制度不能借鉴既有的国际法律制度。以知识产权领域的国际法律规则为例,后制定的法律规则在对原有的法律规则进行合理修订时,在很多已经达成共识的问题上可以、也应当保持前后法律规则的一致。创设新的国际法律制度,没有必要(通常也不可能)从零开始。一些已经被多数国家认可、在实践中得到广泛运用的法律规则,只要其不违反新的国际法律制度所秉持的公平、效率原则,就可以(甚至应当)成为新的国际法律制度的组成部分。创设新的国际法律制度的主要目标,应该是打破在既有的国际法律规则的制定过程中,过多地反映某些制定主体的利益,对其他参与主体的利益照顾不周,甚至构成侵犯的方面,实现更高程度和更高广度的公平和效率。[1]这才是新的国际法律制度的"新"意所在。(2)国际法律供给的成本问题。国际法律供给的成本主要包括参与法律供给的各国需要进行的相关投入,特别是主要发起国的投入,包括前期对潜在的参与国的国内既有法律规则、法律实践、法律文化的调研,相关跨国法律机构的设立和运营,对国际法律供给的国内认可与适用,参与国的国内意识形态、文化传统等对国际法律供给的包容程度,国际化法律人才队伍的培养与建设等。(3)国际法律供给的收益问题。与国际法律供给的成本相对应,各参与国在新的国际法律供给下的实际或可预期收益也是我们必须重视的影响因素。只有各参与国能够从新的国际法律供给中获得——与其必须付出的成本相比——更多的实际或至少可预期收益,如更低的交易成本、更快的诉讼进度、更高程度的公平与效率等,我们才能吸引它们参与到国际法律供给中来,实现新的、有效的国际法律供给。

(三)"一带一路"法律供给机制的基本框架

一般说来,法律供给是一个动态平衡的过程,法律资源的需求方与供给方不断呈现出从不均衡到均衡再到不均衡的特征。[2]要使当前法律供给的不均

---

[1] 天津市司法局课题组:《"一带一路"背景下推进涉外法律服务业发展的探索与思考》,载《中国司法》2017年第9期。
[2] 冯玉军:《法律供给及其影响因素分析》,载《山东大学学报(哲学社会科学版)》2001年第6期。

衡状况有所改善，应当针对前述这一不均衡在各个层面的表现，从多个层次出发构建相应的机制来逐步推动法律供给的均衡化，这些机制包括但不限于以下几个方面[1]：

第一，"一带一路"法律规则产生的推动机制。"一带一路"法律规则应该从广义上进行理解，包括国家立法、国际立法和国际惯例等，因此，其产生的推动机制也应从广义上进行分析，官方的、民间的推动方式均涉其中。

第二，"一带一路"法律规则的协调机制。"一带一路"共建国家之间法律差异极大，导致法律规则必须以灵活变通的方式实现国与国之间的协调一致，唯有如此才能够有效预防和降低因为法律差异导致的合作风险和成本。可以考虑的方案包括"一带一路"共建国会议、双边或多边协定的磋商、区域经济合作平台的构建等。

第三，"一带一路"法律纠纷的多元化解机制。一方面，"一带一路"沿线国家法律所属法系差异较大，导致对矛盾纠纷的解决呈现出不同的法律文化特征；另一方面，国家之间、地区之间的经贸合作不可避免地产生矛盾纠纷，需要妥善解决。因此，有必要从多个角度出发，构建包括调解、仲裁等机制在内的多元化解体系，并逐步发现固定具有共识性的规则。

第四，"一带一路"法律规则的分析利用机制。"一带一路"法律规则的分析利用机制包括法律规则的查明与分析，法律风险控制等。提高这一机制的有效性，需要做到服务对象的具体化、特定化。为此，政府应当进行一定的投入，通过法律规则翻译、外国法智库、检索平台等建设，提高这方面的有效供给。

二、"一带一路"法律供给机制的主要不足

随着"一带一路"的持续深入，其中的法律供给机制的不足及其后果也越来越引起学者的关注。归纳起来，"一带一路"法律供给机制的短板，主要表现在如下几个方面。

---

[1] 天津市司法局课题组：《"一带一路"背景下推进涉外法律服务业发展的探索与思考》，载《中国司法》2017年第9期。

（一）规则产生的推进机制乏力

法律空白是"一带一路"法律供给的首要不足。法律空白的表现在于，对于特定的事项，或者在国际法层面，或者在国内法层面，没有相应的法律规范进行调整。这种法律缺失可能是单边的，也可能是双边或者多边的，还可能是虽然存在既有的国际法律供给，但是"一带一路"共建国家或地区并不认可。这导致在对特定法律问题的解决上，在"一带一路"的语境和框架下，没有统一的解决方案。以投资法律为例，国内立法缺少相应完善的法律规则，外国法则在知识产权法律保护上呈现出参差不齐的特点，会对我国的相关贸易和领域拓展形成障碍。[1]至于在扩大自由贸易、建立更广泛的双边和多边经济合作和交流方面，双边和多边协议的缺乏是经常现象。如亚洲的贸易安排多以双边和次区域为主，尚未形成如欧盟和北美自贸区般的统一的大市场。[2]

形成法律空白的原因很多，一方面是国内立法的影响。"一带一路"共建国家发展水平不均衡，立法水平和立法技术也存在着很大的差异，在某些国家已经有成熟的法律进行调控的问题，在另一些国家可能由于经济、社会发展还没有达到相应的程度，没有进行这方面立法的客观基础。然而从全球化、区域化发展的国际背景来看，国内立法的故步自封显然已经不能适应现阶段全人类发展的历史环境，因势而为，对国际经贸等事项及时立法，甚至超前立法才是正确的选择。另一方面是国家之间的互利互信因素的影响。国际性的法律并不像国内法律那样有国家强制力作为保障，互利互信是国家间立法的基础。背离这一原则的国家间立法就会成为一纸空文。然而"一带一路"共建国家国情也存在着相当大的差异，有些国家之间甚至还存在着历史遗留问题，有些国家的政治局势常有波动，等等，以至于国家间立法存在不确定性。

法律空白这一问题，会给"一带一路"的长久性带来不小的阻碍力。没有法律就是没有规则，而国际交往中最看重的就是体现互惠互信的规则。法律空白会导致国际交往缺乏可期待性，影响参与主体对预见可能性的把握。

---

[1] 汪洪：《"一带一路"与知识产权的战略协同》，载《前线》2016年第10期；天津市司法局课题组：《"一带一路"背景下推进涉外法律服务业发展的探索与思考》，载《中国司法》2017年第9期。

[2] 天津市司法局课题组：《"一带一路"背景下推进涉外法律服务业发展的探索与思考》，载《中国司法》2017年第9期。

即使个别问题可以通过国与国的高层以外交途径解决，但外交途径解决既不可靠，也不能推广。因此，解决法律空白的唯一有效途径是通过立法的方式，将法律规则确定下来。

（二）纠纷的多元化解机制尚处在起步阶段

法律冲突，即在法律实施过程中所产生的利益纠纷。相对于法律空白而言，法律冲突是"一带一路"中法律供给的更加棘手的问题。法律空白主要是解决从无到有的问题，在问题确定的情况下，即可通过启动相应的立法程序、立法谈判进行解决。而法律冲突则是在有法律可依的情况下，如何解决矛盾纠纷的问题。

从法律供给的重要性来看，法律规则的供给和解决法律冲突措施的供给都是高度重要的法律供给，后者的重要性甚至更为突出。这是因为法律规则从观念变为现实，必须要能够解决实际问题，面对法律冲突时如何解决，是从纸面立法到法律运用的关键一步，法律冲突问题解决得是否公平公正，能否得到参与者的认可，会对法律规则的权威性产生至关重要的影响。法律冲突的这一特性，在"一带一路"这种国际性的事务中体现得更加明显。假设参与法律冲突处理的主体都是理性的，都接受世界较为公认的法律价值，如果法律冲突的解决让当事人一方感到处理不公正、不公平，利益蒙受损失，权利没有得到保护，就会产生对既有的法律规则，乃至法律冲突解决方式的质疑，其个体以及伴随的示范效应，会产生选择其他法律供给的效果，这种效果一旦规模化，就会给国际法律供给带来不可逆转的负面影响，其他主体亦会效法选择其他国际法律供给，这对新兴的国际法律供给显然是极为不利的。

因此，解决法律冲突的供给，是"一带一路"法律供给的重中之重。法律冲突的法律供给，以仲裁方式为主。因为在国际经贸往来之中，国家的判决和裁定的跨国执行并不容易，往往需要国家之间通过双边协议的形式来确定对外国判决的承认和执行，其所能适用的范围相对狭小。而仲裁属于民间解决纠纷的形式。1958年，联合国通过了《承认及执行外国仲裁裁决公约》（纽约公约），世界上多数国家是该公约的缔约国，仲裁具有了国家司法活动所不具备的优势。在"一带一路"法律供给的仲裁制度供给上，有两条道路可以选择：第一，用好现有的法律冲突解决机制，赋予其"一带一路"法律供给的使命。在这一点上，我国既有香港国际仲裁中心这样具有先天优势的机构,也有中国国际经济贸易仲裁委员会、北京仲裁委员会、上海国际仲裁中心、深圳国际仲裁院这样的优秀机构,可以考虑在这些机构的基础上进行相应的升级改造,明确其在"一带一路"法律供给中的定位和功能。第二,新设专门处理"一带一路"法律问题的仲裁机构。这一方式具有专门性优势,但考虑到设立后得到"一带一路"沿线国家的民商事主体的认可和选择尚需要时间和实践的检验,这并不是一条低成本的法律供给思路。

(三)法律规则的协调机制举步维艰

"一带一路"的实施,带来的是经济、贸易和文化的融合与交织,不可避免地会产生国内法与东道国法冲突的问题,在多边、双边法律规则都没有涉及的情况下,如何协调不同法律之间的差异,成为国家之间经贸合作交流的难题。"一带一路"中涉及的贸易伙伴,在商品、服务的准入立法上,与国内的标准有较大差别,特别是针对食品等关系民生的商品,往往设置了比国内更严格的标准,我国外贸产品面临比当地更高的要求。再如互联互通,合作需要连接彼此的基础设施。互联互通已经取代区隔成为全球组织新的范式。随着工业经济时代基础设施的衰落,新一轮基础设施建设热潮在全球兴起,力图大范围地联通各个国家及地区,其中涉及的建设、融资、管理也均超越了国界,有可能形成真正意义上的基础设施联盟,但"一带一路"沿线大多数国家的基础设施比较落后。在中国推出"一带一路"倡议前后,很多亚欧会议成员(欧盟及其成员国、俄罗斯和蒙古国、中亚和南亚国家、东盟及其成员国)已经意识到落后的基础设施严重制约了亚欧贸易的增长,纷纷出台"泛欧交通网""欧亚经济联盟"和"大欧亚伙伴关系""草原之路""光明之路""东盟互联互通总计划""全球海上支点"等构想规划,以加强地区内部和跨地区的互联互通。由于各国基础设施建设基本各自为政,缺乏统一标准,导致基础设施骨干通道难以畅通。因此,产品、服务、基础设施的标准化体系的法律供给机制建设已经成为当务之急。[1]

"一带一路"法律规则的协调机制就是要将法律规则在国与国之间进行沟通和协调,其结果或者是改变东道国相关法律规则,或者是改变本国法律规则,或者是形成特定事项的双边或多边协定。然而这一机制的每一次实施,

---

[1] 天津市司法局课题组:《"一带一路"背景下推进涉外法律服务业发展的探索与思考》,载《中国司法》2017年第9期。

都是一项浩大且繁复的过程，国家之间需要投入巨大的法律资源来达成在某一点上的共识，甚至在有些情况下，即使耗费了法律资源，也没有达到协调法律规则的效果。法律规则的协调还面临着其自身的困境：规则过细则会在执行中面临许多困难，规则过于宏观又会导致法律规则协调的效果不佳。

（四）规则的分析利用机制缺少针对性的谋划和推进

"一带一路"的实施，其中一个重要的前提是了解对象，包括了解沿线国家的法律规则及运行现状、惯例等。这种了解不能仅停留在纸面上的法律文字的翻译，必须是深入的、活生生的了解，这就需要国家层面进行系统的、有针对性的谋划，建立"一带一路"法律规则的释法体系、"一带一路"国别法的法治报告体系和"一带一路"专业人才的培训体系等系统化的法律规则分析利用机制。

然而，一方面，对法律合规的重视程度在"走出去"企业中仍未被提到应有的高度。企业更关心的仍然是商业利益，对于法律风险可能对商业利益造成的伤害主观估计不足，经营活动中缺乏尊法用法的意识。另一方面，有针对性的法律产品、法律服务市场还不健全，企业缺少获得高水平、高质量法律服务的资源。我国对于"一带一路"沿线国家法律体系的系统介绍研究还表现出多点散布、专业有限的特点，而此项服务应该转变为公共服务或者准公共服务的内容。[1]

（五）"一带一路"的法律理念形成机制尚处在萌芽阶段

在法律理念上，一直以来是以西方发达国家的哲学价值观念为主导。中国自提出建设社会主义法治国家的观念以来，社会主义法律体系、制度已经初具规模，然而在法律理念的复兴上，在一定程度上受到了西方法律价值体系的影响，这一特征尤其体现在部门法研究中，甚至在一个部门法内的不同制度上，因为所受到的影响不一样，出现了部分制度借鉴大陆法系，部分制度借鉴英美法系的现象。法律作为一种调整社会关系的工具，不同的法系的确有共通之处，但是这并非意味着制度背后的法律理念也是相通的。是更看重效率还是更看重公正，如何在二者之间做到平衡，不同法系的侧重有所不

---

[1] 天津市司法局课题组：《"一带一路"背景下推进涉外法律服务业发展的探索与思考》，载《中国司法》2017年第9期。

同。但近代法律史的发展中，衡平的量度均为西方发达国家所掌握，是否符合"一带一路"的需要，发人深思。

三、"一带一路"法律供给机制的现有基础

从目前"一带一路"法律供给的情况来看，"一带一路"法律供给机制还主要集中在"一带一路"法律规则产生的推动机制建设上。最为典型的是我国自改革开放以来，为了适应涉外法律关系调整的需要，相继制定了海关法、进出口商品检验法、对外贸易法（即通常所称"外贸三法"）、涉外民事法律关系适用法等；加入世界贸易组织后，为了使国内立法符合世界贸易组织的规则，我国进行了大规模的立法、修法工作，但是仍有一批立法有完善的空间，主要表现为立法层级较低、立法技术粗疏等。[1] 自"一带一路"提出以来，相应的法律供给措施也开始有序展开。

（一）相关涉外法律修改

我国自对外开放以来，已制定并公布了大量适用于外商投资，特别是外商投资企业的法律、法规。例如《中外合资经营企业法》及其实施条例、《中外合作经营企业法》及其实施细则、《外资企业法》及其实施细则、《中外合资经营企业劳动管理规定》及其实施办法、《外商投资企业劳动管理规定》等。[2] 这样的立法存在较为明显的弊端，主要表现为：立法主体杂乱、立法方式不平等、立法"一事一议"现象突出、立法可操作性不强。[3]

有鉴于此，2015 年 1 月，商务部就《外国投资法（草案征求意见稿）》公开征求意见，这部立法旨在对《中外合资经营企业法》《外资企业法》《中外合作经营企业法》进行修改。外国投资法被定位为一部深化体制改革的法、扩大对外开放的法、促进外商投资的法、规范外资管理的法，以统一内外资法律法规和创新外国投资法律制度为目标，实行准入前国民待遇加负面清单的管理模式，确立"有限许可加全面报告"的管理制度，通过完善外资国家安全审查制度，加强事中事后监管，加强投资促进和保护，为外国投资者来

---

[1] 汪洋：《加强涉外法律工作》，载《人民日报》2014 年 11 月 6 日，第 6 版；蒋新苗、朱雅妮：《"一带一路"法律供给机制研究》，载《西北大学学报（哲学社会科学版）》2018 年第 3 期。
[2] 聂双：《浅谈我国建立〈外国投资法〉的必要性》，载《中国商界》2008 年第 6 期。
[3] 聂双：《浅谈我国建立〈外国投资法〉的必要性》，载《中国商界》2008 年第 6 期。

华投资创造稳定、透明和可预期的法律环境。这部草案一经公布就引发了学界的热烈讨论,有观点认为草案第 118 条纠纷解决条款规定过于简单,许多重要内容欠缺或含混不清,实践中缺乏可操作性。[1] 有观点认为国家安全审查制度的复杂性迫切要求我国建立一套更为完整和实用的规制制度。[2] 还有观点认为应当以制定"三法合一"的外国投资法为契机,建立新型的外国投资投诉协调处理机制。[3] 可见,制定统一的《外国投资法》,平复其他法律与《公司法》等法律之间的龃龉,建立国家安全审查机制,组建常设性安全审查机构等,是当前《外国投资法》的重要内容,关系到"一带一路"乃至整个中国对外投资的大局,意义不可谓不重大。当然,正由于这项法律意义非凡,所以需要采取极为审慎的态度,确保法律的权威性和严肃性。

2016 年 9 月,全国人大常委会通过了《全国人民代表大会常务委员会关于修改〈中华人民共和国外资企业法〉等四部法律的决定》,该决定对《外资企业法》《中外合资经营企业法》《中外合作经营企业法》《台湾同胞投资保护法》的相关行政审批条款进行了修改,将不涉及国家规定实施准入特别管理措施的外商投资企业和台胞投资企业的设立和变更,由审批改为备案管理。

2019 年 3 月 15 日,第十三届全国人民代表大会第二次会议通过了《外商投资法》,该法第 4 条规定:"国家对外商投资实行准入前国民待遇加负面清单管理制度。前款所称准入前国民待遇,是指在投资准入阶段给予外国投资者及其投资不低于本国投资者及其投资的待遇;所称负面清单,是指国家规定在特定领域对外商投资实施的准入特别管理措施。国家对负面清单之外的外商投资,给予国民待遇。负面清单由国务院发布或者批准发布。中华人民共和国缔结或者参加的国际条约、协定对外国投资者准入待遇有更优惠规定的,可以按照相关规定执行。"

(二)相关司法解释陆续出台

相较于立法的长时间准备,司法解释能够在短时间内更灵活地根据"一

---

[1] 吴一鸣:《〈外国投资法(草案征求意见稿)〉纠纷解决条款之完善建议》,载《西部法学评论》2016 年第 5 期。

[2] 黄晋:《国家安全审查制度中的外国投资者识别——兼评〈外国投资法(草案征求意见稿)〉》,载《中国社会科学院研究生院学报》2016 年第 3 期。

[3] 徐芳:《论我国新型外国投资投诉协调处理机制的构建——兼评〈外国投资法(草案征求意见稿)〉相关规定》,载《河北法学》2016 年第 2 期。

带一路"的需要进行制定和调整。归纳起来,目前出台的较为有影响力的与"一带一路"有关的司法解释有如下几部。

2015年6月颁布的《最高人民法院关于人民法院为"一带一路"建设提供司法服务和保障的若干意见》,从4个角度、16个方面对人民法院如何为"一带一路"提供保障进行了规定。

2016年2月颁布的《最高人民法院关于海事诉讼管辖问题的规定》,对管辖区域调整、海事行政案件管辖、海事海商纠纷管辖权异议案件的审理等进行了格局调整。

2016年6月颁布的《最高人民法院关于人民法院进一步深化多元化纠纷解决机制改革的意见》,为国家"一带一路"倡议的实施提供了司法服务与保障。

2019年颁布的《最高人民法院关于人民法院进一步为"一带一路"建设提供司法服务和保障的意见》,进一步明确了全方位服务保障高质量共建"一带一路"的司法举措等内容。

此外,自2015年开始,最高人民法院开始公开发布涉"一带一路"典型案例,第一批案例包括:新加坡中华环保科技集团有限公司与大拇指环保科技集团(福建)有限公司股东出资纠纷案,德国蒂森克虏伯冶金产品有限责任公司与中化国际(新加坡)有限公司国际货物买卖合同纠纷案,哈池曼海运公司与上海申福化工有限公司、日本德宝海运株式会社海上货物运输合同货损赔偿纠纷案,塞拉利昂籍莱德("LEDOR")轮遭阿尔巴尼亚船东基恩毕船务有限公司弃船所引发系列纠纷案,朗力(武汉)注塑系统有限公司与天地国际运输代理(中国)有限公司武汉分公司航空货物运输合同纠纷案,浙江逸盛石化有限公司与卢森堡英威达技术有限公司申请确认仲裁条款效力案,江苏太湖锅炉股份有限公司与卡拉卡托工程有限公司、中国银行股份有限公司无锡分行保函欺诈纠纷案,波兰弗里古波尔股份有限公司申请承认和执行波兰共和国法院判决案。第二批案例包括:中国建设银行股份有限公司广州荔湾支行与广东蓝粤能源发展有限公司等信用证开证纠纷再审案,英属维尔京群岛万嘉融资咨询私人有限公司、马来西亚叶某某与中宇建材集团有限公司居间合同纠纷上诉案,栖霞市绿源果蔬有限公司与中国银行股份有限公司北京市分行信用证转让纠纷再审审查案,西门子国际贸易(上海)有限公司与上海黄金置地有限公司申请承认及执行外国仲裁裁决案,高尔集团股份有限公司申请承认及执行新加坡高等法院民事判决案,现代重工有限公司与中国工商银行股份有限公司浙江省分行独立保函索赔纠纷上诉案，山东华立投资有限公司与新加坡劳里茨·克努森电气有限公司（Lauritz Knudsen Electric Co. Pte. Ltd.）股权转让合同纠纷上诉案，大连市海洋与渔业局与昂迪玛海运有限公司、博利塔尼亚汽船保险协会海域污染损害赔偿纠纷再审审查案，徐州天业金属资源有限公司与圣克莱蒙特航运股份公司、东京产业株式会社海上货物运输合同纠纷再审审查案，A.P. 穆勒—马士基有限公司与上海蝉联携运物流有限公司深圳分公司、上海蝉联携运物流有限公司海上货物运输合同集装箱超期使用费纠纷再审案。第三批案例包括：广东本草药业集团有限公司与意大利贝斯迪大药厂产品责任纠纷案，中国水利水电第四工程局有限公司与中工国际工程股份有限公司独立保函欺诈纠纷案，吉美投资有限公司（Ge Mei Investment Limited）与河南鹰城集团有限公司、张顺义、张磊股权转让纠纷案，波兰 INDECO 股份公司与广东澳美铝业有限公司国际货物买卖合同纠纷案，重庆孚骐汽车销售有限公司诉重庆中外运物流有限公司等物权纠纷案，新鑫海航运有限公司（NEW GOLDEN SEA SHIPPING PTE. LTD.）与深圳市鑫联升国际物流有限公司、大连凯斯克有限公司海上货物运输合同纠纷案，福建元成豆业有限公司与复兴航运有限公司（REVIVAL SHIPPING CO.,LTD,）海上财产损害责任纠纷案，上海捷喜国际货物运输代理有限公司与重庆市公路工程（集团）股份有限公司海上货运代理合同纠纷案，美国布兰特伍德工业有限公司申请承认和执行外国仲裁裁决案，崔某与尹某申请承认和执行韩国法院判决案。第四批案例包括：西班牙 EC 公司（Exportextil Countertrade SA）与南通麦奈特医疗用品有限公司国际货物买卖合同纠纷案，日本财产保险（中国）有限公司上海分公司等与罗宾逊全球物流（大连）有限公司深圳分公司等保险人代位求偿权纠纷案，江苏普华有限公司与东亚银行（中国）有限公司上海分行等信用证欺诈纠纷案，中国电建集团山东电力建设有限公司与印度卡玛朗加能源公司（GMR KAMALANGA Energy Ltd.）等涉外保函欺诈纠纷案，阿拉伯及法兰西联合银行（香港）有限公司［UBAF（HongKong）Ltd.］与中国银行股份有限公司河南省分行独立保函付款纠纷案，富昇（天津）融资租赁有限公司与德国致同会计师事务所股份有限公司（Warth & Klein Grant Thornton AG）侵权责任纠纷案，伯利兹籍居民张某某与谢某某、深圳澳鑫隆投资有限公司等合同纠纷案，天威新能源控股有限公司与达维律师事务所（Davis Polk & Wardwell LLP）法律服务合同纠纷案，渣打银行（中国）有限公司与张家口联合石油化工有限公司金融衍生品种交易纠纷案，中国中小企业投资有限公司与俄罗斯萨哈林海产品无限股份公司、东方国际经济技术合作公司案外人执行异议之诉，来宝资源国际私人有限公司（Noble Resources International Pte.Ltd.）申请认可和执行香港国际仲裁中心仲裁裁决案，双林建筑有限公司（Shuang Lin Construction Pte.Ltd.）申请承认与执行新加坡国家法院民事判决案。这些案例分别就国际公约的适用、准据法的确定、海损的确定、仲裁条款效力的确定、对外国判决的承认和执行、信用证制度等相关制度进行了说明，我国虽然并非判例法国家，但是这些案例对从事国际经贸纠纷解决的法律人士和商贸人士有很大的参考意义。

（三）相关行政指导行为正在加强

显然，在国家政策层面大力强调"一带一路"的大环境下，政府在主观上希望国内企业、组织、个人能够走出去，开展国际活动，自身也需要为上述主体提供一定的政策性帮助。但是在政企分离、市场经济的世界背景下，政府不能也不可能直接指挥企业应该如何从事经济活动。政府所能做的，是给予企业经济活动方面的信息技术帮助，企业如何选择的自主权仍然由企业自身掌握，这就是行政指导行为。行政指导是行政主体基于国家的法律、政策的规定作出的，旨在引导行政相对人自愿作为或者不作为，以实现行政管理目的的一种非职权行政行为。它既是现代行政法中合作、协商的民主精神发展的结果，也是现代市场经济发展过程中对市场调节失灵和政府干预双重缺陷的一种补救方法。行政指导的产生和发展与市场经济具有密不可分的关系。市场经济的发展促使经济理论不断更新，这无疑会影响到政府管理经济的具体手段。行政指导可以说是"从主张完全排斥政府干涉到主张政府强硬干预再到主张政府进行柔软干预的产物"。市场经济国家中实施行政指导的，最引人注目的是日本。从20世纪60年代开始，日本推行以诱导型经济计划和产业政策为基础的行政指导，对日本经济奇迹般的发展产生了巨大的影响。[1]我国在中华人民共和国成立后较长时间实行高度集中的计划经济体制，指令性计划居于主导地位。党的十一届三中全会后到1992年邓小平南方谈话之前，中国社会经历了从传统计划经济到有计划商品经济的转型，指导性计划逐渐成为政府调控经济的主要方式，人们逐步认识到行政指导的意义并将其加以运用。1982年《宪法》第8条第3款规定："国家保护城乡集体经济组

---

[1] 姜明安：《行政法与行政诉讼法》，高等教育出版社1999年版，第247-248页。

织的合法的权利和利益，鼓励、指导和帮助集体经济的发展。"第 11 条第 2 款规定："国家通过行政管理，指导、帮助和监督个体经济。"

我国的行政指导不但在经济领域广泛存在，而且在科技、教育、政治、社会生活等管理领域也被普遍采用。例如，《中共中央关于科学技术体制改革的决定》指出，国家行政主管部门要通过计划进行指导。1992 年 10 月，党的十四大提出了将建立社会主义市场经济作为下一阶段的改革目标，从而为行政指导作为重要的行政行为与手段的最终确立和迅速发展奠定了基础。随着我国社会主义市场经济的建立，政府与市场要重新定位，政府的主要职能转变为"统筹规划、掌握政策、信息引导、组织协调、提供服务和监督检查"。因此，行政指导的重要性日益显出来，政府开始大量地运用行政指导性质的政策来推动经济改革、促进经济发展。[1]

"一带一路"沿线国家的语言、法律、文化传统、宗教信仰、民族特色等差异巨大，如果这些国家的相关重要信息的了解掌握成本完全由参与"一带一路"的市场主体承担，则会给这些主体造成困惑，甚至由于语言上的障碍，非专业人士很难了解当地的法律制度和社会环境。诚然，目前共建"一带一路"的主体主要是国有企业，它们相对来说实力雄厚，抵御法律、金融、政治风险的能力强大，从市场获取法律服务的能力更强，但随着"一带一路"的持续深化和拓展，可以预见，在不久的将来，会有越来越多的非国有市场主体参与到"一带一路"中来，因此，国家有必要提供信息搭桥，帮助潜在的意向者充分了解当地的相关信息，辅助市场决策。

为此，国家有关部委组织体系力量，编纂了分国别、分地区的相关指引性文件，供有意愿开展国际交往的企业、组织、个人进行参考。例如，商务部出台了一系列的对外投资合作国别（地区）指南，覆盖的国家和地区包括斯洛伐克、伊朗、斯里兰卡、沙特、土耳其、尼泊尔、南非、塞尔维亚、塔吉克斯坦、摩尔多瓦、孟加拉国、蒙古国、北马其顿、马来西亚、马尔代夫、老挝、科威特、卡塔尔、捷克、柬埔寨、吉尔吉斯斯坦、韩国、哈萨克斯坦、格鲁吉亚、俄罗斯、白俄罗斯、埃及、阿富汗、波兰、伊拉克、保加利亚、阿塞拜疆、罗马尼亚、乌兹别克斯坦、亚美尼亚、匈牙利、乌克兰等。国家税务总局出台了《投资税收指南》，覆盖范围包括阿尔巴尼亚、俄罗斯、奥地

---

[1] 见王永玲：《我国行政指导制度的沿革及对策研究》，载《山东省青年管理干部学院学报》2004 年第 3 期。

利、尼泊尔、菲律宾、保加利亚、摩尔多瓦、埃塞俄比亚、韩国、拉脱维亚、中国香港、印度、文莱、蒙古国等。

不可否认，尽管行政指导行为在发达国家政府管理工作中的运用较为成熟，但在我国，行政指导尚处于起步阶段，在特定时期、特定地区可能还会引起行政相对人的误解。通过观念更新和制度创新来加快推动行政指导法治化进程，包括正在进行中的行政指导程序立法进程，为我国行政指导程序立法和制度建构提供参考，有助于将行政指导纳入法治化轨道，实现行政指导理论与实践的稳健发展。[1]

四、"一带一路"法律供给机制亟需解决的主要问题

"一带一路"倡议自提出到目前仅仅数年时间，而"一带一路"是一项长期性、系统性的工作，需要倾注大量的资金、人力等成本。目前，世界形势正在发生复杂而深刻的变化，国际金融危机和全球新型冠状病毒感染疫情大流行的深层次影响继续显现，世界经济复苏缓慢、发展分化，国际投资贸易格局和多边投资贸易规则等酝酿深刻调整，各国面临的经济下行压力和可持续发展挑战更加复杂严峻。共建"一带一路"旨在促进经济要素有序自由流动、资源高效配置和市场深度融合，推动沿线各国实现经济政策协调，开展更大范围、更高水平、更深层次的区域合作，共同打造开放、包容、均衡、普惠的区域经济合作架构。目前正是"一带一路"深耕基础的阶段，只有将基础打好，"一带一路"才能够良性发展。我们认为现阶段"一带一路"法律供给需要解决的主要问题，包括如下几个方面。

（一）法律规则供给的机制问题

中国企业在积极参与"一带一路"之际，必须对可能发生的法律风险有所预判，并事先设计相应的控制策略。"一带一路"中的交易当事人可能来自不同的国家，或者交易环节位于不同的国家，这就导致相关争议也多具有跨国性质，即多个国家（地区）的法律制度都和争议解决有关。但是，单就一起争

---

[1] 莫于川：《法治视野中的行政指导行为——论我国行政指导的合法性问题与法治化路径》，载《现代法学》2004年第3期。

议来说，最终只能适用某一国的法律，否则就难以产生具有确定性的结果。[1]

第一，我国涉外法律制度整体上并未形成一个完整的法律体系，就对外投资、外商投资和对外贸易三个主要构成分类方面，内部也未形成相对系统的法律体系。而且存在立法层级低、各部门立法结构松散、协调性差、多头管理等问题。第二，对东道国法律制度的介绍和研究未结合我国企业"走出去"所面临的涉外法律问题进行深入展开，多数是"蜻蜓点水"式的工作。第三，"一带一路"国际法律制度供给的主要形式是双边、多边协定和国际公约。我国已经加入了一些国际公约，也缔结了一些双边、多边协定，这些法律制度必然对共建"一带一路"发挥重要的作用。但是，目前对这些国际法律制度的分析和运用也没有做到与"一带一路"相适应。

为此，需要从以下几个方面入手：

第一，梳理研究我国对外直接投资、外商投资、对外贸易法律制度的历史演进及制度现状，结合"一带一路"发展需求，提出其存在的问题及完善路径。

第二，对"一带一路"沿线国家，特别是与我国有密切贸易往来的相关国家的法律制度进行研究，对我国企业对外投资的法律风险作出判断和提示，助力于建立"一带一路"投资法律信息数据库，降低企业"走出去"时的信息搜寻成本和风险应对成本。

第三，梳理我国已签署的双边、多边协定和国际公约，明确织画出"一带一路"国际法律体系及版图，厘清现行条约体系对我国"走出去"和"引进来"战略的促进作用和挑战。同时结合"一带一路"倡议下，与沿线国之间的交往模式，沿线国的区域特点、政治文化历史背景等多方面因素，提出适应"一带一路"发展需要的国际合作法律制度推进和构建机制，从而推动国际立法供给。

第四，探索研究"一带一路"沿线国家法律与国内法律、国际经济规则创新与国内法推进之间的良性互动路径。一方面，"一带一路"可以适当吸收现有成熟的国际经济规则。"一带一路"主要还是遵循国际规则，不宜大搞另起炉灶。中国从来不主张离开现行国际规则另搞一套，甚至推倒重来。国际规则体系需要改革完善，但这不能靠"退群"之类的办法来解决，而应该在

---

[1] 陈剑玲：《中企参与"一带一路"法律选择须谨慎》，载《国际商报》2016年8月1日，第A07版。

国际多边组织框架内通过平等谈判来促成。[1]另一方面，国内成熟的制度经验可以在双边经贸关系或自贸区中进行尝试。[2]

（二）投资方面的法律供给机制问题

"一带一路"倡议中，"走出去"必然包括对外投资的问题。实践中因为对东道国的投资法律、投资环境不了解、不熟悉，导致投资失败的案例并不鲜见。"一带一路"北线一带的国家，背景都很复杂。首先是叙利亚、伊朗等国家在地缘政治上非常敏感。这个特点决定了它们可能有高发的政治风险。其次是文化冲突。"一带一路"北线一带国家宗教环境较为复杂，很可能由一个点引发一个面的冲突。这也给中国企业投资带来极大的风险。"一带一路"跨越的国家多，可投资的领域也多，中国企业在"一带一路"框架下的投资，除了一小部分制造业之外，非常重要的是投资自然资源和行政资源。自然资源包括矿产、土地、森林等；行政资源即政府颁发的各种牌照、许可、特许经营权等，如电信牌照，港口、码头、高速公路的特许经营权，水电站的特许经营权以及发电许可等。有时自然资源和行政资源是结合的，如水电站项目，既需要水利资源，也需要政府批准特许经营权。

据世界银行有关统计数据，"一带一路"很多国家在投资环境方面的表现都不尽如人意。复杂的投资环境无疑加大了我国企业海外投资的成本，增加了我国企业海外投资的风险。[3]

目前，"一带一路"沿线国家所采用的投资方面的国际性规则主要包括《与贸易有关的投资措施协议》（TRIMS）、《服务贸易总协定》（GATS）、《技术性贸易壁垒协议》（TBT）等协议，区域性投资规则主要包括亚太经合组织投资协议、欧盟投资规则、东南亚国家联盟投资规则。中国与"一带一路"沿线部分国家的经贸合作制度化水平较低。截至2016年，中国已经签订了130多个双边投资保护协定，其中有6个国家是在20世纪90年代之前签订的、27个国家是在20世纪90年代签订的。换言之，有33个是在2000年之前签订的，可见中国与"一带一路"沿线国家的双边投资保护协定属于保护

---

[1] 李宝善："深化媒体合作　共筑民心'丝路'"，http://zgbx.people.com.cn/n1/2018/1031/c415418-30374452.html，最后访问时间：2023年5月10日。

[2] 曾文革、党庶枫：《"一带一路"战略下的国际经济规则创新》，载《国际商务研究》2016年第3期。

[3] 参见李锋：《"一带一路"沿线国家的投资风险与应对策略》，载《中国流通经济》2016年第2期。

水平较低的状况。这显然不利于保护中国公民和企业在"一带一路"沿线国家的经贸活动。

（三）贸易方面的法律供给机制问题

相比之下，"一带一路"中的贸易法律问题也同样严峻。由于沿线国家大多属新兴经济体和发展中国家，很多目前尚没有专门的对外贸易法，也未形成一套系统的、完整的对外贸易法律体系，对外贸易法律制度不完善。同时，对外贸易政策也不稳定，经常会因为各种原因发生改变。沿线国家之间仍设置有较高的关税和较多的非关税壁垒，这些壁垒的设置许多都没有法律的预期，任意性明显。"一带一路"沿线国家设置各类壁垒风险，与其发展状况有密切关系。以中亚国家为例，这些国家产业结构不完整、工业化水平较低、消费品匮乏、投资环境不佳，而中国与中亚经济往来以贸易为主，特别是以中国对中亚国家出口为主，这对于中亚各国原有产业产生的冲击是巨大的。沿线各国海关法律规定也不统一，尤其在通关条件、文件等方面存在差异，导致无法便利通关。同时，一些具体的操作规则缺乏精细化和针对性，不利于实际执行。

对"一带一路"国际贸易管制法律问题的研究，需要从国内和国际两个层面考虑。国内层面需要做好我国对外贸易立法的梳理，国际层面则要做好与沿线国家就具体贸易管制、海关合作协议的研究，同时关注国际贸易发展的新动向与趋势，提出完善我国国内立法的建议，做好"一带一路"贸易法律制度的供给。

"一带一路"贸易中还极易出现反倾销、反补贴类纠纷。由于各国的生产效率、成本等有所不同，对进出口的支持政策各有侧重，从实际发生的案例看，中国遭遇的反倾销与反补贴调查，不仅有来自美国和欧盟的，也有一些来自"一带一路"沿线国家，如印度、俄罗斯。此外，包括新加坡、泰国、马来西亚在内的许多沿线国家都有专门的反倾销法律机制。因此，"一带一路"与贸易有关的法律问题中需要将反倾销与反补贴作为关注点，防止有关风险发生。目前除了《对外贸易法》第36条的规定外，我国在反倾销与反补贴方面还没有专门的法律，仅有《反倾销条例》与《反补贴条例》。根据反倾销、反补贴所通行的国际规则，应当确立司法审查制度。针对国内司法审查机构的设置及有关程序规定的制定，我国仅以行政法规形式作为进行反倾销调查及实施反倾销措施依据的做法不利于该问题的解决。不仅如此，从执行有关反倾销与反补贴各项协定的角度看，国内立法以行政法规的形式出现，立法等级较低。依据国际惯例，以全国人大立法的形式制定反倾销法并实施反倾销措施可能更加符合国际通行的做法。[1]

（四）基础设施建设方面存在法律风险

在"一带一路"框架下，基础设施建设领域先行。当前全球75%的新兴经济体都进入"一带一路"沿线地区，基础设施建设合作是中国同这些国家合作的重点之一。"一带一路"框架下的基础设施建设合作项目涵盖行业广泛，蕴藏着巨大的投资机遇与项目合作机会。我国企业对外承包工程、在"一带一路"沿线国家和地区参与基础设施建设，还会面临诸多法律风险。一般来说，法律风险包括合同风险、税务风险、劳工方面的风险、内部管理方面的风险、环境保护和企业社会责任方面的风险。

就合同风险而言，我国虽然制定了《对外承包工程管理条例》，但是却没有单独的对外工程承包合同范本。我国企业为了响应国家倡议或者抱有低价签合同事后索赔求利润的侥幸心理，往往会接受不合理的合同条款或者成本极低的合同，有时甚至没有透彻研究合同条款即签订承包合同，从而导致蒙受严重损失。合同方面的风险还有条款解释不明的问题。

就劳工方面的风险而言，我国企业可能会面临东道国使用本地劳工的要求。东道国也可能要求我国企业仅能雇用一定比例的中国员工，主要雇用当地劳工。东道国特有的文化风俗可能会导致东道国劳工在管理上存在难点。我国企业在处理劳资关系、尊重本地劳工习俗等方面需要格外谨慎。

就环境保护方面的风险而言，我国企业面临的主要风险是环评不过关、设备存在环境污染的可能性，甚至已经通过环评仍无法获得当地群众理解。

（五）"一带一路"争端解决机制的构建

"一带一路"的争端解决机制是"一带一路"法律供给机制的核心内容之一。科学、理性、合适、有效的争端解决机制，对于合作共同体的长久、纵深发展具有决定性意义。随着"一带一路"的推进，各方在充分享受贸易投资便利和自由的同时，也必然会出现各种冲突和争端。

当前我国涉外争端解决机制中主要存在如下问题：（1）较为依赖政治性外

---

[1] 王雪华：《关于中国反倾销立法的若干修正建议》，载《国际贸易问题》2002年第1期。

交手段解决争端。(2)采用仲裁手段解决国际争端经验稀缺,仲裁规则设计有缺陷。

司法路径,是当前国际争端解决机制的发展潮流,纯粹的政治型争端解决机制越来越没有市场,如WTO机制虽强调磋商的作用,但也在不断趋向司法机制改革。但司法型的争端解决机制需缔约国让渡主权,对区域一体化要求比较高,并不适合"一带一路"倡议下的共同体,且争端解决方式单一,不符合争端解决的灵活性、多元性的要求。当前,政治型和司法型的融合是国际争端解决机制的主流形态,既能结合两种方式的优点,又符合国际争端的内在特征。从"一带一路"出发,在争端解决机制的构建上需对"政治与司法相结合型"作一定的修正:第一,共建"一带一路"需要更加重视磋商等政治性争端解决机制的作用。这是因为"一带一路"沿线国家基本上是发展中国家,应当更多地考虑互利合作,而不是冷冰冰的司法。第二,对于涉及败诉国以及其他有关国家重大利益的政治性国际争端,应保持司法克制并注意平衡各方的利益。

第一编
"一带一路"法律供给的渊源

"一带一路"是促进共同发展、实现共同繁荣之路。我国始终秉持和平合作、开放包容、互学互鉴、互利共赢的理念。为实现"一带一路"倡议平稳向好推进，全面完善的法律基础是必要前提。深入研究"一带一路"沿线国家法律及国际法律制度，可以更好地为国内企业"走出去"创造条件，完善我国法律法规内容，使之契合于"一带一路"倡议，对全面把握"一带一路"倡议情况与未来发展也大有裨益。

一、"一带一路"沿线国家法律制度供给

共建"一带一路"同样需要沿线各国的全方位务实合作，而其中法律服务合作机制的构建必不可少。[1] 实践中，投资者在"一带一路"项目中可能面临市场准入、合同法、金融法、环境法、劳工保护法、竞争法、反腐败法、知识产权法等多方面的法律风险。许多中资企业已经因为对投资东道国法律制度的不熟悉、不重视而交了大笔"学费"。总之，对沿线国家相关法律制度的深入研究，无论是对"一带一路"法律制度供给状况的整体优化而言，还是对具体项目法律风险的有效管控和妥善处置而言，都具有极为重要的意义。

---

[1] 国家开发银行：《"一带一路"国家法律风险报告（上）》，法律出版社2016年版，第1-10页。

（一）沿线国家法律制度供给总体状况

"一带一路"所涵盖的"丝绸之路经济带"和"21世纪海上丝绸之路"这两条经济带横跨了亚欧非大陆。然而，实践中受政治体制、法律体系、宗教信仰、民族文化、历史传统等诸多因素的影响，上述国家和地区的法律制度供给状况存在较大差异。同时，发展中国家和转型国家在"一带一路"沿线国家中占据了大部分位置，虽然近年来这些国家的市场日渐活跃，具有巨大的发展需求和融资需求，但较之欧美发达国家，其法律制度相对来说仍不够健全，蕴藏着较大的政策与法律风险。

1. "一带一路"沿线国家法律体系概况

一直以来，我们在进行域外法律制度，特别是多个不同国家和地区法律制度总体状况的研究时，首先就是要对其进行法系的划分。虽然迄今为止，比较法学者们仍然没有对法系的划分标准达成一致的看法，但总体来说，我国学者的研究多参考了达维德的法系划分理论，认为当前世界上的主要法系有大陆法系、英美法系和伊斯兰法系[1]。然而，当我们试图对"一带一路"沿线各国法律制度总体状况进行法系归类的时候，却发现这种传统的划分方式似乎已不足以准确描绘出全球化时代"一带一路"沿线国家的法律地图。究其原因，主要有二：其一，"一带一路"涉及的60多个国家遍布亚欧非三大洲，途经之地孕育了辉煌的古代文明，产生了基督教、伊斯兰教、佛教、印度教、犹太教、儒家等多种文明传统，当前虽然大部分国家已经完成了现代化改革，但宗教对其法律制度的影响仍不可小觑。例如，印度作为英国曾经最重要的海外殖民地之一，自近代以来就效仿英国陆续颁布了许多世俗法律，成为亚洲地区英美法系的代表性国家之一。"二战"后，逐渐摆脱了宗主国控制的印度经济更是迅速发展，与中国同被列为极具发展潜力的金砖国家，在"一带一路"中占据了重要的地位。但时至今日，印度教在印度社会生活中仍有着巨大影响，尽管印度早在1948年就在法律上废除了种姓制度，其宪法明确禁止因不同种姓而给予歧视待遇，但现实生活中在印度很多地区，种姓带来的差别依然存在，低种姓的人在求学、就业、婚恋等各方面时常会遇到阻碍。又如，一些中东和北非国家要么依然在实行政教合一，要么虽然走上了

---

[1] 刘兆兴：《比较法学》，中国政法大学出版社2013年版，第62页。

世俗国家的道路，但依旧奉伊斯兰教为国教，如埃及。近年来受极端势力的影响，很多伊斯兰教法国家宗教法与世俗法、宗教法内部的冲突日趋激烈，出现了一些不确定因素。其二，随着近现代西方的崛起、殖民扩张和"二战"后各国对现代化改革的不断追求，"一带一路"沿线国家的法律制度平添了许多西方色彩。例如，泰国以1908年刑法典的颁布为标志被逐步纳入大陆法系，新加坡1824年成为英国殖民地，1965年独立后成为英美法系的一员。"二战"结束后，随着社会主义阵营的建立和日益壮大，许多学者在进行法系划分时开始考虑意识形态因素，提出了社会主义法系的概念，其代表国家就是当时的苏联。虽然从法律技术层面看，社会主义法系与西方大陆法系比较接近，但两者在法律观念上存在较大差异，前者坚持马克思主义法律观，坚持法的物质规定性及其对经济基础的反作用。然而在20世纪90年代，随着苏联解体和东欧剧变，社会主义法系出现危机，在提出这一概念的德国学者茨威格特与克茨再版的《比较法总论》一书中社会主义法系也不复存在[1]。虽然学界至今对这一划分仍存争论，但不可否认的是，纵然今天上述国家在政治、经济、社会和法律方面均发生了重大变化，但1970年苏联法律发展所形成的传统很多仍被保留下来，这就使得俄罗斯等国家虽然属于大陆法系，但由于历史原因，其法律转型期色彩明显，且在宪法、破产法、银行法等重新制定的法律规范方面又受到了很多英美法系的影响。

基于上述原因，学界普遍认为在当今全球化背景下，只有在传统大陆法系、英美法系、伊斯兰法系归类方法的基础上重绘"一带一路"国家法律谱系才能对其法律制度供给的总体状况有一个更加清晰的把握和理解，也才能为实践中各类法律风险的防范以及沿线各国法律合作机制的构建提供更为准确的参考。为此，有的学者从划分方法角度进行了研究，主张应结合国家的实际需要，充分发挥传统法系地图的优势、克服其缺陷，运用复分法从文化传统、法律渊源与推理技巧、经济基础与政治结构三个维度对"一带一路"国家的法律谱系进行划分，同时考虑全球化发展趋势，根据部门法的各自特点进一步绘制出更加细化具体而实用的法律地图，并据此提出：当今各国无论处于何种法系和发展程度，出于经贸交往的需要，其商事法的现代化程度都普遍较高，趋同趋势明显，可以简单分类；同属民商领域的婚姻家庭法受各自

---

[1] ［德］K.茨威格特、H.克茨：《比较法总论》，潘汉典等译，贵州人民出版社1992年版，第116页。

风俗习惯、宗教信仰影响较深,存在较大差异,需要细分;而知识产权法则受国际公约影响较大,其分类必须考虑所加入的不同知识产权公约。[1] 有的学者在充分考虑沿线国家文化宗教差异的基础上,指出"一带一路"国家中除了存在传统的大陆法系、英美法系、伊斯兰法系外,还有许多可以归为混合法系,如土耳其,虽为伊斯兰国家,但由于所处地理位置和早期对西方法律制度的吸收,其法律体系呈现出明显不同于其他大多数伊斯兰国家的混合法系特征。[2] 有的学者在对沿线各国法律制度体系进行梳理的基础上,提出了三大法系、七大法源(法律传统、法圈)的谱系划分方法,即将"一带一路"沿线国家分为大陆法系、英美法系、伊斯兰法系、印度教法传统、佛教法传统、苏联法传统、东盟法圈、阿盟法圈、欧盟法圈以及WTO法圈。[3] 笔者认为,相较之下,此种分类方法更能体现"一带一路"沿线各国法律文化的多元性和复杂性,其在传统法系划分的基础上,考虑了不同国家的宗教、政治、历史等差异,同时引入了区域经济发展的影响因素,具有较高的参考价值,因此下面以此为借鉴对"一带一路"沿线国家法律制度供给的总体状况进行具体分析。

2. "一带一路"沿线国家法律制度供给版图

根据三大法系、七大法源(法律传统、法圈)的谱系划分方法,"一带一路"沿线国家法律制度供给版图可由大陆法系板块、英美法系板块、伊斯兰法系板块三大部分组成。

(1)大陆法系板块

大陆法系是指以罗马法为基础演进而发展起来的法律体系,其以罗马法为主要来源,到了中世纪又受到教会法、日耳曼法等影响,由于该法系的产生与发展都在欧洲大陆,因此被称为"大陆法系"。随着法国大革命的胜利以及随之而来的法典化运动,特别是1804年《法国民法典》和1896年《德国民法典》的编纂颁行,大陆法系以其体系化、规范化的立法理念引得其他区域国家相继效仿,最终超越了欧洲大陆成为世界范围内影响最广的一个法系。

---

[1] 鲁楠:《"一带一路"与全球法律地图绘制》,载《中国社会科学报》2016年9月30日,第005版。

[2] 吕红兵:《"一带一路"沿线国家法律体系概述》,载《中国法律》2015年第6期。

[3] 何佳馨:《"一带一路"倡议与法律全球化之谱系分析及路径选择》,载《法学》2017年第6期。

而该法系一个非常重要的特征就是在法律渊源上以成文立法为主，许多大陆法系国家在宪法、民商法、刑法、诉讼法等领域都制定了法典，并辅之以单行法规。很多研究者认为，正是由于其形式上的这种体系化、概念化特点，使之更便于模仿和移植，进而成为大多数国家仿效的对象。此外，较之英美法系，大陆法系还严格划分了公法与私法的界限，非常强调制定法的权威，不认可法官造法，因此在法律规范的制定上追求"完整、清晰、逻辑严密"，确保法官能够根据现有规范选择适用于具体案件的法律，以防止法官自由裁量权的滥用。然而，随着社会的变迁，特别是经济全球化引发的法律全球化进程的不断深入，大陆法系的上述传统特征也在逐渐发生着深刻变化，如去法典化运动的出现、公法私法界限的日趋模糊、对法官法律解释功能与价值的认可等[1]。不过总体而言，当前各大陆法系国家仍以成文立法为主，法律条文相对确定、透明，当前往大陆法系国家进行投资时，一般来说，在对该国主要法律部门概况进行全面了解之后，再针对性地对某一特定法律部门的法律规则进行检索，就基本上能够对该国法律环境或者某一特定领域的法律规定有一个大概的了解。

需要注意的是，由于"一带一路"沿线大陆法系国家中有相当一部分是在近代西方崛起后随着欧洲列强的殖民扩张才逐渐加入大陆法系版图之中的，一方面其效仿法德等欧洲大陆国家立法之时，这些被效仿国国内立法自身已经开始了变革；另一方面也是更为关键的一点，其不同于欧洲大陆国家的宗教信仰以及在进行法律移植之前的原有法律传统往往很难被完全抹杀。因此现实中我们会发现，虽然我们将"一带一路"沿线国家和地区中的很多国家和地区都归入了大陆法系板块，但其法律制度相互之间仍存在较大差异，需要进一步细分为不同法圈。

①欧盟法圈

欧盟，全称欧洲联盟，总部设在比利时首都布鲁塞尔，由欧洲共同体发展而来，其成立基础为1991年通过的《欧洲联盟条约》，即《马斯特里赫特条约》，此后欧盟条约经过多次修订，目前其运作主要依据的是《里斯本条约》。欧盟的决策机构为欧洲理事会，常设执行机构为欧盟委员会，此外还有统一的监督咨询机构——欧洲议会，以及负责审理和裁决在执行欧共体条约和有关规定中发生的各种争执的欧洲法院。学界普遍认为，欧盟是当今世界

---

1 刘兆兴：《比较法学》，中国政法大学出版社2013年版，第63-67页。

上一体化程度最高的区域性组织，在经历了早期的优惠性贸易安排、自由贸易区、关税同盟、共同市场阶段之后已经成为一个具有某些共同经济社会政策且货币统一的经济联盟，且正向着经济全球化的最高阶段——政治同盟迈进。不过，值得注意的是，2016年英国宣布脱离欧盟，同时因难民、就业、经济发展等问题导致欧洲大陆各国右翼势力普遍抬头，这些都给欧盟的未来发展带来一些不确定性。

目前欧盟共有27个会员方，其中希腊、匈牙利、捷克、斯洛伐克、保加利亚、罗马尼亚、波兰、斯洛文尼亚、克罗地亚、爱沙尼亚、拉脱维亚、立陶宛12国是"一带一路"沿线国家。根据欧盟相关规则，"欧盟法"，即欧盟成员方缔结的条约以及欧盟机构制定的规范性文件，对成员方具有普遍约束力，且优先于成员方国内法，[1]而其中相当一部分内容都是与"一带一路"紧密相关的经贸投资规则。因此，我们在对上述欧盟法圈诸国法律制度供给情形进行研究的时候，必须对"欧盟法"给予高度重视。同时，需要注意的是，欧盟中的爱沙尼亚、拉脱维亚、立陶宛即波罗的海3国由于曾为苏联的加盟共和国，其法律制度中仍保留了很多苏联法的印记，因此同时也属于苏联法圈。

此外，目前土耳其、北马其顿、黑山已经被列为欧盟候选国，阿尔巴尼亚、塞尔维亚也与欧盟签订了《稳定与联系协议》，成为潜在的可能欧盟成员，这5个"一带一路"沿线国家虽然还未加入欧盟，但其经贸规则或是正在积极向欧盟法靠拢，或是受欧盟法影响较大，因此在这里我们也将其归入广义的欧盟法圈。同时，需要注意的是，虽然土耳其横跨欧亚大陆的特殊地理位置以及早期对西方法律体系的吸收和近年来向欧盟的积极靠拢，令我们将其归入了大陆法系的欧盟法圈板块，但其毕竟是一个伊斯兰国家，居民约有98%信奉伊斯兰教，因此在土耳其社会中伊斯兰法传统的影响也不容小觑。

②苏联法圈

苏联法圈国家主要包括独联体7国即俄罗斯、乌克兰、白俄罗斯、格鲁吉亚、阿塞拜疆、亚美尼亚、摩尔多瓦，中亚5国即哈萨克斯坦、吉尔吉斯斯坦、乌兹别克斯坦、塔吉克斯坦、土库曼斯坦，波罗的海3国即爱沙尼亚、拉脱维亚、立陶宛，以及受苏联法影响颇深的蒙古国，共计16国。

---

[1] 谢冬慧：《超国家法变迁的思想理论基础——以欧盟法为例》，载《外国法制史研究》，何勤华主编，法律出版社2012年版，第89-99页。

上述 16 国除蒙古国外均为苏联的加盟共和国，苏联解体后，这些国家虽然纷纷进行了不可逆转的立法改革，修改或重新制定了宪法，构筑了新的法律体系，颁行了大量新法律法规，但与此同时仍保留了部分苏联法律传统，甚至部分法律还带有较强的计划经济色彩。

③东盟法圈

东盟，全称东南亚国家联盟，成员有马来西亚、印度尼西亚、泰国、菲律宾、新加坡、文莱、越南、老挝、缅甸和柬埔寨。今天，东盟已经成为与欧盟、北美自由贸易区并列的世界三大区域性经济合作组织之一，形成了包括《东盟宣言》《东盟宪章》在内的一系列基础性法律文件。2015 年年底，东盟在"东盟经济共同体 2015 年发展蓝图"的基础上，发布了"东盟经济共同体 2025 愿景"，提出要将东盟打造成一个具有竞争力、创造力和高度凝聚力的一体化经济体，提升东盟在全球经济领域中的角色和地位。2021 年 4 月 28 日，东盟秘书处与欧盟驻东盟代表团联合发布了有关《〈东盟经济共同体蓝图 2025〉中期评估报告》，对东盟经济共同体自 2015 年正式建成以来深化建设的成效与经验进行了中期总结，并提出到 2025 年第二阶段的工作建议。[1] 虽然就目前情况来看，东盟国家在新型冠状病毒感染疫情后复苏的道路将是漫长且充满挑战的，东盟要实现其最初确定的 2025 年愿景目标依然面临巨大挑战，但现在各东盟成员之间基本已经实现了货物和资本的自由流动，其在经贸投资法律规则领域的协调也在日益加强，这些都是我们在进行"一带一路"国家法律制度供给版图划分时必须要予以充分考量的因素。不过，与前述苏联法圈不同，东盟 10 国虽然地理相邻、文化相通，但由于历史上先后被葡萄牙、荷兰、英国、西班牙、法国等不同殖民者占领瓜分，其所属法律体系也随着宗主国的不同而有所差异。10 国中的越南、柬埔寨、老挝都曾沦为法国的保护国，因而近现代立法多受法国法（大陆法系）影响，印度尼西亚在 16 世纪被荷兰侵入，其法律多受荷兰法（大陆法系）影响，泰国虽然先后被多国列强入侵过，但却是东南亚唯一没有沦为殖民地的国家，不过其在近现代法律改革中受法国法影响较大，自 20 世纪初颁布刑法典开始，逐步被纳入大陆法系。值得一提的是，在上述属于大陆法系板块的东盟 5 国中，泰国、越南、柬埔寨、老挝为传统的佛教国家，居民生活受南传佛教影响较大，许

---

[1] 中国驻东盟使团："从 2015 迈向 2025：东盟经济共同体深化建设成效显著"，https://m.thepaper.cn/baijiahao_12602794，最后访问时间：2023 年 5 月 10 日。

多地区仍保留了浓厚的佛教法传统；而印度尼西亚虽然没有国教，但其将近90%的人口信奉伊斯兰教，是世界上穆斯林人口最多的国家，因此伊斯兰教法在其社会生活中有着十分重要的影响。此外，同属东南亚地区的东帝汶曾长期被葡萄牙（大陆法系）殖民统治，其立法也随之受大陆法系影响。2002年5月东帝汶正式脱离印度尼西亚宣布独立，2022年11月11日，在柬埔寨首都金边举行的第40届和第41届东南亚国家联盟（东盟）峰会上，东盟各国领导人就东帝汶申请加入东盟发表声明，原则上同意接纳东帝汶为成员国，因此我们这里也将其纳入东盟法圈之中。

据此，大陆法系板块中的东盟法圈国家主要有泰国、越南、柬埔寨、老挝、印度尼西亚、东帝汶6国。

（2）英美法系板块

英美法系，又称普通法系，产生于英国，后随着英国殖民地的扩张而扩大到包括美国在内的曾经是英国殖民地、附属国的许多国家和地区。从历史源流看，英美法系是以英国源于日耳曼习惯法的普通法为基础发展起来的法律体系。与大陆法系相比，英美法系最大的特征就是判例法占据重要地位，强调"遵循先例"原则。判例法不是立法者的创造，而是法官对案件进行审理的结果，因此也被称为"法官法"。然而，英美法系并非不存在成文法，19世纪后，英美法系国家的成文法数量不断增加，特别是对经贸领域的一些特定问题制定了很多单行法，其中《美国统一商法典》被认为是全球最为著名的一部"标准法典"，其对现实生活中的商事规则和商事管理进行了归纳和制度层面的架构，对于许多国家的商事立法甚至国际商事公约的制定都产生了深远影响。此外，两大法系的另一区别在于，不同于大陆法系传统的公法、私法划分，英美法系不存在严格的部门法概念，很多英美法学者认为，一切法都是主权者的命令，通过国家权力起强制作用，不因公法和私法而有所不同，法律只有一个，国家机关和公民遵守同一法律是法治和自然公正的要求。当然，随着经济全球化时代的到来，与大陆法系的变化一样，英美法系也在不断地经历着变革，成文法在英美法系各国法律体系中，特别是商事法体系中占据着越来越重要的地位，发挥着越来越重要的作用。[1]然而，总体来说，英美法系国家中制定法典的仍为少数，主要以单行法的形式对某一类问题作专门的规定，并且除成文法外，判例法在整个法律体系中仍占重要比重，较

---

[1] 刘兆兴：《比较法学》，中国政法大学出版社2013年版，第68-71页。

之大陆法系各国，英美法系国家的法律规定更为分散，缺乏体系性，很难比较全面地掌握其整体法律制度，前往这些国家投资时最好聘请对当地法律制度较为熟悉、具有一定当地经历的本国律师或者干脆在当地律所聘请经验丰富的专业律师。目前，"一带一路"国家中的英美法系国家并不多，且其中如新加坡、以色列、马来西亚等都属于沿线国家中比较发达的国家，其法治也相对比较健全。

"一带一路"沿线65个国家和地区当中有10个国家属于英美法系，分别是马来西亚、缅甸、孟加拉国、斯里兰卡、印度、尼泊尔、不丹、新加坡、以色列、菲律宾。其中马来西亚、缅甸、孟加拉国、斯里兰卡、印度、尼泊尔、不丹、新加坡8国均因历史上曾被英国殖民或染指而加入英美法系，但伊斯兰教、佛教、印度教等在其社会生活中仍具有较大影响。菲律宾因先后沦为西班牙和美国的殖民地，其现有法律体系虽然受美国影响较大属于英美法系国家，但仍保留了一些西班牙法的影响。以色列从1918年起输入英国法，1948年建国，属于英美法系，但同时犹太教、伊斯兰教法以及大陆法系法对其也有巨大影响，是一个法律多元化的国家。值得一提的是，这8国中，位于东南亚的新加坡、马来西亚、缅甸、菲律宾4国又同时属于东盟法圈。

（3）伊斯兰法系板块

伊斯兰法系以伊斯兰教法为基础，由多个以伊斯兰教法为基本法律的国家组成。伊斯兰教法具有不同于大陆法系和英美法系的鲜明特征。从法律渊源看，伊斯兰法系国家既不是制定法也不是判例法，而是以《古兰经》、圣训和教法学为主要渊源。

然而，近代以来，在西方文明和法律全球化的冲击下，伊斯兰国家也不可避免地经历了政治和法律的改革。19世纪以来，以埃及为代表的伊斯兰教法国家开始了对西方法律的移植，1948年埃及颁布民法典，这一法典是伊斯兰教法律原则与欧洲法律的糅合，其颁布被认为是"传统伊斯兰教制度与西方制度妥协的尝试"。继埃及之后，叙利亚、利比亚、伊拉克、约旦等中东国家也基本采取了类似的立场和方式对待西方法律，即在保留伊斯兰法基本原则和制度的前提下，通过移植引进西方法律来补充固有法之不足，同时对移植对象也始终贯穿伊斯兰法基本原则。[1]有学者认为，当代原属伊斯兰法系的

---

[1] 黄金兰：《法律移植与法律文化变迁——以伊斯兰法文化变迁为例》，载《比较法研究》2007年第5期。

国家大致可以分为三类：第一类为现代伊斯兰法系国家，即至今仍将伊斯兰法作为基本法律制度，这类国家中，法律制度虽然进行了某些改革，但并未从根本上动摇传统。第二类为非伊斯兰教法国家，这类国家虽然历史上曾经奉行过伊斯兰教法，但在近代法律改革中却改弦易辙，代之以从英美法系或大陆法系引进的法律制度。如土耳其，虽然今天绝大多数土耳其民众仍然信奉伊斯兰教，但就法律制度而言，土耳其已经成为大陆法系的成员。第三类为伊斯兰法系与其他法系的混合国家，这类国家介于前两类之间，他们的法律同样在近代法律改革中发生了较大变化，但在宗教、婚姻家庭、继承等领域仍然保持了传统的伊斯兰法。不过，这类国家现行法律制度相互之间也存在很大差异，各国法律西方化和世俗化的程度大不相同，在保留和恢复传统法律方面也存在差距，但整体来说，又可以分为大陆法与伊斯兰法混合，英美法与伊斯兰法混合，大陆法、英美法与伊斯兰法混合三种情况。例如，叙利亚受法国法影响较大，属于第一种情况；伊朗受英国法影响较大，属于第二种情况；埃及同时受法国法和英国法的影响，属于第三种情况。鉴于上述第三类混合类国家中伊斯兰法仍占据相当地位，并且在实际社会生活中发挥着非常重要的作用，我们在这里将第一类与第三类国家均划入伊斯兰法系板块。

据此，"一带一路"沿线的伊斯兰法系国家共有19个，主要包括位于中东地区（西亚和北非）的沙特阿拉伯、也门、阿曼、卡塔尔、巴林、科威特、伊朗、伊拉克、阿联酋、约旦、黎巴嫩、巴勒斯坦、叙利亚、埃及，位于南亚的阿富汗、巴基斯坦、马尔代夫，位于东南亚的文莱，以及位于欧洲的波黑。其中，文莱为东盟10国之一，又属于东盟法圈，而波黑与欧盟已经签署《稳定与联系协议》，是潜在的欧盟成员，又可以归入欧盟法圈。

综上所述，"一带一路"沿线65个国家和地区虽然大体可以划分为大陆法系、英美法系、伊斯兰法系三大不同板块，但无论是不同法系之间还是同一法系内部都存在诸多交叉重合，相当一部分国家的法律体系都呈现出混合法系的特征，并非单纯的"非此即彼"关系。例如，东盟法圈中的10个国家就同时分属三个不同法系。又如，爱沙尼亚、拉脱维亚、立陶宛等波罗的海3国由于地理位置与历史传统的原因同时属于欧盟法圈和苏联法圈。一方面，作为欧盟成员，这些国家充分实施了欧盟法，其国家立法也要符合欧盟委员会的决定；另一方面，这三国又与其他苏联加盟共和国保持着相同的语言和文化共性，国内法中仍有部分受苏联法律文化的影响。而除了已经正式加入欧盟的波罗的海3国外，苏联法圈中的摩尔多瓦和乌克兰两国近年来也在积极向欧盟靠拢，其中一个非常重要的举措就是在立法上力求接近欧盟标准。因此，在对"一带一路"沿线国家法律制度供给总体状况版图进行绘制的基础上，我们还有必要对各国的具体法律制度供给情况进行研究，但限于篇幅和能力，无法对 65 个国家和地区的法律制度一一详述，因此下面在对各板块、各法圈总体法律环境进行概述的基础上，仅选取其中典型代表国家的法律制度予以论述。此外，结合"一带一路"政策沟通、设施联通、贸易畅通、资金融通、民心相通的基本理念，以及近年来我国对外投资法律纠纷的实际情况，下面我们对相关代表国家和地区法律制度供给状况的研究将着重围绕贸易投资法律制度、金融法律制度、劳工与环境保护法律制度以及争议解决法律制度四方面展开。

（二）主要沿线国家法律制度供给

本部分选择大陆法系板块中欧盟法圈代表国家波兰、苏联法圈代表国家俄罗斯、东盟法圈代表国家越南、英美法系板块代表国家马来西亚以及伊斯兰法系板块代表国家沙特阿拉伯 5 个主要沿线国家就重点法律制度进行详细介绍。

1. 大陆法系板块

（1）欧盟法圈代表性国家——波兰

由于欧盟要求各成员必须遵守欧盟法，因此我们与"一带一路"沿线的欧盟法圈各国的关系便具有了双重属性，一方面是中国与各个主权国家之间的双边关系属性，另一方面则是中国与欧盟之间的中欧关系问题。[1] 纵然法国、德国、西班牙等老牌欧盟强国目前并未加入"一带一路"，但鉴于欧盟 27 个正式成员席位中"一带一路"沿线国家占据了 12 席，因此发展同欧盟法圈各国的关系对于建立中国—欧盟全面战略伙伴关系无疑也具有重大推动意义。

目前，在欧盟法圈中，中东欧国家占据了重要地位，而波兰在这些国家中不仅人口最多，更是经济发展最快的国家，其国内市场巨大，对外资极具吸引力。中波两国自 20 世纪 50 年代以来就保持着较为密切的经贸关系，因此我们这里选取波兰作为"一带一路"大陆法系板块中欧盟法圈的代表性国

---

[1] 刘作奎、鞠维伟：《"国际格局变化背景下的中国和中东欧国家关系"国际学术研讨会综述》，载《欧洲研究》2015 年第 3 期。

家进行专门研究。

波兰位于欧洲大陆中部，中欧东北部，是欧盟第六大经济体、东欧第一大经济体，也是世界上高速发展的经济体之一，特别是在近年来法德等其他老牌欧盟国家纷纷因为金融危机、移民等问题出现经济疲软甚至下滑的情况下，波兰依然实现了经济高速增长，创造了所谓的波兰奇迹。2017年3月，世界银行在其发布的经济报告中宣布波兰已进入高收入国家行列。2011年中国与波兰建立了战略伙伴关系，2012年中国与包括波兰在内的中东欧16国建立了"16+1"合作机制，2013年和2014年又分别达成了《中国—中东欧国家合作布加勒斯特纲要》和《中国—中东欧国家合作贝尔格莱德纲要》，随后中欧班列的开通将中国与以波兰为代表的中东欧各国更紧密地联系在了一起。

从法律状况来看，波兰在2004年加入欧盟后，一直在根据欧盟的规定不断完善自身的法律体系，目前其法律门类健全，具有较为完善的诉讼仲裁制度，法院独立性高，但司法效率一般。

①贸易投资法律制度

波兰于1995年7月1日加入WTO，因此其贸易投资法律制度首先受WTO相关规则的约束。此外，作为欧盟成员，波兰的贸易投资法律制度又需要分为两个层面考察，一是其与欧盟其他成员之间的贸易投资关系需要遵循欧盟内部统一大市场原则；二是其与中国等非欧盟国家之间的贸易投资关系需要遵循欧盟对非欧盟国家的共同贸易政策、共同海关税则和法律体系。因此在波兰现行的贸易投资法律制度中，上述欧盟共同规则占据了非常重要的地位。而我们在"一带一路"倡议中涉及的波兰贸易投资法律制度显然主要集中在后一层面。

就贸易规则来说，波兰适用的欧盟规则主要包括：《关于建立欧盟海关法典的第〈EEC〉2913／92号法规》、《关于实施共同出口规则》（欧委会规定〈EEC〉2603/69号法规）、《关于出口信贷保险的规定》（欧委会指令98／29／EC）、《关于欧盟农产品出口的规定》（欧委会规定〈EEC〉No.3911／92）、《关于对进口实施共同规则的规定》（欧委会规定〈EC〉No.3285／94）、《关于从某一非欧盟国家进口的规定》（欧委会规定〈EC〉No.519／94）、《欧盟关于进口的数量限制程序》（欧委会规定〈EC〉No.520／94）、《欧盟反倾销措施》（欧委会规定〈EC〉No.384／96）、《欧盟反补贴措施》（欧委会规定〈EC〉No.2026／97）、《欧盟反贸易壁垒措施》(欧委会规定〈EC〉No.3286/94)。[1]除上述统一适用的欧盟贸易规则外,《波兰经济活动自由法》和《波兰民法典》在贸易领域也发挥着重要作用。其中,《波兰经济活动自由法》是关于在波兰领土上进行经济活动规则的基本规定,倡导经济活动的自由和所有经济主体的平等,自然人、法人以及不具备法人资格的组织机构均可自由从事经济活动。《波兰民法典》则是规范各类民事法律关系的基本法,涉及物权、债权、继承等,并对买卖、委托、运输等民事合同进行了规定。

就投资规则来说,波兰的外商投资法律环境总体较为友好。对于欧盟成员、欧洲经济区成员(欧盟、冰岛、挪威和列支敦士登)以及经合组织成员居民实行完全外汇自由流通,对于包括中国在内的其他国家居民也实现了全部经常项目和大部分资本项目的外汇自由流通。外国投资者在波兰享受国民待遇,除军工、广播媒体、航空运输等少数领域外,在投资方式、行业准入方面并没有特殊限制,同时波兰还特别鼓励外资投向基础设施、新兴行业、环保产业等领域。除一年以内的外汇贷款须向波兰央行申请许可外,一般来说外国投资者有权将其全部利润转到国外,且将资本利得转移至国外无须取得特别许可。根据波兰《经济活动自由法》《商业公司法》和《国家法院注册法》,外国投资者可在波兰设立的商业组织形式主要有有限责任公司、股份有限公司、合伙企业、外国企业分支机构(分公司、代表处等)。[2]值得一提的是,在《经济活动自由法》的最近修订中,波兰允许企业在一定时期内暂停经营,同时强化了企业注册登记的一站式服务,这些都是近年来波兰致力于为投资者创设更好营商环境的重要体现。不过,需要注意的是,对于欧洲经济区成员以外其他国家的外国投资者来说,在波兰购买土地和其他不动产会受到一定限制,需要取得内政部的同意,否则该交易无效。如果买卖的土地是农用地,则无论是波兰籍还是外国籍都有严格限制,通常农用地只能由个体农场主或者数量十分有限的其他实体取得。[3]此外,目前波兰企业所得税标准税率为19%,是欧盟所得税率最低的国家之一,同时中国与波兰早在1988

---

[1] 杜鹃:《"一带一路"贸易投资便利化之中东欧国家法律环境评析》,载《西安交通大学学报(社会科学版)》2017年第6期。

[2] 国家开发银行:《"一带一路"国家法律风险报告(下)》,法律出版社2016年版,第478-502页。

[3] 中华全国律师协会:《"一带一路"沿线国家法律环境国别报告(第二卷)》,北京大学出版社2017年版,第313-335页。

年即达成了《中华人民共和国政府与波兰人民共和国政府关于对所得避免双重征税和防止偷漏税的协定》，2016年双方又签订了《中华人民共和国政府和波兰共和国政府对国际航空运输服务互免增值税或类似税收的协议》。

②金融法律制度

波兰的金融法律制度比较完备，在贯彻欧盟金融监管制度的同时，制定并实施了《金融市场监管法》，设立了专门的金融监管局（KNF），负责银行、保险机构、证券机构和养老基金的统一监管。同时该局还和波兰财政部、中央银行共同组建了金融稳定委员会，以形成一套有效的金融危机应对机制。

近年来，为了令本国银行业更加健康稳定，波兰实行了较为严格的银行监管体制，这也使得与欧盟其他国家相比，波兰在为投资者提供贷款的时候更为审慎。外国投资者在向波兰银行申请贷款时，需要提供在波兰的信用信息或需要母公司提供充足的担保，否则申请很难获得银行的批准。同时，波兰银行的贷款过程较为复杂，贷款决策程序也较漫长。不过，中国银行、中国工商银行等许多国内商业银行在波兰均设有分支机构，前往波兰的中国投资者可以考虑向这些在波兰拥有多年经验的中资金融机构寻求资金支持。

③劳工与环保法律制度

在波兰，劳动法最重要的渊源是《劳动法典》，此外还包括《工会法》《雇主组织法》《因雇主原因终止雇佣关系的特别规则法》以及相关法律的实施细则，此外雇主与工会达成的集体协议也是保护劳动者权利的重要依据。劳动纠纷由专门的劳动法庭负责审理，不过劳动法同时也规定，雇主与雇员应尽量争取和解。需要注意的是，在波兰聘用外国雇员除涉及上述劳动法规范外，还需要遵守其《关于促进就业和改善劳动力市场结构法》以及《外国人法》的有关规定，取得工作许可。一旦雇主雇用无工作许可的外国人或者非法律允许可以免于申请工作许可的外国人，就会受到较为严厉的行政处罚甚至承担刑事责任。

波兰对于环境保护问题一直非常重视，专设环境部负责资源合理利用以及环境保护与发展问题。除《环境保护法》外，波兰还先后颁行了《环境保护检查法》《空间规划和管理法》《自然保护法》《关于防止环境损害和环境损害补偿法》《关于就环境及环保、环保公共参与及环境影响评估提供信息的法案》《温室气体排放交易法案》等。此外，由于波兰同时是欧盟和经合组织的成员，因此在波兰进行项目投资，除前述波兰国内法规范外，还需要遵守这两个组织颁行的环境保护相关强制性标准与规则。

④争议解决法律制度

波兰的国家法院体系由普通法院和特别法院组成，其中普通法院又分为地方法院、区域法院和上诉法院。波兰实行两审终审制，地方法院和区域法院设有专门部门处理商业、劳动、婚姻家庭和社会保险纠纷案件，此外地方法院还设有特别商业案件部门处理破产案件。

波兰没有专门的仲裁法，仲裁问题规定在其《民事诉讼法》第五章，其规则制定的依据主要是联合国国际贸易法委员会的《国际商事仲裁示范法》。波兰商会仲裁庭和波兰私有企业家联合仲裁庭是目前波兰国内最主要的两个常设仲裁机构。此外，波兰已于1961年加入《承认及执行外国仲裁裁决公约》（《纽约公约》），但作出了两项保留：一是仅限于承认和执行在另一缔约国领土内作出的裁决；二是仅适用于契约性和非契约性商事法律关系引起的争议。

（2）苏联法圈代表性国家——俄罗斯

20世纪90年代，苏联的解体导致了一些国家的独立，这些国家主要由五大部分组成：其一，俄罗斯与白俄罗斯；其二，东欧两国——乌克兰、摩尔多瓦；其三，波罗的海3国——拉脱维亚、立陶宛和爱沙尼亚；其四，高加索3国——格鲁吉亚、亚美尼亚和阿塞拜疆；其五，中亚5国——哈萨克斯坦、塔吉克斯坦、吉尔吉斯斯坦、乌兹别克斯坦和土库曼斯坦。这些国家虽然现在均已独立，但由于地理和历史文化等原因，其立法仍或多或少留有苏联法的印记，存在许多共同性。整体而言，这些国家大多在苏联解体后，利用欧洲国家经验并结合自身传统特色完成了民事法律制度的改革，特别是民法典的编纂。这些国家的民事法律多确立了契约自由、保护财产、不干涉私人事务、拒绝前行政管理制度等相似原则。同时出于吸引外来投资、迅速恢复经济的需要，这些国家几乎都给外国投资者提供了国民待遇甚至是超国民待遇，对于外国企业的设立和外国董事任职并无特别限制。当然，在这些国家中也有些国家发展比较缓慢，对法律制度的需求较低，尚未形成一致立法，如土库曼斯坦，该国法律基本就是总统意志的实现，法律实际上居于次要地位。[1] 不过大多数国家的法律体系还是在不断健全之中，俄罗斯在这些国家中无疑最具代表性。

---

[1] 敬云川、解辰阳：《"一带一路"案例实践与风险防范（法律篇）》，海洋出版社2017年版，第170-179页。

俄罗斯地跨欧亚两个大陆，与中国、蒙古国、朝鲜接壤，与日本、加拿大、格陵兰、冰岛、瑞典隔海相望，有着丰富的矿产和能源资源，是目前世界上最大的石油和天然气输出国。无论从地缘毗邻优势看，还是从两国政治互信看，俄罗斯都是中国共建"一带一路"构想的重要伙伴，因此我们这里选取俄罗斯作为"一带一路"沿线大陆法系板块苏联法圈的代表性国家，对其法律制度供给情况进行专门研究。

俄罗斯是典型的大陆法系国家，整体法律体系较为健全，其制定法包括宪法、联邦宪法性法律、联邦法、总统法令、政府规章和联邦地方成员的法律，不过受苏联时期立法影响，目前俄罗斯的部分法律仍带有较强的计划经济色彩。

①贸易投资法律制度

就贸易规则来说，俄罗斯于2012年正式成为WTO的成员，同时其还是欧亚经济联盟（EAEU，由俄罗斯、白俄罗斯、哈萨克斯坦、吉尔吉斯斯坦和亚美尼亚组成）的成员，因此其贸易规则除了要遵循WTO相关规范外，还需要遵照EAEU规则，而EAEU国家在外贸、海关、产品认证和其他方面有着统一的规定。近年来为了应对欧美制裁，保护本国市场，俄罗斯在进出口贸易方面规定了一系列手续和程序，增加了交易的时间和成本，在世界银行营商环境指南中，俄罗斯跨境贸易难度在全球189个国家和地区中位列第155。[1]不过，近年来中俄之间签订的许多双边贸易协定，为中俄贸易提供了便利，主要包括：1992年《中华人民共和国政府和俄罗斯联邦政府关于经济贸易关系的协定》、2000年《中俄政府间2001—2005年贸易协定》、2000年《中华人民共和国政府和俄罗斯联邦政府关于中华人民共和国公民在俄罗斯联邦和俄罗斯联邦公民在中华人民共和国的短期劳务协定》、2000年《中华人民共和国政府和俄罗斯联邦政府关于共同开发森林资源合作的协定》等[2]。2015年中俄双方又签署了《关于促进双边贸易的谅解备忘录》，提出扩大相互市场准入、扩大服务贸易、提升贸易便利化水平、支持俄在华设立俄罗斯贸易中心、推动两国跨境电子商务、打造中俄博览会、开展俄进口替代政策框架下的贸易和投资合作等促进双边贸易的15项具体措施。2019年6月5日，中俄元首

---

[1] 国家开发银行：《"一带一路"国家法律风险报告（上）》，法律出版社2016年版，第20-43页。

[2] 朱南平：《〈中俄保护投资协定〉评析》，载《西伯利亚研究》2011年第5期。

决定将两国关系提升为"新时代中俄全面战略协作伙伴关系",中俄两国经贸合作的规模和质量显著提升。2020年双方共签署经贸合作协议40余项,全方位务实合作深入推进。[1]

就投资规则来说,俄罗斯关于促进投资合作的法律主要包括《俄罗斯联邦外国投资法》《俄罗斯联邦产品分成协议法》《俄罗斯联邦劳动法典》《俄罗斯联邦税务法典》《俄罗斯联邦民事法典》《俄罗斯联邦经济特区法》等。目前,俄罗斯基本给予了外国投资者以国民待遇,对于公司股东、高管的任职没有国籍限制,同时除航天航空、核材料与放射性物质、加密工具和机密数据仪器、军事等涉及国防和国家安全等战略性重要行业的投资外,俄罗斯并没有针对外国投资者的专门的市场准入负面清单,也就是说除上述特殊行业外,对某些行业投资的限制或批准要求基本既适用于外国人也适用于俄罗斯人。根据《俄罗斯联邦民法典》,外国投资者可以以有限责任公司、股份有限公司、合伙企业等形式在俄罗斯设立经济实体,其中有限责任公司的最低注册资本额仅为10000卢布(约合1100元人民币)。此外,需要注意的是,对于农耕地,俄罗斯不允许外国资本占50%以上份额的外资实体或者外国公民、无国籍人拥有,这些外资实体或外国公民、无国籍人只能租赁农耕地。2006年中俄政府签订了《中华人民共和国政府和俄罗斯联邦政府关于促进和相互保护投资协定》。

②金融法律制度

整体而言,俄罗斯对外国银行采取了较为严格的法律管控措施,不允许其在俄罗斯境内设立分行,但可以在当地依据俄罗斯法律设立子公司或代表机构。虽然加入WTO后,俄罗斯逐步取消了原有对外资在俄罗斯银行业占比的限制,但其银行法同时也规定,一旦发生对俄金融安全、经济安全不利的情况,以国家利益安全为前提,俄罗斯政府可以立即采取措施限制在俄外资银行的境内业务。

③劳工与环保法律制度

《俄罗斯联邦劳动法典》是俄罗斯调整劳动关系的基本法律,该法对劳动合同的订立、解除、最低工资、工作时长、休息时间、劳动保障等问题均进行了明确规范。同时,根据《俄罗斯联邦外国公民法律地位法》的规定,外

---

[1] 企观国资:"一文说透中俄经贸合作",http://news.sohu.com/a/534653468_121040153,最后访问时间:2023年4月2日。

国人只有在与雇主签订劳动合同，并取得俄罗斯工作许可证的情况下，才可以在俄从事相关劳动活动，此时其与俄罗斯公民享受劳动法典的平等保护，相应地也需要承担同样的义务。

俄罗斯环境法由联邦法和地方法共同组成。《俄罗斯联邦环境保护法》确立了自然资源有偿使用、环境损害赔偿以及污染费等环境补偿或损害赔偿机制。也就是说，在俄罗斯，对于自然资源的使用是有偿的，且对环境造成负面影响也要承担相应的罚款，对于超过限制范围的环境污染还另外征收污染费。俄罗斯联邦自然资源和环境部是其主要的国家环境监督部门，该部门下设联邦自然资源管理监督局、联邦水文气象和环境监测局、联邦林业局、联邦底土管理局等一系列专属机构，负责专门领域的环境监管。

④争议解决法律制度

俄罗斯联邦有两套法院系统，一套是处理犯罪案件和公民纠纷的普通法院系统，该系统由地方法院、区域法院、联邦主体法院和俄罗斯联邦最高法院组成。另一套是处理商业活动引起的机构和企业间纠纷的商事法院系统，该系统与前述普通法院系统不同，其仅在联邦层面运行，由四级法院组成，即俄罗斯联邦大区裁判法院、裁判上诉法院、地区联邦裁判法院和知识产权法院（专业法院），虽然存在四个等级，但实践中俄罗斯商事法院系统的效率还是比较高的，普遍采取了电子文件流转系统，一般自法院收到申请到签发执行令的时间大约为 6 个月，大多数案件在一年内基本可以通过所有上诉阶段。

俄罗斯颁布有《俄罗斯联邦仲裁法》，同时其也是 1958 年《承认及执行外国仲裁裁决公约》的签署国，商事纠纷当事人可以根据仲裁协议将纠纷提交仲裁机构裁决，目前俄罗斯处理涉外商事纠纷的主要仲裁机构是设置于俄罗斯联邦互助商会的俄罗斯国际商事仲裁院。1996 年中俄签署了《中国国际商会/中国国际贸易促进委员会和俄罗斯联邦工商会关于商事仲裁的合作协议》。

（3）东盟法圈代表性国家——越南

东盟是中国的近邻，虽然在其成立的早期双方因历史原因关系较为冷淡，但从 20 世纪 70 年代中后期开始，中国与东盟的关系便发生了重大转折，经济交往日趋密切，1996 年中国成为东盟的全面对话伙伴国，2010 年中国—东盟自由贸易区（CAFTA）正式全面启动，成为一个涵盖 11 个国家、19 亿人口、GDP 超 6 万亿美元的巨大经济体，是目前世界上人口最多的自贸区，也是发展中国家间最大的自贸区。2018年，中国—东盟构建创新年，双方将努力深化在智慧城市、数字经济、人工智能、"互联网+"等领域的合作[1]。2021年11月22日，中国与东盟由"战略伙伴关系"升级为"全面战略伙伴关系"[2]。

越南位于中南半岛东部，东南两面临海，北面与中国接壤，西面与老挝和柬埔寨交界。虽然其1995年才正式加入东盟，与中国的关系也是在20世纪90年代之后才逐步正常化，但近年来在中越两国政府的大力支持下，两国经贸合作关系得到了迅速恢复，特别是进入21世纪以来，借着中国—东盟自贸区的东风，更是取得了飞跃式发展。2016年中国与越南贸易总额高达982亿美元，越南首次超过马来西亚成为中国在东盟的最大贸易伙伴国。即使受2020年以来新型冠状病毒感染疫情的影响，越南作为中国在东盟最大贸易伙伴国的地位依然没有改变[3]，而中国也继续保持着越南最大进口国的地位。此外，越南还连续几年在英国《金融时报》的"新兴市场海外直接投资（FDI）吸引力"指数评比中拔得头筹，因此，在这里我们选取越南作为"一带一路"大陆法系板块中东盟法圈的代表性国家进行专门研究。

越南现行法律制度受法国法影响，隶属于大陆法系，法律部门较齐全，但由于其法律法规经常被修订和补充，法律及其立法解释具有一定的不确定性，部分法律条款不够成熟。近年来，除通过东盟与中国、日本、印度、韩国、澳大利亚、新西兰等各亚太大国达成自由贸易协定外，越南还单独与爱尔兰、加拿大、智利、欧盟等国家或地区签订了自由贸易协定，并签署了跨太平洋伙伴关系协定（TPP协定）。目前越南的家电、摩托车发动机、农机、服装纺织、中成药、矿产开采、水果加工等都是中资企业投资的热点。但总体来说，越南现有营商环境尚有待改善，同时其司法公正尚不能完全得到保障。[4]

---

[1] 国务院："中国—东盟关系进入全方位发展新阶段"，http://www.gov.cn/xinwen/2018-08/06/content_5312111.htm?_zbs_baidu_bk，最后访问时间：2022年11月23日。

[2] 海外网："三十而立，中国东盟关系升级恰逢其时"，https://opinion.haiwainet.cn/n/2021/1123/c353596-32279563.html，最后访问时间：2022年11月23日。

[3] 中华人民共和国商务部："越南是中国在东盟最大贸易伙伴"，http://www.mofcom.gov.cn/article/i/jyjl/j/202009/20200903001266.shtml，最后访问时间：2022年11月23日。

[4] 国家开发银行：《"一带一路"国家法律风险报告（上）》，法律出版社2016年版，第128-148页。

①贸易投资法律制度

就贸易规则来说，越南是 WTO 成员，与中国同属中国—东盟自由贸易区，其与贸易有关的法规主要包括：《民法》《对外贸易管理法》《进出口税法》《海关法》《知识产权法》《企业法》《会计法》《统计法》《反补贴法》《竞争法》《水产品法》《反倾销法令》《反补贴法令》《食品安全与卫生法令》《电子交易法》《保护国内改进新植物品种法令》等。其中最为重要的是 2017 年 6 月越南国会新通过的《对外贸易管理法》，该法于 2018 年 1 月 1 日生效，共 8 章 113 条内容。其明确规定了对外贸易法律的实施须保障清晰、公开、平等、简化行政手续；保障国家及各经济成分组织的合法权利和利益；保障充分实施最惠国待遇原则，根据越南法律规定及越南是成员方的国际公约规定的内容来对待和处理国家的对外贸易活动。同时，该法还对对外贸易管理当中的禁止行为进行了规定，即禁止利用职务之便、禁止超出对外贸易管理法律规定的权限、禁止阻碍合法的进出口经营、禁止侵犯商人进出口的经营自由、禁止采用的对外贸易管理措施与权限不符、禁止工作流程及手续不符、禁止违法泄露商人保密信息等。

就投资规则来说，越南与投资有关的法律制度主要包括《投资法》《民法》《企业法》《会计法》《竞争法》《海关法》《税法》等。其中最为主要的投资法律是越南《投资法》，该法制定于 2005 年。当时为了加入世界贸易组织，越南制定并实施了《投资法》，取代之前实施的《外商投资法》，对外国投资行为和越南国内投资行为进行了统一的规定，此后越南又于 2015 年及 2020 年对《投资法》进行了数次修订。该法允许境外投资者以下述各种直接或间接投资方式在越南开展经济活动：a. 设立外商独资企业或与当地企业合资；b. 以商业合作合同的形式进行投资；c. 以 BOT/BT/BTO/BO 方式进行投资；d. 以公私合作模式进行投资（PPP）；e. 设立分支机构或代表处；f. 通过购买股票或融资方式参与投资活动管理；g. 通过购买股票、债券等有价证券进行投资；h. 通过证券投资基金进行投资；i. 通过对当地企业和个人的股份、债券等有价证券进行买卖来进行投资；j. 通过其他中介金融机构进行投资等。2020 年新修订的《投资法》首次引入了市场准入"负面清单"制度。这意味着除了法案附带的《限制性行业清单》中明确规定的行业外，外国实体在越南投资方面享有国民待遇。[1] 需要注意的是，根据越南现行土地法规定，土地所有权属于国家，不承认私人拥有土地所有权，但集体和个人可以对国有土地享有使用权，土地使用期限分为长期稳定使用和有期限使用两种情况，其中有期限使用的土地其使用期分为 5 年、20 年、50 年、70 年、90 年不等。因此，对于外国投资者来说，其不能在越南购买土地，但可以租赁土地并获得土地使用权，使用期限一般为 50 年，特殊情况可以申请延长，但最长不超过 70 年。投资者获得土地使用权后，如果在规定的期限内未实施项目，或者土地使用情况与批准内容不符，越南政府有权收回土地，并撤销其投资许可证。另外，值得一提的是，除了中国—东盟自由贸易协定外，中越之间还签署了包括《关于鼓励和相互保护投资协定》《关于对所得避免双重征税和防止偷漏税的协定》等众多双边贸易投资协定。

②金融法律制度

越南的金融机构主要由其 2010 年颁布的《金融机构法》规范，国家银行是越南的中央银行并负责监管银行和金融机构。目前越南对外资银行的准入采取了较为开放的态度，但对其设立分支机构和开展业务进行了一定限制。越南本国的商业银行主要包括国有控股银行、股份制银行、农村商业银行等类型，其中越南投资发展银行、越南外贸股份商业银行、越南工商银行和越南农业农村发展银行四大国有控股银行占据其全国信贷规模的 50% 左右，其他银行规模普遍较小，业务通常以区域性为主。近年来，越南银行业一直保持较快的信贷扩张步伐，信贷结构由传统的工业、建筑类向消费类倾斜。不过，与此同时，由于信贷扩张过快，资本充足率呈逐渐下降趋势，存在较大金融风险。而由于对外资银行准入比较开放，加之东盟经济共同体的建成，新加坡、马来西亚等国银行纷纷进军越南市场，在一定程度上也对越南本土银行造成了冲击，一旦触发金融危机，越南银行恐怕难以有足够资本防范风险。

对于外国投资者来说，越南的融资成本较高、融资效率较低。根据相关规定，越南银行对境外实体和个人实行与越南当地人不同的融资条件，例如

---

[1] 云舟观天下："越南新投资法放宽外商投资限制，中国投资者有哪些机遇？"，https://zhuanlan.zhihu.com/p/405082550，最后访问时间：2022 年 8 月 30 日。

规定任何境外投资实体在境内或境外获得的中长期贷款不能超过投资的数额，支付给海外出借方的利息需要预提5%的利息税等。[1] 同时，虽然目前越南盾实行的是盯住美元的浮动汇率制，但由于其自身金融基础薄弱，一旦发生金融危机，投资者还是需要承担较大的货币贬值风险。例如，2008年金融危机时，大量热钱流出越南，越南盾迅速贬值，在越外国投资者普遍损失惨重。

③劳工与环保法律制度

《劳动法》是越南调整劳动关系的基本法律，该法对招工、雇佣合同、工作时间、工作场所、休息时间、劳动保障、劳动纪律和劳动争议解决等问题进行了规范。2019年，越南对《劳动法》进行了修正，扩大了劳动者的保护范围，外国雇员在越南的劳动合同的签署则更具有灵活性。首先，只要符合电子交易法，新修改的《劳动法》就承认以电子方式签署的劳动合同。新法还允许期限少于一个月的口头合同，但是工人群体、15岁以下的未成年人和家政工人仍需要书面合同。其次，外国雇员、已到达退休年龄雇员、雇员代表组织（如工会）官员和具有国有资本企业的董事的定期合同可以多次更新，其他类型的员工仍将限于两个连续的定期合同，此后第三份合同必须是无限期合同。此外，新的《劳动法》赋予雇员和雇主双方在一定条件下单方面终止劳动合同的权利。[2]

目前低廉的劳动力成本已经成为越南吸引外国直接投资的一个重要因素，但由于受教育水平等原因，越南工人技术水平参差不齐，工作效率普遍较低，且罢工现象时有发生，其中尤以纺织成衣业罢工现象最为频繁。劳资纠纷已经成为投资越南制造业面临的重要风险之一。

自然资源与环境部是越南主管环境保护的部门，主要职责是管理全国土地、环境保护、地质矿产、地图测绘、水资源、水文气象等工作。目前，越南政府对环境保护问题日益重视，环境保护法提出了环境影响评估要求和环保承诺要求，要求相关投资项目必须提交环评报告，然后由国家主管机构予以批准。项目开工后，环保部门还会定期对企业的环保情况进行检查，不达标的必须马上停工整顿并接受处罚。

---

[1] 中华全国律师协会：《"一带一路"沿线国家法律环境国别报告（第二卷）》，北京大学出版社2017年版，第1107-1142页。

[2] "走出去"导航网："投资前瞻：2021年越南四项重大投资法律变动"，https：//baijiahao.baidu.com/s?id=1686857749173689522&wfr=spider&for=pc，最后访问时间：2022年12月30日。

④争议解决法律制度

越南争议解决法律法规相对健全，包括《民事诉讼法》《仲裁法》《行政诉讼法》等。越南法院体系分为地方法院、省级法院、高级法院和最高法院四个等级，最高法院由最高法院法官委员会以及各个单独特别法庭组成。目前由于越南法院独立性还有待加强，因此投资者多倾向于选择仲裁方式解决商事争议。

越南《仲裁法》对商事领域的仲裁争议解决作出了规范，需要注意的是，该法明确规定如果双方当事人在协议中约定争议同时由仲裁和诉讼解决，则由先受理申请的机构作为争议解决机构。越南已于1995年加入《承认及执行外国仲裁裁决公约》，同时中国和越南也签署了《关于民事和刑事案件司法协助的条约》。

2. 英美法系板块代表性国家——马来西亚

较之大陆法系，英美法系国家的法律体系更为纷繁复杂，虽然现代各英美法系国家也越来越重视成文法的颁行，但判例法仍占据重要地位，而且不同于大陆法系国家对于法律分类的重视，英美法系更加注重从诸多个别具体事务中找到普遍共同规律，即更注重法律的实用性，其法官在特定环境下有权结合个案对法律进行不同诠释，这就导致这些国家的法律规则非常庞杂，其复杂性往往很难被非专业人士所了解，无形中增加了投资者的法律成本。不过也正是由于这种复杂性，其法律移植的难度也远高于大陆法系，因此在"一带一路"沿线65个国家和地区中，英美法系国家仅有10个，它们中绝大多数是英联邦国家或者曾经受英美两国长期殖民的国家，其中还包括菲律宾这种因被传统大陆法系国家和传统英美法系国家先后殖民而融合了两大法系特征的混合体国家，并且由于伊斯兰教徒大量移居菲律宾，伊斯兰法在菲律宾也有一定的适用，因此有学者认为菲律宾实际上属于普通法世界中的混合法系。[1] 此外，以色列由于建国较晚及地理位置的特殊性，三大法系都对其有一定影响，可以说是一个法律多元化的国家。

事实上，"一带一路"沿线的英美法系国家由于基本上都是在近代法律改革之后受宗主国的影响方加入英美法系的，其立法不可避免地仍保有了相当部分原有法律与宗教的印记，如印度、孟加拉国等国的法律受印度教影响较

---

[1] 张卫平：《菲律宾的法律制度》，载《东南亚研究资料》1985年第4期。

大，缅甸、尼泊尔等国的法律受佛教影响很大，马来西亚等国的法律则受伊斯兰教的影响较大。鉴于马来西亚是这些国家中与中国经贸往来较为密切的国家，吸引了大批中国投资者，同时其也是古代海上丝绸之路上的重要国家，更是最早响应"一带一路"倡议的沿线国家，其甚至将"一带一路"写入了2017—2018年度经济报告之中，因此我们这里选取马来西亚作为"一带一路"沿线英美法系板块的代表性国家对其法律制度供给情况进行专门研究。

马来西亚地处东南亚，是英联邦成员，实行联邦国会君主立宪制，沿袭了英国政治传统。马来西亚实际上采取的是世俗法和伊斯兰教法并行的双轨司法体系，其中伊斯兰教法以宗教教义为主要来源，在民事案件方面，宗教法院仅受理婚姻继承和穆斯林的某种形式的信托财产问题；而世俗法则以英国判例法为基础，其现行民商经济法基本属于世俗法领域[1]，是我们下面研究的重点。

（1）贸易投资法律制度

就贸易规则来说，由于贸易是当前马来西亚经济增长和发展的重要推动力，因此其总体上采取的是较为开放自由的对外贸易政策。1995年马来西亚加入了WTO，对外贸易制度遵从WTO相关规则，此外马来西亚还是东盟的创始成员之一，积极推进地区贸易自由化，目前马来西亚或是通过东盟，或是自己单独，已经与中国、日本、韩国、巴基斯坦、新西兰、澳大利亚等亚太主要国家和地区达成自由贸易协定。目前，马来西亚的对外贸易法律主要有《海关法》《海关进口管制条例》《海关出口管制条例》《海关估价规定》《植物检疫法》《保护植物新品种法》《反补贴和反倾销法》《反补贴和反倾销实施条例》《保障措施法》《外汇管理法令》等。需要特别注意的是，由于宗教原因，在马来西亚向穆斯林提供食品需要取得伊斯兰发展署的检验和批准。

就投资规则来说，马来西亚并无统一的专门规范投资行为的法典，与国际投资有关的法律主要有《合同法》《公司法》《工业协调法》《投资促进法》等。值得注意的是，马来西亚对于进入本国的外国投资者在投资范围、持股比例等方面均有不同的限制。以服务业为例，马来西亚不仅对服务业外资准入规定了较为苛刻的审核批准程序，而且规定了非常严格的持股比例限制，如在金融、保险、电信、直销等服务领域，外资持股比例不得超过30%或

---

[1] 国家开发银行：《"一带一路"国家法律风险报告（上）》，法律出版社2016年版，第208-224页。

50%等。[1] 不过值得一提的是，近年来马来西亚政府越来越倾向于鼓励并尊重外来投资，其对外商投资及其股权比例的限制正在逐步放宽，允许外国投资者在制造业、新能源等领域百分之百控股。另外，对于鼓励外国投资的产业，马来西亚政府还特别给予了税收、工作签证、审批流程等方面的优惠政策，在马来西亚投资农业、旅游业、酒店服务业的外国企业经过申请可以获得投资税额抵免优惠政策。

此外，马来西亚目前还没有一个专门的政府部门对外国投资进行全面统一管理，主管部门因行业而异，包括投资发展局、经济计划署在内的多个部门分别负责制造业、服务业和其他行业的投资。[2]

值得一提的是，自2022年3月18日起，《区域全面经济伙伴关系协定》（RCEP）对马来西亚正式生效。中国和马来西亚之间相互履行RCEP市场开放承诺和各领域规则，将进一步提升两国贸易投资合作水平，为两国企业和消费者带来更多红利，也将有利于区域产业链、供应链优势互补、深度融合，为区域经济增长作出新贡献。[3]

（2）金融法律制度

马来西亚的金融法律环境是构建在一个传统银行系统与伊斯兰银行系统并存和运营的双重金融系统之上的，每个系统均有其各自的法律法规。消费者和企业能享有可同时从两个金融系统中选择获益的便利性。《金融服务法案》和《伊斯兰金融服务法案》各自规定了与传统银行和伊斯兰银行相关的事项。同时，除通过银行进行传统方式的融资外，投资者还可以基于《资本市场和服务法案》以及相关操作指引规定，在马来西亚资本市场选择通过基于传统方式或符合伊斯兰金融准则的债券或股权证券方式进行融资。[4]

近年来，为鼓励外来投资，马来西亚政府在多方面给予了投资者以融资便利。马来西亚政府先后设立了伊斯干达开发区、北部经济走廊、东海岸经济区、沙巴发展走廊、沙捞越再生能源走廊五大经济特区，以及多媒体超级走廊、多个自由工业区和保税工厂，每个经济特区或自由工业区重点推动和

---

[1] 鲁学武：《马来西亚外资准入限制及其法律风险防范》，载《常州大学学报（社会科学版）》2017年第4期。
[2] 黄宁宁、孙黎、诸见诚：《马来西亚投资法律制度（一）》，载《上海律师》2016年第12期。
[3] 胡慧茵：《RCEP正式对马来西亚生效　中马经贸注入新活力》，载《中国外资》2022年第4期。
[4] 中华全国律师协会：《"一带一路"沿线国家法律环境国别报告（第一卷）》，北京大学出版社2017年版，第1042-1047页。

鼓励发展的行业和领域均有侧重，对投资有着不同的规定。[1]

（3）劳工与环保法律制度

马来西亚的主要劳动法律包括《雇佣法》《雇员公积金法》《雇员社会保险法》《劳资关系法》《工会法》《职业安全与健康法》《最低工资规定》等，分别对基本雇佣条件、强制公积金制度、职业伤害保险计划与养老计划、劳资工会关系、职业安全、最低工资等问题进行了规范。同时，与大多数国家一样，外国人在马来西亚工作必须获得工作许可，而且由于马来西亚对本国企业鼓励雇用本国员工的政策，其对外籍员工的雇佣实行个案批准制度，并附带一定条件，在雇主尝试雇用本国公民未果后，才会考虑外籍员工的申请，即使是外国公司雇用外籍员工也会受到一定的限制。2020年以来，为保障受新型冠状病毒感染疫情冲击的本国民众能够优先找到工作，马来西亚人力资源部曾发声明仅允许建筑行业、农业以及种植业雇用外籍员工。后因一些雇主抱怨招聘不到足够的员工，马来西亚政府逐步放宽了对外籍员工的用工限制。[2]

《环境质量法》是马来西亚的基本环境保护立法，目前马来西亚对工业污染采取了一系列环境控制措施，除上述《环境质量法》外，又颁布了《环境质量（清洁空气）条例》《环境质量（计划内废物）条例》等一系列具体规范，同时要求开发新项目必须根据《环境质量（环境影响评估）命令》进行评估。此外，近年来针对某些具体行业，马来西亚还出台了一些指导方针，如《管理和控制马来西亚受污染土地指导方针》等，这些文件虽然没有法律效力，但马来西亚政府还是建议各行业充分遵守这些指导方针，而且不排除其日后转化为立法的可能性。

（4）争议解决法律制度

马来西亚世俗法院体系由初级法院和高级法院共同组成，其中初级法院系统包括头领法院、地方法院、治安法院（也称法官开庭法院），高级法院系统包括高等法院、上诉法院和联邦法院。这些法院的民事管辖权范围和案件审理权限由《联邦宪法》《法院审判条例》《下级法院条例》等规范。一般来说，头领法院仅可以在初审程序中审理民事案件，且诉讼当事人必须为能理

---

[1] "走出去"导航网："解析：马来西亚外国投资准入制度"，https://baijiahao.baidu.com/s?id=1687561779616423807&wfr=spider&for=pc，最后访问时间：2022年12月31日。

[2] 新华社新媒体："马来西亚放松外籍员工雇用限制"，https://baijiahao.baidu.com/s?id=1675046844435258660&wfr=spider&for=pc，最后访问时间：2022年12月31日。

解马来语的亚洲人，标的不得超过 50 林吉特；地方法院分为第一级和第二级，分别有权审理标的不超过 2000 林吉特和 3000 林吉特的民事案件；治安法院审理交通事故、地主和佃户纠纷以及标的不超过 25 万林吉特的民事案件；高等法院对所有一般及特别的民事案件拥有初审管辖权，并对所有初级法院具有监督和改判管辖权；上诉法院审理所有针对高等法院判决或裁定提起的上诉，但同时也有一些限制；联邦法院是马来西亚的最高等级法院，其管辖权包括初审管辖权、协议管辖权和上诉管辖权。由于马来西亚没有严格的审理期限的规定，因此案件好几年都得不到处理的情况并不少见，即使是高效审理的案件通常也要 1 年左右，慢的则要 5 年，司法效率较低。因此，投资者多选择仲裁方式来解决争议。

马来西亚制定有专门的《仲裁法》，为了顺应国际商事仲裁的发展潮流，该法出台后历经两次修改。同时，作为建立亚太地区一体化争议解决体系的重要举措之一，1978 年亚非法律咨询委员会在马来西亚吉隆坡建立了一个地区仲裁中心，1990 年马来西亚法院通过判例确立了在该仲裁中心规则下仲裁的案件不受马来西亚地方法院监督的原则。此外，马来西亚还是《承认及执行外国仲裁裁决公约》的缔约国。

3.伊斯兰法系板块代表性国家——沙特阿拉伯

从历史上看，海陆丝绸之路始于秦汉、发展于魏晋南北朝、繁荣于唐宋，在此期间，西亚地区既是陆上丝绸之路的重要一环，也有着许多海上丝绸之路的沿线港口，可以说是两条丝绸之路的交会之地，其特殊的地理位置决定了该地区在当前"一带一路"倡议中不可替代的重要地位。众所周知，西亚很多国家都自古信奉尊奉伊斯兰教，以伊斯兰教法作为法律基础，今天这些国家的法律虽然或多或少受到了一些西方法律思潮的影响，但其中伊斯兰法的特征仍十分明显，形成了不同于前述大陆法系和英美法系的伊斯兰法系。当今全球主要能源资源都集聚在"一带一路"沿线的伊斯兰法系国家之中，其能源供应潜力巨大，同时这些国家在基础设施建设、公共服务产品等方面的需求非常旺盛，与我们正好形成良性互补。而在这些伊斯兰法系国家中最具代表性的无疑是沙特阿拉伯王国（简称"沙特"），其位于亚洲、欧洲、非洲三大洲的交会处，西面和东面分别被红海与波斯湾环绕，地处中东心脏地带，区位优势明显，是实现"一带一路"互联互通的重要节点。同时沙特也是中东地区最大的经济体和消费市场，是世界贸易组织、二十国集团、石油输出国组织的成员。自 1990 年中国与沙特建交以来，双方经贸合作一直十分密切，目前沙特已经成为中国在西亚北非地区最大的贸易伙伴国、最重要的海外原油供应国以及最具发展潜力的承包工程市场。2016 年中沙两国关系更是升级为"全面战略伙伴关系"，并签署了《中华人民共和国政府与沙特阿拉伯王国政府关于共同推进丝绸之路经济带和 21 世纪海上丝绸之路以及开展产能合作的谅解备忘录》。因此，我们在这里选取沙特作为"一带一路"沿线伊斯兰法系板块的代表性国家对其法律制度供给情况进行专门研究。

沙特法律以伊斯兰教法为主要法律渊源，除伊斯兰法外，沙特也有成文法。成文法以国王和内阁会议决议签署的皇家法令、部长决定和沙特政府颁发的法律法规等形式出现，国际条约协定等只能通过皇家法令的方式颁布。所有这些法律都参照伊斯兰教法进行解释，并可以根据伊斯兰教法进行增补，当法律与伊斯兰教法不一致时以伊斯兰教法为准。[1] 在沙特，先前的裁判不会形成对之后案件有约束力的判例，因此裁判部门在解释并适用法律时有相当大的自由裁量权，特别是在解释并适用伊斯兰教法的时候。

（1）贸易投资法律制度

就贸易规则来说，沙特是世界贸易组织成员，其涉及贸易的法律规范主要有《商业代理法》《关税法》《商业注册法》《商标法》《商业竞争法》《商业资料法》等，此外还有《进口许可原则》《进口许可获取程序》《动植物卫生检疫规定》《海关估价程序》等有关部门规章。其中需要特别注意的是沙特的商业代理制度，与很多伊斯兰法系国家一样，沙特实行严格的商业代理制度。该制度赋予沙特公民及沙特的全资公司在本国从事贸易活动的垄断地位。商业代理成为沙特非石油行业的支柱产业之一。在沙特没有设立股份公司、有限公司及分支机构等经营实体，但希望从事贸易活动的外国公司必须通过指定沙特代理人或经销商的方式进行贸易活动，包括进口货物的分销及采购本地商品再零售。代理协议须在沙特商工部进行登记。从事代理业务的主管人员或代表必须是沙特人，禁止由外国委托人直接或间接掌握代理权的"借壳代理"（shell agent）。在沙特，代理关系不具有排他性，一方面，一家沙特公司或个人最多可与 10 家外国公司签订代理协议；另一方面，一个外国公司也可以指定两家以上的沙特代理人，但沙特商工部通常不会为同一个外国委托

---

[1] 敬云川、解辰阳：《"一带一路"案例实践与风险防范（法律篇）》，海洋出版社 2017 年版，第 209-211 页。

人注册一个以上的代理协议。此外，根据沙特商工部代理协议样本，在业务已经取得明显成功的情况下终止代理协议，应给予代理合理的补偿。除通过商业代理之外，外国公司也可以采取在沙特境外交货，由沙特买家以自行办理进口手续的方式进入沙特市场；外国投资者还可以与沙特本国投资者成立合资公司，直接从事贸易活动，但门槛极高，要求外资股权不得超过 75%，且每名外国投资者的最低投资额为 2000 万里亚尔（约合 3500 万元人民币），每年还最少要对 15% 的沙特员工进行培训。[1]

就投资规则来说，在沙特最基本的是《外国投资法》，此外还有《投资总署法令》《外国投资法实施条例》《私营实验室法》《商业注册法》《商业账簿》《反洗钱法》《所得税法》《沙特标准局技术指南》等。沙特的投资环境总体良好，对于外资准入实行负面清单管理，负面清单之外的经济领域原则上均允许外国投资者进入。目前沙特投资负面清单中完全禁止外国投资者进入的主要是石油和天然气等自然资源的勘探开采、麦加和麦地那的房地产投资、出版传媒、道路运输等特殊产业，而城市间轨道交通、电信、保险、银行等产业则是对外资比例进行了一定限制。[2] 不过，实践中一些并不在负面清单中的产业（如各个层次的教育产业）存在着实际上禁止或限制外国投资的情况。沙特在公司管理上采取平等保护的原则，取得投资总局颁发的许可证是在沙特进行投资活动的前提。沙特最高经济委员会下设的沙特投资总局负责协调处理投资事务。

（2）金融法律制度

沙特金融发展迅速，形成了包括银行业、保险业、资本市场在内的完善金融体系。不过作为伊斯兰国家，沙特对于金融业务有着独特的规定，对于外资金融机构设立的要求比较严格，外资进入较为困难。以银行业为例，根据其《银行管理法》，外国商业银行可以通过与沙特银行合资或者在沙特设立分行的形式进入沙特市场，市场准入采取行政许可制，但并没有公布明确的审批标准，沙特央行表示银行规模、经营状况等并不是其向外国银行发放经营许可的唯一标准，需要根据个案情况，综合考虑国家金融安全、市场需求等因素予以核准许可，这实际上大大增加了进入的难度。除了禁止与以色列

---

[1] 商务部驻沙特阿拉伯经商参处：“沙特经贸制度与重点法规简介”，http://trb.mofcom.gov.cn/article/zuixindt/201506/20150600997994.shtml，最后访问时间：2022 年 12 月 31 日。

[2] 中华全国律师协会：《"一带一路"沿线国家法律环境国别报告（第二卷）》，北京大学出版社 2017 年版，第 504-528 页。

进行交易外，沙特在资本项下不论是对本国居民还是非本国居民一般不进行外汇管制。各种货币可以在沙特自由兑换，各种资金、利润及外籍人员的收入可以自由汇入汇出[1]。

在沙特，设立和获准从事经营活动的外商投资企业与沙特内资公司往往具有同等的融资机会，不过其融资行为也同样受商业惯例框架和伊斯兰教法框架的共同约束。由于在伊斯兰教法看来，货币不能自动直接产生货币，只有通过劳动将其投入创造财富的活动中获取利润才是合法的，利息是一种高利剥削，因此伊斯兰国家普遍实行了利息禁律，这也是伊斯兰金融对"利息"始终采取回避态度的主要原因。所以包括沙特在内的伊斯兰法系国家中，其金融机构不担保金融工具的期望收益，其收益来自符合伊斯兰教义的资产投资的利润分成，而非传统意义上的资本使用权让渡收益。换句话说，在伊斯兰金融体系中，存款方和银行属于共同投资人，存款方承担投资风险，银行承担管理中的操作风险。现今全球已经形成了规模可观的伊斯兰金融市场。

（3）劳工与环保法律制度

沙特的劳动法律制度由《劳工法》和相关补充规定组成，签订劳动合同是强制性的，法律对每日工作时间和每周工作时间分别限制在8小时和48小时。穆斯林员工的工作时间在斋月期间相应缩减。工资采取特定账户制，每月需发放到位。长期在沙特工作的外国人需要取得相应许可，并且雇主需要出面作为担保人。

《环境法》及其实施细则是沙特最主要的环境保护法律，此外作为实施细则的附件，沙特还陆续颁布了《环境保护标准》《工业发展项目的环境影响评估基准和程序》《环境领域实践作业的合规操作程序指引》《危险废物控制规则及程序》《处理意外事故中海洋油气和其他有害物质污染的国家应急预案》《环境违法的种类及罚款数额》等具体标准。气象和环境总署是沙特的环境保护主管部门。

（4）争议解决法律制度

沙特法院体系由伊斯兰法院、沙特申诉委员会以及沙特管辖冲突委员会构成，其中商事纠纷多由沙特申诉委员会负责。不过和许多中东国家一样，沙特的司法机构较为弱势，无法独立于政府行政机关，工作效率较低，存在

---

[1] 中国人民银行："沙特阿拉伯主要金融法规与市场准入制度"，http：//www.pbc.gov.cn/goujisi/144449/144490/144525/144902/2805848/index.html，最后访问时间：2022年12月5日。

一定的腐败现象。同时，沙特缺乏成熟的司法裁判原则和持续性的救济措施，甚至很难从公开渠道查找到可以参照的行政决定或司法裁决。[1]因此对于外国投资者来说，商事仲裁可能是解决商事争议的一种较为理性的选择。

沙特于2012年颁布了《仲裁法》，该法虽然进行了一些本土化的修订，但主要还是以联合国国际贸易法委员会的《国际商事仲裁示范法》为基础的，因此，其被认为是沙特法律发展过程中的一大进步，将对沙特国内和国际商业贸易产生积极影响。在外国仲裁裁决的承认与执行方面，沙特虽然加入了《承认及执行外国仲裁裁决公约》，但其在加入时进行了较多的保留，要求任何外国仲裁裁决都必须符合伊斯兰教法，这就意味着，外国仲裁裁决必须由沙特法院依据沙特国内法进行实体性审查后，才能得到其司法机构的执行。

（三）"一带一路"对沿线国家法律制度供给的新要求

从前述对"一带一路"沿线国家法律制度供给总体状况和主要代表性国家具体法律制度供给情况的研究可以看出，沿线各国无论是在法律体系还是在具体法律制度层面上都存在较大差异。沿线法律环境极为复杂，蕴藏着不同法系之间的冲突、不同发展阶段国家贸易投资规则之间的冲突、世俗法与宗教法之间的冲突等诸多法律冲突，令投资者在进行"一带一路"项目投资时面临着较大的法律风险与挑战。为此，我们有必要对如何解决好上述法律冲突问题进行深入的探讨与研究，以消除其对"一带一路"倡议推进所造成的阻碍，同时探索出一条促进沿线各国法律制度供给协调的有效路径。

不同于以往建立在国际组织或国际条约协定签署基础上的国际合作方式，"一带一路"是以中国政府单方倡议的形式提出的，国际社会对此存在着不同解读。部分欧美学者认为"一带一路"是中国版的"马歇尔计划"，旨在通过加强与主要发展中国家的联系，建立以中国为世界权力中心的国际体系。在他们看来，"一带一路"倡议的目的远超简单的经济繁荣共享，带有明显的政治和安全基础，其中的"中国中心主义"倾向显而易见。[2]这种解读实质上是一直以来在西方社会甚嚣尘上的所谓"中国威胁论"的延续。

事实上，我们的"一带一路"倡议与冷战时代的"马歇尔计划"存在着

---

[1] 白显月：《中国企业"一带一路"沿线伊斯兰国家商事争议解决初探》，载《中国律师》2016年第10期。

[2] 石佑启、韩永红、向明华等：《"一带一路"法律保障机制研究》，人民出版社2016年版，第3-6页。

本质上的差异，"马歇尔计划"表面上是为了复兴欧洲，防止西欧在经济上和政治上双重崩溃，但其更深层的目标却是建立美国霸权。通过该计划的推行，美国在经济上控制了西欧市场，甚至它们在海外殖民地的市场，在政治上也大大强化了对西欧的控制，为美国在全球经贸关系中主导地位的确定奠定了坚实基础。"一带一路"倡议则是以共同发展为根本导向，以平等互利为基本原则，以政策沟通、设施联通、贸易畅通、资金融通、民心相通为主要内容的涵盖政治、经济、文化的全方位国际合作模式。而且与传统的相对封闭的各类区域经济合作模式不同，"一带一路"倡议具有高度开放性和包容性，其参与方并不仅限于沿线65个国家和地区，而是向所有愿意参与共建的国家开放，最终目标是秉承和平合作、开放包容、互学互鉴、互利共赢的理念，通过务实合作，建立一个政治互信、经济融合、文化包容的利益共同体、命运共同体和责任共同体。事实上，截至2023年8月，中国国家主席习近平提出共建"一带一路"倡议已经10年，我国已与152个国家、32个国际组织签署200多份共建"一带一路"合作文件。"一带一路"倡议从理念转化为实践，创造机遇，惠及世界[1]。

可见，"一带一路"倡议既不是对现有国际制度体系的小修小补，也不是完全颠覆，而是基于现有机制弊病的创新与变革，[2]而这无疑对沿线国家法律制度供给提出了全新的也是更高的要求。

首先，"一带一路"的公共产品属性要求建立一套沿线国家普遍认同的相对稳定的行为标准和共同规范。2017年4月18日，中国外交部部长王毅在外交部举行的"一带一路"国际合作高峰论坛中外媒体吹风会上指出："'一带一路'是迄今为止中国为世界提供的最重要的公共产品，它是中国首倡，但为各国所共享。"2021年4月27日，外交部发言人汪文斌在例行记者会上说，"一带一路"已成为广受欢迎的国际公共产品和规模最大的合作平台，是大家携手前进的阳光大道。公共产品是一个经济学概念，是指为整个社会共同消费的产品，具有消费的非竞争性和受益的非排他性。从国际层面看，公共产品是特定时期内由若干国际行为体通过单独或合作方式提供的，国际社会广泛使用和普遍受益的一切物品。研究表明，全球性或区域间公共产品的供应

---

[1] 新华社："我国已与152个国家、32个国际组织签署共建'一带一路'合作文件"，http://www.news.cn/silkroad/2023-08/24/c_1129822163.htm，最后访问时间：2023年12月10日。

[2] 张超：《"一带一路"战略与国际制度体系的变革》，载《理论探索》2017年第3期。

涉及两个基本渠道，即国际制度和集体认同建设。[1]同时，历史经验也告诉我们，在面对众多跨国界、跨领域合作问题时，要消除隔阂，有效调和合作各方在利益、认知和行动方面的不确定性，统一的国际制度或共同的集体认同的引领不可或缺。[2]目前"一带一路"沿线各国经济发展水平参差不齐，宗教信仰与法治理念千差万别，具体法律制度更是相去甚远，其间虽然已有东盟、中亚区域经济合作等多种合作机制存在，但这些合作机制的覆盖范围极为有限而且彼此之间在主体上还存在着一定的交叉性与重叠性。因此，作为一项联通亚欧非大陆的跨区域倡议，"一带一路"沿线各国必须达成一套相对稳定的行为标准和共同规范，只有这样才能实现真正的互联互通。

其次，"一带一路"政策沟通、设施联通、贸易畅通、资金融通、民心相通的建设重点需要有效的国际法律制度供给来界定沿线各方的权利义务，并处理好与现行双边、多边体制之间的关系。从政策沟通到民心相通，"五通"中任何一项目标的达成都需要沿线各国的共同参与和紧密合作。聚焦"互联互通"，坚持共商共建共享，不断开放连接，未来的发展就有了充沛的源头活水，通向共同繁荣的机遇之路也将愈加清晰。[3]

然而，"一带一路"沿线国家地缘政治复杂敏感，历来是大国博弈的重点区域。在国际层面，"一带一路"的推进不可避免地会面临美国、欧盟、日本等地区大国主导的各种双边、多边机制的竞争。无论是之前美国主导的《跨太平洋伙伴关系协议》（TPP）、美欧合作的《跨大西洋贸易与投资伙伴协议》（TTIP），还是美国特朗普政府退出TPP后由日本接棒试图继续进行的《全面进步的跨太平洋伙伴关系协议》（CPTPP）都是最好的例证。此外，我们与菲律宾等东南亚一些国家之间的南海领海主权问题尚未完全解决，叙利亚、伊朗等中东地区国家近年来也一直局势紧张、政治冲突不断，俄罗斯与欧美各国间的博弈导致国际局势混乱程度加剧。这种复杂的政治经济情势下，无疑需要有效的国际法律制度供给来明确"一带一路"沿线各国在共建过程中的权利与义务，以增强合作行为的稳定性与合作利益的可预期性。

最后，"一带一路"作为由中国首倡的全球治理模式新思路，必然要求中国国内法的升级与衔接。在国际社会中，只有拥有强大实力的国家才有意愿

---

[1] 郑先武：《区域间主义与国际公共产品供给》，载《复旦国际关系评论》2009年第1期。
[2] 黄河：《公共产品视角下的"一带一路"》，载《世界经济与政治》2015年第6期。
[3] 海外网："习近平：推动共建'一带一路'高质量发展，习近平作出全面部署"，https://baijiahao.baidu.com/s?id=1717089840044813141&wfr=spider&for=pc，最后访问时间：2022年12月5日。

和能力向国际社会供给国际公共产品,因此在相当长的一段时间内,大多数国际公共产品都是由欧美等西方发达国家提供的。近年来随着中国经济实力的增长,一方面国际社会希望中国能承担更多力所能及的责任,成为更广阔领域的公共产品供给者,另一方面我们自己也具备了提供国际公共产品的重要物质基础和积极承担国际事务的大国自信,"一带一路"倡议的提出标志着中国在国际公共产品领域已经由最初的旁观者和后来的参与者转变为了当今的倡导者。俗话说得好,打铁还需自身硬,作为"一带一路"的首倡之国,中国在"一带一路"倡议推进中的主导作用毋庸置疑。虽然加入世界贸易组织后,我国在贸易、投资、金融、知识产权、劳工与环境保护等方面的立法已经取得了很大进展,但其中更多的还是对欧美主导的国际经贸规则的追随。随着中国在国际公共产品供给领域角色的转换,我们必须担当起"造法"活动的倡导者、组织者和实施者的角色,为"一带一路"法律制度供给改革提供"中国方案",贡献"中国智慧"。

(四)促进沿线国家法律制度供给的路径思考

从冷战后的国际社会发展状况来看,国际公共产品的供给主要有三种方式:霸权主义、全球主义和地区主义。[1] 其中,以"布雷顿森林体系"为基础的国际货币金融体系就是典型的霸权国家主导下的产物,这种供给模式虽然给了其他国家"搭便车"的便利,但同时也为霸权国家确立和巩固自身地位并推行自身价值观提供了有力工具。二十世纪六七十年代,第三世界国家兴起,全球主义供给模式开始走上历史的舞台,世界贸易组织的建立与运行正是此种模式的典型代表。这种供给模式虽然更容易为国际社会所接受,但由于参与主体过多、各方利益迥异,极易导致囚徒困境和公地悲剧的出现,多哈回合的无限期停滞正是最好例证。而随着全球主义发展的乏力,地区主义供给模式又逐渐兴盛,在世界贸易组织等全球合作模式已经不能满足自身利益需求的情况下,各国纷纷寻求更具地域关联性和价值趋同性的合作模式,各类区域贸易协定风起云涌,欧盟、北美自由贸易区、东盟甚至 TPP、TTIP 都是其典型代表。然而,无论上述哪种法律制度供给模式都是先设定抽象的

---

[1] 张建新:《霸权、全球主义和地区主义——全球化背景下国际公共物品供给的多元化》,载《世界经济与政治》2005 年第 8 期。

制度规范，然后再开展区域内的国际合作。[1] 实践中，这种预设规范基本采取了"中心—边缘"结构，位于中心的国家作为规则的制定者往往会成为规则的最大受益者，而位于边缘的国家的利益则受制于中心国家，因此，这类预设规范多存在着不平等性，难以满足平等国际交往的需要。

与上述传统的供给模式不同，"一带一路"倡议仅就目标、原则、重点作出了规划、达成共识，对于具体法律制度则选择了进化式的供给路径，在充分尊重各国自我选择的前提下，在相互尊重与理解的基础上，寻求对话，以"共商、共建、共享"为指引，在推进和加强沿线国家建设的同时，以各方利益最大化来推动沿线国家法律制度的供给，逐步实现"一带一路"法律保障机制的构建与完善。

实践中，"一带一路"沿线各国法律制度供给情况差异较大，其法律保障机制不可能一蹴而就。基于前述各章节的研究，我们认为就沿线国家法律制度供给的促进而言，构建一套多元化的国际合作法律保障机制无疑是一种契合"一带一路"各方不同制度现状和利益需求的渐进且可行的路径选择。

第一，我们应在国家层面与沿线各国一起划定一条关于"一带一路"合作机制的国际法"红线"（red lines）。通过针对国家违法行为而采取的可接受的法律标准的确定，确保具体事项合作的安全性、稳定性和可持续性，防止合作中的强权和无赖，维护各方的权利和利益。[2]

第二，我们应在对"一带一路"沿线国家现有双边或多边协定条约进行不断完善与协调的基础上，以国际税收等为突破口推进区域内某一领域多边协定的达成。不过鉴于目前沿线各国对规则治理的认同程度有限，法律遵守能力不强，短期内一刀切式的全方位贸易投资协定的达成并不现实，即便达成，很多国家的遵守能力也不确定，因此此种方式仅适合国际税收等少数特定领域。

第三，我们应充分发挥国际软法在"一带一路"倡议中的重要作用。学者将"一带一路"下的国际软法保障体系界定为无法律约束力，但获得沿线国家认可的原则、规则和程序。在该机制中，主体范围十分宽泛，国家、非国家、政府具体部门、企业、非政府组织和个人均可。软法的形式也灵活多

---

[1] 张超：《"一带一路"战略与国际制度体系的变革》，载《理论探索》2017年第3期。
[2] 李雪平：《"一带一路"的合作机制：法律缺陷、复杂挑战与应对策略》，载《理论月刊》2017年第1期。

样，宣言、倡议、备忘录均可。软法的实施依赖于非国家强制力。[1]

第四，我们应尽快建立起一套行之有效的"一带一路"争端解决机制。随着"一带一路"的不断推进，相关商事投资纠纷也逐渐增多，由于沿线各国商贸投资法律制度存在较大差异，且短期内也难以形成具有普遍约束力的统一经贸规则，因此如何妥善解决"一带一路"倡议中发生的各类商事投资争端已经成为"一带一路"有序推进的基本前提和有效保障，同时也是打造"一带一路"法治化营商环境的必然要求。[2]2015年最高人民法院在其发布的《关于人民法院为"一带一路"建设提供司法服务和保障的若干意见》中明确提出要支持发展多元化纠纷解决机制。2017年最高人民法院启动了对"一带一路"争端解决机制和机构的研究，寻求建立调解、诉讼、仲裁三位一体的多元化纠纷解决机制，从而为"一带一路"提供全方位的司法服务与保障。2019年，最高人民法院正式颁布《关于人民法院进一步为"一带一路"建设提供司法服务和保障的意见》，进一步加强"一站式"国际商事争端解决机制建设，为"一带一路"参与方提供优质高效的法律服务。

二、国际法律制度供给

中国是在和平共处五项原则基础上，发展同所有"一带一路"参与国的友好合作。"一带一路"倡议中大量的合作项目不仅需要各参与国之间的沟通协调，更需要国际法律制度的支撑。中国与"一带一路"沿线国家和地区在相互尊重、平等协商的基础上，签署了诸多联合宣言、友好合作条约以及合作协定书等，确立了中国与"一带一路"沿线国家和地区之间的友好合作关系，是"一带一路"倡议稳定推进的重要政治基础和法律基础。

（一）国际条约及相关协定是"一带一路"倡议的重要法律基础

"一带一路"倡议沿线国家均是联合国会员国，《联合国宪章》是共同的国际政治基础，《联合国国际货物销售合同公约》《保护工业产权巴黎公约》等公约是"一带一路"倡议沿线签署国共同经济合作的法律基础。中国与"一带一路"沿线国家签订的一系列经济条约和协定，如自由贸易协定，或

---

[1] 韩永红：《"一带一路"国际合作软法保障机制论纲》，载《当代法学》2016年第4期。
[2] 刘敬东：《构建公正合理的"一带一路"争端解决机制》，载《太平洋学报》2017年第25期。

双边、多边的贸易与投资合作机制协定，是"一带一路"倡议实施的重要法律保障。上述协定都属于国际法，受国际法规则规制，并据此确立了签署国的权利和义务，而且这些条约和协定包含了合作内容、权利义务、法律责任、争端解决机制和规则，使得"一带一路"倡议沿线国家和地区相互之间的经贸合作行为更加规范，并提供了相应的政治保障和法律保障。

2015年3月28日，国家发展和改革委员会、外交部、商务部联合发布的《推动共建丝绸之路经济带和21世纪海上丝绸之路的愿景与行动》，明确了与沿线国家的共建原则、合作框架思路、合作重点以及合作机制。在国际层面上，已有100多个沿线国家和国际组织对参与"一带一路"倡议表达了积极态度，并与我国签署了合作文件；80多个国家通过签署联合宣言或联合公报的形式表达了与中国积极合作的愿望。截至2019年，"一带一路"提出五年来，最关注"一带一路"的国家前五名分别是美国、英国、俄罗斯、印度、韩国，国外网友和媒体对于"一带一路"的好感度持续提升[1]。中国与"一带一路"沿线国家已签署的国际条约及相关协定无疑是"一带一路"倡议的重要法律基础。

1. 中国与"一带一路"倡议沿线国家签署国际条约现状

中国与"一带一路"沿线主要国家签署了多项多边、双边条约和协定等。截至2021年7月，中国已经与13个"一带一路"倡议沿线国签订了7份自贸协定[2]，与56个沿线国签订了56份双边投资协定[3]。特别值得注意的是，虽然2020年以来的新型冠状病毒感染疫情曾经使得中国对"一带一路"国家的投资金额较疫情之前有所下降[4]，但在疫情背景下，"一带一路"经贸合作逆势前行，贸易规模持续扩大，对外投资逆势上扬，合作平台建设稳步推进。2020年11月15日，第四次区域全面经济伙伴关系协定领导人会议以视频方式举行，会后东盟10国和中国、日本、韩国、澳大利亚、新西兰共15个亚太国

---

[1] 搜狐网："'歪果仁'，谁最关心'一带一路'？"，https：//www.sohu.com/a/310018779100170731，最后访问时间：2023年4月5日。

[2] 新浪财经："商务部：中国已与沿线13国签署7个自贸协定"，https：//baijiahao.baidu.com/s?id=1705966210113238547&wfr=spider&for=pc，最后访问时间：2023年4月5日。

[3] 肯尼迪·加斯顿、梁雯雯、詹杨隽、廖博宇：《"一带一路"倡议与国际法》，载《边界与海洋研究》2017年第6期。

[4] 商务部国际贸易经济合作研究院：《中国"一带一路"贸易投资发展报告2021》。

家正式签署了《区域全面经济伙伴关系协定》（RCEP）。《区域全面经济伙伴关系协定》的签署，标志着当前世界上人口最多、经贸规模最大、最具发展潜力的自由贸易区正式启航。[1] 根据国际条约及相关协定的形式和内容，主要分为以下五类：

（1）友好合作条约

中国与"一带一路"倡议沿线国家之间签署的友好合作条约，是确定双方在政治、经济、军事、文化等方面所拥有的权利和义务的协议，对双方的合作作出了原则性规定，包括公约、协定、换文、联合宣言、宪章等形式，是奠定缔约国合作关系的、具有约束力的基础条约。[2] 中国与"一带一路"合作国家中的塔吉克斯坦、印度、蒙古国、德国、比利时、俄罗斯、印度尼西亚、土库曼斯坦、哈萨克斯坦、乌兹别克斯坦、吉尔吉斯斯坦等国建立了战略伙伴关系；与塔吉克斯坦、蒙古国、俄罗斯、土库曼斯坦、哈萨克斯坦、乌兹别克斯坦、吉尔吉斯斯坦、朝鲜等国签署了友好合作条约，且上合组织成员国都签署了《上海合作组织成员国长期睦邻友好合作条约》。此外，中国与"一带一路"沿线大多数国家已在国际经济组织中开展了合作，"一带一路"沿线国中的WTO成员，依据WTO规则开展经贸合作；亚太经合组织成员则依据亚太经合组织的规则和倡议开展经贸合作；东盟组织成员则依据《东盟宪章》的规则开展经贸合作。这些国际组织或区域性组织制定的相关国际法规则，也是"一带一路"重要的国际法律基础。

（2）投资经贸协定

投资、贸易、融资是"一带一路"国际合作的重要内容，中国与"一带一路"沿线国家和地区已签订了大量的与投资、贸易、融资相关的双边协定以及多边协定，是推动"一带一路"国际经贸合作的重要保障。

在投资贸易方面，"一带一路"的沿线国家和地区，除了朝鲜、土库曼斯坦、乌兹别克斯坦外，其余均为世界贸易组织成员。世界贸易组织成员之间适用世界贸易组织规则，各成员应遵守货物贸易的多边协议、服务贸易总协定以及贸易相关知识产权协定。在双边贸易协定方面，中国与马尔代夫、澳大利亚、瑞士、哥斯达黎加、新加坡、智利、格鲁吉亚、韩国、冰岛、秘鲁、

---

[1] 央广网："历时八年RCEP正式签署'超级自贸区'将带来哪些改变？"，http://finance.cnr.cn/txcj/20201116/t20201116_525330473.shtml，最后访问时间：2023年4月5日。

[2] 任虎：《"一带一路"战略的国际法基础分析》，载《东疆学刊》2016年第1期。

巴基斯坦、柬埔寨等国已签署双边自由贸易协定，正与以色列、斯里兰卡、挪威、巴拿马、摩尔多瓦等国谈判自贸区；与塔吉克斯坦、印度、蒙古国、韩国、德国、印度尼西亚、俄罗斯、马来西亚、土库曼斯坦、哈萨克斯坦、乌兹别克斯坦、吉尔吉斯斯坦等国签署了货物贸易协定；与塔吉克斯坦、蒙古国、韩国、俄罗斯、哈萨克斯坦、乌兹别克斯坦、吉尔吉斯斯坦、朝鲜以及欧洲等国家和地区签署了海关事务互助协定。此外，还与相关国家签署了贸易有关动植物及卫生检疫、标准计量等合作协定及知识产权协定，双边投资保护协定及融资协定。[1] 2021年，我国企业在"一带一路"沿线对57个国家非金融类直接投资1309.7亿元人民币，同比增长6.7%（折合203亿美元，同比增长14.1%），占同期总额的17.9%，较上年同期上升1.7个百分点，主要投向新加坡、印度尼西亚、马来西亚、越南、孟加拉国、阿拉伯联合酋长国、老挝、泰国、哈萨克斯坦和柬埔寨等国家。对外承包工程方面，我国企业在"一带一路"沿线的60个国家新签对外承包工程项目合同6257份，新签合同额8647.6亿元人民币，同比下降11.4%（折合1340.4亿美元，同比下降5.2%），占同期我国对外承包工程新签合同额的51.9%；完成营业额5785.7亿元人民币，同比下降7.9%（折合896.8亿美元，同比下降1.6%），占同期总额的57.9%。[2]

在金融方面，"一带一路"倡导"政策沟通、设施联通、贸易畅通、资金融通、民心相通"，而金融是实体经济的血脉，资金融通是"一带一路"的重要保障。截至2018年，中资银行共参与了"一带一路"相关项目2600多个，累计发放贷款超过2000多亿美元，主要集中于交通基础设施、能源资源和装备制造及出口。至2018年年末，已经有10家中资银行在26个"一带一路"国家设立了70多家一级分支机构，而符合条件的"一带一路"国家的银行也来华设立机构，开展业务，加强合作，共同参与"一带一路"。至2018年年末，共有来自21个"一带一路"国家的55家银行已经在华设立了机构，原中国银保监会和32个"一带一路"国家的监管当局签订了监管合作备忘录。[3]

在税收方面，双边税收协定等是解决税收纠纷的重要法律规则。"一带一路"倡议发起以来，中国税收协定谈判、签署进程明显提速，截至2023年10

---

[1] 任虎：《"一带一路"战略的国际法基础分析》，载《东疆学刊》2015年第4期。
[2] "走出去"公共对外服务平台："2021年我对'一带一路'沿线国家投资合作情况"，http://fec.mofcom.gov.cn/article/fwydyl/tjsj/202201/20220103239004.shtml，最后访问时间：2023年4月5日。
[3] 周延礼：《金融助力"一带一路"新举措》，载《中国金融》2019年第8期。

月底，我国已与 111 个国家（地区）正式签署了避免双重征税协定，其中与 103 个国家（地区）的协定已生效。[1] 截至 2021 年，一批重大"一带一路"合作项目和民生项目落地见效，给东道国经济发展和民生改善带来了实实在在的好处。在税收方面的争议，也是依据双边协定予以解决。

（3）交通运输协议

交通互联互通是"一带一路"的基础支撑和重要保障，扮演着"先行官"的关键角色。共建"一带一路"倡议提出以来，"六廊六路多国多港"互联互通架构不断完善，为"一带一路"发挥了重要的基础和先行作用。[2]

中国坚持互利共赢的开放战略，深化与各国在交通领域的合作，积极推进全球互联互通，积极参与全球交通治理，认真履行交通发展的国际责任与义务，在更多领域、更高层面上实现合作共赢、共同发展，推动构建全球交通命运共同体，服务构建人类命运共同体，助力共建"一带一路"，推进国际运输便利化。

在"一带一路"商贸活动中，也存在涉及交通运输的纠纷，而国际法则成为解决纠纷的重要依据，青岛 2016 年公布的某国际航空运输合同保险代位追偿纠纷案就适用了国际交通运输协议，具体案情如下：

被告某货运代理公司系韩国公司，被告某航空运输公司系阿联酋公司。本案的货损发生于航空运输抵达机场后，尚未交付货物之前。法院经审理认为，因本案系保险代位求偿权纠纷，本案的保险赔偿行为发生在中华人民共和国境内，故根据《中华人民共和国涉外民事关系法律适用法》第 41 条之规定，应适用中华人民共和国法律关于保险代位求偿的规定。另外，对本案的航空运输合同关系，因中国、阿联酋均系《统一国际航空运输某些规则的公约》（以下简称《公约》）的成员国，因此，本案涉及航空运输部分的法律适用，应适用《公约》。根据该公约的第 22 条第 3 款的规定，在货物运输中造成毁灭、遗失、损坏或者延误的，承运人的责任以每公斤 17 特别提款权为限。故本案货物赔偿应当遵守《公约》的规定。法院因此判决被告依据《公约》的赔偿标准进行赔偿，对原告主张的赔偿数额超过《公约》规定赔偿标

---

[1] 国家税务总局：https://www.chinatax.gov.cn/chinatax/n810341/n810770/common_list_ssty.html，最后访问时间：2023 年 12 月 10 日。

[2] 刘志强、陆娅楠："'一带一路'交通互联互通稳步推进"，https://mp.weixin.qq.com/s/Jk8mvZd_7k_muzFZK-xGHQ，最后访问时间：2023 年 4 月 5 日。

准的部分，不予支持。[1]

(4) 科教文卫协定

文化贸易和投资是助力"一带一路"的重要推手，是提高国家文化软实力的重要途径。2016年，为加强与"一带一路"沿线国家和地区的文明互鉴与民心相通，切实推动文化交流、文化传播、文化贸易创新发展，原文化部颁布《文化部"一带一路"文化发展行动计划（2016—2020年）》，后文化和旅游部办公厅每年会定期公布文化产业和旅游产业国际合作重点项目。在科技文化交流方面，中国已与全部"一带一路"沿线国家签订了政府间文化交流合作协定，已与53个沿线国家建立了700余对友好城市关系；博览会、旅游节、电影节、论坛、联合考古等交流活动频繁。中国与"一带一路"沿线国家签署的文化合作协定奠定了中国与"一带一路"沿线各国人民在文化、教育、卫生、体育、科学等领域全方位合作的基础。自2017年"一带一路"科技创新行动计划宣布启动以来，"一带一路"科技创新合作已经成为共建"一带一路"的核心内容和重要驱动力。截至2021年6月，中国已经和161个国家和地区建立科技合作关系，签订了114个《政府间科技合作协定》，其中与共建"一带一路"国家签署的《政府间科技合作协定》达到84个，为"一带一路"科技创新合作奠定了重要的制度基础。[2]

在环境保护方面，"一带一路"沿线国家经过发展，整体经济规模将会是中国的2—3倍，碳排放量很可能超标，在未来必须实现经济的可持续性发展。中国缔结或参加了《里约热内卢环境与发展宣言》《联合国气候变化框架公约》及《京都议定书》《哥本哈根协定》《核安全公约》等，并据此与"一带一路"沿线国家约定了环境保护合作内容及合作方式，同时在跨界河流的环境保护方面，中国与一些国家的双边协定确定了具有法律约束力的预防跨界河流污染、消除污染、保持跨界河水流正常，以及进行协商等义务。而世界各国对环境保护的标准和法律都越来越严格，很多国家制定了保护性法律，限制或者禁止外商投资破坏资源、污染环境的企业项目。尤其是欧洲，欧盟

---

[1] 山东高法："青岛中院发布《涉外、涉港澳台商事审判白皮书》和典型案例"，https://mp.weixin.qq.com/s,?__biz=MzA5MDAxMjk5Ng==&mid=2652066341&idx=4&sn=63f1f07b28df482fc1967b2b1f077cfe&chksm=8bf5de0ebc8257186524e219b6c0faf35f1dd4207ada77f4f3fd1ab21f694483700acc67589b&scene=27，最后访问时间：2023年4月5日。

[2] "'一带一路'科技合作国家协定已达84个"，https://baijiahao.baidu.com/s?id=1701551888294413205&wfr=spider&for=pc，最后访问时间：2023年6月5日。

对企业从厂房建设、生产到产品运输、销售各个环节，都有极为严厉的标准与法律，中国企业往往难以适应。位于英国与荷兰的壳牌公司，因为对尼日尔三角洲造成了污染而被当地政府罚款15亿美元；[1]中国在斯里兰卡科伦坡港口城项目，投资高达15亿美元，斯里兰卡政客一直声称港口城项目会对环境造成危害，2015年3月斯里兰卡政府表示，斯方决定暂时叫停由中国企业投资建设的科伦坡港口城项目的施工，给中国造成经济损失。[2]2017年中国环境保护部发布了《"一带一路"生态环境保护合作规划》，提出推进生态文明和绿色发展理念融入"一带一路"倡议，发挥企业环境治理主体作用，强化企业行为绿色指引，推动绿色基础设施建设，推动基础设施绿色低碳化建设和运营管理，将绿色"一带一路"惠及沿线国家。2022年3月，国家发展改革委等四部门联合印发《关于推进共建"一带一路"绿色发展的意见》，该意见作为绿色丝绸之路建设的顶层设计，对于践行绿色发展理念，推进生态文明建设，积极应对气候变化，维护全球生态安全，推进共建"一带一路"高质量发展，构建人与自然生命共同体具有重要意义。[3]在对外投资方面，企业应注重和严格执行当地的生态环境保护要求，比如在2015年中国向印度交付古德罗尔燃煤电厂的过程中，印度政府大幅降低燃煤电厂的排放限值，并且还增加了其他的一些环保要求，尽管如此，这个项目仍然在2016年获得了印度的环境保护金奖和社会责任铂金奖。[4]

（5）打击跨国犯罪协定

"一带一路"沿线国家和地区的经济发展水平、社会稳定状况差异较大，导致"一带一路"倡议的推进面临很多风险，如恐怖主义、走私、腐败、海盗、侵犯知识产权、金融犯罪等。"一带一路"沿线有大量的极端势力，其中一些有相当的力量和作战经验。以实现地区富裕、财富共享为目标的"一带一路"倡议与以掌握国家政权为目标的极端势力存在意识形态冲突，"一带一路"推动经济发展，降低社会矛盾的作用也与极端势力趁乱而起的目标存在

---

[1] "尼日利亚法院给英荷壳牌石油公司开出15亿美元罚单"，http://lianghui.china.com.cn/chinese/HIAW/1215235.htm，最后访问时间：2023年6月5日。

[2] "中国在斯港口城项目一波三折背后"，http://www.xinhuanet.com/world/2016-03/12/c_128794781.htm，最后访问时间：2023年6月5日。

[3] "推进共建'一带一路'绿色发展"，http://www.gov.cn/zhengce/2022-04/01/content_5682805.htm，最后访问时间：2023年4月10日。

[4] "环保部就'打好污染防治攻坚战'相关问题答问"，http://www.xinhuanet.com/politics/2018lh/zb/20180317d/wzsl.htm，最后访问时间：2023年4月10日。

冲突。在共建"一带一路"过程中会面临以西方为主的非政府组织发动群众进行抗议的风险,"中国威胁论""新帝国主义列强""债权帝国主义"等言论与情绪扑面而来,不仅会影响"一带一路"项目建设,而且会造成较大的经济损失。海上丝绸之路途经世界诸多著名海峡,面临海盗威胁。此外,在共建"一带一路"过程中,侵犯知识产权犯罪呈现出网络化和跨国境化等特点,此类犯罪行为主要表现为外国人下订单,明确要求定制或者订购特定种类名牌的仿冒商品,再伪报、瞒报知识产权状况报关出境销往国外,呈现出"境内外勾结,境外订单,境内生产"的犯罪特征。

打击犯罪是全球沿海国和内陆国的重要事务,因为这些组织对国家安全构成威胁,对国家和"一带一路"等区域贸易和投资制度亦构成威胁。中国加入了《联合国打击跨国有组织犯罪公约》和《联合国反腐败公约》,以打击并遏制跨国有组织犯罪和腐败行为。但是打击犯罪涉及一国的司法主权,在签署协定的过程中必定有复杂的利益冲突,中国仅与哈萨克斯坦、越南等少数国家签署了专门的打击犯罪协定。2017年,打击跨国有组织犯罪与"一带一路"法律保障研讨会在中国举行,同时最高人民检察院出台了《关于进一步履行检察职能为推进"一带一路"建设提供司法服务和保障的意见》,要求各级检察机关结合检察工作实际,为推进"一带一路"迈向更高水平提供优质高效的司法服务和保障。未来在为"一带一路"倡议发展提供安全保障的路上,还要不断地同各国建立安全合作机制,积极以政治手段应对风险,如中欧携手在索马里地区反海盗,这些都是打击跨国犯罪的成功案例。

但是由于中国与"一带一路"沿线国家之间关于贸易、投资、金融、税收等方面的条约和协定谈判和签署的时间跨度大,很多是在"一带一路"倡议提出期间就存在,难免与现行的国际合作趋势和要求不相适应,一些甚至已经不符合现代国际经济贸易秩序和现代国际法治的要求,签约国之间的发展程度、法治程度也存在较大差异。"一带一路"倡议的推进应在共同认可与遵守的规则下开展,合作是各方必须努力的目标,应进一步推进、升级、完善与"一带一路"沿线各国的双边或多边经贸协定。

2. 中国参与"一带一路"倡议沿线国际合作组织情况

目前,中国参与的"一带一路"倡议沿线国际合作组织大体包括:上海合作组织、亚信会议、亚洲合作对话、中国—阿拉伯国家合作论坛、中国—海合会战略对话、亚欧会议、中国—中东欧国家合作论坛、中欧峰会、中国—

东盟"10+1"、APEC、东亚峰会、东盟地区论坛、大湄公河次区域合作、西太平洋海军论坛和中非合作论坛等。[1]

"一带一路"倡议推进过程中，相关的国际合作组织也得到了发展，比如，2014年中国在中俄蒙三国首脑会晤中提出的"中蒙俄经济走廊"，开启了东北亚地区新的制度建设进程，将带动东北亚区域经济合作深入发展，是"一带一路"倡议的具体化，并有效地与俄罗斯的"跨欧亚发展带"以及蒙古国提出的"新铁路计划""草原之路计划"构想相对接。[2] 此外，2015年12月20日正式生效的《中韩自贸协定》，推动了中韩进一步对接"一带一路"倡议。在中亚地区，不少国际组织积极推进经贸合作制度。比如，联合国开发计划署发起了"丝绸之路项目"、亚洲开发银行发起了"中亚区域合作计划"、欧盟主导实施"欧洲—高加索—亚洲运输走廊计划"，尤其是俄罗斯主导推进的独联体自贸区及2015年成立的欧亚经济联盟。[3] 在东南亚，东盟对"一带一路"所持立场非常关键。当前，东盟整体上对于"一带一路"倡议持审慎乐观的态度，东盟国家处于"一带一路"沿线，是最有条件与"一带一路"对接的国家。为积极响应和支持"一带一路"倡议，东盟愿意推进《东盟互联互通总体规划2025》与"一带一路"倡议的对接合作，并欢迎亚洲基础设施投资银行等多边金融机构积极加入东盟国家的基础设施建设。[4] 在南亚，除中国提出的"一带一路"倡议、中巴经济走廊和孟中印缅经济走廊及中国与尼泊尔联手打造跨喜马拉雅山脉通道之外，还有美国于2011年重启的"新丝绸之路倡议"及"印太经济走廊"，印度于2012年提出的"连接中亚政策"、孟不印尼四国运输走廊、"环孟加拉湾多领域技术经济合作倡议"，以及巴基斯坦于2007年提出的"国家贸易走廊计划"等。[5] 在中亚，中国与其中四国是上合组织成员，中国与"一带一路"倡议分别与哈萨克斯坦2050战略、乌兹别克斯坦"福利与繁荣年"规划、吉尔吉斯斯坦"国家稳定发展战略"、塔吉克斯坦"能源交通粮食"三大战略及土库曼斯坦建设"强盛幸福时代"发展

---

[1] 王明国：《"一带一路"倡议的国际制度基础》，载《东北亚论坛》2015年第6期。
[2] 张秀杰：《东北亚区域经济合作下的中蒙俄经济走廊建设研究》，载《学习与探索》2015年第6期。
[3] 王明国：《"一带一路"倡议的国际制度基础》，载《东北亚论坛》2015年第6期。
[4] 《"一带一路"倡议在东盟》，载《光明日报》2017年9月27日，第13版。
[5] 兰建学：《"一带一路"倡议在南亚：进展、挑战及未来》，载《印度洋经济体研究》2017年第4期。

战略实现对接，寻找契合点，为各国发展提供了新的机遇。[1] 在西亚和北非，中国成为中东地区最主要的投资者，中阿经济合作已在不少领域结出硕果，如中埃苏伊士经贸合作区、中国—阿曼（杜库姆）产业园、多哈人民币清算中心，[2] 中国提出要建设"中国—中亚—西亚经济走廊"，中国与海湾阿拉伯国家合作委员会各成员在中国—海合会战略对话框架下积极推动中国—海合会自贸区建设进程。阿拉伯国家联盟、阿拉伯议会联盟、伊斯兰合作组织、海湾阿拉伯国家合作委员会、西非国家经济共同体、非洲联盟等区域或跨区域组织也发挥着巨大作用。在欧洲，欧盟是中国最大经济伙伴，2020 年中国首次超越美国成为欧盟最大贸易伙伴。"一带一路"倡议推进过程中，中国加强与欧盟、欧洲中央银行、欧洲复兴开发银行及亚欧会议、经济合作与发展组织合作，对于欧盟"容克计划"、中国和中东欧国家"16+1 合作"、欧亚经济联盟建设、英国基础设施升级改造计划、德国"工业 4.0"、波兰 2030 国家长期发展战略等，中国"一带一路"倡议正与之有机对接。[3] 在《中国—中东欧国家合作布加勒斯特纲要》和《中国—中东欧国家合作贝尔格莱德纲要》等文件指导下，中国积极参与塞尔维亚"泽蒙—博尔查"跨多瑙河大桥项目、塞尔维亚科斯托拉茨热电站改扩建项目以及波黑斯坦纳里火电站建设。[4]

（二）"一带一路"倡议下创新国际经济规则

"二战"后，以美国为首的发达国家始终掌握着国际贸易投资规则制定权和游戏规则，2008 年国际金融危机爆发后，全球经济力量对比发生了结构性变化，但美国在国际经济秩序和规则中仍处于主导地位，美国力推 TPP（跨太平洋经济伙伴关系协定）、TTIP（跨大西洋贸易与投资伙伴协定）、TISA（服务贸易协定）等国际贸易投资机制与规则谈判。[5] 近年来，美国政府奉行"美国优先"，实行保守主义，对全球经济化及自由化产生了负面影响。而中国经过多年的发展，GDP 在 2010 年超过日本，正式成为世界第二大经济体。

---

[1] 李建民："'一带一路'为中国与中亚合作提供新动力"，http：//www.xinhuanet.com/world/2017-05/13/c_129603843.htm，最后访问时间：2023 年 3 月 25 日。

[2] 《"一带一路"为中东国家带来发展机遇》，载《人民日报》2017 年 8 月 6 日，第 3 版。

[3] "飞奔，开往中欧黄金时代——新华社记者探访欧洲中欧班列"，http：//www.xinhuanet.com/world/2017-05/07/c_1120931445.htm，最后访问时间：2023 年 4 月 10 日。

[4] 王明国：《"一带一路"倡议的国际制度基础》，载《东北亚论坛》2015 年第 6 期。

[5] 王跃生、马相东：《国际贸易投资规则发展新趋向》，载《人民日报》2015 年 8 月 9 日，第 5 版。

中国始终坚持改革开放的政策，支持经济全球化，提出"一带一路"倡议、建设亚洲基础设施投资银行，为各国经济合作提供更友好的平台，为国际贸易投资规则完善作出新的贡献。2015年中国发布《关于构建开放型经济新体制的若干意见》，明确提出全面参与国际经济体系变革和规则制定，在全球性议题上，主动提出新主张、新倡议和新行动方案，增强在国际经贸规则和标准制定中的话语权。中国正在由国际规则的被动接受者逐渐转变为国际规则的主动修订者和创设者。

"一带一路"倡议与国际经济规则紧密相连，国际合作中的贸易、投资、金融、交通、能源等均需适用国际经济规则，而在"一带一路"倡议下，相应的国际规则迫切需要中国的创新与突破。一方面，已有的国际经济规则已不能适应于"一带一路"倡议中的国际合作，在新的经济环境下，国际合作中的经济、贸易制度障碍与权益纠纷的解决，需要新的制度与规则；另一方面，推动"一带一路"倡议，创新具体的国际经济规则，有利于弥补和完善现有国际经济规则的不足，激发国际合作，促进"一带一路"倡议沿线国家和地区的相关法律与国际经济规则相融合。

1. 国际经济规则理念之创新

"一带一路"是"创新之路"，在坚持科技创新推动发展的同时，也应坚持制度与规则的创新。"一带一路"倡议不是另起炉灶、推倒重来，而是实现战略对接、优势互补，目标是互利共赢，是通过发展来确定规则，表现出开放性、包容性和参与性等特点。在遵守市场规律和国际通行规则的同时，其又以绝对开放的心态尊重各国发展的多样性，即以相互尊重、平等相待为基础，以合作共赢和和谐发展为主旨，突破了西方国际经济关系中"胜者通吃"、唯利是图和霸权主义的规则，实现了国际经济规则的理念从"自由至上、唯利是图"向"平等开放、互利共赢"的创新。[1]如亚洲基础设施投资银行内部治理与运行规则就具有典型的创新意义。

《亚洲基础设施投资银行协定》（以下简称《亚投行协定》）第3条规定，"银行成员资格向国际复兴开发银行和亚洲开发银行成员开放"。这表明，亚洲基础设施投资银行坚持平等开放和互利共赢的理念，没有与其他国际金融机构对抗的意图，是对国际经济规则中坚持自由化和市场化的突破与创新。

1　王国刚：《基于中华文化的国际经济理念创新》，载《中国证券报》2015年8月19日，第12版。

而西方主导的国际经济规则却总是条件苛刻、唯利是图,如在1997年亚洲金融风暴中,马来西亚不得不向国际货币基金组织求援,但国际货币基金组织要求马来西亚开放金融市场、放松外汇管制、最大限度紧缩通胀并削减财政开支,甚至要求政治改革。

此外,亚洲基础设施投资银行设置了更为平等的投票权规则。依据《亚投行协定》,亚洲基础设施投资银行的治理机构分为理事会、董事会和管理层3个机构,其中理事会掌握绝对权力。理事会的决策机制采用简单多数、特别多数和超级多数原则。《亚投行协定》规定亚洲基础设施投资银行的总投票权由股份投票权、基本投票权以及创始成员享有的创始成员投票权组成,随着新成员的不断加入,中方和其他创始成员的股份和投票权比例均将被逐步稀释,亦即亚洲基础设施投资银行中不存在一票否决权。世界银行成员的股份投票权与成员提供的经济数据相关,使得发展中国家成员很难获得相当的投票权。而亚洲基础设施投资银行实行的投票权制度构成了对世界银行巩固美国霸权的加权投票制的一种修正,以平等决策直接冲击世界银行中维护美国资本权益的国际经济规则。[1]

2. "一带一路"倡议下国际经济规则的创新方向

"一带一路"倡议的国际经济规则创新依赖于不断完善和发展的"一带一路"国际经贸规则,具体包括基础设施合作、投资与贸易、金融与争端解决规则等方面支撑"一带一路"倡议推行的一整套国际经贸规则。

(1)基础设施合作领域

"一带一路"的核心内容之一是促进基础设施建设和互联互通,大批交通、能源、公共事业等国际基础设施合作项目作为"一带一路"合作优先发展的领域正在推进实施。

2021年,受各国经济缓慢复苏等因素影响,沿线国家基础设施恢复性发展态势逐步显现,但总指数仍处于近十年低位,各国基础设施发展全面复苏仍受到多重挑战。民生类基础设施建设明显加快,基建开发偏好有所变化。为应对疫情挑战,扩大社会就业、刺激经济成为各国基建投资的普遍诉求。房建、医疗卫生等民生类项目成为"一带一路"国家基建计划优先支持的领

---

[1] 曾文革、党庶枫:《"一带一路"战略下的国际经济规则创新》,载《国际商务研究》2016年第3期。

域。随着 RCEP 等区域性贸易协定的签署，相关国家基建市场开放度进一步提高，外商投资准入门槛有所降低，将激发各国在房建、产业园区、电力能源等领域的基建需求，合作前景广阔。后疫情时代，对于新型冠状病毒感染疫情及其衍生风险的影响，安全和政治风险对项目建设的潜在威胁，通胀压力和汇率波动推高的企业财务风险，极端天气与自然灾害对基建项目的影响等应给予高度重视。[1]

共建"一带一路"过程中，第一要加强政府间合作，完善基础设施合作机制，落实已建立或签署的多边合作协议。坚持开放、透明、非歧视的原则，以积极开放的态度对待基础设施国际合作，在人员设备出入境、税收、汇兑等方面提供便利化措施，保护投资者安全。

第二要加强融资模式创新，提升金融机构协同能力，加快规则互认、健全合作平台，满足各方融资需求，拓宽社会资金进入基础设施领域的政策环境和渠道。以制度建设为先导，大力推动 BOT/PPP 模式发展，优化融资模式，加强金融产品创新，通过银团贷款、项目融资、股权融资等方式支持基础设施项目，增加企业融资渠道、提升融资能力、降低投资风险。[2] 中国也要充分发挥亚洲基础设施投资银行、丝路基金等在支持"一带一路"基础设施建设中的重要作用，创新亚洲基础设施投资银行、丝路基金等支持方式与形式，吸引欧美国家的社会资本参与"一带一路"基础设施建设。

第三要加大基础设施建设合作力度，特别是工程技术、规范和标准等领域的合作，分享成功经验，促进共同发展。强化企业综合实力，提高属地化经营、风险防控、ESG 管理水平；优化企业业务结构，把握绿色发展方向，提高"一带一路"基建合作水平。比如"一带一路"倡议与俄罗斯、白俄罗斯和哈萨克斯坦主导的"欧亚经济联盟"及欧洲的"欧洲投资计划"在基础设施建设的合作上高度契合，应加强基础设施领域的合作。

（2）能源合作领域

能源合作是共建"一带一路"的关键环节。截至 2021 年，共建"一带一路"能源合作已完成夯基垒台、立柱架梁，正在由"项目合作为主"向"务实合作和全球能源治理双轮驱动"加速转变，在历史时空中镌刻下深深的中

---

[1] 见《第十二届国际基础设施投资和建设高峰论坛年度报告》。
[2] 梁敏："商务部副部长：全球基建资金年缺口上万亿美元应力推 BOT/PPP 模式"，https://news.cnstock.com/news,bwkx-201706-4084172.htm，最后访问时间：2023 年 4 月 10 日。

国能源印记。[1] 但是"一带一路"沿线国家在电力互联、绿色低碳等各方面均明显低于全球平均水平，是加强设施联通、构建全球能源互联网的重点地区。能源合作领域需要相关规范，比如中亚地区在苏联时期是一个整体的能源体系，目前各自为政，没有实现能源的优化配置，因此应建立"一带一路"能源合作组织，加强各国能源政策的对话和沟通等，提出建设"一带一路"能源治理机制倡议，加强沿线国家的双边能源协定谈判和签署。2015年6月1日，中国签署了新的《国际能源宪章》，加入了国际能源署，将在国际能源合作领域增加话语权，提高中国参与国际能源规则制定的能力。

从实践来看，中国与"一带一路"倡议沿线国家开展能源合作存在一系列问题，包括内外部竞争激烈、外部合作层次较低，资源开采、环境保护、移民、劳工权益等问题凸显。此外，不少资源国国内法没有与国际规则进行衔接，对能源领域贸易和投资的限制较多。当前，必须完善能源合作领域的制度与规则，创新能源合作模式，发挥能源合作的支撑作用。

第一要坚持互利共赢的宗旨，统筹考虑项目的政治效应、经济效应和社会效应，充分发挥能源合作的潜力，着眼能源项目投资的长远计划。要通过具体能源合作项目投资、建设、运营，发展当地经济，促进基础设施改善，为解决贫困问题发挥积极作用。第二要健全能源安全供应保障体系。中国主要的能源运输通道均集中在"一带一路"地区，安全畅通的运输体系关系国家的能源安全，而中国在马六甲海峡和霍尔木兹海峡区域的影响力和安全保障能力还是有限的。第三要加强行业标准建设，提升话语权。中国虽然是"一带一路"地区最大的能源进口国，但油气的贸易中心和定价中心并不在中国或"一带一路"国家，价格是由第三方国家来决定的。应构建国家层面的海外竞争机构和规则，通过外汇、税收、融资、考核等手段激励我国能源企业发挥各自优势与其他企业合作。比如"一带一路"沿线国家在国际能源电力标准领域话语权较低，中国能源企业应帮助"一带一路"沿线国家建立和完善能源电力标准体系，共同制定国际标准。

（3）投资贸易领域

"一带一路"倡议沿线国家投资环境复杂，地缘政治问题、安全稳定问

---

[1] 王怡、朱怡、刘泊静、支彤、伍梦尧："东方风起再扬帆！'一带一路'国际能源合作纪实"，https://baijiahao.baidu.com/s?id=1713863860888915370&wfr=spider&for=pc，最后访问时间：2023年4月10日。

题、法治完备问题都将影响投资贸易的顺利开展。调查显示，中国在大洋洲、东南亚以及中亚区域的投资保护程度普遍较低，尤其在中亚区域，其投资面临的政治风险甚高。[1]而且，在实践中，各国对外来的投资者往往以国家安全为由设置诸多障碍，或者不允许进行投资开发。面对如此复杂的投资环境，现有制度和规则覆盖仍显不足，投资实践也需要创新。

"一带一路"倡议推进过程中，中国正努力在投资贸易领域进行创新。第一，提升贸易投资便利化水平。加快实施世界贸易组织《贸易便利化协定》，推动国际贸易"单一窗口"建设，加快通关一体化。推进中欧班列健康有序发展，畅通亚欧贸易走廊。从2018年开始，中国已连续举办四届中国国际进口博览会，该博览会是世界上第一个以进口为主题的国家级展会，打造了高水平、影响力大的开放型国际合作平台。第二，大力推进自由贸易区建设。建设"一带一路"自由贸易区网络，与有意愿的国家和地区商讨自贸区建设，加快区域全面经济伙伴关系协定谈判，推进亚太自贸区建设，与相关国家开展自贸区升级谈判。[2]第三，积极参与国际经贸规则制定。继续坚定支持多边贸易体制，支持世界贸易组织改革朝着正确方向发展，支持多边贸易体制包容性发展，支持发展中成员合法权益，推动构建开放型世界经济，推动经济全球化朝着更加开放、包容、普惠、平衡、共赢的方向发展。积极参与新兴领域全球经济治理规则的制定与完善，以积极开放的态度参与数字经济、贸易和环境、产业补贴、国有企业等议题谈判，维护多边贸易体制国际规则制定的主渠道地位，维护全球产业链、供应链稳定。[3]一方面是掌握对新兴事物的标准制定权，从而在新兴事物的投资交易过程中培育新的经济规则体系。比如，在5G标准制定过程中，中国运营商、设备商占据了主导地位。中国华为公司主推的Polar Code（极化码）方案，成为5G控制信道eMBB场景编码方案。这是通信史上举世瞩目的成就，而这个成就必将载入史册。另一方面是对现有约定经济规则进行创新解释，比如最高人民法院2015年审理的徐州某金属资源有限公司与某航运股份公司、某株式会社海上货物运输合同纠纷

---

[1] 曾文革、党庶枫：《"一带一路"战略下的国际经济规则创新》，载《国际商务研究》2016年第3期。

[2] 钟山：《共建"一带一路"发展开放型世界经济（"一带一路"论坛）》，载《人民日报》2017年6月6日，第07版。

[3] 张进财：《形成国际合作和竞争新优势——全面提高对外开放水平》，载《人民日报》2022年4月25日，第09版。

再审审查案，合理填补了《国际海运固体散装货物规则》的空白，完善了国际海事裁判规则，进行了规则创新；重庆自由贸易试验区人民法院2019年审理的重庆某汽车销售有限公司诉重庆某物流有限公司等物权纠纷案，认定铁路运单提货请求权效力，探索构建中欧班列陆上贸易新规则。

（三）"一带一路"倡议中跨国法律协调机制

在"一带一路"倡议沿线，经贸投资促进了商品和资本的跨国自由流通，稳定的、统一的法律规则是确保商品和资本自由流通的重要保障。随着"一带一路"倡议的推进，中国与"一带一路"沿线国家和地区的民商事、刑事案件以及投资争议日益增多，涉及方方面面的法律问题，包括涉外案件管辖权的确定、外国法的查明、司法文书的域外送达、域外调查取证、法律适用、判决的承认与执行、引渡、被判刑人员的移交等。[1]

但不同的国家有不同的法律体系、法律制度、法律规则，造成了法律地方化和经济全球化不可避免的冲突，而完善的跨国法律协调机制，是积极解决区域间纠纷最有效的途径。此外，"一带一路"倡议沿线国家中的非WTO成员不受WTO规则的约束，一些区域性国际组织及其国际合作机制也与"一带一路"倡议需要的法律协调机制相重叠。这些机制需要进行整合并进一步规范化，特别是在不同机制之间搭建沟通和衔接平台，防止不同机制彼此冲突，[2]以推动投资贸易、基础设施建设顺利开展，促进沿线国家商品自由化程度和区域一体化水平的提高。

跨国法律协调机制主要是通过签订条约或协定约定国际合作中各方面和领域的法律适用及纠纷解决方式，缔约双方将问题局限在法律和条约的范围之内，能够解决缔约双方法律制度差异性的问题，最大限度保护双方的利益。通过签订协定，互相承认国内法效力或约定国际规则的跨国法律协调机制将给"一带一路"沿线国家带来经济和制度上的双重优势。比如，在司法合作法律协调机制方面，中国在"一带一路"倡议沿线国家中，与10个国家签订了民事司法协助条约。这些司法协助条约一般都对涉外民商事诉讼中的司法文书送达、调查取证、判决和仲裁裁决的承认与执行以及法律资料的交换作

---

[1] 朱伟东：“为'一带一路'构筑法治保障网”，http://www.rmlt.com.cn/2017/0712/483726.shtml，最后访问时间：2023年4月10日。

[2] 孔庆江：《以多边合作机制应对法律风险 为"一带一路"建设提供法律支撑》，载《人民日报》2017年9月19日，第07版。

了规定。此外，为打击跨国犯罪，中国还与多国签订了刑事司法协助条约及引渡条约。在知识产权保护方面，中国与东盟签署了《中国—东盟全面经济合作框架协议》，对相关知识产权问题进行了谈判，要求各缔约方按照世界贸易组织等规定履行职责；此外，还签署了《中国—东盟知识产权领域合作谅解备忘录》，规定要尊重各国国内知识产权法律制度，并且不能违背成员方加入的知识产权国际公约，有利于发挥法律协调机制作用，满足中国与东盟各国在知识产权法律体系与保护水平存在差距情况下的利益需要。[1] 此外，在经贸投资方面，中国更是与"一带一路"倡议沿线国家和地区签订了大量的双边或多边投资贸易协定，约定了纠纷案件管辖权、适用法律及纠纷解决方式等内容。

由于"一带一路"倡议沿线国家和地区经济发展水平、法治程度千差万别，通过签署条约和协定达成的跨国法律协调机制，在真正有效运转方面还面临一些问题。其一，两国制度的互换是相互认可制度的前提条件。其二，跨国法律协调机制也面临执行难的问题。其三，观念上的差异造成的信任缺失导致跨国法律协调机制发展缓慢。

"一带一路"倡议推进已进入全面务实的发展新阶段，贸易投资合作继续深化，重大项目扎实推进，自贸区建设取得突破等，实现"一带一路"沿线国家之间法律协调的需求也将越来越迫切。就目前情况来看，以签订条约或协定方式相互认可各自的法律制度与规则，并将之适用于具体的经贸投资项目，将促进跨国法律协调机制的有效运转。[2] 在"一带一路"倡议推进过程中，应加强与"一带一路"倡议沿线的地区性组织的沟通与协调，扩大司法合作领域，建立地区性司法合作机制，为共建"一带一路"提供有效法律保障。值得欣慰的是，2015年7月，最高人民法院公布了《关于人民法院为"一带一路"建设提供司法服务和保障的若干意见》，强调加强与"一带一路"沿线各国的国际司法协助，推动缔结双边或者多边司法协助协定，促进沿线各国司法判决的相互承认与执行；在沿线一些国家尚未与我国缔结司法协助协定的情况下，根据国际司法合作交流意向、对方国家承诺将给予我国司法互惠等情况，可以考虑由我国法院先行给予对方国家当事人司法协助；

---

[1] 吕娜：《"一带一路"背景下中国与东盟知识产权保护与合作的法律协调研究》，载《云南行政学院学报》2016年第2期。

[2] 杨冉：《"一带一路"战略中跨国法律协调机制前瞻》，载《东方法学》2016年第1期。

要准确适用国际条约和惯例，准确查明和适用外国法律，增强裁判的国际公信力，并特别强调了要增强案件审判中国际条约和惯例适用的统一性、稳定性和可预见性，要充分尊重当事人选择准据法的权利等。2019年12月，最高人民法院公布了《关于人民法院进一步为"一带一路"建设提供司法服务和保障的意见》，提出要加强国际司法合作，采取积极举措，便利外国法院民商事判决的承认和执行，采取推定互惠的司法态度，以点带面不断推动国际商事法庭判决的相互承认与执行。上述两份意见的出台有效保障了跨国法律协调机制的达成，有利于保障商品和资本在"一带一路"上安全高效流通。

（四）"一带一路"国际合作软法保障机制

"一带一路"倡议的宏大性和复杂性决定了在"一带一路"国际合作过程中，会存在较为突出的合作利益的不确定、合作意愿的不确定、履约能力的不确定等问题。在利益需求方面，"一带一路"沿线各国的经济发展水平不同，资源储量不同，文化宗教多样，这就决定了其利益需求的多样化。在法律规范方面，"一带一路"沿线国家的法治化水平参差不齐，我国与之建立国际合作过程中会面临较多的不确定性和法律风险。在建立"一带一路"国际合作过程中，需依据我国与沿线国家的实际情况确定相应的国际合作机制，通过互相认可的国际软法来弥补现实法律的不足，保障经贸投资项目的有效实施。

"一带一路"倡议的推进除需要有法律约束力的条约等国际法基础外，也需要无法律约束力的非正式协议即软法，以规范法律规则的空白之处。"软法"的概念最早于20世纪80年代在国际法领域提出，软法的蓬勃发展有其深厚的社会背景，比如社会进步导致国际合作方式的多样化、国际社会的组织化为国际软法形成奠定了基础、传统的国际法不能有效调节所有的国际合作方式、全球性问题更加复杂多变等都促进了国际软法理论的发展。[1]国际法学者倾向于将软法定义为虽然不具有法律约束力，但却会在实践中产生某种实际效果的行为规范。[2]

国际合作软法保障机制是指为实现互利共赢，"一带一路"倡议沿线国家

---

[1] 朱文龙、鲍禄：《国际软法的理论探析》，载《天津大学学报（社会科学版）》2013年第4期。
[2] 漆彤：《国际金融软法的效力与发展趋势》，载《环球法律评论》2012年第2期。

和地区共同制定或认可的一套无正式法律约束力,但包含实质性行为准则并能够对参与方产生实际影响的原则、规范以及决策程序。[1] 一般而言,国际合作中,规则的不统一将会给国际活动制造众多障碍,尤其是在经济、金融和商事领域。但由于各国的政治、经济、法治水平的差异,强行要求适用统一的规则不太现实,软法因此应运而生。

软法通常表现为政府间国际组织或非政府组织所制定的各种宣言、建议、意见、指南、标准、原则和最佳做法等,还包括不同国家监管机构之间所达成的有关信息交换和执法合作的国际文件,如谅解备忘录。[2]

软法主要有以下特点:其一,软法不具有强制性的法律约束力,且国际软法的作用对象与国际法的作用对象基本吻合,反映了国际社会普遍一致的国家实践和法律确信,因而软法缔结程序简便,适用双方在谈判、批准和遵守过程中可以减少不必要的程序成本。其二,国际软法虽然不具有强制力,但适用双方在宣言、决议、指南等国际协议中一旦作出承诺,就必须遵守"诚实信用"和"禁止反言"等基本法律原则。而软法的一些基本原则能够为相关国际条约的解释、适用提供指引。[3] 即软法具有非法律意义上的约束作用,尤其在国际经贸领域和国际环保领域。其三,软法是一种正在发展中的国际法,在规范形成过程中能够根据社会的发展变化及对问题认识的深入及时作出调整与修正,有利于适用双方根据新情况、新变化重新形成共识,保障国际合作的稳定开展。其四,软法的制定和实施主体多样化,不仅包括国家和国际组织,还包括国家内部职能部门及非国家行为体等,能够弥补国家在信息、资源等方面的不足,加强国际合作规范的供给。[4]

"一带一路"倡议推进过程中,软法可以起到良好的补充作用,满足国际行为体在国际交往中的规则需求。首先,软法可以对投资贸易领域的条约和协定的内容予以补充和修正。中国与"一带一路"倡议沿线国家广泛地缔结的双边、多边条约,相当部分已不适应国际投资贸易领域的新情况、新变化,但是条约和协定的修正或重新签署,需要经过复杂的程序进行研究、论证、签署、实施,而软法根据比较成熟的实践做法,则可以先行修正并得以适用。其次,"一带一路"倡议沿线国家对资源开发、环境保护、知识产权保护、劳

---

[1] 韩永红:《"一带一路"国际合作软法保障机制论纲》,载《当代法学》2016年第4期。
[2] 漆彤:《国际金融软法的效力与发展趋势》,载《环球法律评论》2012年第2期。
[3] 陈海明:《国际软法在国际法律秩序中的作用》,载《新疆社科论坛》2010年第1期。
[4] 韩永红:《"一带一路"国际合作软法保障机制论纲》,载《当代法学》2016年第4期。

工保护等项目，往往因涉及资源安全、国家主权、国内压力，很难通过条约和协定形成合作意愿。而通过软法进行谈判，约定适用规则，将简化有关程序，有助于提升双方的合作意愿。最后，在"一带一路"倡议沿线国家和地区的科教文卫交流过程中，软法的灵活性特点可以应对科技、卫生、环境、气候等方面的不确定性。同时，企业、非政府组织、个人等成员，能够参与软法的制定、认可和实施，这也将发挥整个社会的潜力，促进国际合作更加稳定发展。

第二编
"一带一路"法律供给的重点问题

一、"一带一路"投资法律问题研究

"一带一路"倡议提出以来，中国不断与"一带一路"沿线国家深化经贸合作，提升贸易投资自由化和便利化水平，持续推进更高水平对外开放，催生了世界经济新格局，越来越多的国家和国际组织加入共商共建共享朋友圈。当前，世界正处于百年未有之大变局，国际政治经济格局加速调整重构，世界经济陷入衰退，传统国际循环弱化，单边主义、保护主义抬头，逆全球化加剧，全球跨境直接投资持续下降，影响了我国企业"走出去"的外部环境。面对日趋严峻复杂的形势，在广大"走出去"企业和各部门、各地方的共同努力下，中国对外投资合作继续保持平稳发展，情况好于预期。我们要以和平合作、开放包容、互学互鉴、互利共赢为核心，继续加强"一带一路"倡议的落实。

本部分主要围绕"一带一路"投资法律问题展开研究，具体分为"一带一路"投资国内法律制度、"一带一路"沿线国家的投资环境、"一带一路"沿线投资相关的国际性组织及规则、"一带一路"沿线投资的普遍性法律问题、不同投资领域的具体法律问题，以及推进"一带一路"沿线投资的有关法律建议六部分进行论述。通过对"一带一路"沿线国家投资环境以及相关国际组织及其规则的阐述，分析得出"一带一路"沿线投资的普遍性法律问题与不同投资领域的具体法律问题，并提出有针对性的建议。

(一)"一带一路"投资国内法律制度概述

"一带一路"国内法律制度体系主要包括对外直接投资、外商投资、对外贸易法律制度三大板块。自改革开放以来,我国鼓励企业"走出去",开放中国市场的态度从未改变。为适应发展变化,相关法律法规始终处于修改进程中,目前该体系虽已逐步趋于完善,但相关问题仍亟待解决。

1. 我国对外直接投资的法律政策

作为国内法律法规的重要组成部分,我国对外直接投资法律政策经历了从限制约束到逐步放宽的过程。但法律法规内容庞杂、监管效力不足等问题从一定程度上限制了对外直接投资的发展,未来应在政策、管理及风险防控方面予以完善。

(1) 我国对外直接投资的法律政策演进

自改革开放以来,我国在政策上一直鼓励企业"走出去",对外直接投资的法律政策也逐步实现从限制约束企业向自由开放的方向发展。"一带一路"倡议的提出,使我国对外直接投资呈现出进一步繁荣发展的趋势。溯流而上,寻求我国对外直接投资法律政策的演进历程,可以将其大致划分为三个阶段:1979年至2001年的限制约束阶段,2001年至2016年的逐步放宽阶段,以及2016年至今针对非理性对外直接投资的阶段性管控阶段。

①限制约束阶段(1979年—2001年)

我国对外直接投资政策始于自1978年12月党的十一届三中全会实行的对内改革、对外开放的政策。对外开放政策使得我国企业"走出去"成为可能,但是改革开放伊始,企业没有境外投资经验且国家外汇储备极为有限[1],我国在政策上对对外直接投资给予了诸多限制,主要体现在对外直接投资管理和外汇管理两个方面。

在对外直接投资管理方面,1983年,国务院授权原外经贸部负责对外直接投资的审批和管理,对外直接投资须经市、省、国家三级层层审批上报,手续十分烦琐。1991年的《关于加强海外投资项目管理的意见》对项目审批权限进行了一定程度的下放,但仍旧秉持谨慎和限制的管理基调。其中指出

---

[1] 张默含:《中国对外直接投资:动因、障碍与政策分析》,中国社会科学出版社2016年版,第43页。

我国尚不具备大规模到海外投资的条件，到海外投资办企业主要应从我国需要出发，侧重于利用国外的技术、资源和市场以补充国内的不足。海外投资项目必须满足合作条件要相宜、有合理的经济效益、我方投资及其他条件要落实、必须经有关部门和专家论证、认真进行可行性研究等前提条件，严格按规定的审批程序办理。海外投资项目的审批权按项目投资额多少分别授予国务院各部门以及省级、市级相关部门。[1]

在外汇管理方面，1989年《境外投资外汇管理办法》和1990年《境外投资外汇管理办法细则》对有关企业对外直接投资所需外汇的使用、所赚外汇的管理等方面作出了详细的规定，严格管理外汇资金的使用：用于境外投资的外汇资金限于境内投资者的自有外汇，且未经国家外汇管理局批准，不得使用其他外汇资金；企业应当向外汇管理部门提交投资外汇资金来源证明，由外汇管理部门负责投资外汇风险审查和外汇资金来源审查，并须缴存汇回利润保证金[2]。1996年《外汇管理条例》规定，境内机构向境外投资，在向审批主管部门申请前，由外汇管理机关审查其外汇资金来源；经批准后，按照国务院关于境外投资外汇管理的规定办理有关资金汇出手续；且境内机构的资本项目外汇收入，除国务院另有规定外，应当调回境内。

②逐步放宽阶段（2001年—2016年）

我国2001年加入世界贸易组织及2002年实行"走出去"战略后，在法规和政策上逐步作出调整，支持企业对外直接投资。

这一阶段，我国在境外直接投资管理体制方面，逐步实现了从审批制到核准制再到"备案为主，核准为辅"的管理模式。2003年商务部发布的《关于内地企业赴香港、澳门投资开办企业核准事项的规定》简化了核准手续，将除"从事境外间接上市、开展投资性业务在港澳地区投资开办的企业"外

---

[1] 《关于加强海外投资项目管理的意见》规定，海外投资项目的审批权限，暂按以下规定试行：凡需向国家申请资金或境外借款需国内担保或产品返销国内需国家综合平衡以及中方投资额在100万美元以上（含100万美元）的项目，其项目建议书和可行性研究报告由国家计委会同有关部门审批；合同、章程由经贸部审批并颁发批准证书。中方投资额在3000万美元以上（含3000万美元）的项目，其项目建议书和可行性研究报告由国家计委会同有关部门初审后报国务院审批。中方投资额在100万美元以下，符合当前到海外投资的方针，资金、市场等不需要国家综合平衡解决的，其项目建议书、可行性研究报告以及合同和章程，可比照限额以上项目的审批办法，分别由国务院各部门和省、自治区、直辖市及计划单列市人民政府指定的综合部门审批。项目建议书和可行性研究报告要报国家计委备案，合同、章程要报经贸部备案，并由经贸部审核颁发批准证书。

[2] 《境外投资外汇管理办法》（1989年）第3条、第5条。

的其他企业对外投资的核准权委托至省级商务主管部门。2004年7月，国务院在其公布的《关于投资体制改革的决定》中明确境外投资管理由审批制改为核准制，并确定由国家发展和改革委员会负责核准境外投资项目，商务部负责核准境外开办企业。同年，国家发展和改革委员会下发《境外投资项目核准暂行管理办法》，规定国家对境外投资资源开发类和大额用汇项目实行核准管理。[1]2009年，《境外投资管理办法》将1000万美元及以上、1亿美元以下的境外投资核准权下放至省级商务主管部门，并大大缩短审核周期。2011年，为进一步放宽对外投资项目的核准管理，审批权限进一步下放，地方企业实施的中方投资额3亿美元以下的资源开发类、中方投资额1亿美元以下的非资源开发类境外投资项目（特殊项目除外），由所在省、自治区、直辖市及计划单列市和新疆生产建设兵团等省级发展改革部门核准；中央管理企业实施的上述境外投资项目，由企业自主决策并报国家发展和改革委员会备案。中方投资额3亿美元及以上的资源开发类、中方投资额1亿美元及以上的非资源开发类境外投资项目，由国家发展和改革委员会核准。[2] 2014年，为提高境外投资便利化水平，根据《国务院关于投资体制改革的决定》《国务院对确需保留的行政审批项目设定行政许可的决定》等相关规定，商务部出台了新的《境外投资管理办法》，将先前单一审批制改为"备案为主、核准为辅"的模式，并引入了负面清单的管理理念，除在敏感国家和地区、敏感行业的投资实行核准管理外，其余均实行备案。[3]

在外汇管理制度方面，外汇使用权限下放。2002年10月，国家外汇管理局开启外汇管理试点改革，以北京、上海、浙江、江苏、山东、广东、福建

---

[1]《境外投资项目核准暂行管理办法》第4条规定，国家对境外投资资源开发类和大额用汇项目实行核准管理。资源开发类项目指在境外投资勘探开发原油、矿山等资源的项目。此类项目中方投资额3000万美元及以上的，由国家发展和改革委员会核准，其中方投资额2亿美元及以上的，由国家发展和改革委员会审核后报国务院核准。大额用汇类项目指在前款所列领域之外中方投资用汇额1000万美元及以上的境外投资项目，此类项目由国家发展和改革委员会核准，其中方投资用汇额5000万美元及以上的，由国家发展和改革委员会审核后报国务院核准。第5条规定，中方投资额3000万美元以下的资源开发类和中方投资用汇额1000万美元以下的其他项目，由各省、自治区、直辖市及计划单列市和新疆生产建设兵团等省级发展改革部门核准，项目核准权不得下放。为及时掌握核准项目信息，省级发展改革部门在核准之日起20个工作日内，将项目核准文件抄报国家发展和改革委员会。地方政府按照有关法规对上述所列项目的核准另有规定的，从其规定。

[2] 商务部："国家发展和改革委员会关于做好境外投资项目下放核准权限工作的通知"，http://www.mofcom.gov.cn/aarticle/b/g/201109/20110907760681.html，最后访问时间：2023年4月8日。

[3] 商务部："'走出去'公共服务平台：对外投资"，http://fec.mofcom.gov.cn/article/ywzn/ywznn/article10.shtml，最后访问时间：2023年4月8日。

等 24 个省（市）作为试点，放松 300 万美元以下的外汇审批权，同时允许境外企业保留利润。[1] 2005 年，在试点经验的基础上，《关于扩大境外投资外汇管理改革试点有关问题的通知》将境外投资外汇管理改革扩展至全国，提高了地方对境外投资外汇资金来源的审查权限和境外投资的用汇额度。2006 年 6 月，国家外汇管理局发布了《关于调整部分境外投资外汇管理政策的通知》，取消了购汇额度的限制，彻底下放了境外投资外汇资金来源审查权。2009 年，国家外汇管理局提出外汇管理要实现"五个转变"：从重审批转变为重监测分析，从重事前监管转变为强调事后管理，从重行为管理转变为更加强调主体管理，从"有罪假设"转变为"无罪假设"，从"正面清单"转变为"负面清单"。同年，《境内机构境外直接投资外汇管理规定》实行外汇登记及备案制度，不再对境外直接投资外汇资金来源进行事先审查。2015 年 2 月，《国家外汇管理局关于进一步简化和改进直接投资外汇管理政策的通知》在全国范围内进一步简化和改进直接投资外汇管理政策，取消境外直接投资项下外汇登记核准行政审批和直接投资外汇年检，改为实行存量权益登记。

在境外国有资产管理方面，《境外国有资产管理暂行办法》（1999 年）明确了境外国有资产经营实行政企职责分开、出资者所有权与企业法人财产权分离、政府分级监管、企业自主经营的原则。《中央企业境外国有资产监督管理暂行办法》和《中央企业境外国有产权管理暂行办法》进一步明确了国有企业境外投资的各项管理制度，强化了对国有资产境外投资的企业和事项管理。

在对外直接投资支持和服务政策方面，逐步实现多维度政策支持和服务，主要体现在资金支持、税收优惠、海外投资保险、公共服务四个维度。首先，投资基金、政府专项资金和境外投资专项贷款为企业"走出去"提供资金支持，如国家开发银行与国内外的金融机构合资设立的中国—东盟中小企业投资基金、中非发展基金、中瑞合作基金、中国—比利时直接股权投资基金等，政府先后推出的市场开拓专项资金、对外经济技术合作专项资金、矿产资源风险勘查专项资金、走出去专项资金等涉及促进境外投资的政府专项资金，以及为符合条件的企业提供的"境外投资专项贷款"。其次，《企业所得税法》及其实施条例确立了我国企业境外所得采取直接和间接抵免方式消除重复征

---

[1] 张广荣：《我国"境外投资"基本政策发展演变》，载《国际经济合作》2009 年第 9 期。

税，并相继出台多个政策对税收问题进行细化[1]。再次，我国于 2001 年成立中国出口信用保险公司为企业对外直接投资提供海外投资保险，为企业对外投资面临的政治风险提供保障。2015 年 12 月，中国出口信用保险公司与丝路基金有限责任公司签署了《关于服务"一带一路"战略和支持企业"走出去"的合作框架协议》，双方将加强全面务实合作，共同加大对"一带一路"的金融支持力度，促进企业对外直接投资。最后，编制《国别贸易投资环境报告》《对外投资合作国别指南》《对外投资国别产业导向目录》《对外承包工程国别产业导向目录》《中国境外企业文化建设若干意见》《境外中资企业（机构）员工管理指引》《对外投资合作环境保护指南》《境外中资企业商（协）会建设指引》等文件为企业提供对外投资信息等公共服务。

③非理性对外直接投资的阶段性管控（2016 年至今）

自"一带一路"倡议提出以来，我国对外直接投资实现快速增长，但同时也出现了许多非理性投资的现象。2016 年，我国对外直接投资呈现过热增长，对外直接投资净额达到 1961.5 亿美元，同比增长 34.7%，[2] 并出现非主业、非理性的大额对外投资，盲目投资房地产、酒店、影城、娱乐业、体育俱乐部等领域。

针对这一现象，2016 年 12 月，发展和改革委员会、商务部、人民银行、外汇局四部门负责人就对外投资形势下中国相关部门将加强对外投资监管答记者问中明确指出，监管部门密切关注在房地产、酒店、影城、娱乐业、体育俱乐部等领域出现的一些非理性对外投资的倾向，以及大额非主业投资、有限合伙企业对外投资、"母小子大"、"快设快出"等类型对外投资中存在的风险隐患，建议有关企业审慎决策。[3] 2017 年 6 月，中央深改组审议通过《关于改进境外企业和对外投资安全工作的若干意见》，要求完善对境外企业和对

---

[1] 包括 2009 年《国家税务总局关于执行税收协定股息条款有关问题的通知》（国税函〔2009〕81 号）、《财政部、国家税务总局关于企业境外所得税收抵免有关问题的通知》；2010 年《国家税务总局关于进一步做好"走出去"企业税收服务与管理工作的意见》（国税发〔2010〕59 号）、《国家税务总局关于发布〈企业境外所得税收抵免操作指南〉的公告》（国家税务总局公告 2010 年第 1 号）、《国家税务总局关于印发〈境外注册中资控股居民企业所得税管理办法（试行）〉的公告》（国家税务总局公告 2011 年第 45 号）等。

[2] 商务部、国家统计局、国家外汇管理局："2016 年度中国对外直接投资统计公报"，http://hzs.mofcom.gov.cn/article/date/201803/20180302722851.shtml，最后访问时间：2023 年 4 月 8 日。

[3] "发展和改革委员会等四部门就当前对外投资形势下加强对外投资监管答记者问"，http://www.ndrc.gov.cn/xwzx/xwfb/201612/t20161206_829387.html，最后访问时间：2023 年 4 月 8 日。

外投资的统计和监测，加强监督管理，健全法律保护，加强国际安全合作，建立统一高效的境外企业和对外投资安全保护体系。[1] 2017 年 1 月，《国家外汇管理局关于进一步推进外汇管理改革完善真实合规性审核的通知》要求加强境外直接投资真实性、合规性审核，要求境内机构办理境外直接投资登记和资金汇出手续时，除应按规定提交相关审核材料外，还应向银行说明投资资金来源与资金用途（使用计划）情况，提供董事会决议（或合伙人决议）、合同或其他真实性证明材料。2017 年 6 月，财政部下发的《国有企业境外投资财务管理办法》，在尊重企业产权关系、内部治理结构和经营自主权的前提下，明晰各方财务管理职责，同时将财务管理从事中运营和事后监督延伸至前期投资决策和后期绩效评价，对境外投资全过程涉及的重要财务问题作出规范。[2] 2017 年 8 月，国家发展和改革委员会、商务部、人民银行、外交部联合发布《关于进一步引导和规范境外投资方向的指导意见》，将境外投资分为鼓励开展、限制开展和禁止开展三大类，要求在以上分类基础上进行分类指导；完善管理机制，加强境外投资真实性、合规性审查，建立境外投资黑名单制度。

2017 年 12 月 26 日，国家发展和改革委员会颁布《企业境外投资管理办法》，正式通过部门规章的形式对企业在境外投资的主体、监管、核准、备案及法律责任等内容作出了详细的规定。《企业境外投资管理办法》颁布后，各省级政府发展改革部门先后以《企业境外投资管理办法》为范本，根据当地实际情况出台当地的企业境外投资管理办法，总体目标均为完善境外投资全程监管，促进各省市境外投资持续健康发展〔如北京市发展和改革委员会颁布的《北京市企业境外投资管理办法》（京发改规〔2018〕7 号）、重庆市人民政府颁布的《重庆市企业境外投资管理办法》（渝府发〔2018〕17 号）、海南省发展和改革委员会颁布的《海南省企业境外投资管理办法》（琼发改经外〔2018〕2705 号）等〕。

可以看出，自 2016 年年底至今，政策对对外直接投资加强了监管审查，以遏制非理性投资行为，提高对外投资质量，但鼓励对外投资的政策并未改

---

[1] "中华人民共和国商务部召开例行新闻发布会"，http://www.mofcom.gov.cn/article/ae/ah/diaocd/201707/20170702605431.shtml，最后访问时间：2023 年 4 月 8 日。

[2] "中华人民共和国财政部资产管理司有关负责人就印发《国有企业境外投资财务管理办法》答记者问"，http://zcgls.mof.gov.cn/zhengcefabu/201708/t20170802_2664203.htm，最后访问时间：2023 年 4 月 8 日。

变。第一，除加强监管审查外，《国家发展改革委、商务部、人民银行、外交部关于进一步引导和规范境外投资方向的指导意见》还指出：对鼓励开展的境外投资，要在税收、外汇、保险、海关、信息等方面进一步提高服务水平，为企业创造更加良好的便利化条件；提高服务水平，加强与有关国家在投资保护、金融、人员往来等方面的机制化合作，为企业开展境外投资创造良好外部环境；强化安全保障，定期发布《国别投资经营便利化状况报告》，及时警示和通报有关国家政治、经济、社会风险，提出相应预案和防范措施。第二，在税收政策上，2017 年 4 月《国家税务总局关于进一步做好税收服务"一带一路"建设工作的通知》提出，优化"走出去"税收服务，简化消除双重征税政策适用手续等规定，进一步减轻纳税人办税负担。截至 2020 年 3 月 26 日，已与中国签订双边税收协定的国家（地区）达到 107 个，其中"一带一路"相关国家（地区）达 84 个，包括新加坡、印度、哈萨克斯坦、以色列、埃及、俄罗斯和匈牙利等，覆盖了亚洲、非洲、欧洲、南美洲和大洋洲等大洲。[1]

（2）我国对外直接投资法律政策存在的主要问题

历经四十余年的发展，我国基本形成了包括对外直接投资管理、外汇管理、国有资产管理以及支持服务等配套政策的较为完整的对外直接投资法律政策体系。但仍然存在以下问题：

① "法"出多门不利于对外直接投资的发展

从现有法律政策状况看，我国对外直接投资主要通过各个部门（主要包括商务部、国家发展和改革委员会、国家外汇管理局等）出台的有关管理办法进行监管。商务部负责非金融类国内企业对外投资的准入和日常监督管理，拟定境外投资管理办法和政策；国家发展和改革委员会负责国家拨款的境外资源开发类和大额用汇投资项目的核准备案；国家外汇管理局和中国人民银行负责对外直接投资有关的外汇事项。各个部门各自出台相应的规定对对外直接投资涉及本部门职权范围内事项进行管理，这本无可厚非，但因管理内容和职能存在交叉重叠，各部门又往往缺乏相互协调，反映在政策规定上就是"法"出多门，结构零散，缺乏体系性。例如，我国海外能源投资领域的一些政策一方面要求限制外商投资产品的内销比例，另一方面又大量从国外进口

---

[1] 汤凤林、陈涵：《"一带一路"背景下我国双边税收协定的现状、问题与完善建议》，载《国际税收》2020 年第 5 期。

能源产品；一方面鼓励海外能源投资，另一方面又在市场准入、税收以及保险等方面限制企业从事这类投资。[1] 对外直接投资的日常监督管理、外汇管理、鼓励措施、支持政策和公共服务是促进我国企业更有质量地"走出去"的相互联系的外部政策整体，共同作用于对外直接投资。法律政策之间的协调性差，直接影响到对外投资的整体质量。特别是在"一带一路"倡议之下，重点推进有利于共建"一带一路"和周边基础设施互联互通的基础设施境外投资和国际产能合作，而海外能源投资政策却仍存在矛盾之处，海外能源投资保障能力相对薄弱，缺乏系统性的支持使得我国投资者在海外进行能源投资时面临着更大的风险[2]。

②后续监管效力不足

针对对外直接投资，我国的管理体制呈现出重视前期准入，而后续监管力度不足的特点。通过对我国对外直接投资法律政策的梳理可以看出，我国对外直接投资的管理由商务部和发展和改革委员会分别从投资主体和投资行为两个角度进行。在境外投资的准入制度上，商务部负责境内对外直接投资的境内企业核准备案，发展和改革委员会负责对外直接投资项目的核准备案。在日常监管上，商务部主要通过定期进行统计、年检和绩效评价等方式进行最为基础的监督管理。在事前准入逐步由审批制向核准制再向备案制调整的背景下进一步放宽事前准入，若不完善日常监管链条，加强事中事后监管，将不利于对外直接投资的理性发展，2016年的非理性对外投资现象就是最好的印证。在2017年管控日益紧缩的趋势下，《国家发展改革委、商务部、人民银行、外交部关于进一步引导和规范境外投资方向的指导意见》要求进一步加强实质性审查，防止虚假投资行为，商务部也出台了"双随机、一公开"监管细则，规范对外投资事中事后的监管行为，提高公开程度。商务部、发展和改革委员会、外汇管理局等部门持续发力遏制非理性投资，取得阶段性效果，但从整体上看，我国对外投资历史尚短，存在盲目投资、虚假投资等现象，一些境外投资活动游离于现行管理之外，而现行监管模式偏重于形式和事前管理，缺乏对直接投资全过程的覆盖，存在诸多薄弱之处，对外直接投资的日常监管工作的落实程度仍不够，日常监管效力不足，监管效果尚有

---

[1] 李若瀚：《比较法视野下中国海外能源投资保障法律机制的构建》，载《法学评论》2017年第6期。

[2] 李若瀚：《比较法视野下中国海外能源投资保障法律机制的构建》，载《法学评论》2017年第6期。

待进一步提高。

③对外直接投资的风险防控机制不健全

当前对外直接投资的风险防控机制主要存在以下不足之处：

风险防控机制缺乏系统性和全面性。对外直接投资风险涉及两个范畴：一是宏观层面上，资本跨境流动失衡，带来人民币汇率的压力，加大了经济平稳运行的风险，且国内高杠杆融资的海外投资项目增加了国内金融系统的风险；二是微观层面上，企业在东道国的投资项目安全与否与该国的政治、经济格局存在密切关联，而仍有不少国家和地区政局和经济形势不稳，致使企业对外投资存在风险。虽然针对上述风险，已通过诸如加强监管、设立保险等措施试图防控风险，但是对外直接投资的安全风险是系统性和多方面的，其风险的防控机制也应当是全面系统的，且当前政策业已认识到建立高效的对外投资安全保护体系的重要性。

"一带一路"背景下，现行海外投资保险难以满足企业"走出去"对风险防范的需求。对外直接投资因涉及东道国，往往存在诸多风险，东道国的政治风险是其中之一。诸如政变、暴动、东道国对企业实行国有化、禁止或限制合法利润汇回本国等事件一旦发生，我国投资者将遭受较大的利益损失。海外投资保险制度因此产生。我国出口信用保险公司是唯一进行海外投资担保的机构。但是，"一带一路"沿线有 65 个国家和地区，包括了地区争端风险较大的南海地区和东海地区，也包括了资源争夺激烈的中亚地区，因此不乏政权动荡、恐怖主义滋生等现象。而当前我国海外投资保险的范围较为狭窄单一，[1]尚无法覆盖企业所面临的各种政治风险；且我国鼓励对外投资基础设施建设，但基础设施建设投入的资金大，建设周期长，要求的技术高，往往需要国家间的协作来完成。而海外投资保险对投保人和被保险人有严格的规定[2]，难以为多样化的风险承担担保。

④对外直接投资支持和服务水平有待提高

我国对外直接投资的鼓励和支持政策较为原则笼统，具有实质性和针对性的支持方式不多。首先，我国虽然出台了较多支持对外直接投资的政策文

---

[1] 我国出口信用保险公司海外投资保险的承保范围包括征收险、汇兑限制险、战争及政治暴乱险和附加政治风险（经营中断和违约）。

[2] 投保人和被保险人只包括在我国境内注册成立的法人、在境外注册成立的其实际控制权由中国境内注册的法人掌握的法人，以及为项目提供融资的境内外金融机构；承保的投资形式包括股权投资、债权投资、租赁交易等。

件，但多数仍是原则性的规定，具体的政策支持还需进一步深化制定。其次，在税收支持上，目前，我国对外商直接投资的税收和税收支持政策以直接激励为主，更注重使用税收抵免、税收优惠等政策，很少使用加速折旧、递延税款支付和提取亏损准备金等间接激励。随着中国对外直接投资的日益多样化，海外企业在纳税和信贷方面可能会遇到各种问题。再次，在金融支持上，我国出口信贷规模有限、海外投资专项贷款储量有限，支持力度小。最后，对外直接投资的信息服务水平有待提升。主要表现在：其一，已有的信息服务提供以基本资料为主，虽有较广的覆盖面，但鲜有深入分析；其二，虽已有中国"一带一路"网和商务部走出去公共服务平台等信息平台的建立，但平台信息散乱，缺乏专题性、针对性，不便于企业实际操作的信息整合。

（3）我国对外直接投资立法的完善路径

无论是"法"出多门，还是后续监管力度不足，抑或对外投资的风险防控体系不健全，我国对外投资法律政策存在上述问题的根本原因是缺乏统摄性的、法律意义层级的对外直接投资立法，由其对境外投资主体、准入程序、监督管理、鼓励支持、服务保障等方面作出规定，从而导致现行对外投资相关法律规范及政策缺乏稳定性和权威性。世界上各主要的资本输出国，无论是发达国家还是新兴的发展中国家，都制定了一套较为完整的境外直接投资法律制度用来规范和管理本国的境外直接投资，如美国1948年制定并几经修改的《对外援助法》、日本1978年修订的《输出国保险法》、韩国1978年颁布的《海外资源开放促进法》等。[1] 各国的境外直接投资立法基本形成了完整的体系。[2]

①对外直接投资促进、投资监督管理与风险防控的平衡与协调

跨国投资活动的高度社会嵌入性导致跨国投资监管的政策复杂性高，投资保护、促进和规制等政策不易平衡。[3] 自改革开放以来，我国政策一直坚持鼓励和促进对外直接投资，并逐步放宽对对外直接投资的审批限制。针对对外直接投资的监督管理的加强有助于预防和遏制风险的发生，但不免影响企业投资效率，不利于对外直接投资的促进。我国对外直接投资法律政策经历了从限制约束到逐步开放的过程，但其系统性和协调性有待加强。在"一带

---

[1] 张春林：《论完善我国海外直接投资的法律制度》，载《国际经贸探索》1997年第5期。
[2] 辛柏春：《我国境外投资立法存在的问题与完善措施》，载《学术交流》2005年第1期。
[3] 王鹏、郭剑萍：《论中国直接投资法律体系的重构——监管逻辑、历史演进与政策挑战》，载《国际经贸探索》2016年第2期。

一路"倡议以及我国逐渐成为资本输出大国的现实背景之下，我国对外直接投资立法应致力于实现对外直接投资促进、投资监督管理与风险防控之间的平衡与协调，在促进投资繁荣的同时，保证国内经济金融秩序的稳定。

②加强系统性政策支持

对外直接投资的长足健康发展离不开相关政策的鼓励支持，这种支持是多方面的，包括信息支持、税收支持、信贷支持等，通过资金、服务等方式提供较为便利化的投资环境。我国对外直接投资已经实现了从单一资金支持向系统性支持的发展，在"一带一路"鼓励对外投资建设基础设施和国家产能合作的背景下，因涉及国家多而复杂以及其他因素的影响，加强系统性政策支持尤为重要。

第一，信息支持。政府服务作为底层设计，在信息网络的构建上吸纳其他社会力量加入其中，对相应主体的对外投资需求进行精准及时的服务，并提供切实有效的可行性报告，尽快建立完善关于对外投资的数据库。

第二，税收支持。现有的"分国不分项"的抵免方法不尽合理，受到多数学者的批判。在对外直接投资的税收激励政策上，可以将税收的间接性抵免纳入调控措施，通过立法完善，增加加速折旧、延期纳税、亏损准备金等制度性工具；或针对直接投资行业的不同，建立相应的优惠制度，如在能源投资行业，可借鉴法国、德国等建立境外投资准备金制度，允许投资者将投资总额的一部分转设为准备金，并将准备金从应纳税所得额中扣除。

第三，信贷支持。目前，我国对企业"走出去"的信贷支持力度仍旧较小，中国进出口银行是我国为对外投资提供政策性金融支持的唯一机构，且只有符合一定条件的对外投资方可获得支持。资金是企业对外直接投资的最根本支撑，信贷支撑可以说是最为有效的激励支持政策。美国的对外直接投资项目可以从商业银行或其他金融机构取得贷款[1]，德、法等欧盟国家则对融资困难的中小企业的对外投资提供低息甚至无息贷款，或者采取贷款担保等方式为这些企业融资提供便利。

③适度监督管理：创新监管机制与确立公开明确的监管标准相结合

政府对企业对外直接投资进行监督管理具有必要性。从世界范围看，各国政府都在采取各种措施完善对外投资的监管。中国目前还没有实现资本项

---

[1] 闫卫军：《论美国进出口银行的宗旨与经营原则——兼及中国进出口银行制度的完善》，载《河北法学》2012年第11期。

目完全可兑换，政府对跨境投资进行适当的管理和规范引导十分必要。[1] 宏观上，金融危机的诱因之一即是资金跨境流动的"大进大出"，因而在我国保持金融稳定以避免系统性风险具有必要性；微观上，我国企业对外投资时间尚短、经验有限，通过政府的监督管理给予企业必要的警示和引导，有利于企业更加合理地决策，有助于对外投资的成功开展。

但是正如上文所述，监督管理的加强与鼓励对外直接投资之间存在着矛盾，加强监管的同时不可避免地会影响对外投资的便利化，因而在坚持适度监管的基础上，创新监管机制和确立公开明确的监管标准不失为可行之策。具体而言：

第一，建立专门的对外投资审批管理机构。按照现有的"商务部负责企业、发展和改革委员会负责项目"的审批方式，企业需要分别向两个部门申报两份繁简不同的文件，可能出现一个部门核准，而另一个部门否决的现象，降低企业效率。[2] 通过建立专门的对外直接投资审批管理机构，可以提高审批管理效率。该机构成员可由国家发展和改革委员会、商务部、财政部、外汇管理局等部门中的工作人员共同组成，主要职能包括制定宏观的战略、方针或短期政策，并对对外投资进行统筹性管理。

第二，创新事中事后监管方式。对外直接投资事中事后之监管薄弱源于企业对外投资项目在他国境内，国内监管机关往往难以进行有效的监管，而一线管理具有不可替代的作用。在放宽境外直接投资审批和备案的同时，通过发挥驻外使领馆的一线管理功能，建立信息共享机制，实现各部门联合监管。

④建立系统的对外直接投资安全保护体系

对外直接投资因走出国门，企业所面临的风险是多方面的，包括政治风险、经济风险和社会风险等。对外直接投资的安全保护体系即是通过各种手段实现政治风险、经济风险和社会风险的预防、控制和救济。我国对外直接投资系统的保护体系的建立，在企业自身层面需要提高风险防范意识，投资之前应对东道国的政治、经济、社会情况进行综合研判，在政府层面应包含政府的管理监督、政策保障等，为企业创造风险较小的对外直接投资环境，具体应当在双边投资协定、海外投资保险以及发挥政府和社会的作用等方面有所加强，形成较为系统的安全保护体系。

---

[1] 王珂：《"走出去"有了新路牌》，载《人民日报》2017年11月27日，第17版。
[2] 张广荣：《我国"境外投资"基本政策发展演变》，载《国际经济合作》2009年第9期。

第一，双边投资协定应当更加重视权利与义务的相互平衡。我国兼具资本输入国与输出国的身份，在确定双边投资关系时，吸引外资固然是重要任务，对于东道国的直接投资政策障碍也应当给予一定的重视，使我国对外直接投资在保护标准与权利方面实现新的平衡性变化。另外，在与市场经济程度欠发达的国家签订双边投资协定时，对于我国国内企业的利益保护需要给予应有的重视，对可能发生的各种投资风险应当予以考虑。

第二，发挥政府和社会在对外直接投资保护机制中的作用。政府应承担起为企业服务的功能，对相关企业在对外投资所涉的信息服务、外交协调等方面提供应有的帮助。同时，社会服务组织、科研组织、中介组织应当充分发挥相应作用，提供法律法规、投资政策等方面的服务，提供对外投资的智力支持和技术保障。

第三，完善海外投资保险制度。对国内有关对外投资的立法空白予以填补，研究以双边投资保护协定为基础的保险模式，并对保险范围适当予以细化拓宽。

2. 我国外商投资法律制度

作为"一带一路"国内法律体系的另一重要组成部分，我国外商投资法律制度也经历了从无到有，内容逐步完整、丰富的过程，现已形成多层次法律体系，但仍存在与对外投资类似的法律法规杂乱、重叠等问题，建议在厘清基本概念的前提下，整合外商投资的基本制度。

（1）我国外商投资立法发展及现状

经历了改革开放及加入世界贸易组织的洗礼，不论是立法发展，还是响应时代变化作出的修改调整，我国外商投资制度在政策的鼓励下逐渐形成体系。

①我国外商投资立法的发展

自改革开放以来，我国对外商投资一直采取开放、欢迎和鼓励的态度，相应地在立法上也向外商直接投资特别是举办外商投资企业倾斜，经过多年努力，我国已经形成了比较完整的外资法律体系。[1]

20世纪70年代开始，《中外合资经营企业法》《外资企业法》和《中外合作经营企业法》陆续颁布实施，成为我国外商投资法律体系框架的核心法律。

---

1 徐崇利、林忠:《中国外资法》，法律出版社1993年版，第3页。

同时，围绕核心法律陆续出台了相应的实施细则、暂行规定等政策和法规。

为了顺利加入世界贸易组织，我国于 2000 年和 2001 年对上述三部核心法律作了相应修订。加入世界贸易组织后，为弥合立法与世界贸易组织有关协议之间存在的差距，我国取消了诸多与国民待遇不符的投资业绩要求，比如当地成分、出口实绩、外汇平衡及技术转让要求[1]，并先后颁布了包括《外商投资稀土行业管理暂行规定》《外商投资国际货物运输代理企业管理办法》《外国投资者并购境内企业暂行规定》《商务部关于涉及外商投资企业股权出资的暂行规定》在内的一系列法规和规章。

2013 年以后，我国改革进入攻坚区和深水区，全面深化改革和进一步扩大开放的方针政策出台后，已有法律已经不能满足相关需要，对法律的修订提上日程。党的十八届三中全会提出"构建开放型经济新体制"，"统一内外资法律法规，保持外资政策稳定、透明、可预期"，"改革涉外投资审批体制"，"探索对外商投资实行准入前国民待遇加负面清单的管理模式"；党的十八届四中全会要求"适应对外开放不断深化，完善涉外法律法规体系，促进构建开放型经济新体制"。相应地，在立法层面上，修改已有外资法律体系、出台一部统一性的法律已势在必行。2014 年，为进一步放宽市场主体准入条件，激发社会投资活力，国务院公布《关于废止和修改部分行政法规的决定》，相关法律法规就注册资本事项进行了修改。商务部也同步启动了立法修改工作，并于 2015 年形成了《外国投资法（草案征求意见稿）》。

在历经了多轮修改、意见征集后，2019 年 3 月 15 日，《外商投资法》正式颁布，该部法律于 2020 年 1 月 1 日起正式实施，《中外合资经营企业法》《外资企业法》和《中外合作经营企业法》同时废止。2019 年 12 月 26 日，国务院颁布《外商投资法实施条例》，进一步细化国务院投资主管部门在外商投资领域的权责义务。

《外商投资法》《外商投资法实施条例》的颁布，标志着我国外商投资立法领域在向系统性、统一性转变，对我国进一步扩大对外开放、积极促进外商投资具有重要意义。

②我国外商投资立法的现状分析

自改革开放以来，我国外资立法已形成了调整外商投资的层次多元、内

---

[1] 孔庆江：《双边投资条约：中国的路径和实践》。Qingjiang Kong, "Bilateral Investment Treaties: The Chinese Approach and Practice", Asian Year book of International Law, Vol.68, 2003, p.113.

容相对完整的法律体系。[1] 我国外资立法体系可以从纵向和横向两个维度进行分析。

纵向维度上，我国外商投资立法体系涵盖了宪法、法律、行政法规和部门规章以及地方性法规四个层次。在宪法层次上，我国《宪法》第18条规定，中华人民共和国允许外国的企业和其他经济组织或者个人依照中华人民共和国法律的规定在中国投资，同中国的企业或者其他经济组织进行各种形式的经济合作，其合法的权利和利益受中华人民共和国法律的保护。这一规定为外商投资法律法规的制定和有关国际条约的签订提供了最高法律依据。在法律层次上，《外商投资法》《外商投资法实施条例》构成了我国外商投资立法的基础。在行政法规和部门规章层次上，国务院以及各部委在各自职权范围内就外资准入、运行、退出等方面的具体问题制定了大量的行政法规、部门规章以及其他规范性文件。在地方性法规层次上，各省、自治区、直辖市也大都出台了地方性法规和政策，以鼓励、引导和规范外商投资。

横向维度上，我国外商投资立法以《外商投资法》为核心，加之与其配套的税法、金融法、劳动法、土地法等部门经济法，民法典合同编、公司法、知识产权法等民商法，以及作为补充的行政法规、部门规章和地方立法，构成了比较完备的外商投资法律系列。[2]

在外商投资的准入制度方面，《外商投资法》《外商投资法实施条例》明确实行"准入前国民待遇加负面清单管理"制度。即在投资准入阶段，除国家规定在特定领域对外商投资实施准入特别管理措施的"负面清单"之外，给予外国投资者及其投资不低于本国投资者及其投资的"国民待遇"，其中负面清单由国务院投资主管部门会同国务院商务主管部门等有关部门提出，报国务院发布或者报国务院批准后由国务院投资主管部门、商务主管部门发布。

"准入前国民待遇加负面清单管理"制度，在"三资企业法""备案管理加负面清单"的基础上，进一步简化了外国投资者进入我国的投资门槛，优化了外国投资者在我国的投资环境。

在外商投资的国家安全审查制度方面，《外商投资法》《外商投资法实施

---

[1] 曾明强、翁杰：《"入世"后中国外资立法若干问题探析》，载《甘肃政法学院学报》2004年第74期。

[2] 王玉梅：《中国的外国直接投资法律制度研究》，法律出版社2003年版，第38页。

条例》并未沿袭"三资企业法"在企业设立、外商投资行业准入环节对于国家安全审查的详细分别规定,而是概括性地规定"在中国境内进行投资活动的外国投资者、外商投资企业,应当遵守中国法律法规,不得危害中国国家安全、损害社会公共利益"。2020年12月29日,国家发展和改革委员会、商务部颁布《外商投资安全审查办法》,明确国家将建立外商投资安全审查工作机制,负责组织、协调、指导外商投资安全审查工作,对于"投资军工、军工配套等关系国防安全的领域,以及在军事设施和军工设施周边地域投资;投资关系国家安全的重要农产品、重要能源和资源、重大装备制造、重要基础设施、重要运输服务、重要文化产品与服务、重要信息技术和互联网产品与服务、重要金融服务、关键技术以及其他重要领域,并取得所投资企业的实际控制权"的,外国投资者或者境内相关当事人应当在实施投资前主动向工作机制办公室申报,由工作机制办公室决定是否需要进行安全审查及是否通过安全审查。工作机制办公室作出禁止投资决定的,当事人不得实施投资。

在外商投资企业的组织结构方面,《外商投资法》实施后,外商投资企业的组织形式、治理机构在我国将不再适用"三资企业法"的规定,而统一适用《公司法》关于公司组织结构的相关规定。在涉及最高权力机构、重大事项决议要求、董事任期、董事选任方式、股权或权利义务转让的限制等方面,《外商投资法》相比于"三资企业法"均有重要变化。具体见下表[1]:

---

[1] 柯婷婷,李惠娟:"《外商投资法》外企的企业组织结构和知识产权的变化",http://www.kangxin.com/html/1/173/174/353/9303.html,最后访问时间:2023年4月8日。

表 2-1　外商投资企业组织结构

涉及事项	《外商投资法》实施前	《外商投资法》实施后
最高权力机构	依《中外合资经营企业法》成立的中外合资企业（"合资企业"）和依《中外合作经营企业法》成立的采取有限责任公司形式的中外合作企业（"合作企业"）的最高权力机构为董事会	股东会
董事任期	合资企业的董事任期为每届 4 年；合作企业的董事或委员任期为每届不超过 3 年。	每届任期不超过 3 年
董事选任方式	合资企业和合作企业的董事选任方式都是公司内部协商确定并委派	非职工代表的董事将由股东会选举和更换，而职工代表董事将由公司通过民主选举产生
重大事项决议	修改公司章程、增加或者减少注册资本的决议，以及公司合并、分立、解散或者变更公司形式等事项是董事会的一致决议事项	三分之二以上表决权的股东通过即可
股权或权利义务转让的限制	对于合资企业的股权转让，须经合营各方一致同意 对于合作企业，虽然不涉及股权的转让，但对外转让权利义务须经其他各方同意	转让仅需其他过半数股东的同意（除非公司章程另有规定）
利润分配	对于合资企业，合资各方按注册资本比例分享利润和分担风险及亏损 对于合作企业可以根据合同约定分配收益	有限责任公司可按股东约定分配利润
剩余财产分配	对于合资企业，允许合资各方协商剩余财产分配 对于合作企业，允许按合同约定分配剩余资产	按出资比例进行分配

在财税支持及税收的内外资企业统一方面，《城镇土地使用税暂行条例》《企业所得税法》等基本实现内外资税制统一，促进内外市场参与者的平等竞争。同时，以税收优惠激励和吸引外资的方式也不断完善。

在外商直接投资的外汇管理方面，2012 年《国家外汇管理局关于进一步改进和调整直接投资外汇管理政策的通知》大幅简化和优化了外汇管理流程。[1] 2013 年《外国投资者境内直接投资外汇管理规定》确立和细化了外商境内直接投资登记管理。外商投资企业境内再投资外汇管理方面，《国家外汇管理局关于进一步改进和调整直接投资外汇管理政策的通知》简化了再投资管理程序。

（2）《外商投资法》《外商投资法实施条例》的重大亮点及突破

在"三资企业法"三法分立，外商投资领域多层次、多部门法律混杂的情形持续几十年后，2019 年，《外商投资法》《外商投资法实施条例》的出台终于在外商投资领域的立法统一方面作出了重大突破。相比"三资企业法"，《外商投资法》在多处均作出了重要调整，为促进外商投资、优化投资环境作出了重要贡献。

一是首次规定了准入前国民待遇清单。"三资企业法"确立的是"一事一批"的投资规定和准入产业指导目录"正面清单"。对外国投资者而言，增加了其在我国进行投资的难度。现《外商投资法》确立的准入前国民待遇加负面清单的管理制度，与之前在自由贸易试验区内所暂时调整的规定接轨，从根本上摒弃了"三资企业法"规定的逐案审批制度，对于激发外商投资企业公平进入市场竞争具有积极促进作用。

二是禁止使用行政手段强制转让技术。在目前并没有形成国际技术转让多边规则的情形下，我国借助外国资本进入的机会提出技术转让要求会引起发达国家的极力反对。因此，《外商投资法》明确规定了行政机关及其工作人员不得利用行政手段强制转让技术，保障了外国投资者的合法权益。

三是建立外商投资安全审查制度。《外商投资法》明确建立了外商投资安全审查制度，对于外资的准入和待遇大大放宽的同时也有利于防止外资企业进入后影响我国的国家安全，保障国内市场安全、国家安全。

四是强调对知识产权的保护。为"留住"在华经营的外商投资者，针对过往对知识产权保护力度不足、地方政策随意性大等外国投资者的痛点，《外商投资法》再一次明确国家依法保护外国投资者和外商投资企业的知识产权，鼓励基于自愿原则和商业规则开展技术合作，同时明确行政机关及其工作人员不得利用行政手段强制转让技术，更好地回应了外国投资者对其知识产权

---

[1] 国家外汇管理局："国家外汇管理局有关负责人就直接投资外汇管理政策调整相关问题答记者问"，http://www.safe.gov.cn/safe/2012/1121/4777.html，最后访问时间：2023 年 4 月 8 日。

保护问题和强制技术转让等问题的关切，有利于减少相关的国际争议。[1]

五是建立外商投资企业投诉工作机制，对于加强中国各级政府与外商投资企业之间及时有效沟通，推动化解矛盾、解决问题、增信释疑，维护外国投资者的合法权益、增强外国投资者的信心具有历史性的意义，更有利于打造内外资企业公平竞争的市场环境，保护外商投资合法权益。[2]

（3） 我国外商投资立法中仍然存在的问题

《外商投资法》《外商投资法实施条例》的出台，一定程度上统一了外商投资领域的法律适用，为外资企业在中国进行平等竞争的权利和环境提供了法律保障，为我国外商投资领域的立法翻开了新的一页。但是，我国外商投资立法中仍然存在以下问题，需在后续立法过程中进行进一步完善及补充：

①现有外资配套规定清理工作仍未完成

在"三资企业法"及其实施细则的基础上，商务部、国家发展和改革委员会、市场监督管理总局（原工商总局）、外汇管理局、财政和税务主管部门在过去四十年制定了大量的配套部门规章和规范性文件。随着"三资企业法"退出历史舞台，大量的法规、规章和规范性文件都需要废止或者修订。《外商投资法实施条例》第49条规定，2020年1月1日前制定的有关外商投资的规定与《外商投资法》和《外商投资法实施条例》不一致的，以《外商投资法》和《外商投资法实施条例》的规定为准。上述规定对新旧法律法规适用可能出现的冲突确立了基本原则，但在实践中如何适用仍可能存在困扰，需要商务部、国家发展和改革委员会、司法部等各部门继续对现行规定进行全面清理。[3]

②过渡期满相关事项仍待明确

根据《外商投资法》及《外商投资法实施条例》的规定，自2020年1月1日至2024年12月31日，此前依照"三资企业法"设立的外商投资企业可以继续保留原企业组织形式，但必须在此期间内依照《公司法》《合伙企业法》等法律规定调整其组织形式、组织机构等，并依法办理变更登记。自2025年1月1日起，对未依法调整组织形式、组织机构等并办理变更登记的现有外商投资企业，市场监督管理部门不予办理其申请的其他登记事项，并

---

[1] 石锦娟：《新外商投资法亮点解读》，载《中国外汇》2019年第9期。
[2] 石锦娟：《新外商投资法亮点解读》，载《中国外汇》2019年第9期。
[3] 徐萍、姚丽娟："外商投资开启全新时代：《外商投资法实施条例》评析"，https://lvdao.sina.com.cn/news/2020-01-02/doc-iihnzahk1501136.shtml，最后访问时间：2023年4月8日。

将相关情形予以公示。

据此可知,《外商投资法》规定的5年过渡期内,所有外商投资企业必须进行组织形式和组织机构等方面的合规调整,否则将面临包括失去在华经营资格等在内的不利后果。

实践中,更改决策机制牵扯到公司控制权争夺、公司高管利益等重大事项,许多外资企业在过渡期内能否完成《外商投资法》及《外商投资法实施条例》规定的整改事项存在不确定性。虽然《外商投资法》及《外商投资法实施条例》规定,在2025年1月1日前,对不完成整改过渡的企业将不予办理其申请的其他登记事项并将相关情形予以公示。但对于届时相关企业能否存续、不能存续的法律后果等相关事项尚未有明确的规定,可能给未能按时完成过渡的企业遗留较多法律纠纷及实践操作难题,引发新一轮的纷争。

③厘清外商投资之边界,尽快出台对VIE(可变利益实体)模式的法律规定

外商投资者在中国投资适用《外商投资法》。因而明确外商投资、外商投资企业的内涵和外延,对厘清《外商投资法》的适用范围至关重要。

对于何为"外商投资"及"外商投资企业",《外商投资法》在其第2条第2款、第3款中作出了明确定义:"本法所称外商投资,是指外国的自然人、企业或者其他组织(以下称外国投资者)直接或者间接在中国境内进行的投资活动,包括下列情形:(一)外国投资者单独或者与其他投资者共同在中国境内设立外商投资企业;(二)外国投资者取得中国境内企业的股份、股权、财产份额或者其他类似权益;(三)外国投资者单独或者与其他投资者共同在中国境内投资新建项目;(四)法律、行政法规或者国务院规定的其他方式的投资。本法所称外商投资企业,是指全部或者部分由外国投资者投资,依照中国法律在中国境内经登记注册设立的企业。"

遗憾的是,作为外资投资境内受限产业及众多互联网和高新技术企业海外上市首选的VIE模式,在最终出台的《外商投资法》及《外商投资法实施条例》中依然对其进行了留白,VIE模式在目前我国的法律环境下依然处于灰色地带。这种留白会产生相关法律问题。一方面,在VIE模式下,明明是中国投资者控制的企业,仅仅因为采用了离岸架构进行融资而无法运营境内并不受限的领域和业务,于情理不通。另一方面,VIE模式的出发点是让众多"假外资"的高新企业能够在境外融资、境外上市和境内合规运营中"安身立命",但VIE模式结构特殊,本质上属于规避法律的监管,法律长期漠视这一

问题不是正途。

因此，在多重因素影响下，对 VIE 模式出台明确、具体的规范已经迫在眉睫，未来 VIE 模式的必要性和合规性应在不远的将来得到彻底的解决。[1]

（二）"一带一路"沿线国家投资环境概述

"一带一路"倡议能够实现亚太、中东、欧盟及非洲等地区的资源归并，使各个国家资源互补、相互借鉴、共同建设、共同发展、合作共赢。目前，世界正处于深刻复杂的发展状况之中，新型冠状病毒感染疫情的影响依然存在，世界经济缓慢复苏，国际局势动荡下的投资贸易格局和多边贸易规则酝酿深刻调整，此时稳定推动"一带一路"倡议对扩展和深化对外开放具有巨大的促进作用，也对加强与中东、亚太、欧非地区以及世界各国的合作共赢具有重要意义。

1. "一带一路"沿线国家的投资现状

（1）中国对"一带一路"沿线国家投资的特征

商务部在 2020 年 12 月发布的《中国对外投资合作发展报告》显示，2020 年中国对外全行业直接投资 1329.4 亿美元，对外承包工程完成营业额 1559.4 亿美元，对外投资合作大国地位持续巩固，在高质量共建"一带一路"，助力东道国经济社会发展，深化我国与有关国家经贸关系，推动构建开放型世界经济中发挥了积极作用。[2]

根据相关统计数据，目前阶段"一带一路"倡议下我国对外投资合作的特征主要有以下几个方面：第一，中国对"一带一路"投资合作稳步推进。截至 2019 年年底，中国超 2.75 万家境内投资者在全球 188 个国家（地区）设立对外直接投资企业 4.4 万家，全球 80% 以上国家（地区）都有中国的投资，年末境外企业资产总额 7.2 万亿美元。在"一带一路"沿线国家设立境外企业超过 1 万家，2019 年当年实现直接投资 186.9 亿美元，同比增长 4.5%，占同期流量的 13.7%；年末存量 1794.7 亿美元，占存量总额的 8.2%。2013 年

---

[1] 潘永建、朱晓阳："外商投资法及实施条例十大问题解读"，https://www.llinkslaw.com/uploadfile/publication/34_1587715241.pdf，最后访问时间：2023 年 4 月 8 日。

[2] 见商务部于 2020 年 12 月发布的《中国对外投资合作发展报告 2020》。

至 2019 年中国对沿线国家累计直接投资 1173.1 亿美元。[1] 第二，对外直接投资流量首次位居全球第一，存量保持全球第三。联合国贸发会议（UNCTAD）《2021 世界投资报告》显示，2020 年全球对外直接投资流量 7399 亿美元，同比下降 39.4%。在全球对外直接投资流量呈下跌态势的情况下，中国对外直接投资逆势增长，流量达 1537.1 亿美元，首次跃居世界第一，占全球份额的 20.2%。2020 年年末，中国对外直接投资存量 25806.6 亿美元，较上年末增加 3817.8 亿美元，是 2002 年年末存量的 86.3 倍，占全球外国直接投资流出存量的份额由 2002 年的 0.4% 提升至 6.6%，排名由第 25 位攀升至第 3 位，仅次于美国与荷兰。[2] 第三，投资领域多元发展，投资结构持续优化。[3] 对"一带一路"沿线国家，中国的对外投资更多集中在能源、基建、服务、餐饮等领域。2020 年，中国对外直接投资涵盖国民经济的 18 个行业大类，近七成投资流向租赁和商务服务、制造、批发和零售、金融领域，四大行业流量均超过百亿美元。2020 年年末，中国对外直接投资存量的八成集中在服务业，主要分布在租赁和商务服务、批发和零售、信息传输/软件和信息技术服务、金融、房地产、交通运输/仓储和邮政等领域。[4] 中国对"一带一路"沿线国家投资合作持续增长，2020 年中国对外非金融类投资流量中，非公有经济控股的境内投资者对外投资 671.6 亿美元，占 50.1%，同比增长 14.1%；公有经济控股的境内投资者对外投资 668.9 亿美元，占 49.9%，同比增长 15.1%。由此可见，我国对外投资已向着投资领域多元化、投资结构不断优化的方向发展。第四，中国对外承包工程项目稳步增长，对出口带动作用明显。目前，我国对外投资的方向与领域比较明确，集中向"一带一路"沿线国家投资发展。对外承包工程以基础建设为主，尤其是针对"一带一路"沿线的大型基础设施建设项目，对于恢复全球产业链和供应链意义重大。2021 年 1—9 月，中国

---

[1] 中华人民共和国商务部、国家统计局、国家外汇管理局：《2020 年度中国对外直接投资统计公报》，中国商务出版社 2021 年版，第 6 页。

[2] 中华人民共和国商务部、国家统计局、国家外汇管理局：《2020 年度中国对外直接投资统计公报》，中国商务出版社 2021 年版，第 20 页。

[3] "中国对'一带一路'投资迎'风'而上"，https://www.yidaiyilu.gov.cn/xwzx/gnxw/198997.htm，最后访问时间：2023 年 6 月 10 日。

[4] 中华人民共和国商务部、国家统计局、国家外汇管理局：《2020 年度中国对外直接投资统计公报》，中国商务出版社 2021 年版，第 26-27 页。

在沿线国家承包工程完成营业额618亿美元，新签合同额808.1亿美元。[1]第五，互利共赢效果凸显，实现共同发展。2020年，境外中资企业向投资所在国家和地区缴纳各种税金总额合计445亿美元，雇用外方员工218.8万人，占境外企业员工总数的60.6%。对外投资带动我国国产货物出口1737亿美元，占中国货物出口总值的6.7%。境外中资企业当年实现销售收入2.4万亿美元。[2]以上情况显示"一带一路"倡议下我国对外投资持续稳步增长。

（2）中国对"一带一路"沿线国家投资的主要区域

①中国对中亚地区的投资

"一带一路"沿线的中亚五国均属于"经济转型国家"，是中国向西开放的第一站，而"'一带一路'经济带"的倡议也在此产生。据统计，至2020年年末，中国对哈萨克斯坦直接投资存量达58.7亿美元，乌兹别克斯坦32.6亿美元，吉尔吉斯斯坦17.7亿美元，塔吉克斯坦15.7亿美元，土库曼斯坦3.4亿美元。[3]截至2022年1月，中国同中亚五国贸易额增长了100多倍，直接投资存量超过140亿美元。虽然中国对另外四个国家的投资流量也保持了较高增长，但对该地区的投资还是主要集中在哈萨克斯坦区域。在投资的种类上，能源是中国与中亚国家经济合作的重点领域，包括矿产、石油、化工、天然气勘探开发等，其次还有油气管线、路桥、凿通、隧道等基础设施建设。[4]由此可以看出，中国对中亚地区投资就区域来讲高度集中于哈萨克斯坦，而建设项目所涉及的领域也较为局限，这些都不利于中国在中亚地区投资的安全与可持续发展。中亚地区各个国家间的经济发展水平和市场规模有着不容忽视的差距，中国应在共建"一带一路"中，对中亚各国根据不同的经济规模与发展水平采取不同的投资方针和政策。譬如，由于哈萨克斯坦和吉尔吉斯斯坦的农牧业具备一定条件，可以鼓励在这两个国家扩大对农牧业的投资，而对中亚其他国家和地区，可以首先启动与其资源优势有关的投资，使中亚地区的经济发展快速提高。

---

1 "中国对'一带一路'投资迎'风'而上"，https://www.yidaiyilu.gov.cn/xwzx/gnxw/198997.htm，最后访问时间：2023年6月10日。

2 中华人民共和国商务部、国家统计局、国家外汇管理局：《2020年度中国对外直接投资统计公报》，中国商务出版社2021年版，第5页。

3 中华人民共和国商务部、国家统计局、国家外汇管理局：《2020年度中国对外直接投资统计公报》，中国商务出版社2021年版，第24页。

4 吴宏伟：《"一带一路"视域下中国与中亚国家的经贸合作》，载《新疆师范大学学报（哲学社会科学版）》2018年第3期。

②中国对西亚地区的投资

西亚地区以石油、天然气等丰富能源著称，是推动"一带一路"倡议的核心战略要地。中国对西亚地区在 2016 年直接投资总额为 258.48 亿美元，向西亚的 18 个国家的直接投资占整个西亚地区国家的投资覆盖率的 90% 以上。[1] 得益于外资政策的持续优化和便利的基础设施，阿联酋成为该地区我国资金的主要流入国，2020 年我国在该国的直接投资金额达到 15.5 亿美元，截至 2020 年年末，阿联酋成为"一带一路"沿线我国直接投资存量的第六大目标国，位居泰国和越南之前。[2] 在投资行业上主要以石油、天然气等资源性产业、基础设施建设以及服务业为主。在资金流向上呈现出投资行业、投资区域分布不均匀的特点。在"一带一路"沿线国家里，西亚地区有很大的投资发展空间，不过投资者在投资方面也需要谨慎而行，以避免投资风险。中国与西亚的投资经贸合作还有待进一步加强。

③中国对东南亚地区的投资

中国对"一带一路"沿线国家的直接投资主要是在东南亚地区，截至 2020 年年末，中国在东盟地区的投资存量达到了 1276.1 亿元。在 2014 年期间，中国对"一带一路"沿线国家中东南亚各国的投资额就已占总投资额的 40%，尤其是新加坡、缅甸等国家，新加坡更是在 2015 年成为中国对"一带一路"沿线投资额最高的国家，截至 2020 年，新加坡仍然居首位。[3] 2017 年 5 月底，中国与东南亚地区仅基础设施建设工程合同的金额就超过 2962.7 亿美元，大批公路、铁路、港口、航空、电力、桥梁等项目正在实施。东南亚地区国家也是东盟的主要成员国，目前中国对东南亚地区的投资已涉及矿产能源、旅游、交通、基础设施建设、农业、金融、高新技术等多个领域。2012 年，东盟发起《区域全面经济伙伴关系协定》（Regional Comprehensive Economic Partnership，RCEP）谈判，2022 年 1 月 1 日，RCEP 正式生效，这标志着当前世界上人口最多、经贸规模最大、最具发展潜力的自由贸易区正

---

[1] "一带一路"涉及的西亚国家有伊朗、伊拉克、阿塞拜疆、格鲁吉亚、亚美尼亚、土耳其、叙利亚、约旦、以色列、巴勒斯坦、沙特阿拉伯、巴林、也门、阿曼、阿拉伯联合酋长国、黎巴嫩、塞浦路斯、阿富汗共 18 国。参见中国"一带一路"网，https://www.yidaiyilu.gov.cn/info/iList.jsp?cat_id=10037&cur_page=5，最后访问时间：2023 年 6 月 10 日。

[2] 中华人民共和国商务部、国家统计局、国家外汇管理局：《2020 年度国家对外直接投资统计公报》，中国商务出版社 2021 年版，第 17、25 页。

[3] 中华人民共和国商务部、国家统计局、国家外汇管理局：《2020 年度国家对外直接投资统计公报》，中国商务出版社 2021 年版，第 23、25 页。

式启航，也预示着我国与东南亚"一带一路"沿线国投资合作的进一步深化。

④中国对俄罗斯的投资

近些年我国在石油、天然气、矿业、基础设施领域对俄罗斯的直接投资增长较快，"一带一路"倡议带动了一系列相关投资项目，比如丝路基金对西伯利亚—乌拉尔油气化工公司和亚马尔半岛液化天然气项目的投资、西欧—中国西部国际公路项目等。2020年度中国对俄罗斯的直接投资流量为5.7亿美元，同时中国对俄罗斯的直接投资存量达到120.1亿美元，在中国对外直接投资存量的国家（地区）中位列第十三，从行业分布情况看，投资主要集中在采矿业（2.16亿美元）、科学研究和技术服务业（1.64亿美元）、建筑业（0.65亿美元）、农/林/牧/渔业（0.5亿美元）、租赁和商务服务业（0.48亿美元）。[1] 这主要是因为两国之间经济的互补性较强，所以两国的投资合作竞争强度不高、联系密切。两国继签署"一带一路"合作倡议后，又于2017年7月签署了《中华人民共和国商务部与俄罗斯联邦经济发展部关于欧亚经济伙伴关系协定联合可行性研究的联合声明》，[2] 2020年12月16日，中俄签署了《关于建立煤炭领域合资企业的协议》。[3] 未来两国将会深化互利合作，进一步推进投资自由化。

2. "一带一路"沿线国家的投资环境

长期以来，以中国为代表的发展中国家处于世界边缘，被被动地纳入了经济全球化进程中。随着"一带一路"倡议的提出，中国正逐步改变其参与经济全球化的方式，积极主动地推进和建立更为包容的经济全球化。[4] 投资者对"一带一路"沿线国家投资环境进行充分了解，有助于作出正确的商业决策和采取有效的风险预防措施，提高企业投资成功率，也能更好地实现我国"走出去"的战略。从近几年的投资实践和理论研究成果来看，虽然"一带一路"沿线国家的投资环境便利化水平不同，各个国家差异很大，但大多数国

---

[1] 中华人民共和国商务部、国家统计局、国家外汇管理局：《2020年度国家对外直接投资统计公报》，中国商务出版社2021年版，第35页。

[2] "关于欧亚经济伙伴关系协定联合可行性研究的联合声明"，http://www.mofcom.gov.cn/article/ae/ai/201707/20170702604249.shtml，最后访问时间：2023年6月10日。

[3] "中俄签署关于建立煤炭领域合资企业的协议"，http://www.mofcom.gov.cn/article/tongjiziliao/fuwzn/oymytj/202012/20201203024105.shtml，最后访问时间：2023年6月10日。

[4] 夏昕鸣、谢玉欢、吴婉金、朱晟君、贺灿飞：《"一带一路"沿线国家投资环境评价》，载《经济地理》2020年第1期。

家都在努力改善投资环境，促进本国经济增长和社会发展，争取为外国企业创造更好的经营条件。

（1）投资环境影响因素

一个国家的投资环境对其发展有重要影响，然而影响各个国家投资环境的因素有很多，包括基础设施、宗教、法律、政治、经济发展、民众对外资的接受度等，不一而足。这些因素的综合作用和影响，形成了一个国家的投资环境总和，国际组织和投资者在对该国的投资环境进行评价时，多将以上因素分为经济与社会两大类予以考虑。

其中，经济因素包括市场规模的大小、金融市场的发达程度、产业结构和对外开放程度等，而这些因素又取决于其他具体的指标，比如市场规模主要与总人口、人均GDP及增长率、城市人口比重、消费指数等相关；金融市场状况主要包括银行提供信用/GDP、股票市值/GDP；产业结构方面主要包括价值链的广度、第三产业的占比和产业聚集程度；对外开放程度主要包括进出口总额/GDP和外资流入/GDP，[1]这些都会直接影响投资者的投资决策。值得注意的是，基础设施状况作为一个类经济因素是非常重要的决策因素，其中包括交通运输网络、电力设施、通信水平等，因为这些基础设施的改造和升级耗费巨大，所以东道国基础设施的完善程度是其投资环境的重要组成部分。[2]此外东道国与投资国之间的经济发展差距、[3]双边贸易、[4]东道国的地理资源状况[5]等也均会对投资者投资地点的选择产生影响。

投资环境还包括在一定时期内，对某一地区的投资产生影响的政治法律、人文等社会因素。根据"企业国际化阶段"理论，如果跨国投资者对于东道国的制度、文化传统、风俗习惯等缺乏了解或者无法适应，则会使其在海外

---

[1] 权衡、张鹏飞：《亚洲地区"一带一路"建设与企业投资环境分析》，载《上海财经大学学报》2017年第1期。

[2] 巩雪：《中东欧投资环境评估及建议》，载《国际经济合作》2016年第5期。

[3] 朱正远：《"一带一路"倡议下中国企业对外投资的环境风险与防范》，载《河海大学学报（哲学社会科学版）》2021年第6期。

[4] 郑磊、祝宁、杨学易：《行业异质性、东道国地区特征与跨国公司海外投资区位选择——基于跨国公司对日本FDI的分析》，载《亚太经济》2022年第1期。

[5] 东道国原油储量每增加1%，中国对其直接投资就会增加4.21%，东道国的天然气储量每增加1%，中国对其直接投资就会增加5.33%。摘自田泽：《建设"丝路经济带"背景下中国对中东国家投资环境评价研究》，载《现代经济探讨》2016年第1期。

市场的行为产生较高不确定性，增加其在海外市场运营的困难程度。[1] 其中政治环境的影响至关重要，因为市场风险带来的损失远不及政治冲突和政局不稳定所带来的风险大，因此投资者一般首选政局稳定的国家，这类国家除了一般会有良好的社会治安以外，也可以为政策连续性提供可靠保障，比如吸引和保护外资方面的优惠政策和法律能够持续有效，增加投资者对投资环境的确定性和预见性，相反，政治动荡通常会给投资者的信心和安全感带来负面影响。而"一带一路"沿线部分国家和地区的地缘政治、民族矛盾、宗教冲突以及由此引发的政治不稳定情形较为严重，也是恐怖主义的多发地带，这些都是我国投资者需要警惕和预防的问题。同时，如果东道国有对投资者友好的法律政策，比如规范合理的产权制度、承认国际投资领域的国民待遇原则、优惠的税收规则、有利于保护外国投资者的破产制度和争端解决机制等，则会对他国投资者形成巨大吸引力。此外，东道国行政清廉高效、决策透明度高、民众有较高的受教育水平等也都会成为投资者考虑的因素。

（2）"一带一路"沿线国家法律政策环境发展趋势

如上所述，东道国的法律政策是影响投资环境的因素之一，并且根据经济学领域的研究，稳定良好的法律政策不但是德尔菲法（Delphi Method）所确定投资环境的重要指标之一，[2] 也是投资者科学决策的基础，而其中与投资者关系最为密切的则是涉及投资自由化与便利化的法律与政策。

根据联合国贸易和发展会议（UNCTAD）统计，至2020年，全球67个经济体出台了总计152项涉及外国投资的政策和法规，相比2019年增加了约42%。虽然为了应对新型冠状病毒感染疫情以及国家安全等问题，一些国家采取或加强了对外国投资的筛查制度，但鼓励投资自由化、促进跨国投资的措施总数仍然相对稳定，自由化与便利化政策有72项，占比59%。限制对外投资的政策与中性措施的数量共占比41%，限制性政策达到50项，中性措施数量提升至30项。[3] "一带一路"沿线投资环境比较好的国家有新加坡、马来西亚等东盟国家，以及中东、中亚的一些国家，它们在国际投资环境排名中

---

[1] 白涛、焦捷等：《投资区位、进入模式选择与海外子公司存活率之间的关系——以中国企业对外直接投资为例》，载《清华大学学报（自然科学版）》2013年第2期。

[2] 李宇、郑吉、金雪婷：《"一带一路"投资环境综合评估及对策》，载《中国科学院院刊》2016年第6期。

[3] 参见联合国贸易和发展会议：《世界投资报告（2021）》。UNCTAD, World Investment Report 2021, p.109.

都比较靠前。[1] 以哈萨克斯坦为例，该国在施工许可证制度、企业创建、电力开发、加强对少数民族地区的投资保护、跨境贸易、破产程序等领域都有巨大改变。这些改变有的是简化了行政手续，使得外资企业在获取必需的行政许可时更为快捷和便利，有的则是保障了外资企业及其股东合法的经营控制权。这些改革使得哈萨克斯坦成为外国投资者在中亚的首选，这几年在吸引外资方面稳健增长。在深化对外投资自由度方面，亚洲新兴经济体表现尤为突出：菲律宾完全向外资开放本国养老保险市场，泰国取消银行与保险业对外资企业的经营许可要求等。[2] 亚洲经济崛起及其在世界经济中的地位，决定了亚洲地区已经成为全球最大的直接投资流入区。共建"一带一路"必须高度重视亚洲地区的投资发展与营商环境，为实施好"一带一路"营造良好的发展环境。

与此同时，"一带一路"沿线也不乏投资环境较差的国家，譬如阿富汗在投资保护方面排名全球倒数第二，其在企业管理、信息技术披露、投资安全等方面表现较差，也没有相应的法律制度来保护企业股东的权利；孟加拉国在合同执行方面排名靠后；沙特阿拉伯的企业破产程序、菲律宾的企业设立制度、印度的施工许可证制度等也都会给外国投资者造成严重障碍。[3] 这些情况要求我们的企业、学界和政府为了实现"一带一路"的伟大倡议，必须要在各自的领域范围内展开共同合作以积极应对。

（三）与"一带一路"沿线投资相关的国际性组织及规则

1. 与投资相关的多边组织及规则

第二次世界大战后，虽然各国为建立一个全面而完善的多边投资规则一直在不懈努力，但与双边和区域投资协定相比，多边投资协定发展仍相对缓慢。到目前为止，有关国际投资真正生效且有约束力的多边协定主要可以分为以下两类：第一类是专门的多边投资协议。如以《关于解决各国和其他国家国民

---

[1] 夏昕鸣、谢玉欢、吴婉金、朱晟君、贺灿飞：《"一带一路"沿线国家投资环境评价》，载《经济地理》2020年第1期。
[2] 参见联合国贸易和发展会议：《世界投资报告（2021）》。UNCTAD, World Investment Report 2021, pp.38-56.
[3] 参见联合国贸易和发展会议：《世界投资报告（2021）》。UNCTAD, World Investment Report 2021, pp.250-254.

之间投资争端的公约》(ICSID，以下简称《投资争端公约》)与《多边投资担保机构公约》(MIGA)为代表的、处理投资中专项问题的公约，此乃传统的多边投资协定。第二类是多边贸易体制下的投资章节。如WTO体系下的《与贸易有关的投资措施协定》(TRIMS)和《服务贸易总协定》(GATS)、区域性贸易协定中的投资章节等。下面分别加以论述。

（1）ICSID

为了有效解决东道国与外国投资者间的投资争端，世界银行于1965年制定了《投资争端公约》(又称《华盛顿公约》)，并据此设立了实施该公约的常设机构"解决投资争端国际中心"(ICSID)，东道国和投资者在有效同意的条件下可以将有关投资争端提交中心后，通过调解或者仲裁来解决，从而为国际投资争端提供了国际层面的解决平台。

相对于东道国当地救济，该解决机制有如下特点：首先，法律适用方面，关于该争端解决机制本身，其并不包含任何实体规则。根据《华盛顿公约》第42条，当事人共同选择的法律优先适用，但并不排除东道国的国内法及国际法。其次，在管辖方面，该争端解决机制有其适用的限制，根据《华盛顿公约》第25条规定，ICSID可受理的争端限于一缔约国政府（东道国）与另一缔约国国民（投资者）之间直接因投资而引起的法律争端，并且中心的管辖必须以争端双方书面同意为前提。另外ICSID的管辖具有排他性，对于已经交付ICSID仲裁的争端，投资者母国不得行使外交保护或提出国际求偿等救济途径，东道国国内司法管辖权同样排除行使。最后，在裁决的作出与执行方面，中心有非常完备的运行机制。这意味着这些程序是独立的，不受任何外界主体干扰。ICSID程序也不因争端方的不合作而受影响，《华盛顿公约》为此规定了一套严密的体系，进入仲裁程序之后，程序的进行基本由仲裁庭掌握和控制，ICSID裁决对争端双方具有约束力且具有终局性，除了其本身规定的几种情形外，裁决免受任何审查。此外，《华盛顿公约》增设了附加便利机制，[1]该机制扩大了ICSID对非缔约国及其国民的适用。[2]

---

[1] 具体《附加便利规则》参见ICSID官网：ICSID Additional Facility Rules，https://icsid.worldbank.org/resources/rules-and-regulations/additional-facility-rules/overview，最后访问时间：2023年6月10日。

[2] 《附加便利规则》第2条规定：中心秘书处有权依据本规则处理国家与另一国国民之间的如下问题：(a)直接产生于投资、因作为争端一方当事人的国家或国民母国不是公约缔约国而不归中心管辖的法律争端的调解和仲裁；(b)因不是直接产生于投资而不归中心管辖的法律争端的调解和仲裁，前提是作为争端一方当事人的国家或国民母国是公约缔约国；以及(c)事实认定。

对于"一带一路"沿线国家来说，ICSID 为被选择的最主要的争端解决机构。在"一带一路"沿线国家中，对外签订的双边投资条约中选择 ICSID 作为争端解决机构的国家达 63 个，占比为 95.45%。[1] 可以看出，主要沿线国家在双边投资协定中更倾向于将 ICSID 作为第三方争端解决机构的选择之一。

（2）MIGA

多边投资担保机构（Multinational Investment Guarantee Agency，MIGA）是世界银行集团的一个机构，其通过向外国私人投资者提供政治风险担保，为成员国政府提供投资促进服务，来加强成员国吸引外资的能力，并着力于推动外商直接投资流入发展中国家。其中，承保非商业性风险、提供促进性和咨询性服务是该机构的两项主要业务。

承保非商业性风险是 MIGA 最主要的业务，根据《多边投资担保机构公约》规定，机构所承保的必须是合格的投资，即仅限于经济基础牢固且已获得东道国批准的投资项目。承保的风险为货币汇兑险、征用险、违约险、战争和内乱险、不履行金融义务险以及其他非商业性风险，MIGA 在向投资者赔付之后可以通过行使代位求偿权向东道国求偿。该机制对改善国际投资环境有非常重要的影响，它不仅在投资者与东道国的投资争端中起到一定缓冲和调和作用，而且还可以作为投资者母国海外投资保险制度的补充，解决某些因为主体不适格而无法在国内投保的问题。但是，MIGA 仍存在一些缺陷，比如承保限额相对较低，根据计划，"一带一路"沿线国家基础设施建设的需求将在未来十年达到 8 万亿美元，将超过 MIGA 的承保能力，无法满足向"一带一路"沿线国家投资的需要；又如，MIGA 对投资的要求颇高，其所颁布的《执行标准》中列明了评定"合格"投资项目的八个标准，而"一带一路"沿线大部分投资项目是很难达到这些标准的。因此完全依赖于 MIGA 下的担保机制并不能满足当前"一带一路"的投资需求。

（3）WTO

20 世纪 90 年代，OECD（经济合作与发展组织）主导构建的国际多边投资机制最终失败，国际社会转而希望能够通过 WTO 来规范国际投资行为。虽然 WTO 机制主要是管理国际贸易的多边规则，但其中有许多协议与投资有着直接或间接的关系，这些协议也对国际投资法产生了深远的影响。WTO 下与国际投资法相关的规范不是只有 TRIMS 协定，实际上还包括"一揽子"协定

---

[1] 鲁洋：《论"一带一路"国际投资争端解决机构的创建》，载《国际法研究》2017 年第 4 期。

中所有会影响到国际投资的规定，如 GATS 协议、《与贸易有关的知识产权协定》（TRIPS 协定）、《补贴与反补贴措施协定》、《关于争端解决规则与程序的谅解》（以下简称《争端解决谅解》）等其他 WTO 协定的附属协定中也有相关内容，但 TRIMS 协定却无疑是这类规范的主干与核心。

WTO 成立以来，TRIMS 协定在规范各缔约国的投资措施方面起着重要的作用。各国在加入 WTO 以后都对其国内与投资相关的立法作了修改，以符合 TRIMS 协定的要求。以中国为例，在加入 WTO 后，取消了国内法中有关当地成分要求、外汇平衡要求等与 TRIMS 协定不符的投资措施。但是因为从属于《关税与贸易总协定》（GATT），TRIMS 协定只能适用于那些可能对贸易产生限制或扭曲作用的投资措施；另外，GATT 纪律下的发展中国家例外，在 TRIMS 附表中也有所体现，对发展中国家在投资措施方面履行国民待遇和一般取消数量限制义务作了例外规定。而"一带一路"沿线多为发展中国家，因此 TRIMS 规则并不能为我国投资者和投资提供充分的法律保护。

当今社会，服务在国际贸易中所占比重越来越高，WTO 框架下的 GATS 协议在投资方面发挥的作用也越来越大，因为与国际投资有着密切的联系，且 GATS 把通过外国直接投资设立商业存在这种行为模式确立为国际服务贸易的四种形式之一，所以 GATS 的所有条款无疑都适用于以商业存在提供服务的情形，这些条款就相应具有了国际投资法律规范的特性。GATS 第 16 条规定的市场准入规则采用了正面清单模式，成员方对于第 16 条所作的承诺是特定承诺，原则上禁止成员方在该行业采取市场准入限制，该限制被列入承诺表的除外。GATS 下的最惠国待遇原则除了适用于服务之外，还适用于服务提供者，这样也就可以给以商业存在形式进行服务贸易的外国投资者以"最惠国待遇"下的保护。当然 WTO 机制并不能完全适用"一带一路"的沿线国家，除了上文所说"发展中国家例外"之外，"一带一路"沿线的非 WTO 成员国家还有 13 个。[1]

（4）亚洲基础设施投资银行（AIIB）

亚洲基础设施投资银行（Asia Infrastructure Investment Bank，AIIB）于 2016 年 1 月开始运营，运用包括贷款、股权投资以及提供担保等一系列方式

---

[1] 这 13 个国家是：东帝汶、不丹、伊朗、伊拉克、黎巴嫩、叙利亚、巴勒斯坦、塞尔维亚、波黑、乌兹别克斯坦、土库曼斯坦、白俄罗斯、阿塞拜疆。具体参见世界贸易组织网站，https：//www.wto.org/english/thewto_e/whatis_e/tif_e/org6_e.htm，最后访问时间：2023 年 6 月 10 日。

为亚洲各国的基础设施项目提供融资支持，通过投资可持续的基础设施和其他生产性领域，以实现改善亚洲及其他地区社会和经济成果的目标。[1] 根据《亚投行协定》规定，亚洲基础设施投资银行的表决票由股份票、基本票以及创始成员享有的创始成员投票权组成，每个成员根据其出资股份持有股份票，同时享有平均分配的基本票。截至 2023 年，亚洲基础设施投资银行已有来自五大洲的 109 个成员[2]，"一带一路"沿线的国家基本都是亚洲基础设施投资银行的现任成员，该银行已为巴基斯坦、塔吉克斯坦、孟加拉国、印度尼西亚、缅甸、阿曼等多个亚洲国家项目提供贷款，[3] 自 2016 年 6 月 24 日批准首笔贷款以来，截止到 2019 年 9 月，亚洲基础设施投资银行共对 22 个国家及经济体的 49 个项目发放了总额 96.29 亿美元贷款。[4] 以亚洲基础设施投资银行为核心的跨国金融机构可以有效弥补"一带一路"倡议下投资的资金需求，加速"一带一路"沿线项目落地。亚洲基础设施投资银行是中国向国际社会提供的全球性公共产品，其并不是要挑战现有国际经济机制，而是要创造和带动可观的市场需求、维持世界经济的良性运转。亚洲基础设施投资银行在运行中已经设立的规则，诸如对投融资项目的风险评估和贷款审查制度、涉及外国投资者社会责任的《环境与社会框架》等，都可能对"一带一路"下的国际投资规则有所影响，这些摸索和完善中的规则也会成为现行国际投资规则的有益补充。

2. 投资合作的双边规则

（1）与"一带一路"沿线国双边投资协定的签订情况

如前文所述，目前可以适用于"一带一路"的综合性多边投资机制尚不存在，影响广泛的是涉及投资某个方面的多边条约，如 ICSID 和 MIGA，但其同样未被所有"一带一路"沿线国家接受。因此当前能够较为全面有效调整中国与"一带一路"沿线国家投资法律关系的，仍是双边层面合作机制——主要表现为传统的双边投资协定（BIT）。自 1982 年与瑞典签订第一个

1　参见 AIIB 官网，https://www.aiib.org/en/about-aiib/index.html，最后访问时间：2023 年 6 月 10 日。

2　参见 AIIB 官网，https://www.aiib.org/en/index.html，最后访问时间：2023 年 6 月 10 日。

3　参见 AIIB 官网，https://www.aiib.org/en/projects/list/index.html?status=Approved，最后访问时间：2023 年 6 月 10 日。

4　张纯威、石巧荣、戴本忠：《中国对外直接投资：亚投行的作用及对"一带一路"的促进》，载《金融经济学研究》2020 年第 1 期。

BIT开始，截至2022年，我国已签署并正式生效的BIT共计104个，[1]其中56个是与"一带一路"沿线国家签订的，但是仍然有一些国家与我国之间并没有任何投资协定。从签订时间来看，这些投资协定大多签订于20世纪90年代，有研究者以1996年为界将中国签订的国际投资条约划分为第一代和第二代，第一代投资协定更多是基于政治和外交上的考虑，这在与发展中国家签订协定时表现得尤为明显，因此投资协定内容比较笼统、条款也比较简单，[2]显然已经落后于现代BIT更加全面化、精细化和复杂化的发展趋势[3]。此外，"一带一路"倡议下我国更多承担的是投资国的角色，但同时我国仍然是外国直接投资所偏好的国家之一，[4]"双重身份"的角色就要求在制定条款时必须要考虑实现投资保护与东道国公共利益间的平衡[5]或者再平衡，[6]这些都是我国投资协定升级换代时要注意的。就双边投资协定的模式来看，其也呈现出一种多元化趋势，具体表现为自由贸易协定（FTA，以下简称"自贸协定"）中的投资章节和传统投资协定并存——后者在数量上占主导地位，前者在经济意义上日益重要。[7]我国与"一带一路"沿线某些国家已经签署了自贸协定，其中有些只涉及自由贸易规则，对投资未加以规定，如与巴基斯坦、格鲁吉亚等国的自贸协定即是如此；我国签署的更多自贸协定中则专门设立了"投资"章节，对于市场准入、待遇、征收、争端解决等条款均予以具体规定，如与马尔代夫、毛里求斯、智利的自贸协定，以及与新加坡之间升级后的自贸协定版本等，均彰显了双边投资协定这一新趋势。

---

1 "我国对外签订双边投资协定一览表"，http://tfs.mofcom.gov.cn/article/Nocategory/201111/20111107819474.shtml，最后访问时间：2023年6月10日。

2 朱文龙：《论我国与"一带一路"沿线国家投资协定的变革》，载《云南大学学报》2016年第5期。

3 参见阿克塞尔·伯格：《中国优惠贸易和投资协定中的投资规则：中国是否紧随面向全面协议的全球趋势？》。Axel Berger, "Investment Rules in Chinese Preferential Trade and Investment Agreements, Is China Following the Global Trend towards Comprehensive Agreements?", German Development Institute, Discussion Paper 7/2013.

4 参见联合国贸易和发展会议：《世界投资报告（2021）》。UNCTAD, World Investment Report 2021, p.5. 根据联合国贸发组织的统计，2021年中国内地（不含港澳台）在吸引外国直接投资方面全球排名第二，第三位是中国香港。

5 余劲松：《国际投资条约仲裁中投资者与东道国权益保护平衡问题研究》，载《中国法学》2011年第2期。

6 参见茱莉亚：《国际投资合法性和主权的再平衡》。Julia Hueckel, "Rebalancing Legitimacy and Sovereignty in International Investment Agreements", Emory Law Journal, Vol.61, Issue3, 2012.

7 参见联合国贸易和发展会议：《世界投资报告（2021）》。UNCTAD, World Investment Repot 2021, p.143.

（2）与"一带一路"沿线国家 BITs 的主要内容

根据内容的变化，我国所签订的双边投资协定通常以 20 世纪 90 年代末为界被分为两个阶段，从 1982 年到 20 世纪 90 年代末为第一阶段，[1]接受"一带一路"倡议的大部分国家，如泰国、新加坡、科威特、斯里兰卡、马来西亚、土耳其、白俄罗斯等正是在该时期与我国签署了双边投资协定。该阶段的投资协定大体包括对相关概念如"投资""投资者"等的定义、征收及补偿条款、外资待遇、有限的资本汇出、争端解决等几项，从规定的事项来看较为单一，比如没有投资准入条款，在"外资待遇"方面往往只涉及最惠国待遇条款，而很少提及公平与公正待遇[2]，对于国民待遇则并未涉及；就具体条款表述来说，多为原则性规定，如中泰投资协定中对于"征收"的规定为"缔约任何一方只有为了公共利益并给予补偿，方可对缔约另一方国民或公司在其领土内的投资采取征收、国有化或其他类似措施"，[3]但很难以此来判断是否构成"征收"。值得一提的是自 1990 年签署 ICSID 公约后，中国在与同属 ICSID 成员（如土耳其、希腊、亚美尼亚等）签订投资协定时，将"中心"也作为一个备选的争端解决机构，从而扩大了之前"专设仲裁庭"的单一选择，但是规定可以提交的争议范围不变——仍限于征收补偿额争议。

第二阶段是从 20 世纪 90 年代末至 2007 年，被称为"自由模式"阶段，[4]我国与少数几个"一带一路"沿线国家之间的双边投资协定就签订于这个时期，如也门、卡塔尔、巴林、伊朗、缅甸等。与第一个阶段相比，这个时期的投资协定增加了国民待遇的规定，扩大了可以提交国际仲裁的投资争议范围，除此以外其他方面与之前变化不大。[5]这些变化也反映在与"一带一路"沿线国家所签订的投资协定中，如与也门、缅甸、捷克、塞浦路斯等国家的投资协定中就增设了国民待遇条款，一般要求给予投资者及其投资活动不低

---

[1] 有的学者将截止时间划为 1996 年，参见李玲：《中国双边投资保护协定缔约实践和面临的挑战》，载《国际经济法学刊》2010 年第 4 期；有的划至 1998 年，参见漆彤、聂晶晶：《论中国双边投资协定的模式变迁》，载《武大国际法评论》2013 年第 1 期。

[2] 在该阶段与"一带一路"沿线国家签订的双边投资协定中，只有与新加坡、希腊、乌克兰所缔结的条约中有"公平与公正待遇"，但是具体措辞不一，如中新 BIT 中为"公正和公平的待遇和保护"，中希 BIT 中为"公正和公平的待遇"，中乌 BIT 中为"公平的待遇和保护"，并且对适用范围的表述也并不一致。

[3] 《中华人民共和国政府和泰王国政府关于促进和保护投资的协定》第 5 条第 1 款。

[4] 漆彤、聂晶晶：《论中国双边投资协定的模式变迁》，载《武大国际法评论》2013 年第 1 期。

[5] 李玲：《中国双边投资保护协定缔约实践和面临的挑战》，载《国际经济法学刊》2010 年第 4 期。

于本国投资者享有的待遇，但是只适用于准入后的运营阶段，而不适用于投资准入阶段。关于投资争议解决方面，有的是在一定限制条件下可以扩大提交国际仲裁解决的争议范围，比如中国—也门投资协定中规定，将征收补偿数额以外的其他产生于投资的争议提交给 ICSID 时需征得当事双方同意；[1]但根据与伊朗、塞浦路斯等国家所缔结的投资协定，当事方可以就投资产生的任何争议提交国际仲裁解决。正是因为附加于投资者保护这两个最为重要的条款（投资争议和国民待遇）之上的限制完全取消，所以将该时期的投资协定称为中式 BIT 的自由模式。

我国近几年谈判和缔结的双边投资协定是又一次转型，这次转型以平衡投资者和东道国的利益为特征，以 2010 年中国投资协定范本修订、中日韩投资协定和中加投资协定签订为标志，[2]这也是与我国已经发展为资本输出和输入大国的双重角色相适应的一次转型。2011 年，中国与乌兹别克斯坦对其于 1992 年签订的双边投资协定进行了修订，修订后的内容也在某种程度上反映了这次转变。比如，投资定义中增加了"债权及其衍生权利"，就是将投资者的间接投资也作为 BIT 的保护内容，加强了对投资者的保护；而对于"公平公正待遇"则限定在东道国不得对投资者粗暴地拒绝公正审理或实行明显的歧视性或专断性措施方面，相较于旧版原则性的规定，明确了东道国承担给予公平公正待遇义务的范围。[3]类似情况还有征收条款，2011 年 BIT 在原有对间接征收原则性规定的基础上，增加了各项认定标准，如经济影响、合理期待、比例原则等，[4]这些变化在我国后来签署的自贸协定的"投资"章节中也有所体现。

3. "一带一路"投资规则的构建思路

综上所述，"一带一路"倡议下并没有统一有效的多边投资规则和国际组织来协调其中的各类法律关系，反而正处于多边机制缺失、双边投资协定有待升级的情形。根据联合国贸易与发展会议的判断，目前尚不具备谈判达成多边投资机制的现实条件，但可以通过巩固双边投资机制和加速区域规则

---

1 《中华人民共和国政府和也门共和国政府关于鼓励和相互保护投资协定》第 10 条第 2 款。
2 漆彤、聂晶晶：《论中国双边投资协定的模式变迁》，载《武大国际法评论》2013 年第 1 期。
3 《中华人民共和国政府和乌兹别克斯坦共和国政府关于鼓励和相互保护投资协定》第 5 条第 2 款。
4 《中华人民共和国政府和乌兹别克斯坦共和国政府关于鼓励和相互保护投资协定》第 6 条第 2 款。

制定，实现国际投资法律制度的合理化。[1] 针对这种情况，当下对于"一带一路"投资规则的构建思路应该是：

第一，最大限度利用现有多边规则，加强"一带一路"的投资合作。鉴于国际投资领域并没有可以利用的全面统一多边规则，因此只能借助现有相对参与广泛、认可度较高的公约。对于国际投资领域的两大重要机制——世界银行下的 ICSID 和 MIGA，同中国一样，许多"一带一路"沿线国家也是参与方，这两个机制分别在争端解决和投资担保领域相对成熟有效，认可度颇高，尽管只能在保护国际投资方面起到一定作用，而不能直接促进和鼓励投资，但在该领域还没有其他更好的多边机制可以替代。同样还有 WTO 体制下的 TRIMS 和 GATS 协定等。

第二，积极推动制定区域国际投资规则。相对国际贸易规则而言，国际投资规则尚处于发展初期，并且正在变革（这点从投资者—东道国的投资争端解决机制即可窥见一斑），中国在 2016 年 G20 峰会上倡议制定的《G20 全球投资指导原则》获得多方支持，即为参与投资规则制定的良好范例。接下来更应该通过制定适合"一带一路"的投资条款，在中国主导的区域性合作框架内进行大胆尝试，抢占规则制定的话语权和主动权，[2] 为将来能达成一个多边统一的国际投资法律机制打下基础。

第三，制定并升级双边投资协定。双边投资协定是目前能够为我国投资者提供保护的最有效的法律机制，当前中国应该加快投资协定的商签进度，争取与所有"一带一路"沿线国家都缔结投资协定；同时积极启动"升级"谈判，以新的投资协定范本为基础，继续借鉴欧洲模式简约和专注于投资的特点，并对欧美投资协定范本的条款加以甄别，根据缔约双方经济发展水平等具体情况予以适用，在原来的条款上加以增设、细化和明确，以实现和保障缔约双方的实质公平和可持续发展。[3] 但因为相当一部分第一代和第二代的投资协定仍在有效期内，所以需要注意新老版本的衔接。

第四，以"构建人类命运共同体"思想为导向。人类命运共同体思想客观揭示了国际经济关系的本质特征，确立了"共同繁荣"的发展目标，明确

---

[1] 参见联合国贸易和发展会议：《世界投资报告（2021）》。UNCTAD, World Investment Repot 2021, p.122.

[2] 张晓君，曹云松：《"一带一路"建设中双边投资协定的功能发掘与范式构建》，载《国际经济评论》2021 年第 4 期。

[3] 曾华群：《论双边投资条约范本的演进与中国的对策》，载《国际法研究》2016 年第 4 期。

了解决发展难题的基本途径和法律原则，指明了实现共同繁荣的途径。它冲破了发达国家学者的传统窠臼，成为人类解决发展问题的重要思想源泉。其中目标设置和原则确立，对国际经济法的发展具有关键意义，可以成为国际经济法律制度变革的指导性思想。我国应有将自身发展同世界发展相统一的全球视野、世界胸怀和大国担当，应有改革旧国际经济秩序、构建新国际经济秩序的使命感和责任感，应有积极主动参与制定、影响及引领国际投资规则总体发展趋向的自信和作为。[1]在兼具资本输出和输入大国的双重角色下，应平衡资本输出国与资本输入国之间的权益以及东道国与外国投资者之间的权益，通过设计合理的可持续发展型国际投资协定主要条款，建立有利于可持续发展的投资促进机制，[2]实现改革旧国际经济秩序、建立国际经济新秩序的基本要求，[3]推动经济全球化朝着更加开放、包容、普惠、平衡、共赢的方向发展。

（四）"一带一路"沿线投资的普遍性法律问题

"一带一路"沿线国家的投资风险主要源于地理政治因素，一些国家的局势动荡、政权更迭、战争战乱、恐怖活动等加剧了风险隐患，不良的营商环境使中国企业海外投资面临着诸多未知因素。现有投资协定能为我国企业在"一带一路"国家的投资提供一定法律保障，但从近期面临的投资争议及现有投资协定的核心规则看，存在保护水平相对较低、保护标准不明确等问题。这些在我国与"一带一路"沿线国家所签订的投资协定中均有不同程度的体现，亟待对我国二十世纪八九十年代缔结的数十个投资协定升级换代或重新商谈。以下将对投资协定中所涉及的重要法律问题作出梳理与分析，并在此基础上对相关条款的升级换代提出建议。

1. "投资"的定义

定义"投资"的过程，其实就是界定投资的内涵和外延的过程。从国际投资法的角度看，投资具有狭义和广义之分。在狭义的国际投资下，投资定义多是以"企业为基础"存在的；而在广义的国际投资下，投资定义多是以

---

[1] 左海聪：《人类命运共同体思想与国际经济法律制度的变革》，载《法学杂志》2020年第1期。

[2] 王晔琼：《国际投资协定中的可持续发展议题：从外部性到内生性的转变》，载《武大国际法评论》2021年第5期。

[3] 黄琳琳：《论国际投资条约的可持续发展转变及其困境》，载《上海对外经贸大学学报》2019年第4期。

"资产为基础"存在的。

目前无论是国际立法文件还是仲裁实践中，都未对"投资"进行统一的定义。以下分别从公约、BIT 范本以及理论与实践等不同的角度分析国际投资法对"投资"的界定，结合"一带一路"沿线国家与中国签订 BIT 的情况，分析归纳其对"投资"界定的特点，并提出对现有界定改进的意见。

（1）典型公约和 BIT 范本对"投资"的定义

①《投资争端公约》和 OECD 对"投资"的定义

《投资争端公约》第 25 条第 1 款规定：中心的管辖适用于缔约国（或缔约国指派到中心的该国的任何组成部分或机构）和另一缔约国国民之间直接因投资而产生的任何法律争端，而该项争端经双方书面同意提交给中心。当双方表示同意后，不得单方面撤销其同意。据此，国际投资争端解决中心（International Centrefor Settlement of Investment Disputes）仅在争端事项是直接因投资而产生的法律争端时方取得对东道国与外国投资者之间争端的管辖权。然而，由于《投资争端公约》对主体作了明确的规定，却并未明确客体"投资"的具体含义，因此，在提交至 ICSID 仲裁的案例中，争端所涉事项是否构成上述公约管辖要件之一的"投资"成为当事方主张或抗辩 ICSID 管辖、仲裁庭审查管辖问题的常用依据之一。

OECD 的《资金流动自由化准则》（the Code of Liberalization of Capital Movements），将"直接投资"的定义表述如下：[1] "意图与企业建立持续经济利益的投资，比如，能对企业的经营管理存在有效影响的投资。"特别要提出的是，OECD 将 10% 股份的所有权作为判断直接投资者是否在企业的经营管理中拥有有效影响力也就是控制权的标准。《能源宪章公约》在第 1 条第 6 款中提到，投资指各种由投资者直接或间接所有的资产，并列举了投资的六种形式，且采取了资产和企业混合的定义模式。总体来说，多边条约对投资的定义大多较为模糊且分歧较大，实践中投资性质的认定首先适用两国之间的 BIT。

②美国 BIT 范本和中国 BIT 范本对"投资"的定义

美国 2012 年 BIT 范本将"投资"定义为投资者直接或间接所有或控制的具有投资特征的资产。这些特征包括资本或其他价值资源的投入、获得收

---

[1] 参见经济合作与发展组织：《资本流动自由化准则》。OECD, "Code of Liberalization of Capital Movements", http://www.oecd.org/investment/investment-policy/Code-capital-movements-EN.pdf, Last visited at April 8,2023.

入或利润的预期以及对风险的预估。投资的形式包括经营实体，股份、股票，债券、债务或其他债务工具和贷款，期货，特许权，知识产权，以及相关财产权利在内的八种类型。中国 2003 年 BIT 范本将"投资"一词定义为缔约一方投资者按照缔约另一方的法律和规定在缔约另一方领土内投资的各种资产，并列举了财产权利、公司的股权、金钱请求权、知识产权、特许权、合同权利共六种权利。

（2）国际仲裁实践对"投资"性质的认定

实践中对投资的认定，主要体现在国际投资争端解决中心从投资的性质对管辖权的认定上。中心从实质内容来认定投资的性质，主要有"五要素""六要素""三要素"几种观点。朔伊尔教授在《ICSID 公约评论》一文中总结道，对于投资的认定应满足以下五个条件：项目的持续性；存在规律的收益和回报；双方风险的承担；投资者的实质承诺；对东道国发展的重要性。[1]

作为在仲裁实践中第一次提出投资要素的案件，费戴克斯公司（Fedax）诉委内瑞拉案[2]在投资性质认定的发展中具有里程碑意义。仲裁庭指出，ICSID 公约没有对"投资"进行界定，而是决定将这一概念留给各个成员自己界定。对于本案中的本票，仲裁庭认为委内瑞拉发行的有约束力并由另一个公司转让给申请方的票据是一项公约之下的"投资"；有约束力的票据是贷款的书证，并是一种非常典型的金融信贷工具，因此，购买本票属于公约之下的投资。

从以上中心的实践来看，中心极易基于自身的裁量随意扩大管辖权，将更多的案件置于自身的管辖范围之内。例如：仲裁庭推定委内瑞拉没有作出声明即同意投资是"所有类型的财产"；单一地侧重于某一个要素也可能使结论出现偏颇，当一项活动极其符合某一个要素而明显不符合所有要素时，极易被认定为投资。这对我们分析"一带一路"相关国家的投资风险具有很大的提醒和借鉴意义。

---

[1] ［奥］克里斯托弗·朔伊尔：《ICSID 公约评论》。Christoph Schreuer："ICSID Convention, A Commentary," Cambridge: Cambridge university press, 2000, p.122.

[2] 费戴克斯公司诉委内瑞拉共和国案。Fedax N.V. v. Venezuela, ICSID Case No.ARB/96/3, 20 November 2017.

（3）"一带一路"相关国家 BITs 特征总结

从定义的形式上看，我国与"一带一路"国家签订的 BIT 对投资的定义绝大多数是以资产为基础的开放式投资定义。例如在中俄 BIT 中规定，"'投资'一词系指缔约一方投资者依照缔约另一方的法律和法规在缔约另一方领土内所投入的各种财产，特别是，包括但不限于……"，与 2003 年中国范本的规定完全一致。在我国签订的 BIT 中，只有中乌（乌兹别克斯坦）BIT 采用了以资产为基础的混合式投资定义，在列举的基础上，还规定了："为本协定之目的，投资不包括：（一）仅源于缔约一方的国民或企业在缔约另一方国家境内销售货物或提供服务的商业合同的金钱请求权；（二）不包括因婚姻、继承等原因产生的不具有投资性质的金钱请求权。原始到期期限为 3 年以下的债券、信用债券和贷款不视为本协定项下的投资。"

从定义的内容上看，首先，所有的"一带一路"相关国家与中国签订的 BIT 都规定了投资要符合东道国的法律，以上述中俄 BIT 为例，强调"缔约一方投资者依照缔约另一方的法律和法规"。这体现了投资要符合东道国的利益，有利于东道国的发展。其次，在投资的地域范围上，绝大多数国家都只是广泛地说明了投资需在东道国的领土范围之内，以上述中俄 BIT 为例，仅强调"在缔约另一方领土内所投入的各种财产"，而科威特和斯里兰卡与中国的 BITs 却详细规定了"缔约另一国领土和海域内所投入的各种资产""其中也包括在缔约一方行使主权、主权权利或管辖权海域内的这种特许权"。随着科学的发展，未来的投资将不仅仅局限于一国陆地范围，界定海洋在投资法领域的地位对合理地界定投资的范围具有重大意义。再次，大多数的 BITs 只规定了"投资"包含公司的股份或该公司中其他形式的权益，以中阿（阿尔巴尼亚）BIT 为例，该协定仅规定投资包含"公司的股份或该公司中其他形式的权益"，并没有明确规定公司债券等间接投资是否属于投资的定义范围。而以中阿（阿联酋）BIT 为代表的 BITs 中，明确规定了债券（权）属于投资的范围，即规定投资包含"公司的股份、股票和债券或该类公司中的其他权利或权益，缔约一国的投资者发行的贷款和债券以及为再投资而留存的收益"，使得投资保护的范围得以扩大。所有的 BITs 都未明确规定国有企业、国有控股企业、国债等与国家权力相关的经济活动的地位。最后，以中土（土耳其）BIT 为代表的 7 个国家的 BITs 规定了再投资也属于投资的范围，即规定投资包含"收益的再投资及与投资有关的贷款协议发生的本金和利息支付款项的再投资"。中土（土库曼斯坦）BIT规定了投资包括"有偿服务"；中希（希腊）BIT还规定了投资包括"缔约一方领土内的承租人依照其法律和法规根据租赁合同支配的物资"。

（4）建议

目前，我国仅有两个BITs采取了混合定义模式。许多国家和地区也在审查其投资协定范本，这一变化足以引起我国重视。而以资产为基础的混合式定义方式符合发展趋势。除了采取以资产为基础的混合式投资定义作为主流方式，我国还应根据自身的经济地位，对不同的国家采用不同的投资定义。

投资的范围包括投资的地域范围和投资本身的种类。在地域上，正如前文所述，投资的地域是否仅限于陆地范围应作出明确的规定，随着技术的进步，人类对海洋和其他空间的探索能力不断提高，那么在这些领域投资是否应适用和普通的BIT同样的规定，受到同样的保护，这值得进一步商榷。在投资本身的范围上，国有企业、国有控股企业、国债等与国家权力相关的经济活动是否属于BIT规定的投资并没有得到明确。在实现"一带一路"倡议过程中，我们更多地提倡"走出去"，鼓励对外投资，而相较于国际投资中明确规定的私人投资，中国的投资大多是由具备一定经济实力的国有企业或者国有控股公司来完成，这些公司由国家控制和运营，投资对象主要是发展中国家，为了避免东道国利用BIT滥诉，势必要对上述企业的活动是否属于投资作出明确的界定，明确排除国有企业的活动接受争端管辖的强制性，约定多种形式的解决途径。

2. 对"投资者"的认定

国际投资法的宗旨是促进和保护外国私人投资者的活动。[1]在"一带一路"倡议下，中国与"一带一路"沿线国家签订了各个领域的双边投资协定，一些投资协定的条款不可避免地会出现"投资者"一词，中国与大多数国家签

---

[1] ［德］鲁道夫·多尔查、［奥］克里斯托弗·朔伊尔：《国际投资法原则》，祁欢、施进译，中国政法大学出版社2014年版。

订的投资协定的覆盖范畴基本相似,并将投资者分为"自然人"(个人)[1]和"法人实体"(公司)[2]两类。[3]大多数案例中,投资者是指法人,也有较少的案例中投资者是指自然人。[4]《ICSID 公约》第 25 条也规定,"另一缔约国国民",即"投资者",包括自然人和法人。由于中国"一带一路"倡议的提出,全球经济得到迅速发展,对外开放也不断扩大,越来越多的国家为了拓展海外市场,对海外进行大量投资,同时我国与"一带一路"沿线国家也签订了大量的投资协定,但在投资协定履行过程中对投资者的认定产生了诸多方面的争议。对于投资者认定的争议主要从以下几个方面进行分析。

(1)自然人作为投资者

相对于法人来说,自然人投资者的身份是比较容易认定的。《ICSID 公约》在第 25 条第 2 款第 1 项对自然人作为投资者作出了相应的限制。[5]自然人要想成为合格的投资者主要受两个要件限制,一方面是时间要件的限制,另一方面是国籍要件的限制。

①时间要件的限制

自然人要想成为合格的投资者,就不得不符合两个时间要素,分别是争端双方同意把争端交付调解或仲裁之日、在《华盛顿公约》调解或仲裁请求登记之日。譬如,关于谢业深诉秘鲁案件。该案件的主要案情:2006 年 9 月,谢业深向华盛顿特区的"解决争端国际中心"提交了仲裁申请书,声言他在秘鲁开的一家鱼粉公司即 TSG 有限公司遭到秘鲁共和国的征收,向秘鲁政

---

[1] "自然人"是指直接投资成立私人企业或者在东道国募集投资资本的个人。投资协定某一缔约国公民所进行的投资属于协定条款涵盖的范围。有些投资协定还进一步涵盖了在有关缔约国具有永久居留权或住所的个人,但是这种情况并不普遍。

[2] 投资协定中所指的"法人实体"有时是指非自然人、法人或法定实体。不管采用何种术语,广义上都是指公司。大部分协定都涉及各种形式的公司,而"公司"是指根据有关法律组建或组织的实体,无论其组建目的是否为盈利,由私人还是政府拥有或控制。公司包括股份公司、信托公司、合伙企业、个人独资企业、分支机构、合资企业、协会或其他组织。

[3] 詹晓宁、葛顺奇:《国际投资协定"投资"和"投资者"的范围与定义》,载《国际经济合作》2003 年第 1 期;吕吉海、胡晓红:《国际投资协定中"投资"定义条款的重构——以中国与"一带一路"沿线国家 BITs 为视角》,载《科学决策》2021 年第 8 期;张晓君、曹云松:《"一带一路"建设中双边投资协定的功能发掘与范式构建》,载《国际经济评论》2021 年第 4 期。

[4] 从这个角度上说,不应该将投资者统称为"他"或者"她",而应统称为"它"。

[5] 《投资争端公约》第 25 条第 2 款规定:"'另一缔约国国民'系指:在双方同意将争端交付调停或仲裁之日以及在根据第二十八条第三款或第三十六条第三款登记请求之日,具有作为争端一方的国家以外的某一缔约国国籍的任何自然人,但不包括在上述任一日期也具有作为争端一方的缔约国国籍的任何人……"

府索赔。2007年2月，该案被ICSID秘书处登记，同年10月成立了仲裁庭，2009年仲裁庭对该案作出了仲裁裁决。从该案可以看出自然人作为投资者的时间要件，即仲裁请求登记之日。

②国籍要件的限制

"一带一路"倡议下，中国对外签订了许多双边投资协定，但是对投资者的认定方面在许多国家发生了争议，因此导致投资者或东道国向仲裁庭申请仲裁。然而，《ICSID公约》对于投资者是否可以适用双边投资协定，是依据投资者的国籍来认定的，不过，自然人作为投资者必须确保其拥有《ICSID公约》的某一个缔约国国籍，与此同时，该自然人不得拥有东道国这一方的国籍。[1]《ICSID公约》明确要求自然人投资者一定要拥有公约缔约国的国籍，因此，明显可以看出，没有国籍的自然人不可能成为公约要求的合格投资者，[2]除非某些特别的原因使没有国籍的自然人获得了某一缔约国的国籍。另外，中国与"一带一路"沿线国家签订的双边投资协定履行过程中，可发现一些自然人投资者拥有双重或多重国籍，但是，中国不承认双重国籍或多重国籍，因此，如果想要成为公约缔约国的合格投资者，获得双重或多重国籍的自然人就不得不选择其中一个有效的国籍，但对于怎样才能知道哪一个是有效的国籍，公约还没有作出相应的规定。自然人作为投资者受国籍限制的问题，不仅公约没有明确的规定，我国与"一带一路"沿线国家签订的BIT中也没有明确的规定，因此我们可以通过仲裁实践中关于自然人作为投资者的"国籍"的认定来进行具体分析。

③在仲裁实践中关于自然人作为投资者的"国籍"的认定

仲裁实践对自然人投资者国籍界定的判断标准是自由的。然而，在"一带一路"倡议下，中国与"一带一路"沿线国家签订的投资协定在履行过程中对于自然人作为投资者的国籍要素的界定产生了争议，并且出现了关于该争议的大量仲裁实践案件，如上文中提到的谢业深诉秘鲁案。该案申请人谢业深出生地在福建，但后来移居到中国香港，获得香港居民身份，导致该案产生争议的焦点主要是《中华人民共和国政府和秘鲁共和国政府关于鼓励和相互保护投资协定》（以下简称《中秘BIT》）是否适用于香港地区，谢业深

---

[1] 参见《国际投资争端解决中心公约》第25条。
[2] 杨卫东、郭塈：《法人投资者功能性国籍的确定——以ICSID仲裁制度及实践为中心》，载《武汉大学学报（哲学社会科学版）》2011年第6期；孙南申：《国际投资仲裁中对人管辖的投资者国籍认定问题》，载《国际商务研究》2021年第6期。

是不是《中秘 BIT》下合格的投资者。申请人认为自己具有《中秘 BIT》投资者的身份，因为自己虽然是香港居民，但是香港是中国领土的一部分，所以自己拥有中国国籍，《中秘 BIT》适用于香港地区，自己是《中秘 BIT》的合格投资者。而秘鲁政府认为谢业深是香港居民，不受《中秘 BIT》管辖范围的保护。仲裁庭对该案的最终裁决是《中秘 BIT》适用于香港地区。仲裁庭对该案的判定引起了各个国家和学界对国籍认定的争议。[1] 仲裁庭的裁决正是因为《中秘 BIT》对是否适用于香港地区没有作出明确规定，根据《中华人民共和国国籍法》关于中国国籍的公民包括香港居民的规定以及《华盛顿公约》相关范畴的规定来判断投资者的身份，从而得出谢业深拥有中国国籍的结论，其符合中国与秘鲁签订的双边投资协定中关于投资者的定义，所以《中秘 BIT》适用于香港地区，谢业深是《中秘 BIT》合格的投资者。[2] 但是这一案例并没有为投资者的认定标准问题找到合理的解决方法，根本无法对以后类似的案例作出有效的指导。

因此，根据上述案例可得知，一个投资者是否享有缔约国的国籍，对"一带一路"中投资者是否会获得双边投资协定的保护起着决定性的作用。

（2）法人作为投资者

"一带一路"倡议下，国际投资现象越来越普遍，全世界各个国家对外开放的格局不断扩大，许多国家纷纷与其他国家签订了众多投资协定，但在协定履行的过程中却引起了很多争端，除自然人作为投资者的认定产生了很大的争议外，法人作为投资者的界定在国际投资协定的履行中也产生了很大的争议。从中国与"一带一路"沿线国家签订的各个方面的中外 BITs 中，我们根本找不到关于法人作为投资者在国籍认定方面的明确规定。[3] 譬如，中国与老挝、越南、缅甸等睦邻友好国家签订的中外 BITs 都没有明确法人国籍的界定标准。到目前为止，对于法人国籍的界定，不仅在中国与"一带一路"沿

---

1 陈安：《对香港居民谢业深诉秘鲁政府案 ICSID 管辖权裁定的四项质疑》，载《国际经济法学刊》2010 年第 1 期；黄月明：《ICSID 仲裁庭扩大管辖权的途径及其应对——从"谢业深案"切入》，载《华东政法大学学报》2013 年第 5 期。

2 王海浪：《谢业深诉秘鲁政府案管辖权决定书简评——香港居民直接援用〈中国—秘鲁 BIT〉的法律依据》，载《国际经济法学刊》2010 年第 1 期；易在成、朱怡：《港澳投资者适用中外 BITs 问题研究——以"谢业深案"与"世能案"为视角》，载《国际商务研究》2018 年第 2 期。

3 杨卫东、郭堃：《法人投资者功能性国籍的确定——以 ICSID 仲裁制度及实践为中心》，载《武汉大学学报（哲学社会科学版）》2011 年第 6 期；张晓君、曹云松：《"一带一路"建设中双边投资协定的功能发掘与范式构建》，载《国际经济评论》2021 年第 4 期。

线国家签订的中外 BITs 中没有统一的标准,而且在国际法上其他法律、条约中都没有一致的标准。因此,各国根据本国国情,从根本利益出发,结合《ICSID 公约》第 25 条第 2 款 b 项中对另一缔约国国民的标准作出的相关规定,[1] 对法人国籍的界定归纳出许多不同的学说,主要有:成立地标准、主要营业所在地标准、住所地标准、资本控制标准等。[2]

①法人作为投资者受时间要件的限制

从《ICSID 公约》中也能够获得法人成为合格投资者的要件。它和自然人成为合格投资者的要件一样,都包括时间要件和国籍要件,不过自然人的时间要件与法人的时间要件不同,自然人有"登记之日"和"同意之日"这两个时间,法人则仅强调"同意之日"这一个时间。换句话说,法人作为投资者,只要满足"同意之日"这个时间要素就可以。[3] 譬如,澳门世能有限公司(Sanum)在新加坡诉老挝一案中,Sanum 公司曾与老挝签订了投资协定,明确提出发生争端时由新加坡作为仲裁地,当 Sanum 公司与老挝在投资协定履行的过程中发生争议时,Sanum 公司在新加坡申请了仲裁,老挝没有拒绝。从该案可以看出法人的时间要件是投资者认定的重要因素之一。[4]

②法人作为投资者受国籍要件的限制

在"一带一路"倡议下,国际投资争端对于法人作为投资者的国籍要件存在着争议。仲裁庭认为法人作为投资者的管辖范畴主要有两种类型,一种类型是获得东道国国籍,不过法人受外国控制,当法人与缔约国达成协议时,法人可以向 ICSID 提出仲裁;另一种是获得非东道国的国籍。[5] 我们仅能从公

---

1 《ICSID 公约》第 25 条第 2 款 b 项规定:"在争端双方同意将争端交付调解或仲裁之日,具有作为争端一方的国家以外的某一缔约国国籍的任何法人,以及在上述日期具有作为争端一方缔约国国籍的任何法人,而该法人因受外国控制,双方同意为了本公约的目的,应看作是另一缔约国国民。"

2 周园:《试论 ICSID 语境下的适格投资者》,载《时代法学》2013 年第 4 期;范璐晶:《国际投资仲裁中法人"住所"的确定和管辖权问题》,载《国际商务研究》2018 年第 6 期。

3 周园:《试论 ICSID 语境下的适格投资者》,载《时代法学》2013 年第 4 期;范璐晶:《国际投资仲裁中法人"住所"的确定和管辖权问题》,载《国际商务研究》2018 年第 6 期。

4 宋杰:《〈中老投资协定〉在澳门的适用问题——评新加坡上诉法院有关"新加坡上诉公司诉老挝案"判决》,载《浙江工商大学学报》2017 年第 2 期;戴瑞君:《中国缔结的双边条约在特别行政区的适用问题——兼评"世能诉老挝案"上诉判决》,载《环球法律评论》2017 年第 5 期;易在成、朱怡:《港澳投资者适用中外 BITs 问题研究——以"谢业深案"与"世能案"为视角》,载《国际商务研究》2018 年第 2 期。

5 伊曼纽尔·盖拉德:《关于 ICSID 仲裁条款起草的一些说明》。Gaillard E.," Some Notes on the Drafting of ICSID Arbitration Clauses", ICSID Review-Foreign Investment Law Journal,vol.3, Issue 1, 1988,pp.136-146.

约中看出法人认定的标准，但是公约没有对法人作为投资者在国籍方面的认定作出明确的规定，也没有详细地对受外国限制的情形与程度作出明确的规定。所以，在界定法人是不是公约规定的投资者时，由 ICSID 自由决定，这也使得在仲裁庭对案件的审理过程中，自由裁量权获得了很大的发挥空间。[1] 法人的界定除了上面的两种界定标准外，还添加了法人成为投资者的情况，即"受外国国民控制"。现在的国际投资方面，如外国投资者被东道国要求按照其本国的法律在国内建立新的企业来进行国际投资，对于一些不知情国家，其可能认为新企业属于东道国，并不符合《ICSID 公约》有关投资者国籍要件的规定，但其实真正掌控这个新企业的是外国投资者，这也是界定法人作为投资者的一种例外。[2] 从上面的几种界定标准，我们可知对法人国籍界定到底适用哪一种标准还没有具体的规定，因此，我们可以根据中国与"一带一路"沿线国家签订的一些中外 BITs 引起的仲裁实践来分析关于法人作为投资者国籍认定的具体适用标准。

③在仲裁实践中关于法人作为投资者"国籍"的认定

由于在国际投资协定中，对于法人国籍的认定及外来限制的界定都没有明确的规定，所以国际投资过程中对法人作为投资者的国籍认定产生了很大的争议。同时，正是因为没有明确的规定，使 ICSID 仲裁庭拥有很大的自由裁量权，这就容易造成权力的滥用与管辖范围的扩大。中国与"一带一路"沿线国家签订的一些中外 BITs 引起的仲裁实践对法人作为投资者产生的不同争议中对国籍进行界定的标准也不同。最常用的法人国籍标准是成立地或主要营业地，如 1984 年位于中东的南太平洋房地产有限责任公司诉阿拉伯埃及共和国案。[3] 该案中，申请人（香港注册的旅游娱乐建设公司）与埃及政府及旅游总公司于 1974 年订立了一份原则协议。[4] 在同年 12 月，双方根据该

---

[1] 何佳曦：《论 ICSID 对"外国投资者"的法律界定》，华东政法大学 2011 年学位论文；田孟颖：《"一带一路"倡议下国际投资争端解决机制研究》，东北农业大学 2019 年学位论文；凌晔：《ICSID 仲裁裁决中"投资"概念的界定》，载《社会科学家》2020 年第 8 期。

[2] 漆彤：《论中国海外投资者对国际投资仲裁机制的利用》，载《东方法学》2014 年第 3 期；罗丹思：《投资者国家争端解决机制及其对东道国法治影响的研究》，中南财经政法大学 2018 年学位论文；郭玲：《"一带一路"背景下我国双边投资保护协定代位权条款研究》，载《上海金融》2020 年第 7 期。

[3] 南太平洋房地产有限责任公司诉阿拉伯埃及共和国案。Southern Pacific Properties（Middle East）Limited v. Arab Republic of Egypt, ICSID Case No.ARB/84/3.

[4] 该原则协议根据《阿拉伯埃及共和国关于阿拉伯和外国资本投资及自由贸易区法》等埃及法律签订，协议主要内容为埃旅总公司和南太平洋公司将设立一家埃及籍的合营公司，以开发靠近开罗的金字塔旅游区。埃及旅游部承诺在诸如取得土地使用权等方面采取必要措施，以保证项目成功。

原则成立了一家公司，南太平洋公司享有新成立公司60%股份，其余由埃及出资；并且双方还约定成立一家全资子公司，决定权在南太平洋公司。1977年，协议被埃及政府反对，并于第二年撤资，1984年发生了该案例，ICSID仲裁庭根据公约第70条，[1]认为公司属于中国香港籍，依据法人国籍的成立地标准。有些BITs把成立地与营业地捆绑在一起。[2]东盟协定第Ⅰ（2）条规定的条款[3]在吴永志（Yaung Chi Oo）诉缅案中适用。[4]该案中，申请人在其中一个BIT成员国新加坡成立了公司。仲裁庭对该公司是否在新加坡有效运营进行了审查。[5]米库拉（Micula）诉罗马尼亚一案中，[6]主要涉及罗马尼亚和瑞典BIT，该案中的三个公司申请人都是在罗马尼亚成立，由瑞典国民控制。依《ICSID公约》第25条第2款b项[7]和BIT第7条第3款[8]，瑞典公民应该被认为是公司的申请人。[9]但《ICSID公约》第25条第2款b项下的协定必须有实质的外资控制，而只有上述协定是不够的。从上面一些案例我们可以清楚地认识到，目前还没有具体确定以哪一个标准作为法人国籍的界定标准，不过，最常采用的是成立地标准或主营业地标准。

综上可知，在"一带一路"倡议下，由于国际投资争端出现，法人国籍作为投资者的认定要件产生越来越大的争议，加上公约对法人国籍没有明确

---

1 1965年《关于解决国家和他国国民之间投资争端公约》第70条规定：本公约应适用于由一缔约国负责国际关系的所有领土，但不包括缔约国在批准、接受或核准时，或其后以书面形式通知本公约的保营人（depositary）予以除外的领土。

2 比如，比利时和捷克BIT、巴基斯坦和瑞典BIT、阿根廷和法国BIT。

3 东盟协定第Ⅰ（2）条规定："签署国的'公司'是指在成员国境内按照现行有效的法律成立，并在其中有有效管理场所的公司、合伙或商业组织。"

4 吴永志诉缅甸案。Yaung Chi Oo Trading Pte Ltd. v. Government of Union of Mryanmar, ASEAN I.D.Case No. ARB/01/1, Award, 31 March 2003.

5 吴永志诉缅甸案。Yaung Chi Oo Trading Pte Ltd. v. Government of Union of Mryanmar, ASEAN I.D.Case No. ARB/01/1, Award, 31 March 2003.

6 米库拉诉罗马尼亚案。Ioan Micula, Viorel Micula, S.C.European Food S.A., S.C. Starmill S.R.L. and S.C. Multipack S.R.L. v. Romania, ICSID Case No. ARB05/20, Decision on Jurisdiction and Admissibility, 24 September 2008.

7 《ICSID公约》第25条第2款b项规定："在争端双方同意将争端交付调解或仲裁之日，具有作为争端一方的国家以外的某一缔约国国籍的任何法人，以及在上述日期具有作为争端一方缔约国国籍的任何法人，如该法人受外国控制，双方同意为了本公约的目的，应看作是另一缔约国国民。"

8 罗马尼亚和瑞典BIT第7条第3款规定："为实现本款和上述《华盛顿公约》第25条第2款b项的目的，争端发生前依缔约国法律成立且由另一缔约国投资者控制的法人应被视为投资者母国法人。"

9 米库拉诉罗马尼亚案。Ioan Micula, Viorel Micula, S.C.European Food S.A., S.C. Starmill S.R.L. and S.C. Multipack S.R.L. v. Romania, ICSID Case No. ARB05/20, Decision on Jurisdiction and Admissibility, 24 September 2008.

的规定，导致仲裁庭享有较大自由裁量权。法人的国籍作为投资者的认定要件对国际投资争端的解决有不可忽视的影响。

（3）建议

从上述自然人作为投资者与法人作为投资者的界定可以发现，在实践中，投资者与国家间的争议解决存在许多问题。具体而言，第一个问题是中国与"一带一路"沿线国家签订的BITs在履行过程中产生了许多争议，其中关于法人国籍的界定具体适用哪一个标准的问题还没有解决。目前学界普遍接受用国际惯例解决国籍问题，以求尽可能减少利用国籍的情形，如在以色列与德国BIT中，以色列国籍以住所地作为投资者界定标准，丹麦与印度尼西亚BIT也有类似规则。[1]这些案件都是以住所地作为法人国籍的界定标准。又如上文中提到的Sanum公司诉老挝案，由于公司在老挝建立，该案看似应该以成立地作为法人国籍的界定标准，但实际控股人是澳门Saunm公司，仲裁庭最后以资本控制标准作为法人国籍的界定标准。从这些案例可以看出，到底采用哪一个标准才能真正保证案件判断的公平还没有具体确定，这个问题需要加以解决。

第二个问题是中国与"一带一路"沿线国家签订的中外BITs是否适用于港澳地区，以及港澳地区是否是合格的投资者问题。在前述提到的Sanum公司诉老挝案中，该案在新加坡审理，2013年新加坡仲裁庭认为澳门地区适用中老BIT，因为澳门公司属于中国国籍，在中老BIT中是合格的投资者。2014年老挝向新加坡仲裁庭申请撤销仲裁裁决，提供了澳门不适用中老BIT的证据，2015年仲裁庭同意老挝申请，撤销了该案的裁决。随后，澳门公司又向仲裁庭上诉，仲裁庭最终恢复了最初的裁决，认为中老BIT适用于澳门，Sanum公司是中老BIT合格的投资者。[2]这起案件对于国籍要素成为判断法人作为投资者的认定标准产生了很大的争议。上诉法院作出判决的依据是国际法原则和规则，以及《维也纳条约公约》第29条[3]和《关于国家在条约方面的

---

[1] 梁咏：《海外直接投资之中国投资者论证》，载《云南大学学报（法学版）》2008年第3期；范璐晶：《国际投资仲裁中法人"住所"的确定和管辖权问题》，载《国际商务研究》2018年第6期。

[2] 梁咏：《海外直接投资之中国投资者论证》，载《云南大学学报（法学版）》2008年第3期；范璐晶：《国际投资仲裁中法人"住所"的确定和管辖权问题》，载《国际商务研究》2018年第6期。

[3] 该条标题为"条约之领土范围"。该条规定，"除条约表示不同意思，或另经确定外，条约对每一当事国之拘束力及于其全部领土"。

继承的维也纳公约》第 15 条的规定，[1]本书认为其都体现了习惯国际法，都对中老 BIT 作出了解释。该案在学术界对中老 BIT 是否适用于澳门引起了很大的争议。谢业深诉秘鲁案中，[2]在表面上看是关于投资条约的适用问题，但从实质上看是关于国籍的确定问题。谢业深诉秘鲁案是关于自然人作为投资者国籍的认定问题，谢业深具有中国国籍，仲裁庭认为其是中秘 BIT 合格的投资者。上述两个案例都是关于国籍作为投资者认定要件的问题，但是却引起了不同的争议，有的认为他们是投资协定合格的投资者，有的认为他们不具有合格投资者的身份，那么到底中外 BITs 是否适用于港澳地区，港澳地区是否是中外 BITs 合格的投资者，这一问题需要我们去积极探讨。

随着"一带一路"倡议的实施，有关投资者的利益产生的争议一定会出现。由于各国随时可能修改自己国家的政策和法律，在 BITs 履行过程中会出现很多争议，尤其在投资者认定方面。根据上述几个问题，可以提出针对性的建议。

第一，中国与"一带一路"沿线国家签订的 BITs 在履行过程中关于法人国籍的界定标准问题。在国际私法中，法人国籍的界定一般用"本座说"（住所地说）和"成立地说"，本座说适用于大陆法系，成立地说适用于英美法系，根据我国签订的 BITs，有些适用成立地标准，有些适用住所地标准，但在实践运用中却各有各的弊端。[3]在国际投资中，一些公约、BIT 或 FTA、国际原则等均没有对这一问题作出具体的规定。因此，本书认为针对这一问题，最好的解决方法是中国在与沿线国家签订 BITs 时进行协商，明确规定具体适用哪一个标准作为法人国籍的界定标准，这样在发生争议时可以根据协议进行解决，仲裁庭也有判决的依据。[4]

第二，中国与"一带一路"沿线国家签订的 BITs 是否适用于港澳地区，

---

1 该条标题为"对领土一部分的继承"。该条规定，"一国领土的一部分，或虽非一国领土的一部分但其国际关系由该国负责的任何领土，成为另一国领土的一部分时：(a) 被继承国的条约，自国家继承日期起，停止对国家继承所涉领土生效；(b) 继承国的条约，自国家继承日期起，对国家继承所涉领土生效，但从条约可知或另经确定该条约对该领土的适用不合条约的目的和宗旨或者根本改变实施条约的条件时，不在此限"。

2 陈安：《对香港居民谢业深诉秘鲁政府案 ICSID 管辖权裁定的四项质疑》，载《国际经济法学刊》2010 年第 1 期。

3 徐冬根、王国华、萧凯：《国际私法》，清华大学出版社 2005 年版，第 194-199 页。

4 沈虹：《ICSID 对涉中国投资条约仲裁的管辖权——兼论 ICSID 涉中国第一案》，载《华南理工大学学报》2012 年第 1 期；孙南申：《国际投资仲裁中对人管辖的投资者国籍认定问题》，载《国际商务研究》2021 年第 6 期。

港澳地区是不是合格的投资者在国际上引起很多争议。有的学者认为适用，因为根据国籍法，港澳投资者拥有中国国籍，所以受中国签订的 BITs 的保护；有的学者认为不适用。[1] 本书认为港澳地区不适用中国签订的 BITs，其不是中国签订 BITs 的合格的投资者。原因是港澳地区实行"一国两制"制度，尤其是《香港基本法》规定香港对外具有高度自治权，1984 年《中英联合声明》也规定中华人民共和国缔结的国际协定，中央人民政府可根据香港特别行政区的情况和需要，在征询香港特别行政区的意见后，决定是否适用于香港特别行政区，所以我们可以看出中国签订的 BITs 不适用于香港地区，香港地区并非中国签订的 BITs 的合格投资者。同理，澳门地区也一样。[2] 因此，中国应该在 BITs 中明确提出中国签订的 BITs 不适用于港澳地区，除非在协议中声明港澳地区适用中国签订的 BITs。这样在国际投资争端中，仲裁庭就会找到合理的法理依据，对任何一方都不会出现不公平的现象。

3. 准入与设立的障碍

"一带一路"倡议提出之后，丝绸之路经济带沿线国家之间的投资活动越来越频繁，但是在未充分了解各国对外资开放的产业、对外资审查要求的情况下，盲目投资显然是不可取的。东道国的外资准入制度就是第一个屏障。所谓外资准入，是指东道国允许接受的投资的类型、领域、外资准入的条件和外国投资审批程序等内容。因为外资的进入可能会对国家安全和利益产生影响，所以准入从本质上讲是一国国内法所管辖的事项。[3] 从一般国际法的角度考虑，国家并没有义务让外资进入，[4] 政府之所以可以决定是否对外资开放，是完全开放还是只开放某个领域，包括决定外资准入的模式和外资建立的形

---

[1] 王贵国：《从 Saipem 案看国际投资法的问题与走势》，载《中国政法大学学报》2011 年第 2 期；梁咏：《国际投资仲裁中的涉华案例研究——中国经验和完善建议》，载《国际法研究》2017 年第 5 期；龚柏华：《涉华投资者—东道国仲裁案法律要点及应对》，载《上海对外经贸大学学报》2022 年第 2 期。

[2] 余劲松：《国际投资条约仲裁中投资者与东道国权益保护平衡问题研究》，载《中国法学》2011 年第 2 期；王寰：《投资者——国家争端解决中的调解：现状、价值及制度构建》，载《江西社会科学》2019 年第 11 期。

[3] 左海聪：《国际经济法》，武汉大学出版社 2014 年版，第 320 页。

[4] 参见 [法] 卡劳、[法] 茱莉亚：《国际经济法》。D. Carreau and P. Juillard, "Droit, International Economique", Dalloz 2003, p.361.

式，归根到底还是国家经济主权的影响。[1] 东道国政府是否授予准入权的政策决定对投资者非常重要，在此问题上，现行法律法规有不同的规定方式。[2] 要借助"一带一路"这个国家级倡议使得投资更加有效，就要了解沿线国与中国 BITs 中准入与设立的政策，并且事实上，各个国家不同的经济水平及文化水平，使得在投资的准入与设立方面存在一些障碍。

（1）外资准入的一般审查制度

由于是否对外资开放是由一国的国家经济主权决定的，因此各国主要用国内法规制外资的审查制度。除此之外，两国或多国之间可以通过签订多边或者双边条约来赋予对方国家投资者和本国国民相同的投资待遇或其他特殊待遇，比如可以规定在准入阶段外国投资者享有不低于本国投资者的待遇和权利，即"准入前国民待遇"。东道国国内法和该国所签订的国际双边和多边投资条约共同构成该国外资准入的法律体系。[3] 从外资准入的法律体系和投资实践中可以看出，在外资准入的一般审查制度中存在以下问题：

首先，对于"一带一路"沿线的发展中国家来说，对外资的限制首先体现为业绩要求，又称为履行要求。其具体的定义学界有不同的看法，简单来说，即除东道国对外国投资范围的明确规定外，还对外国投资者的具体投资行为有一定的限制或者使投资者本身承担特定的义务。业绩要求的设定是为了对外资进行适当的、必要的引导，使其符合东道国自身经济发展目标[4]，但实践中，苛刻的业绩要求一定程度上会打击投资者的积极性，造成准入障碍。纵观"一带一路"沿线国的相关规定，有些国家就存在一些不合理的业绩要求。相关资料显示，发展中国家主要的业绩要求体现在汽车行业的当地含量要求，典型国家有菲律宾、南非、印度、印度尼西亚、马来西亚、泰国等，

---

[1] ［德］鲁道夫·多尔查、［奥］克里斯托弗·朔伊尔：《国际投资法原则》，祁欢、施进译，中国政法大学出版社2014年版，第90页。

[2] 参见托马斯·波伦：《外商直接投资准入的法律框架》。Thomas Pollan, "Legal Framework for the Admission of FDI", Eleven International Pub., 2006.

[3] 陈辉萍：《丝绸之路经济带中亚国家投资准入障碍与法律对策》，载《江西社会科学》2017年第5期；刘雪红：《中国海外投资保护的法律障碍与制度重构——基于北京城建诉也门等五案的分析》，载《华东政法大学学报》2019年第2期。

[4] 肯尼斯·范德维德：《美国双边投资协定：第二波浪潮》。Kenneth J. Vandevelde, "US Bilateral Investment Treaties: The Second Wave", Michigan Journal of International Law, Vol.14, 1993, p.667.

其他国家也普遍存在其他类型的业绩要求。[1]如此,对于将汽车行业作为优势行业的国家,通过投资的方式开拓市场就会遇到一些障碍。

其次,投资最为集中的能矿资源行业的国家外资准入审查制度不完善,阻碍较多。2005—2015年中国向"一带一路"沿线国家直接投资数额占据榜首的是能源和金属两个行业,比例达到70.08%,如此集中的投资也导致了这些领域的海外投资风险居高不下。据相关统计,上述两个行业中投资受阻的案例达到33件,共涉523.2亿美元。而能矿资源集中的北非的阿拉伯国家、投资行业主要集中于矿业开采业的南美国家外资准入门槛高低不同,法律法规的稳定性也确有差别。阿拉伯国家如巴勒斯坦、伊拉克虽然同为"一带一路"沿线国,但是还未与中国签订双边投资协定,并且伊拉克对采矿和能源实行所有权限制,阿联酋也规定了外资在石化工业领域只能采取合资形式的限制;[2]南美国家如玻利维亚、[3]委内瑞拉[4]等国家对某些能源行业的准入门槛也比较高,且国有化趋势越来越明显,并且由于政治风险和经济波动幅度较大,相关准入政策的稳定性也较差。

最后,对个别国家来说,仍有不少国内法以各种方式缩小外资进入的领域,为外资准入设置各种条件。根据中国商务部的统计数据,新加坡、俄罗斯、印度尼西亚和哈萨克斯坦是中国向"一带一路"沿线国进行直接投资的四大投资目的地,[5]四个国家均有限制或禁止外资进入的领域,比如新加坡严格限制甚至禁止外资进入一些敏感性产业,如交通、通讯、电气及新闻等公用事业部门;[6]俄罗斯禁止外资投资经营赌博业和人寿保险业,禁止外资银行设立分行,禁止外国保险公司参与强制保险方案,且对被视为对保障国防和

---

[1] 参见联合国贸易和发展会议:《外国直接投资与绩效要求:来自选定国家的新证据》。UNCTAD, Foreign Direct Investment and Performance Requirements: New Evidence from Selected Countries, NewYork and Geneva, 2002.

[2] 刘桓:《中国在阿拉伯国家直接投资的影响因素及投资建议》,载《中国物价》2016年第1期;余晓钟、罗霞:《"一带一路"国际能源合作创新模式实施保障机制研究》,载《科学管理研究》2021年第5期。

[3] 2001年委内瑞拉《石油法》和相关法规规定:石油开采的矿区使用费从16.67%增加到30%;上游业务必须以国家公司(PDVSA)控股的合资公司的方式进行;所得税从67.7%调整为50%;土地使用费实行逐年递进制。

[4] 吴彤、陈瑛:《中国对拉美主要国家直接投资的风险分析》,载《国际经济合作》2015年第10期。

[5] 2003—2020年年末我国对四个国家的直接投资额(单位:亿美元):新加坡为598.5785,俄罗斯为120.7089,印度尼西亚为179.3883,哈萨克斯坦为58.6937,占中国对"一带一路"沿线国家直接投资总额的47.65%。(数据来源于历年《中国对外直接投资统计公报》)

[6] 卢文莹:《外资并购策略》,上海财经大学出版社2004年版,第180页。

国家安全具有战略意义的42种经营活动予以限制；[1] 印度尼西亚也有25个行业被宣布为禁止投资行业，为本国政府垄断；[2] 印度尼西亚和哈萨克斯坦还保留了通过总统令或者立法方式根据实际情况设立禁止领域的权利，相当于将禁止投资的行业范围无限扩大，且具有不稳定性。另外，还有些国家对一些商业行为要求特定的许可，而这些许可往往只有本国人才有可能获得，实质上仍是对外资准入的限制。以"一带一路"沿线的中亚国家为例，中亚各国都不允许外国投资者对农业用地拥有所有权，一些国家对农业用地租赁期也有限制，例如哈萨克斯坦和乌兹别克斯坦的农业用地租赁期最多为10年，塔吉克斯坦允许50年。除此之外，2014年哈萨克斯坦制定了《许可和通知法》，对一些需要获得执照或许可的领域和活动进行了归纳，如建筑、城市规划和建设、油气、信息技术和通讯、农业、交通等。中亚5国对于股权转让也有限制，其规定股权转让需获得许可，国家享有优先权等。此外，有的国家对外资实行逐案审批制，导致东道国自由裁量权较大，使得外资能否进入具有不确定性，从而形成了准入障碍，[3] 等等。

（2）外资并购的反垄断审查

外资并购是指外国企业通过购买资产或取得股份等方式，对国内企业之经营管理实现实际控制的法律行为。[4] 根据美国传统基金会的统计数据，2005—2015年中国向"一带一路"沿线国家的投资方式以跨国并购方式居多，

---

[1] 根据《关于外资向对国家国防和安全具有战略意义的经营公司进行投资之程序的联邦法》，42种限制行业包括武器和军事装备的研制、生产、维修、回收利用及贸易；航天活动及航空设备的研制、生产、维修、试验；覆盖俄罗斯领土一半区域的广播媒体、发行量较大的报纸和出版公司等。

[2] 印度尼西亚公布了《2007年关于有条件的封闭式和开放式投资行业的标准与条件的第76号总统决定》和《2007年关于有条件的封闭式和开放式行业名单的第77号总统决定》。根据这两个决定，25个行业被宣布为禁止投资行业，仅能由政府从事经营。禁止投资的行业包括：毒品种植交易业、受保护鱼类捕捞业、以珊瑚或珊瑚礁制造建筑材料，含酒精饮料工业、水银氯碱业、污染环境的化学工业、生化武器工业，机动车型号和定期检验、海运通信或支持设施、舰载交通通讯系统、空中导航服务、无线电与卫星轨道电波指挥系统、地磅站、公立博物馆、历史文化遗产和古迹、纪念碑以及赌博业。

[3] 陈辉萍：《丝绸之路经济带中亚国家投资准入障碍与法律对策》，载《江西社会科学》2017年第5期。

[4] 吴长军：《外资并购反垄断审查与国家安全审查制度比较研究》，载《阜阳师范学院学报（社会科学版）》2010年第5期；师华、王华倩：《外资协议控制模式国家安全审查实践操作探析》，载《国际商务研究》2022年第2期；漆彤、刘嫡琬：《外国投资国家安全审查制度的国际协调：必要性、可行性和合作路径》，载《国际经济评论》2021年第4期。

且通过该方式实现了 59.97% 的投资项目,[1] 但对外资并购的评价应是客观中立的。一方面,并购行为可能有利于资金、技术和先进管理经验的引进,也有利于转变经济增长方式并优化相关产业结构;另一方面,外资并购行为也可能带来一些不良影响,譬如限制竞争、滥用市场支配地位、危害国家经济安全等,从而影响市场经济稳定和国家发展,因此更要加强并完善对外资并购行为的法律规制。[2] 但各国外资并购的反垄断审查的立法进度并不完全相同,因此导致各国在投资过程中出现了一些障碍,主要表现为以下三点:

首先,对于大多数"一带一路"沿线国家来说,国有企业一般是反垄断审查的重点,比如哈萨克斯坦法律规定,在对外资企业给予登记之前要先进行反垄断审查,审查对象包括为市场主导的或相关市场有垄断地位的法律实体、国有企业和国家持股比例超过 50%(参与注册资本的部分)的法律实体及其在本国领土上营业的子公司。[3] 然而对于我国来说,目前我国对外投资的主体还主要是国有企业,这就提升了我国企业被审查的概率,从而增加了我国对外投资的难度。[4]

其次,各国的反垄断审查制度差异很大,投资者预期可能性小,相同的投资行为可能在不同的国家造成不同的反垄断审查结果,使得一些已经通过的并购案在其他国家却无法完成。[5] 例如,在经营者集中审查的申报门槛方面,大部分国家以资产规模或销售额为准,[6] 但也有一些国家以市场占有率为标准,如"一带一路"沿线国中的巴西、斯洛文尼亚、保加利亚、葡萄牙、土耳其、希腊等。俄罗斯比较特殊,其采取经济单位(或每月基本工资)等非货币价值作为申报标准,[7] 中国则以境内外销售额作为主要申报标准。此外,

---

[1] 李锋:《"一带一路"推进过程中的投资规则构建》,载《经济体制改革》2017 年第 1 期;胡必亮、张坤领:《"一带一路"倡议下的制度质量与中国对外直接投资关系》,载《厦门大学学报(哲学社会科学版)》2021 年第 6 期。

[2] 吴长军:《外资并购反垄断审查与国家安全审查制度比较研究》,载《阜阳师范学院学报(社会科学版)》2010 年第 5 期。

[3] 哈萨克斯坦共和国于 1995 年 4 月 17 日公布的《关于法人的国家登记与分支机构和代表处登记注册法》(更改及补充于 2014 年 9 月 29 日),第 6 条规定了法人国家登记的顺序。

[4] 陈辉萍:《丝绸之路经济带中亚国家投资准入障碍与法律对策》,载《江西社会科学》2017 年第 5 期。

[5] 2001 年欧盟否决通用电气收购霍尼韦尔;2009 年欧盟否决甲骨文公司收购太阳计算机系统公司(Sun Micro system),收购力拓和必和必拓的合资案就因为很多国家的反对而放弃。

[6] 参见菲贝格·安德烈:《论 WTO 在国际并购控制中的作用》。Fiebig Andre, "A Role for the WTO in International Merger Contal", Nw.J. Int'l L. & Bus., Vol.20, 2010, pp.238-239.

[7] 王保树:《公司收购:法律与实践》,社会科学文献出版社 2005 年版,第 393 页。

各国在并购审查中关于相关市场定义、竞争效果的评估、救济的适当性的规定也大不相同。在相关市场定义方面，就有全球市场、东道国国内市场、东道国国内特定区域等不同的界定；在竞争效果方面，具有强烈的主观色彩，几乎没有完全公正客观的标准，不确定因素大；在救济的适当性方面亦如此。

最后，在反垄断审查过程中，极易发生跨国公司与行政机关的合谋行为，产生腐败现象，对东道国的相关市场产生不利影响。跨国公司要取得政府的支持才能获得更好的市场，但是其往往没有当地公司那样的优势，因此，为了更好地融入市场，进行市场竞争，跨国公司往往更有动机以不正当手段获得当地政府的支持，从而导致腐败现象的产生。[1]大量的研究数据表明，多数新兴市场经济国家，反垄断审查机构更接近于代理人的角色。一方面，反垄断审查机构作为政府的职能部门有其自己应尽的职责，需要负责反垄断审查、批准并且要维护消费者权益使其福利最大化；另一方面，审查机构也有其自身的利益，为了追求自身的利益，其也有可能设租索贿。而有些跨国公司为了巨大的垄断利益，会在并购的反垄断审查环节，不惜花费重金对审查机构进行贿赂，如此合谋行为便极易产生。[2]合谋贿赂现象一旦产生便无法达到最初的反垄断目的，经营者集中等现象依旧会出现，最终不利于东道国相关市场的自由竞争，并且东道国审查机关的腐败行径也会带来并购障碍。

（3）国家安全审查

外资国家安全审查制度在当今国内外尚未有统一的定论，大多数学者结合实践认为其主要指的是当一项外资并购交易对一个国家存在或可能存在损害国家安全的威胁时，对其进行国家安全审查，并且采用中止或禁止交易、变更交易内容或附条件同意交易等限制性措施来规制该损害国家安全的外资并购交易的法律制度。[3]沿线国家的安全审查机制是一道门槛，只有解决了这个问题，才能让投资者相对自由地进行投资，才能让"一带一路"倡议更好

---

[1] 薛求知、韩冰洁：《跨国公司与东道国腐败程度相互影响机制研究》，载《上海管理科学》2007年第3期；银红武：《论涉腐国际投资仲裁中ICSID与内国反腐执法机关间协作机制的构建》，载《国际经济法学刊》2020年第4期；黄河、周骁：《超越主权：跨国公司对国际政治经济秩序的影响与重塑》，载《深圳大学学报（人文社会科学版）》2022年第1期。

[2] 潘鹏杰、周方召、张曦：《外资并购反垄断审查中的信息与合谋》，载《经济体制改革》2011年第2期；卢均晓：《数据驱动型国际并购反垄断审查：挑战与应对》，载《国际贸易》2021年第11期；徐宏潇、马华秀：《世界经济数字化转型中的跨国平台垄断及中国应对》，载《经济学家》2021年第6期。

[3] 郑衍构：《中外投资法比较》，上海同济大学出版社1993年版，第37页。

地、更大范围地发挥作用。但纵观各国的安全审查制度，仍存在许多缺陷，给外资并购造成了许多阻碍，下面分别论述：

首先，投资法律与政策具有不稳定性，进行国家安全审查没有相对确定的标准，随意性较大，很可能构成准入障碍。相关法律的缺失会导致法官的擅断，如德国西门子收购俄罗斯企业电力公司失败的案例。正是由于在当时俄罗斯已有的法律框架下，无法解决外国投资者进入军事产品生产领域的相关问题，因此其解决方式就是拒绝西门子的收购请求。另外，"一带一路"沿线国家大都属于发展中国家，国内法治程度较低，国内经济和法律都处于转型阶段，新的法律法规频繁出台，随着经济形势的变化，修改频率也很高。除此之外，在全国性法律之外，各国越来越多地使用地方法规和规章，导致法律的差异性很大，造成地区间的不平等。在实际操作中，也常常以总统令、政府规定等文件，调整外商和外国投资的活动，投资政策较不稳定，这些都成为外资并购的障碍。[1]

其次，各国对国家安全审查中的实质问题——"国家安全"的定义非常宽泛，无形中提高了外资进入的门槛，给大量投资活动的进行造成了极大阻碍。以沿线国中的俄罗斯为例，其《战略领域外国投资程序法》规定，国家安全指的是"对个人、社会和（或）国家至关重要的利益造成危害的条件和因素的总称"。该规定将"国家安全"定义得十分宽泛，不仅包括国防和经济，还包括其他诸如能源保护、环境保护及文化保护等方面。具体的标准规定于《战略领域外国投资程序法》的第22条第1款中，共12项，将国家安全延伸至40多个战略性行业，主要涉及俄罗斯国防安全、重要能源方面的行业，甚至包括一些与国家安全看似无关的行业，范围非常广，扩大了国家安全审查的范围，增加了外资进入的难度。[2]

最后，由于在国家安全审查过程中，并购方所属国与东道国之间的关系是不可忽略的一个因素，也因此使得外资并购国家安全审查比上文中提到的反垄断审查更具有政治性意味。但政治性因素是很难控制的一个因素，以印度为例，印度主要从敏感国家或地区的投资、敏感行业两个方面进行国家安全审查，且其将国家安全狭义地定义为国防安全，但实践中，印度对于国家

---

[1] 陈辉萍：《丝绸之路经济带中亚国家投资准入障碍与法律对策》，载《江西社会科学》2017年第5期。

[2] 王逍译：《外国投资者对保障俄罗斯国防和国家安全具有战略意义的商业公司投资程序法》，载《俄罗斯中亚东欧市场》2008年第11期。

安全的审查偏主观，带有政治色彩。所以，若一个国家因为政治因素默认不接受另一个国家的投资，则被默认拒绝的国家就很难进入该目标国家的相关领域，从而构成准入障碍。

（4）建议

如前所述，外资准入原则上属于一国经济主权的范围，我们应给其必要的尊重，但为了促进各国间投资活动的顺利进行，不论东道国还是投资者都应做出自己的努力，应当在国际法和国内法允许的范围内，尽量消除一些准入限制或障碍。从上述论述中我们可以发现，不论是外资准入的一般审查还是并购的反垄断审查、国家安全审查，其造成阻碍的原因十分相似，现根据造成阻碍的原因提出如下建议：

第一，在国际法层面，首先，因为"一带一路"沿线国之间签订的双边投资条约时间都比较早，一些贸易自由化的优惠政策在 BIT 中都没有体现，在当今的经济形势下，现有的 BIT 已无法满足"一带一路"倡议的宗旨和目的，因此，有必要参照最新的 BIT 范本对现有的投资协定进行适当的修改，将准入前国民待遇和最惠国待遇成文化，包括负面清单的相关规定。新的 BIT 签订后，也可以刺激国内法的修改，增加更多的开放产业，从而减少外资进入的障碍。其次，很多多边条约对外资的开放程度很大，像"一带一路"沿线国多数都加入的《能源宪章条约》，该条约对外资保护的标准比较高，如果加入该条约，中资企业进入其他缔约国时便可享受相应的准入方面的国民待遇及其他优惠待遇。另外，伴随着 WTO 体制中的 GATS、TRIPS 和 TRIMS 的实施，国民待遇、最惠国待遇、透明度等原则也直接渗透到投资自由化的发展之中，其缔约国自然应顺应该潮流，因此，加入这些条约也可以减少外资准入的一些阻碍。[1] 最后，虽然贸易自由化的趋势一定程度上对发展中国家不利，但与其被潮流淘汰，不如顺应这一发展趋势，比如积极参与有关国际投资的多边协定的制定，自己掌握主动权。[2] 在上文中也提到，在外资准入的一些实质性问题上，各国的规定都不同，给投资者投资的相关判断造成了阻碍，并且上文提到的 WTO 体制中的 GATS、TRIPS 和 TRIMS 归根结底还是

---

[1] 参见联合国贸易和发展会议：《丝绸之路投资指南（2014）》。UNCTAD, "Investment Guide to the Silk Road（2014）", New York and Geneva, 2014, p.13.

[2] 徐泉：《略论外资准入及投资自由化》，载《现代法学》2003 年第 2 期；王素云、沈桂龙：《推动"一带一路"沿线国家贸易和投资自由化便利化研究——新冠疫情背景下的挑战与应对》，载《重庆大学学报（社会科学版）》2022 年第 2 期。

贸易协定，涉及投资的内容非常有限，且约束力和权威性也不强，因此综合性国际协定的建立是必要且迫切的，最终目标是建立一个全球通用的统一性规则体制，"一带一路"沿线国之间也可以签订区域自由贸易协定（FTA）来鼓励成员方在经贸领域和投资领域的有效合作，设立专门的投资促进专业工作组。UNCTA 认为，中国、日本和韩国正在谈判的自由贸易协定就可以成为中国与中亚丝绸之路国家间自由贸易协定的范本。

第二，在国内法层面，首先，完善立法。作为投资者的母国，我们要鼓励其他沿线国家提高立法质量，增强投资行为的可预测性，提高开放度。鼓励其尝试准入前国民待遇和负面清单等制度，促进外资的输入，从而促进国内市场的繁荣。[1] 其次，简化外资准入程序，统一准入标准制定机构、外资审批机构，进一步提高外资准入的透明度。例如，合并核准审批与设立审批，从而形成单一的准入审批程序，方便投资者，吸引外资。[2] 同时可以将政策制定权统一于一个机构，收回地方的相关立法权限，如此可以避免由于各地外资准入标准不同导致的不公平。

第三，还应注意一点，针对上述提到的国家安全审查中政治因素的影响，各国在外资并购国家安全审查过程中，不论是立法还是执法，都应该尽量防止政治性因素对国家安全审查的过多干预。通过完善立法，将安全审查的标准成文化，以避免相关外资准入审查机构进行审查时带有过于严重的主观色彩，也可以避免国内的并购方竞争对手利用国家安全审查制度，增加自己政治投机的可能，使国家安全审查制度成为保护主义的工具。[3]

（五）不同投资领域的具体法律问题：以能源和基建领域投资为例

1. "一带一路"沿线能源和基建投资概况

"一带一路"倡议的提出及稳定推进的各个领域均体现出中国与世界各国追求互利共赢局面的诚意和决心。正如党的十九届六中全会报告强调，我国

---

[1] 李静：《中国—东盟自由贸易区外资准入法律问题探究》，载《泰山学院学报》2015 年第 2 期；王俊峰、于传治：《美版 BIT 对完善中国自贸区负面清单的启示——以准入前国民待遇为视阈》，载《宏观经济研究》2018 年第 10 期。

[2] 项安安：《论我国外资准入审批制度改革的完善》，载《中国海洋大学学报》2017 年第 4 期。

[3] 丁丁、潘方方：《对我国的外资并购国家安全审查制度的分析及建议》，载《当代法学》2012 年第 3 期；江山：《论中国外商投资国家安全审查制度的法律建构》，载《现代法学》2015 年第 5 期。

要坚持共商共建共享，推动共建"一带一路"高质量发展，推进一大批关系沿线国家经济发展、民生改善的合作项目，建设和平之路、繁荣之路、开放之路、绿色之路、创新之路、文明之路，使共建"一带一路"成为当今世界深受欢迎的国际公共产品和国际合作平台。在"一带一路"倡议的投资领域中，以能源和基础设施建设两个领域最为重要，能源资源类、基础设施建设类企业是当下共建"一带一路"的探路者和先行军，对我国"走出去"战略意义重大。[1]

（1）投资规模

中国与"一带一路"沿线国之间在基础设施建设和能源投资领域互补性较强、市场广阔，现阶段对外投资主要就是分布在这两个领域，且投资规模将越来越大。[2] 根据商务部的统计数据，对外承包工程方面，2021年我国企业在"一带一路"沿线60个国家新签对外承包工程项目合同6257份，新签合同额8647.6亿美元，占同期我国对外承包工程新签合同额的51.9%，完成营业额5785.7亿元人民币，占同期总额的57.9%。[3] 交通运输领域已基本实现了铁路和公路联通；[4] 在能源投资方面，中国与20多个国家开展了国际产能合作，能源投资规模达5946.1亿美元，占总投资的40%。[5] 截至2017年，我国与"一带一路"沿线国家促成有关输电、输油、输气等重大项目40多个，[6] 预计到2030年，中国对"一带一路"沿线国家的风电光伏投资可以带来每年约37.15亿美元的经济效益。[7]

---

[1] 陆如泉：《从十九大报告五次提及"一带一路"看央企作为》，载《中国石油报》2017年11月7日，第002版。

[2] 李晓宇：《"一带一路"视域下我国海外能源投资保护的法律问题研究》，载《南京工程学院学报（社会科学版）》2015年第4期。

[3] "2021年对'一带一路'沿线国家投资合作情况"，http://hzs.mofcom.gov.cn/article/date/202201/20220103239000.shtml，最后访问时间：2022年6月10日。

[4] 范祚军、何欢：《"一带一路"的基础设施互联互通"切入"》，载《世界经济与政治论坛》2016年第11期。

[5] 中华人民共和国商务部、国家统计局、国家外汇管理局：《2015年度中国对外直接投资统计公报》，中国统计出版社2016年版。

[6] 丁志帆、孙根紧：《"一带一路"背景下中国对外直接投资空间格局重塑》，载《四川师范大学学报（社会科学版）》2016年第2期。

[7] 中华环保联合会与绿色和平组织："中国在'一带一路'沿线国家可再生能源投资协同效益研究报告"，https://www.greenpeace.org.cn/wp-content/uploads/2021/12/coei_cobenefit_report.pdf，最后访问时间：2023年6月10日。

（2）投资模式

能源领域的投资方式整体来看属于国家战略主导型投资。我国投资者在能源领域的投资模式主要为绿地投资、股权并购投资和非股权投资。[1] 绿地投资是指投资者在东道国境内依照东道国的法律设置财产，部分或全部资产所有权归外国投资者所有的制度，这种模式对投资者履行社会责任的程度要求更高。[2] 对于国有资本投资公司来说，股权并购投资是其主要的投资模式。[3] 非股权投资主要有能源贷款模式、租让制合作模式与合同制模式三种具体类型。这三种主要模式可以单独选择，也可以结合使用，针对不同的东道国应该采取"多层次同时并进"的战略，从而更好地规避投资风险。[4]

由于基础设施建设周期长、项目庞大、对运营资金的要求高，因此特许经营型投资成为最为普遍应用的投资模式，典型的特许经营模式有 BOT、PPP、ABS、TOT 等，其中又以 BOT 和 PPP 模式最为普遍。BOT（Build-Operate-Transfer）方式是由政府通过协议将基础设施的建造、经营和管理权让渡给项目发起人，由其设立项目公司，并由项目公司通过经营所得偿还贷款、获得收益，特许期结束后，项目公司将设施无偿地移交给政府部门。[5] BOT 模式可以大幅降低基础设施建设的成本，并有助于提高管理水平和工作效率。[6] 但这种模式也存在一些问题，如出资人承担风险过大、前期工作周期过长及投资各方利益冲突大等，于是一种公私合营的 PPP（public-private-partnership）模式应运而生。其是由政府和企业基于项目而形成相互合作关系的模式，可以避免 BOT 缺乏互相沟通协调造成的项目前期工作周期过长、全

---

[1] 由于对投资模式的研究角度不同，许多学者从不同的角度对此进行了归类。迪科娃（Dikova）和 Witteloostuijn 提出了进入模式（Entry Model）和建立模式（Establishment Model）的分类，进入模式从海外子公司的所有权性质和获取的角度，又可分为合资和全资、跨国并购、绿地投资的投资模式。从是否需要投资方具有控制权，提出投资模式的层级模型，分为股权模式和非股权模式。参见《外商直接投资模式的选择：转型经济体中的准入与建立模式》。Dikova D. and Witteloostuijn A.V., "Foreign Direct Investment Mode Choice: Entry and Establishment Modes in Transition Economies", Journal of International Business Studies, Vol.38（6），2007, pp.1013-1033.

[2] 翟玉胜、胡慧远：《基于"一带一路"战略的中国能源企业对外投资模式选择》，载《统计与决策》2017 年第 12 期。

[3] 魏修柏：《国有能源企业国际投资模式研究》，载《中国电力企业管理》2017 年第 7 期；罗鹏、秦泗霞：《中国企业对外投资进入模式的选择——基于企业异质性视角》，载《商业经济研究》2019 年第 1 期。

[4] 周经、张利敏：《新形势下我国企业对外投资模式的选择》，载《经济纵横》2015 年第 3 期。

[5] 张欣、王丹忠：《BOT 模式与我国基础设施建设》，载《东北财经大学学报》2002 年第 3 期。

[6] 张欣、王丹忠：《BOT 模式与我国基础设施建设》，载《东北财经大学学报》2002 年第 3 期。

部风险由私人企业承担而造成融资困难的缺陷。该模式下的东道国政府在投资项目中可以拥有一定决策权和控制权,有利于实现共赢。[1] 但不论何种投资模式,都需要东道国稳定的政治与法律制度作为保障,投资者也都需要谨慎选择项目。

2. 法律分析

我国与"一带一路"沿线国之间在能源和基础设施建设领域的投资是机遇与挑战并存的,各国对这两个领域的法律规定有其特殊性,以下将从社会责任、资金融通、投资协定三个方面进行具体分析。

社会责任对于投资者在东道国长足发展的重要性已经成为共识,也越来越受到东道国和国际舆论社会的关注。[2] "一带一路"倡议提出后,中国海外投资迅速增长,但在某些生态环境敏感区的投资项目也造成自然资源的损害,该问题在基础设施建设和能源投资领域反映尤为突出。首先,"一带一路"沿线的大部分国家为发展中国家,国内的环境问题更加严峻,因此各国纷纷对相应的环境法规和政策进行了完善。以东盟为例,这些国家对基础设施建设的投资都要求向环保部门提交环境影响评价报告,除缅甸外,各国对环境影响评估的各个方面均作了规定。当然由于各国环境立法的发展情况和国情存在不同,环评要求也不完全相同。有些国家在其当地环境法规中还对引起环境问题的投资行为规定了不同程度的处罚措施。比如,《柬埔寨环境保护及自然资源保护法》规定在进行环境影响评估时,企业不得阻止或拒绝工作人员进场检查,否则会处以罚款或监禁;[3] 老挝则规定个人或者组织违反环保法的,根据情节轻重判处罚款或监禁;[4] 马来西亚《1974年环境质量法》规定根据污染事故的性质、影响及造成的后果,对责任人处以罚款或监禁。[5] 能源领域也

---

[1] 陈伟强、章恒全:《PPP 与 BOT 融资模式的比较研究》,载《价值工程》2003 年第 2 期;陈华、王晓:《中国 PPP 融资模式存在问题及路径优化研究》,载《宏观经济研究》2018 年第 3 期。

[2] 黄梦:《中国企业投资东南亚劳工保护责任研究》,载《长沙理工大学学报(社会科学版)》2016 年第 5 期。

[3] 《柬埔寨环境保护及自然资源保护法》规定,在进行环境影响评估时,企业不得阻止或拒绝工作人员进场检查,否则会处罚款,情节严重的处以监禁。

[4] 《老挝人民共和国环境保护法》规定,个人或者组织违反环保法的,情节较轻的给予罚款,情节严重的处以监禁。

[5] 马来西亚《1974年环境质量法》规定,马来西亚污染事故的处理和赔偿根据事故的性质、影响及造成的后果加以判断,空气污染、噪声污染、土壤污染、内陆水污染,视情况处以 10 万以下马币罚款或 5 年以下监禁。

是类似情形，如果一国投资者的投资行为使得污染问题更加严重或者得不到妥善处理，东道国必然会应当地居民的要求对其进行管制，采取环境管制措施。[1] 所以，即使能源投资者获得了行政许可证，政府仍然有可能迫于当地民众的压力停止继续发放许可证甚至予以撤销。据相关调查表明，中国投资者的海外投资因环境问题发生了多起争端，使得中国投资者的对外投资形象有所下降。[2]

社会责任中的另一个重要问题是劳工权益。基础设施建设和能源开发需要大量人力资源，工作条件艰苦，有时还伴随一定的人身危险，因此劳动者权益的保障更会成为一个突出问题。外国投资者侵害劳工合法权益的事件屡有发生，如不按最低工资标准支付报酬、禁止工人组织工会、强迫工人超时加班等。[3] 如发生在印度尼西亚某发电厂工程的暴力冲突事件则为典型的投资者遭遇社会责任危机事件，该事件说明海外投资中的劳工保护社会责任承担已经成为投资过程中遇到的非传统风险。该事件发生的主要原因是投资者为了提高工作效率和便于管理，在国外进行工程承包时，更倾向于大量使用从投资者母国招募的员工，而不愿雇用东道国当地居民。这样就激化了与当地居民的矛盾，有时甚至可能还会触犯东道国的相关法律，如柬埔寨、老挝等国为了保护就业，维持其本国劳动者的就业率，对外国劳动者进入其本国企业有限制性规定。[4] 这些都会对我国企业继续投资和正常运营带来不利影响。

在投资领域的资金融通活动过程中，20世纪90年代之前，我国主要为资金借入方。随着中国经济的发展，中国的主要身份由资金借入方转换为贷款方，如斯里兰卡、马尔代夫和哈萨克斯坦等国家曾因建设发电站、开发能源

---

1 韩秀丽：《中国海外投资的环境保护问题研究》，法律出版社2013年版，第9-13页。
2 李晓宇：《"一带一路"视域下我国海外能源投资保护的法律问题研究》，载《南京工程学院学报（社会科学版）》2015年第4期；李若瀚：《比较法视野下中国海外能源投资保障法律机制的构建》，载《法学评论》2017年第6期。
3 汪玮敏：《双边投资协定中的劳工保护条款研究》，载《国际经贸探索》2015年第4期。
4 比如，柬埔寨规定需要雇用外国专业技术和管理人员的企业，必须于每年11月向劳动部申请下一年的雇用指标，每个企业的外资劳工不得超过企业职工总人数的10%，未申请的企业将不被允许雇用外资劳工。老挝《外商投资促进管理法》规定，外国投资者使用外资劳工，长期工作者中，体力劳动者不得超过本企业职工总人数的10%，脑力劳动者不得超过本企业职工总人数的20%，临时工作者根据相关部门的批准规定执行。

以及建设管道项目向中国贷款,并签署了相关的融资贷款协定。[1] 据亚洲开发银行(ADB)的报告,2010—2020年,其成员方的基础设施投资需求额将达到年均8200亿美元,其中成员方自身能够提供大约4000亿美元,世界银行、亚洲开发银行等现有国际性开发机构以及其他融资途径大约能提供不超过200亿美元的贷款,资金缺口接近4000亿美元,远远无法满足亚洲地区基础设施建设每年的需求。[2] 尤其基础设施建设和能源产能合作等项目,投资规模大、收益回报期限长、风险较高,因此对运营资金的需求往往更高。目前虽然已经有了亚洲基础设施投资银行、亚洲开发银行、"丝路基金"等可以为股权投资提供支持,但这些融资渠道必须实现优势互补,通过为投资者提供较小比例的股权资本支持,从而撬动更多资金投入,这样才能起到对投资项目的增信作用,也使得投资项目融资结构更加合理。[3]

"一带一路"倡议提出后,要响应该倡议"走出去"的要求,就要求各国政府为当地投资者创造良好的条件,为企业在东道国可能发生的争端或者法律问题提供解决途径和依据。投资协定是各个领域进行投资保护的主要法律渊源之一,也是争端解决机构在审理争端时的重要法律依据。在基础设施建设和能源投资领域,我国与"一带一路"部分沿线国签订了不同类型的双边协定,如BIT、石油天然气领域合作协议、技术合作协定、避免双重征税和防止偷漏税协定等,其中以BIT最为重要,这些协定为这两个领域的投资活动提供了多方面的保障,发挥了极其重要的作用,但也存在一些问题。[4] 比如,与某些政局动荡的国家之间缺乏双边投资规则安排,如伊拉克、阿富汗等;双边投资协定中缺少某些重要条款,如中国与哈萨克斯坦和土库曼斯坦分别缔结的BIT中都没有提及代位求偿权条款;对"投资"的定义不明确、

---

[1] 任虎:《中国与"一带一路"沿线国家能源合作法律制度研究》,载《国际经济合作》2016年第9期。

[2] 2010—2020年间,亚洲各国总计约需要5.4万亿美元的投资用于国内新增基础设施项目(约占亚洲基础设施投资总体需求的68%),2.57万亿美元用于现有国内基础设施的维护和更新;需要2870亿美元的投资用于跨境区域基础设施项目,涉及989个交通运输项目和88个能源项目;年均基础设施投资需要7500亿美元。

[3] 杨捷汉:《丝路基金对推进"一带一路"建设的作用》,载《区域金融研究》2017年第7期;温灏、沈继奔:《"一带一路"投融资模式与合作机制的政策思考》,载《宏观经济管理》2019年第2期。

[4] 杨泽伟:《共建"丝绸之路经济带"背景下中国与中亚国家能源合作法律制度:现状、缺陷与重构》,载《法学杂志》2016年第1期。

争端解决机制不完善等。这些都严重制约了"一带一路"倡议下投资合作的开展。

3. 建议

中国企业在"一带一路"沿线国能源和基础设施建设投资领域面临着较大的风险,除该领域投资本身风险高之外,沿线国的法律环境复杂、政治风险高也是致使中国企业海外投资风险提升的重要原因。因此,对企业来说,了解投资环境和东道国法律尤为重要,政府也要积极为我国企业海外投资提供保护和支持。

根据我国 2019 年受权发布的《共建"一带一路"倡议:进展、贡献与展望》,投资企业在促进当地经济发展的同时,还应该保护生态环境,承担社会责任。基础设施建设和能源领域的投资项目会促进东道国的经济和社会发展,但在实施过程中也可能会给当地自然环境、生态环境、劳工权益等造成一定损害。因此,首先投资者一定要确保遵守东道国有关社会责任方面的法律法规。具体表现为在立项前就应该依据东道国的法律,在当地政府和民众的监督参与下做好环境影响评估,工程设计和选址方面要充分考虑到当地的自然地理与人文环境,以避免造成生态环境损害,在项目建设和运营阶段仍要执行严格的环保标准;此外还要注意"社会许可证"的获取,尤其在能源领域,随着权利意识在各国国民心中的苏醒,投资者仅仅获得东道国政府的行政许可已经不足以取得东道国国民的认同,因此获得当地民众的"社会许可证"显得尤为重要。[1] 其次,要善于利用投资保险制度以应对东道国基于社会公共目的的征收。晚近一些国际投资争端实践表明,东道国的社会公共利益与外国私人投资者的私人利益之间存在矛盾与冲突,此时东道国的选择会对投资者的利益造成重大影响。[2] 投资者如果在项目开始前向 MIGA 和中国出口信用保险公司投保,就可以减少将来因遭受征收所带来的财产损失。但如前所述,由于 MIGA 机制和我国目前的海外投资保险制度仍不足以向"一带一路"倡议下的投资提供充分保护,因此需要在政府的推动下尽快完善我国的海外投

---

[1] [美]鲁杰:《工商业与人权:实现保护、尊重和补救框架》。M.J. Ruggie, "Business and Human Rights: Towards Operationalizing the Protect, Respect and Remedy Framework", United Nations Human Rights Council, Eleventh Session, New York, 22 April 2009, p.46.

[2] 李武健:《国际投资仲裁中的社会利益保护》,载《法律科学(西北政法大学学报)》2011 年第 4 期。

资保险制度。除此之外，在"升级"的 BIT 谈判中，还应该明确对"征收"的界定以及代位求偿权的行使。最后，要善于使用投资争端解决机制。在投资者遭受非法征收后，要合理利用现有的争端解决方式，尤其是国际调解、投资者—东道国投资仲裁机制，积极收集证据，通过法律手段保障权益。由于目前缺乏专门的"一带一路"投资合作争议解决机制，而 ICSID 又存在许多缺陷，因此如前所述，政府层面应该通过商签修订 BIT 或者尝试区域谈判，构建适合"一带一路"投资合作的争端解决规则。除了政府层面的沟通和平台搭建外，企业在具体实施投资计划时，应时刻谨记企业肩负的社会责任，尊重当地法律法规和民风民俗，加强与当地民众交流。为了实现共赢，必须强化命运共同体理念，秉承共创、共享、共赢、共荣的宗旨推进投资合作，以长期合作为主要目标，尽可能地减少短期内的利益纷争。

由于"一带一路"沿线都是一些发展中国家，资金不足将是"互联互通"的首要制约因素。企业除了自有资金以及采用传统办法向国内银行贷款以外，还应该灵活利用亚洲基础设施投资银行、丝路基金、金砖国家银行等金融机构。这些机构在业务上存在一定程度的重叠，但更多的是互补。[1]比如，亚洲基础设施投资银行以亚洲基础设施互联互通和区域基础设施一体化为发展目标，并且在融资条件、治理结构、资本构成等方面均有创新。[2]它致力于把亚洲地区的资金更有效地集中于基础设施建设，这样有助于减少企业在"一带一路"沿线国基础设施建设方面的投资风险。[3]但是这些"一带一路"倡议的主要融资来源，包括亚洲基础设施投资银行、丝路基金、金砖国家银行、上合组织开发银行等各种融资渠道所能提供的融资规模也不过 3500 亿美元，远远不能满足需求，因此还应该争取吸纳"一带一路"以外的资金，比如主权财富基金、发达国家的风投、私募基金等，多方拓宽融资渠道。此外，还可以考虑引进东道国的资金，比如通过发行债券向私人和政府募集，采用公私合作模式实现投资者与东道国的共赢。我国政府层面还可以利用亚洲基础设施投资银行为各成员方提供投融资渠道的话语权，强调人民币作为区域之间

---

[1] [日] 关根荣一：《中国倡议成立亚洲基础设施投资银行的目标与展望》。Eiichi Sekine: "Aims and Prospects of the Asian Infrastructure Investment Bank Proposed by China", Nomura Journal of Capital Markets Spring, Vol.6, No.4, 2015.

[2] 漆彤：《论亚投行对全球金融治理体系的完善》，载《法学杂志》2016 年第 6 期。

[3] 李仁真、杨心怡：《论亚投行与传统多边开发银行的竞争、互补与合作》，载《湖北社会科学》2020 年第 10 期。

投融资的结算货币，这不仅有利于吸引资本投入能源生产，还可以作为人民币国际化的一次区域尝试。[1]

就"一带一路"下的双边投资规则来看，我国与沿线国之间的投资协定大多签署于 20 世纪，其中基于资产性质的"投资"定义看似开放，但是却对基础设施和能源项目保护造成障碍，引发一系列问题，如该领域的特许权、承包权等具有经济价值的权益是否属于 BIT 中的"金钱或行为请求权"，工程建设是一种"投资"行为还是履行工程承揽合同下的合同行为。但新一代 BIT 采取了以"企业行为"为视角的定义方式，将基础设施投资直接纳入投资定义中，典型的如中国与加拿大签订的 BIT。[2] 另外还可以在"投资形式"列举项中加上"依照法律授予的特许权，包括勘探、提炼和开发自然资源的特许权"，[3] 这样基础设施和能源领域的投资就可以毫无争议地适用双边投资协定。与此同时，可以制定专门与基础设施建设和能源领域投资相关的双边条约，其中涉及投资事项的条款可以作为 BIT 的有益补充，如 2007 年《中华人民共和国国家发展和改革委员会与纳米比亚共和国矿产与能源部关于在矿产和能源领域开展合作的协议》中关于投资活动对环境影响的规定。[4] 国际投资持续流动并推动经济发展主要取决于两个因素——安全稳定的投资环境和有效的冲突防范解决机制。目前"一带一路"倡议下投资合作的上述两个因素仍然在很大程度上依赖于双边投资协定，在 BIT 中明确东道国的义务有助于使得投资者在基础设施和能源领域的投资活动不受政策变动的影响，因此我国应加快完善双边投资规则，优先与基础设施建设和能源投资主要流向国签署或修订 BIT，在条款设计上应涵盖投资的各个阶段，以确保准入、运营、

---

[1] 黄伟：《"一带一路"框架下我国区域能源合作的战略选择与策略应对》，载《河北法学》2017 年第 5 期。

[2] 《中国—加拿大 BIT》第 1 条 1 款规定，投资是指：由于向缔约一方境内投入用于该境内经济活动的资本或其他资源而产生的权益。例如：（1）依据涉及投资者的财产存在于缔约一方领土内的合同，包括交钥匙或建筑合同，或对勘探和开采石油或者其他自然资源的特许权；或（2）依据报酬主要取决于企业的产量、收入或者利润的合同。

[3] 任虎：《中国与"一带一路"沿线国家能源合作法律制度研究》，载《国际经济合作》2016 年第 9 期。

[4] 《中华人民共和国国家发展和改革委员会与纳米比亚共和国矿产与能源部关于在矿产和能源领域开展合作的协议》第 1 条规定，双方鼓励和支持两国有条件的企业在符合双方有关政策、法律和法规，符合双方社会、经济和环境利益的前提下，加强在矿产能源领域的互利合作。

退出等整个过程都能得到 BIT 保护。[1]

（六）推进"一带一路"沿线投资的有关法律建议

2021 年 11 月，习近平总书记在第三次"一带一路"建设座谈会上指明"六要"，即要正确认识和把握共建"一带一路"面临的新形势，要夯实发展根基，要稳步拓展合作新领域，要更好服务构建新发展格局，要全面强化风险防控，要强化统筹协调。[2]

在全球化时代，对制度的需求来自国内和国际两个方面，且法律制度的供给必须考虑全球化与本土化的融合。"一带一路"的法律供给也应考虑到国际和国内两个方面。我们不仅要完善国内对外经贸的法律体系，来促进对外经贸关系法治化建设，还要通过参与国际经济规则的制定，来实现国际经济法治化。"一带一路"倡议的法治化一定要统筹考虑中国国内法治与全球治理的有机协调。这既是中国法治 70 年来正反两方面经验教训的反映和升华，也是建设"人类命运共同体"和共建"一带一路"的基本要求。近年来，中国不仅加快了国内立法和法治建设的进程，而且通过缔结条约和参与国际公约，不断为全球治理贡献中国智慧和解决方案。

1. 加快对外投资法律体系建设，加强投资领域国际合作

"一带一路"的国际法含义，不仅应以中国与有关国家和地区签署的现有双边、区域和多边贸易投资条约和协定为内容，还应吸收国际经贸规则发展的最新、最核心的成果，以贸易便利化为核心内容，构建国际贸易法规则，重点推进沿线国家基础设施建设，创新国际投资规则，构建亚洲基础设施投资银行、丝路基金等金融机构的国际金融法律规则，把建设代表国际经济法21 世纪发展成就的国际条约运作体系作为进一步深化改革的重要目标。在国际投资法领域，中国应与"一带一路"沿线国家共同梳理现有的双边和多边投资条约，以贸易投资便利化为核心，推动与沿线国家和地区签署多层次、

---

[1] 梁咏、何力：《东道国动乱背景下的中国海外能源投资保障研究——以中外双边投资条约为视角》，载《国际经济法学刊》2012 年第 2 期；张晓君、曹云松：《"一带一路"建设中双边投资协定的功能发掘与范式构建》，载《国际经济评论》2021 年第 4 期。

[2] 新华社："习近平出席第三次'一带一路'建设座谈会并发表重要讲话"，https://www.gov.cn/xinwen/2021-11/19/content_5652067.htm，最后访问时间：2023 年 6 月 10 日。

高水平的投资协议。

首先，以当前中国与"一带一路"沿线国家签订的双边投资协定为基础，考察分析其中有关投资者实体权利及征收条款、公平与公正待遇条款、海外投资担保条款等重要规则可知，为进一步加强对我国海外投资的保护，确保"一带一路"倡议的稳步实施，BIT相关条款的升级势在必行。2020年12月30日，中国和欧盟谈判达成的《中欧全面投资协定》和仍需进一步谈判的中美双边投资条约，特别是我国在商签BIT中有关重要问题的立场较第一代BIT有根本的变化。自全球流行新型冠状病毒以来，中国投资者在全球的资本投资都受到直接或间接的影响，但欧美等地仍是最受中国投资者追捧的海外并购目的地。在中美博弈背景下，欧盟加速调整对内和对外政策，努力探索出一条适合自身发展和有利于本地区利益的迅速发展改革之路，其中"主动有为"仍是主要基调。而我国应在国际投资规则重构中尽可能地发挥引领和促进作用，来实现"一带一路"倡议对国际投资法治创新的综合目的。

其次，对于在东道国进行的具有潜在风险或高风险的投资，有必要从理论上分析和阐明东道国预防和控制国内动乱的具体法律义务，以及东道国在不同类型动乱风险下的保护义务，并明确东道国未能履行这些义务的界定标准和相应责任，为界定、处理迟延或不能履行的责任归属和损害分配以及各种合同等法律关系的变更和调整提供法律依据。此外，还可以在投资条约中引入和完善与动荡风险等事项相关的条款或基本框架原则，或者对于存在潜在的动荡风险或高风险的东道国，在其国家进行投资之前，与政府就应对处理动乱风险问题的原则框架安排进行谈判并签署补充协议。

最后，中国应在长期努力中致力于多边投资规则的建设，推动建立符合各国共同需求的综合性世界投资规则，并积极参与可持续发展理念和原则的规则制定。在多边投资规则制定方面，中国可以与"一带一路"沿线国从投资便利化入手，逐步增加实体性规则的商谈并达成更多共识。中国在未来引领国际投资规则制定的可能性，也将是"一带一路"倡议在长期建设过程中对国际投资法律机制的引领和创新之所在。

2. 强化法律风险防范意识，提升法律风险管理水平

对于共建"一带一路"中可能遇到的海外投资风险，必须依靠法律手段加以防范，并将其风险降至最低。只有将政策宣示与合作过程中达成的政治共识转化为可操作的法律制度体系并将其实际应用，才能解决中国在海外投资方面所面临的诸多问题，将相应的风险控制在可控范围内。从企业微观层面来看，中国"走出去"的企业应灵活运用法律手段，在事前、事中、事后降低投资风险。

"一带一路"倡议给中国企业"走出去"带来了巨大的机遇和挑战。中国企业对国际投资环境相对陌生，对国际政治风险、金融风险、商业风险和创新风险把握不到位。与国内投资相比，国际投资的影响因素更为复杂，往往导致投资项目的实际收益与预期收益之间存在巨大差距。只有根据不同国家的特点采取适当的投资模式，中国企业才能实现双赢。中国企业在"一带一路"倡议下进行海外投资时，不仅要考虑与东道国文化传统和习俗的联系，还要考虑与东道国政治和法律制度的联系，正视不同社会文化的差异，充分了解历史传统、制度安排、媒体舆论、消费倾向甚至国家习俗，以便制定灵活的策略。

二、"一带一路"贸易法律制度供给

"一带一路"作为一种倡议，旨在促进国际合作和区域经济的发展，同时带动各地资源自由流动，促进不同国家之间的贸易开放，刺激各国国内需求的提升。贸易是国际经济关系中的重要组成部分，贸易自由对于各国经济水平的提升有着至关重要的推动作用，同时也有助于世界和各国经济的公平与合理发展，有利于国内政治稳定和国家之间政治关系的和谐。丝绸之路自古便发挥着货物流通的功能，是连接欧亚大陆的经济大走廊，借用古代丝绸之路的概念，无论是海上还是陆上，"一带一路"合作倡议必将为区域性贸易活跃带来巨大贡献。贸易畅通的目标是要提高贸易便利化水平，推动沿线各国市场相互开放，"一带一路"倡议自 2013 年由中国国家主席习近平提出后，已成为中国对外贸易的核心板块之一。平等互惠的贸易自由需要各国国内相关制度的完善以及政策法规的跟进。无论是贸易活跃度还是法律制度，都存在很大的建设空间。

（一）"一带一路"沿线各国与贸易有关的法律制度现状

1. 中国

中国自加入 WTO 以来，建立了较为完备的对外贸易法律制度，已经与大部分国际惯例接轨，在市场开放与对外贸易合作上有了巨大的进步。截至 2023 年，中国已与 29 个国家和地区签署了 22 个自贸协定，占中国对外贸易总额的 1/3 左右。此外，中国还加入了《亚太贸易协定》。以《对外贸易法》为基本法，综合市场主体、交易过程、竞争秩序、检验检疫、金融海关、知识产权、劳动环保、仲裁诉讼等方面的法律法规构建了包含实体法、程序法的完善制度体系，同时有《涉外民事关系法律适用法》这样的国际私法。因此，中国在对外贸易法律制度方面形成了以宪法为统率，以法律为主干，由行政法规、地方性法规、部门规章和地方政府规章、国际条约、区际贸易协定等组成的有机统一整体。

2. 西亚地区国家

"一带一路"西亚地区沿线国家包括土耳其、伊朗、叙利亚、伊拉克、阿联酋、沙特阿拉伯、卡塔尔、巴林、科威特、黎巴嫩、阿曼、也门、约旦、以色列、巴勒斯坦、亚美尼亚、格鲁吉亚、阿塞拜疆、埃及共 19 国。西亚国家所在地区是"一带一路"沿线国家的重要节点，在亚、欧、非国家贸易往来中发挥着重要枢纽作用。作为世界上石油储量丰富的地区，资源型贸易为该地区出口贸易的主要品类。区域经济中，阿联酋、迪拜的发展经验值得借鉴。首先，其利用地理优势，积极建设海运和空运等基础设施，并采取低关税政策吸引贸易，有数据显示阿联酋全国非石油贸易额的 74% 是迪拜完成的，是仅次于中国香港地区和新加坡的世界第三大转口贸易中心。其次，通过制度设计，以英国法为借鉴制定合同法、破产法、仲裁法、财产法、数据保护法等商事法律，同时还以伦敦交易所的股票交易法和百慕大群岛的保险法为蓝本构建起独立于联邦监管的金融体制，并以此制度优势继纽约和伦敦之后迅速发展成世界金融中心。由于民族和宗教的差异，西亚地区的宗教派别冲突和恐怖主义风险较高。伊拉克、也门、叙利亚等周边国家的内部动荡政治局势，也为贸易安全带来了诸多不确定因素，制约了该地区的经济发展。作为横跨欧亚大陆的重要节点国家，土耳其的国内局势同样动荡不安，但有观点认为"一带一路"倡议有助于土耳其与周边国家政治利益冲突的缓解，土耳其在贸易方面的法律法规主要有《对外贸易法》《海关法》《进口加工机制》《配额及关税配额行政法》《进口不公平竞争保护法》《增值税法》《自由贸易区法》《出口促进关税措施》《出口机制法规》《出口加工体系法》等。土耳其《外商直接投资法》中规定对外商投资公司与当地公司一视同仁，享有相同的权利与待遇，同时也承担相同的义务。

3. 东盟经济共同体

东南亚联盟国家，简称东盟，是于1967年《曼谷宣言》框架下建立的政治、经济、安全一体化合作组织，成员国包括马来西亚、印度尼西亚、泰国、菲律宾、新加坡、文莱、越南、老挝、缅甸和柬埔寨。经济共同体是区域经济深度合作的形式，不仅包括商品和资本的自由流通，更重要的是需要成员方在产业、贸易和对外政策方面协调一致。东盟经济共同体建立的倡议从提出到逐步实施，至今已经50余年，各国在建立单一市场、增强区域竞争力、经济均衡发展和融入全球经济体系的目标已有了显著的进展，但是国家之间的经济差距依然很大。同时，大部分东盟成员方的产业构成以劳动密集型为主，成员方生产和出口产品类型同质化较高，对外贸易依赖性强。

在东盟合作机制下，各国之间已经先后签署了《东盟宪章》《东盟互联互通总体规划》《金边宣言》等一系列共同发展东盟经济共同体文件。目前东盟正在努力执行《东盟一体化倡议》，实施《东盟互联互通总体规划》，以缩小与世界发达地区自贸区的差距，进一步实现东盟各国之间的互通互联，并提出了东盟2025年发展的大方针、大目标。

东盟与中国于2012年签订自由贸易区协议，成为继欧盟、北美自由贸易区之后的世界第三大区域经济合作区。

4. 中东欧经贸国家

"一带一路"沿线中东欧国家共16个，其中大部分国家已经加入了欧盟，对传统欧盟国家而言，其属于新兴经济体，对欧盟的经济依赖性强。同时，欧盟法律相较于欧盟各国的法律效力有一定的特殊性。欧共体成立之初与其他区域经济一体化政府间国际组织并无差别，但经过多年的发展，却演变成为一个独特的超国家机构，拥有一个独特的法律体系。"其法律不仅约束每一个成员方，更是——在许多情况下不需借助成员方的执行措施——作为一个统一的法律体直接内化并进入各成员方的国内法体系中",由此,欧共体逐步形成了其特有的超国家法治[1],因此在参与"一带一路"倡议下经贸合作的过程中,可能会带来法律冲突。以中波合作为例,双方曾围绕"经济特区"进行协商,波兰因考虑到欧盟委员会在竞争领域内的权能,担心设立新的"经济特区"违反欧盟竞争法,反对设立新的"经济特区"。[2]

(二)与贸易相关的法律制度供给

1. "一带一路"贸易的信用体系构建与完善

企业之间的商品交易是以信任为基础的,这种信任形成了信用的概念。信用是指社会经济活动中不同主体之间所形成的一种相互信任的关系。"诚实信用原则"是民法的基本原则之一,也是民商事活动正常进行的重要原则。我国有关信用体系的制度建设包括2002年出台的《征信管理条例(草案)》,其中对"谁来征信、如何征信、谁来监督、法律责任"等有关问题作出了明确规定。直到2013年,《征信业管理条例》由国务院正式颁布实施。2005年10月1日,中国人民银行制定的《个人信用信息基础数据库管理暂行办法》正式实施,其中对个人信息的采集、保存及使用等方面进行了规范。2013年7月5日,商务部、外交部、公安部、住房城乡建设部、海关总署、税务总局、工商总局、质检总局和外汇局制定了《对外投资合作和对外贸易领域不良信用记录试行办法》,主要针对我国境内企业建立起不良信用记录规范,对从事对外贸易经营活动的法人、其他组织或者个人有关违法违规行为信息进行收集、整理、发布、保存和维护。2016年5月,《国务院关于建立完善守信联合激励和失信联合惩戒制度加快推进社会诚信建设的指导意见》中对推进国家社会信用体系建设提出了具体要求。涉及进出口贸易的企业的社会信用管理体系,是整个国家社会信用体系的重要组成部分。

(1)建立"一带一路"贸易信用规则

现代经济生活中,信用是一种可以量化的、具有经济价值的资产。企业信用具有融通资金、促使货畅其流的功能,发挥着调剂资金余缺和节约费用的作用,大大提高了商品流通的效率和资金的使用效率,能够扩大投资总量

---

[1] 曾二秀:《论欧盟法律效力与欧盟法治》,载《学术研究》2008年第12期。
[2] 金玲:《中东欧国家对外经贸合作中的欧盟因素分析》,载《欧洲研究》2015年第2期。

和增加消费总效用，并且有利于优化资源配置。同时，政府还能够借助它调控宏观经济的运行。国际贸易与国内贸易相比，企业将面临周期长、不确定性因素多等风险更高的交易行为，因此，要求企业对商业信用的风险控制有更高更强的关注度和管控能力。

传统理解上，企业或个人的信用数据主要应用于金融行业背景下的信贷活动中，新加坡、中国、印度等国家相继出台了征信制度规则，英国于2015年发布了《中小企业（信用信息）管理条例》要求指定银行必须向征信机构报送相关信息，包括企业基本信息、贷款和企业信用卡、结算账户等信息，征信机构需要按照要求平等地提供给所有金融机构。2016年5月，欧洲央行（ECB）发布了《明细信贷数据和信用风险数据采集条例》，其正式启动标志着欧洲央行统一信贷登记系统项目的实施。"一带一路"贸易中的企业，通过银行端贸易结算信息共享，可以缩短进出口过程的周期，降低风险。

（2）贸易信用数据互通

以航空运输为例，通常每批货物需要约30个以上的不同手续文件，而在海上运输过程中，一次海运出口所需要流转的文件则至少包括：出口单据、运输单据、出口检验文件、原产地保护相关文件、报关文件等，根据不同国家的法律规定，还可能需要提供特殊货物的相关证明文件等。征信数据跨境共享需要对不同形式、不同语言的信用报告进行转换，最重要的就是要解决征信数据标准不统一的问题。征信数据跨境共享可以有多种模式，欧洲部分中央银行、部分国家私营征信机构之间都有通过协议进行数据共享的尝试，在跨国别的授信方、信息主体、征信机构之间建立可行的信息共享模式，避免本人直接转移自身信用报告可能导致的信息造假问题。目前一些国际性行业组织（如区域征信协会、亚太经合组织金融基础设施发展网络平台等）也在积极推动跨境数据共享计划的建设与发展。

2. 自贸区建设的法律与政策

当前，世界经济环境正在发生深刻复杂的变化，国际贸易投资规则正在重构。美国等发达国家试图通过TPP、TTIP和PSA等新一轮多边贸易谈判，形成新一代高标准、高规格的全球贸易、服务、投资规则，形成了排他性的特点和格局。这些协定意在强化发达国家的竞争力，削弱发展中国家在全球贸易中的影响力。但这些协议中都不包括中国，短期内也给中国带来了巨大的挑战，使得中国企业未来在参与国际竞争的过程中面对新的限制。中国创建自由贸易试验区是在全面分析国内外发展形势基础上作出的重要制度安排，是新一轮对外开放融入经济全球化、适应国际贸易新规则的要求。

自由贸易区的建设和管理涉及大量的对外关系，这就要求做到立法先行。通过制定一系列法律、法规和实施细则，以及对具体规定的执行，实现管理工作的标准化、法治化和科学化。目前，我国主导的"一带一路"正在有条不紊地推进，截至2023年，我国已经与29个国家和地区签署了22个自贸协定，中国参与的区域全面经济伙伴关系（RCEP）、中日韩自贸区建设正处在谈判阶段。自由贸易区建立伊始，需要由所属国最高权力机关颁布或批准一整套系统、明确、详尽的法律法规，内容涵盖最基本的法律制度和各项具体制度，以保证自由贸易区的运行。

（1）我国自贸区法律和政策现状及建议

我国应健全自贸区法制，使自贸区在法律的引导和保护下健康平稳发展，逐步与国际惯例接轨。

第一，就我国设立自由贸易区而言，到目前为止仍然没有一部位阶较高的法律对保税区的基本问题进行统一的规定，甚至连保税区"境内关外"的性质都没有明确。因此，首先应当从法律制度上确定自贸区的性质、定义、功能等概念，避免因不同自贸区所涉及的行业或产品的不同，而产生不必要的混乱，应尽力减少因为缺少高层级法律的保障所带来的各地保税区发展不平衡的隐患。

第二，自由贸易区的性质、设立条件、管理体制、优惠政策等一系列问题的立法不完善，目前没有适用于全国范围内所有自由贸易区的法律。自由贸易区作为对外贸易的窗口，必须提供透明公开的投资环境。其法制是否完备、法律依据是否确实充分，是外国投资者考量的重要因素之一。目前这类规定没有具体的立法，与国际惯例存在一定差距。建议将自贸区核心制度的建设上升到国家立法的层面，确立权威性和统一性，减少各个地方法律适用上的差异。

第三，通过自贸区地方性立法来对整体制度进行合理有效的补充。地方性立法能够更好地突出区域性需求的特点，制定与当地文化、风俗民情、交易习惯等更为贴近的具体制度，有利于激发自贸区的市场活力，能够有针对性地对我国享有共建"一带一路"优先政策的口岸或港口的贸易活动的展开提供制度保障，推进自贸区的市场化与国际化。

第四，自贸区内纠纷的争端解决机制。自贸区以贸易便利化、商业环境国际化为建设目标，这就要求自贸区内发生纠纷时，相应的争议解决机制也要以此为目标。自贸区在运营过程中，会不断遇到带有涉外元素的新型案件，包括国际贸易、跨境投资、离岸金融等专业性较强的案件，这类纠纷对自贸区所在地的法院审判以及仲裁提出了新的挑战。其主要涉及的问题有法院管辖问题、法律适用问题、仲裁机构的选择与仲裁庭法律适用等。目前我国立法对涉外投资争端的法律适用有严格的规定，对在我国境内履行的投资类合同严格限定只能适用中华人民共和国法律，不允许外国投资者与中国企业协议选择准据法。自贸区鼓励争端当事人通过仲裁的方式解决纠纷，这就涉及我国《仲裁法》中的相关规定，如国际通行的临时仲裁制度在我国尚无法实行。应授权自贸区大胆突破我国现行仲裁法的制约，允许商事争端当事人，特别是涉外商事争端当事人，选择临时仲裁的方式解决其争端，以增强自贸区作为仲裁地的吸引力。[1]

（2）推进建设"一带一路"自贸区法律制度体系

在国家立法层面，包含美国、新加坡、土耳其、韩国、日本在内的诸多国家均是采取"先立法、后设区"的自贸区发展模式，这使得各国自贸区无论是建立还是运营均可在一个较为完善的法治框架下有序进行，自贸区内各项管理事务也均可做到有法可依。[2] 随着"一带一路"倡议的推进，加强自贸区的法治建设已是当务之急。我国需要由全国人民代表大会通过和正式颁布全国性自由贸易区基本法，对自贸区的性质、地位、功能等进行统一的界定，明确自贸区管理中的权责关系和自贸区经济活动主体的权利，保障自贸区内各种政策的平稳运行，尤其需要在关税优惠、各种所得税和其他税收的减免范围、优惠幅度、效益等方面吸收借鉴其他国家的规定。

3. 服务贸易

国际服务贸易具有其独特特点：其一，国际服务贸易的交易方式更多地依赖于要素的移动和服务机构的设置；其二，国际服务贸易的管理控制更多地依赖于各国的有关法律规定和行政措施。由于服务的不可触摸性以及许多服务交易并不存在跨境流动，海关不易发现服务的进出口，用关税或其他边境措施来控制显然不太可能，所以各国国内相应的法律规定和行政措施便成了管理控制服务贸易的主要手段。

---

1 陈力：《上海自贸区投资争端解决机制的构建与创新》，载《东方法学》2014年第3期。
2 李猛：《中国自贸区法律制度的构造及完善》，载《上海对外经贸大学学报》2017年第3期。

(1) 我国发展服务贸易存在的主要问题

服务贸易开放，是实现服务贸易自由化的前提。目前，我国发展对外服务贸易有如下问题：

①服务贸易开放领域有限，受到法律的严格规制

目前我国服务贸易法律框架已经初具雏形，它是以《对外贸易法》为基本支柱，以《商业银行法》等服务行业性法律为主体，以《外资银行管理条例》等行业性行政法规、规章和地方性法规为补充，依托《反不正当竞争法》等跨行业的有关法律、行政法规支撑，共同构筑而成。具体而言，首先是位于最高层级的是《对外贸易法》；其次是我国服务贸易的主体框架，即各服务行业的基本法律，如《商业银行法》《保险法》《证券法》《海商法》《注册会计师法》《律师法》《民用航空法》《广告法》《建筑法》等；再次是作为行业基本法律重要补充的行政法规、规章和地方性法规等，如《外资银行管理条例》等；最后是与服务行业有关的法律、行政法规等，这是构建服务行业法律框架不可或缺的组成部分，主要有《公司法》《合伙企业法》《个人独资企业法》《反不正当竞争法》《消费者权益保护法》《价格法》等。

②缺乏统率整个服务贸易的基本法律，存在法规冲突

我国的服务贸易大致分为国内和涉外两大部分，目前调整国内服务贸易的法律主要是行业性法律，以及跨行业调整企业组织和交易行为的法律，缺乏具有全局统领作用的基本法。调整涉外服务贸易基本法律是《对外贸易法》，但该法不是一部专门规范我国国际服务贸易的基本法。该法关于国际服务贸易的专章内容条款有限，至多只能作为国际服务贸易的法律原则，尚不足以作为完整意义上的基本法律。

我国服务贸易方面的法规中，大部分是各职能部门的规章和规范性文件，各部门在制定它们时往往从本部门利益出发，为自己设定权利，从而导致不同规章和规范性文件之间存在空隙和矛盾，引起了管辖冲突，遇到具体事项会出现几个部门争相管辖或无人管辖的局面。这种立法规范的不一致影响了法律的权威性和执行力。

③法律规范存在真空现象，服务业和服务贸易法律行政法规相对滞后

在有限的服务相关法律、法规中，对在华外国服务机构、服务提供者的规定很少或者没有，即使有一些规定，仍较原则、抽象，缺乏可操作性；有相当一部分服务贸易领域的规范主要表现为各职能部门的规章和内部规范性文件，不仅立法层级较低，而且影响到法律的统一性和透明度；有一部分服务贸易领域缺乏有针对性的法律规范；现行服务贸易领域的法律规范中存在缺乏可

操作性的问题。

（2）服务贸易制度的建立和完善

在满足我国发展新战略的要求下，应尽快完善服务贸易体系内的法律制度，专门制定与服务贸易相关的制度；法律规则需要升级，废除不符合经济发展趋势的规则，提高国内法与国际规则的兼容性；积极参加国际服务贸易规则的制定。[1]

①服务贸易的市场准入制度

服务贸易的市场准入，体现出各国服务贸易市场的开放程度和范围，涉及各国服务业的保护和扩大出口。我国服务贸易市场准入的立法不健全，许多服务贸易部门尚不存在专项法规；即使存在法律法规的服务贸易部门，其法律法规与国际规范相比还存在较大的差距。

在有关服务贸易的市场准入法律规定方面，我国要根据自身的发展水平和承受能力，逐步确立市场准入。从服务贸易的实践来看，我国的服务贸易主要集中在传统服务业上，如旅游、劳务出口、远洋运输等劳动密集型部门和资源禀赋优势部门，而在全球贸易量最大的金融、保险、咨询、邮电等技术密集、知识密集、资本密集型服务行业，我国仍处于初步发展阶段。因此，我国的服务贸易市场准入需要不断扩大开放、引入竞争，放宽市场准入，消除市场壁垒，强化市场竞争，要在积极稳妥地扩大服务贸易领域对外开放的同时，大力促进服务出口。

②服务贸易立法的改进

我国服务贸易立法应遵循以下原则：第一，渐进原则。第二，配套原则。第三，系统原则。第四，接轨原则。

③服务贸易促进体系的建立

服务贸易摩擦主要体现出三个特点：第一，影响大于货物贸易。第二，取证和申诉困难。第三，保护难度大。

④"一带一路"倡议与中国服务业高端化、国际化发展

"一带一路"沿线主要是发展中国家，虽然市场潜力巨大，但服务外包体量有限，市场规范程度不高。这为中国服务产业跟随中国资本和中国企业一起"走出去"创造了可能。服务业积极参与共建"一带一路"，协助中国企业"走出去"，既是中国服务业的利好，又能体现"中国服务"的价值。

---

[1] 张悦、李静：《国际贸易服务规则演变新趋势与我国的对策》，载《经济纵横》2017年第5期。

4. 反倾销与反补贴

反倾销和反补贴措施都是 WTO 所允许的进口国为保护本国产业、限制进口产品而设立的非关税壁垒措施。随着各成员方一般工业品关税水平的大幅度削减，关税壁垒作用逐渐减弱，反倾销和反补贴措施以其较强的灵活性、可操作性以及良好的贸易保护效果而备受各成员方青睐，成为各成员方频繁使用的重要贸易保护手段。我国反倾销与反补贴研究起步较晚，导致很多方面缺乏经验。因此，应当进一步完善我国在反倾销与反补贴方面的政策措施，使其法律化，保证企业在获取相应的政策支持时有法可依、有章可循，同时降低被其他国家实施反倾销、反补贴调查的风险，抵制不公平竞争。

（1）反倾销与反补贴存在的法律问题

① "一带一路"国家反倾销与反补贴风险大

从实际发生的案例看，中国遭遇的反倾销与反补贴调查，不仅有来自美国和欧盟的，还有一些来自"一带一路"沿线的印度、俄罗斯，且沿线国家对我国的双反调查也有上升的趋势。此外，包括新加坡、泰国、马来西亚在内的许多沿线国家都有专门的反倾销法律机制。因此，"一带一路"中与贸易有关的法律问题需要将反倾销与反补贴作为关注点，防止有关风险发生。

② 我国反倾销与反补贴立法体系不完善

目前除《对外贸易法》第 37 条的规定外，我国的反倾销与反补贴立法还没有专门的法律，仅有《反倾销条例》和《反补贴条例》。根据反倾销、反补贴所通行的国际规则，应当确立司法审查制度，而我国与国内司法审查机构的设置及有关程序规定的制定，仅以行政条例形式规定了进行反倾销调查以及实施反倾销措施，不利于该问题的解决。不仅如此，从有关反倾销与反补贴各项协定的执行角度看，国内立法以行政条例形式出现，立法层级较低。从国际惯例角度看，以人大立法的形式制定反倾销法并实施反倾销措施更加符合国际通行的做法。

③ 我国反倾销、反补贴立法有待完善

改革开放以来，我国各级政府制定了相当多的出口补贴措施和政策，这些政策属于禁止性补贴，我国已基本取消，但某些地方立法中的规定可能还会构成禁止性补贴。在国有企业的补贴方面，我国法律法规中对国有企业实行特殊待遇的规定很多，实质上构成了对国有企业的补贴，这种补贴属于可诉补贴。而且许多政策措施并不是以法律形式存在，企业获取支持并无明确的法律依据。

(2) 重点案例及其教训研究

仅从法律条文本身,无法充分发现反倾销与反补贴制度的法律完善空间,充分研究相关案例可以为完善法律制度提供新的视角。案例多涉及我国反倾销与反补贴研究的特殊之处,涉及的不仅有美国、欧盟等发达国家和地区,也有东盟、印度、俄罗斯等"一带一路"沿线国家和地区。这使得对于有关国家的立法和规定有了从实务上进行比较研究的可能。中国作为反倾销措施的最大受害国,对各类反倾销与反补贴进行研究,可以总结经验教训,为就不同产业和领域作出细分规定汲取经验。

由于各国法律体系发展水平不同,一些国家有反倾销、反补贴立法,如东盟国家,而另一些国家则尚未对此开展立法。对"一带一路"沿线国家反倾销、反补贴的法律机制进行梳理,可以为企业提供在具体国家开展业务的反倾销与反补贴法律风险预警,以及风险应对建议,还可以对我国各级政府提供的补贴等存在的反倾销与反补贴法律风险进行评估。

尤其要重视"一带一路"沿线国家中与我国经济贸易往来密切、对我国整体经济发展发挥着重要作用的新加坡、印度尼西亚、泰国、俄罗斯、马来西亚等国。这些国家是我国出口贸易和对外投资的重点目标国,在若干产业上又与我国形成竞争,发动反倾销、反补贴调查的可能极大,做好对它们的应对措施,可以防止贸易损失。

(3) 反倾销与反补贴程序的完善

对我国反倾销、反补贴立法的完善,可以确保我国在与"一带一路"沿线国家的贸易交往中对不公平的倾销、补贴行为的抵制有法可依。具体需要从以下方面完善:

第一,从我国企业接受反倾销与反补贴调查的实践来看,调查程序是其中极其关键的环节,目前我国对调查环节还没有详细的程序规范。

第二,对司法审查的规定也有必要予以细化。目前《反倾销条例》第53条规定:"对依照本条例第二十五条作出的终裁决定不服的,对依照本条例第四章作出的是否征收反倾销税的决定以及追溯征收、退税、对新出口经营者征税的决定不服的,或者对依照本条例第五章作出的复审决定不服的,可以依法申请行政复议,也可以依法向人民法院提起诉讼。"然而,对于调查机关在初裁阶段就终止调查(如裁定中国国内产业无损害)的案件,申请人企业是否有诉权,却没有作出规定,这直接对司法审查的实施构成影响。

5. 基本交易法律制度

国际贸易交易中，国际货物贸易合同是实施买卖交易最基本的手段，是国际货物贸易双方当事人实现权利、义务的依据，合同的履行构成基本交易法律制度。

（1）基本交易制度存在的法律问题

国际货物贸易交易过程跨越国界，辐射面比较广泛，各种程序和环节相对繁杂，涉及适用法律众多以及环境变化等因素，其货物贸易交易合同形式明显区别于国内经贸合同，法律风险也表现出相对多样的特征。

①合同价格条款的法律风险

国际货物贸易合同中，价格条款是合同的核心条款之一，是买卖双方支付对价的依据。长期广泛的国际贸易往来，出现了各式各样国际货物贸易合同价格条款的法律风险，在预防价格条款法律风险时要特别注意定价畸高畸低的价格条款。这种价格条款容易被国际货物贸易合同双方当事人所在国相关部门认定为转移定价，会带来合同无效或行政处罚的法律风险。此外，定价过低还有遭到国外反垄断、反倾销起诉或调查的法律风险。

② EDI（Electronic Data Interchange）合同相关问题

由于各国现有的合同法律制度在制定时并没有考虑电子合同这种新的合同形式，因而在国际商务中运用 EDI 合同时出现了许多新的法律问题，使得许多传统意义上的民商法规则受到了严重挑战，这些问题如不解决，将阻碍国际商务中对电子合同形式的采用，不利于电子商务的发展。这些问题主要包括：电子合同的形式、签字认证、要约和承诺、合同成立的时间与地点、证据法律制度及管辖法律制度等。

（2）制度实践

①国际贸易术语的新发展及对贸易合同价格条款的影响

2007 年国际商会开始对《国际贸易术语解释通则》进行第七次修订，历时 3 年完成，其又被称为《国际贸易术语解释通则 2010》，并于 2011 年 1 月 1 日开始实施。作为目前国际经贸界最有影响力的国际贸易惯例之一，《国际贸易术语解释通则》的宗旨是为国际贸易中最普遍使用的贸易术语提供一套解释的国际规则，以避免因各国不同解释而出现的不确定性，或至少在相当程度上减少这种不确定性。该规则直接影响到国际贸易合同支付条款的履行。

② EDI 合同的运用

国际贸易本身的性质和特点决定了 EDI 在国际贸易中的成熟与应用。国际贸易通常涉及货物的买卖、运输、保险、支付以及进出口报关等诸多程序、手续，烦琐复杂。国际贸易的快速发展必然导致各种贸易单证、文件数量激增，而纸面文件形成成本高、传输慢、重复劳动、易出差错，从而大大限制了国际贸易的进一步发展。与此同时，在国际市场竞争中，价格因素所起作用大大缩小，服务性因素的意义越来越重要。这样，提高商业文件传递速度和处理速度就成了国际贸易的迫切需要。而在外贸领域里，EDI 信息技术的自动化操作方式在节省人工成本、提高劳动生产率等方面显示出其不可比拟的作用。另外，一些发达国家规定，如果不采用 EDI 技术与本国进行贸易，会有很多不利的限制。这些都促进了 EDI 在国际贸易中的普及。

具体来说，EDI 合同的特殊性在于意思表示的程序化，即要约的有效期大大缩短，这使 EDI 合同在要约问题上相较于传统合同极为特殊，容易产生两个问题：一是需方与供方的要约是否能反映当事人的真实意思表示，即 EDI 合同的有效性问题；二是这种自动化的订约过程使得合同被执行前，要约方和承诺方都无法察觉到可能产生的错误，往往要到合同执行完毕才会发现，而传统通信手段，如信件、电报、电传等收到信息时会立即发现问题和错误，这会产生要约的撤回、撤销问题。

EDI 合同的效力分析，主要包括：

第一，EDI 要约形式的效力。从目前世界各国的立法来看，尚未制定电子商务法的国家，在其合同法中均未对要约的发出形式加以限制，那么通过 EDI 方式发出的要约当然是有效的。已经制定电子商务法的国家则分别采取明示或默示的方式，确立了电子商务的法律地位。我国合同法则是将电子数据交换直接作为书面形式来对待，排除了对 EDI 要约形式法律效力可能产生的质疑。可见，EDI 要约是一种有效的要约形式。

第二，EDI 要约的意思表示问题。按照传统的合同法，要约是由人发出的，是当事人的意思表示。而 EDI 合同订立过程完全自动化，可以无须人工的介入。例如，需方企业的计算机按预定的程序，在库存下降到一定数量时，会自动向有关供货方发出订单，要约供货方的计算机在收到该订单后，若审查合格，会及时向需方发出承诺，整个过程可以完全自动实现，不需任何人工操作。这样一来，订立过程不需人的直接控制，计算机并无人的权利能力和行为能力，这涉及意思表示的电子传达问题。

在 EDI 合同中，要约的意思表示分为电子传达的意思表示和自动生成的意思表示。所谓电子传达的意思表示，是指意思表示由当事人借助计算机作出，并经由网络传输。EDI 订立合同方式要求要约一方与受要约一方的计算机均使用统一标准协议，在这种情况下，要约方采用人工输入的方式将对合同的条件要求传送给受要约一方，此时，意思表示即使借助计算机，但仍属于因人的意思与行为而生。而自动生成的意思表示，是指意思表示借助于计算机的程序自动生成，实际上计算机程序的编排与设置仍然体现了人的意思，从本质上而言，自动生成的意思表示并不能认为是计算机的意思表示。可见，EDI 要约行为并非计算机"自身"思考的结果，而只是完全依照设计人的意思而为的行为，只是这种真实意思被自动化、格式化了而已。其之所以引起人们的疑问和争论，原因就在于以前的各种技术手段只是人体某种单一功能的复制或延伸，而只有它是网络交易人脑和手的功能的结合和延伸。正是基于这种认识，《联合国电子商务示范法》规定，就合同的订立而言，除当事人另有协议，一项要约以及对要约的承诺均可通过数据电文的手段表示，如使用了一项数据电文来订立合同，则不能仅仅以使用了数据电文为理由而否认该合同的有效性与可执行性。

第三，EDI 要约的撤回和撤销。对于要约的撤回和撤销，两大法系的规定是不一致的。对于要约的撤回，由于英美法系采用投邮主义，要约在通知一经投邮即生效，故无撤回之说法。而大陆法系采用到达主义，要约在未到达受要约人之前不具有法律效力，只要撤回的通知先于或同时到达受要约人，就可以撤回。对于要约的撤销，在英美法系，要约只是一项允诺，基于对价的原则，认为没有正式契约的情况下，允诺人只有在另一方当事人提供或承诺某种条件作为回报时，才受约束。因此原则上允许撤销要约：一项要约在其被承诺之前可以随时撤销，即使要约人保证在指定时间内要约有效。而大陆法系则认为要约对要约人具有形式上的约束力，要约一旦生效，则要约人不得随意撤销要约。《联合国际货物销售合同公约》则采取折中方法，即要约人在发出要约后可以撤回要约，如果撤回要约的通知于要约送达受要约人之前或同时送达受要约人；要约人在要约已送达受要约人后，即要约生效后，除不可撤销的要约外，要约人可以撤销要约，但撤销要约的通知须于受要约人发出承诺通知前或同时到达。可见公约是有条件地许可要约的撤回与撤销，该条件具体表现为撤回或撤销通知的时效性。

但由于 EDI 方式传递速度快和自动处理的特点，要约能否撤回与撤销就成为新的问题。对此有两种不同的观点：一种观点认为，在 EDI 方式下，由于要约的即时性而不具有发出撤回或撤销通知的可能性。另一种观点认为，在承诺的电子信息实际到达要约方发出信息的地点前，要约人可以撤回或修改要约。因此，由于要约与承诺的非即时性，要约的撤回与撤销具有可能性。联合国贸易法委员会国际支付工作组在研讨该问题时也意见不一，一种意见认为，运用电子手段订立国际货物买卖合同，要约得以撤销，只要撤销通知能在受要约人发出承诺通知之前到达，也就是说，仍适用《联合国国际货物销售合同公约》。另一种意见认为，电子技术是订约过程完全自动化，要约的撤销是不现实的。而且，从某种意义上说，要约的撤回与撤销没有区分的必要。

三、"一带一路"海关国际合作机制

海关是国际贸易过程中一个国家对外开放的窗口，在促进国际贸易便利化的过程中发挥着重要的作用，作为监管国际货物流动的政府部门，海关拥有查验进出境及过境货物和物品的权力、拒绝货物进出境和加速进境的权力、要求提供有关进出口货物信息的权力。除了在本国进出口贸易中发挥重要作用以外，贸易国之间的海关合作也是海关影响进出口贸易的重要因素之一。"一带一路"沿线各国海关的国际合作，需要在技术、行政、司法和能力建设等多个方面相互协商，共同完善必要的制度基础，促进区域经济的发展，在海关功能职责范围内，通过一些区域性的、双边的或多边贸易便利化安排，借鉴发达国家和自由贸易区的海关贸易便利化实践经验，帮助我国海关进行制度建设，优化贸易便利措施。"一带一路"沿线各国海关合作既是贸易政策问题，也是法律问题；各国海关法律制度的建设，既是国内法的问题，也是国际法的问题。因此有必要对我国现有的海关法律相关制度、政策进行梳理，为"一带一路"各国海关合作的构建提供法律制度方面的建议。

（一）"一带一路"沿线各国海关合作基础

我国应实现从海关功能性合作到制度性合作的过渡。功能主义从非政治议题出发，通过避免碰触政治议题和多点合作，奠定同政治体合作的基础。功能主义为欧洲整合方案作出了贡献，随着世界政治格局的变化与发展，新功能主义开始强调政府和民间协同发展的原则，观点包括：（1）随着经济、技术和通信的迅速发展，各国产生了共同的经济和社会问题，形成了共同解决问题的动力；（2）因经济和社会领域的合作避免了政治性的冲突，合作较容易成功，从而实现该领域的整合；（3）这类合作具备外溢效应，即合作过程中的一些意想不到的后果以及学习效应会从一个职能领域传递到另一个职能领域。[1]因此，积极推进"一带一路"各国海关的功能性协作，可以逐渐从不同领域的合作过渡到整体制度的完善。

2015年，"一带一路"沿线国家海关一致认为将在世界海关组织（WCO）的支持和帮助下，进一步提升边境协调管理水平，共同推进"一带一路"国家和地区"互联互通"建设，并为此联合声明如下：积极实施WCO为成员海关提供的《经修订的京都公约》《全球贸易安全与便利标准框架》《协调制度公约》等公约及技术工具，进一步提升"一带一路"国家和地区整体的贸易安全与便利水平，为本地区经贸可持续发展营造富有竞争力的外部环境；共同稳步、协调推进"一带一路"国家和地区WTO《贸易便利化协定》（TFA）的实施，尤其是支持并受益于WCO墨卡托行动的实施工作；以WCO《过境指南》所列原则为指引，对经第三方领土过境货物的特殊需求给予支持；持续关注电子商务这一新兴产业的兴起，积极参与WCO组织的国际联合行动，在严密海关监管的同时，提升通关便利化水平；加强"一带一路"海关信息共享、沟通交流和联合执法合作；积极探索利用丝路基金的途径和方式，同时充分利用WCO提供的能力建设和技术援助项目，通过提供能力建设、技术援助和培训等，支持"一带一路"海关的改革和现代化建设。[2]

（二）进出口与海关法律问题

进出口和海关，是国际贸易管制的主要内容。从国际贸易法的历史发展来看，有国家之间的产品交换，就有国家对进出口贸易的管制，普遍被采用的国际贸易管制方法主要是关税和非关税壁垒。国际贸易管制体现了国家对进出口贸易的直接干预，要实现无任何管制的国际贸易自由化是不可能的。贸易畅通是"一带一路"的合作重点，解决国际贸易管制问题是实现贸易畅

---

[1] 参见大卫·密特拉尼，《政治的功能理论》。David Mitrany, "The Functional Theory of Politics", London School an Politics Science, 1975, pp.124-127；罗伯特·基奥汉和斯坦利·霍夫曼编：《新欧洲共同体决策与制度变革》。Robert Keohane and Stanley Hoffman, ed., "The New European Community Decision-making and Institutional Change", Westview Press, 1991, p.19, 转引自何力主编：《"一带一路"战略与海关国际合作法律机制》，法律出版社2015年版，第25-26页。

[2] "'一带一路'海关发表西安声明"，http://cnews.chinadaily.com.cn/2015-05/28/content_20844471.htm，最后访问时间：2023年6月10日。

通的基础。

国际贸易管制的法律依据通常是各国的国内立法和国际条约、协定。一国有关对外贸易管制的国内立法为公法性质的法律，如海关法、对外贸易法、外汇管制法等，也包括国家基于紧急特殊情况颁布的临时法规。

从沿线国家的国内立法情况看，"一带一路"沿线国家在贸易管制方面的法律状况存在以下缺陷：

1. 贸易法律制度不完善，贸易便利化制度存在明显差异

由于沿线国家大多属新兴经济体和发展中国家，目前尚没有专门的对外贸易法，也未形成一套系统的、完整的对外贸易法律体系，对外贸易法律制度尚不完善。同时，对外贸易政策也不稳定，经常会因为各种原因发生改变。

各国由于经济、社会发展状态的不平衡和文化传统的不同，加入的国际组织也存在非一致性，使得贸易便利化制度存在明显差异。

2. 关税与非关税壁垒设置任意性明显，风险大

沿线国家之间仍设置了较高的关税和较多的非关税壁垒，这些壁垒的设置许多都没有法律的预期，任意性明显。"一带一路"沿线国家设置各类壁垒风险，与其发展状况有密切关系。以中亚国家为例，这些国家产业结构不完整、工业化水平低下、消费品匮乏以及投资环境不佳，而中国与中亚经济往来以贸易为主，特别是以中国对中亚国家出口为主，这对于中亚各国原有产业产生的冲击是极为巨大的。这些产业存在种种不足和缺陷，有的是技术远远落后而难以维系，有的是缺乏资金和管理，有的则是运营成本过高，它们在受到来自国外的竞争时面临调整或倒闭的命运。利益受损的产业和工人对中国的进口持强烈反对态度，而这些国家的国内反对派往往以此为由对政府施压，从而对政府的决策产生影响。出于保护本地工业、本国市场等理由，沿线国家常采取提高进口关税的做法，对与中国的经贸往来造成事实损害。如印度频繁动用贸易保护措施，涉及钢铁、化工、纺织、玩具等多个行业领域；埃及则为了保护本地工业，直接提高对精炼糖和冷轧锡平板等部分产品的进口关税。

非关税壁垒方面，各国的政策导向和变化则更难预测，且形式多样。各国政府实施较为严格的许可准入制度。在"一带一路"沿线国家的政策导向中，由于各国之间经济发展水平的巨大差异，非关税壁垒的形式包括进口税费、禁令、进口许可、进口产品歧视等，较为突出的是技术性贸易壁垒。根

据 WTO《技术性贸易壁垒协定》的规定，WTO 成员有权制定和实施旨在保护国家或地区安全利益，保障人类、动物或植物的生命或健康，保护环境，防止欺诈行为，保证出口产品质量等的技术法规、标准以及指定产品是否符合这些技术法规和标准的合格评定程序。传统发达国家和地区往往利用经济和技术优势，制定较高的产品与服务标准，如近年来美国、日本、欧盟等国家和地区在食品安全方面所制定的规定导致我国农产品对这些国家和地区的出口下降。[1] 从经济全球化的角度来看，这些标准虽然一定程度上限制了一些生产者和出口商的利益，但也在特定环境下，提高了欠发达地区的行业标准，促进了一部分产业的转型与升级。因此应当全方位看待技术性贸易壁垒在对外贸易中的作用。

3. 海关法律规定不统一，相关程序制度不协调

沿线各国海关法律规定不统一，尤其在通关条件、文件等方面存在很大差异，导致无法便利通关。同时，一些具体的操作规则缺乏精细化和针对性，不利于实际执行。如哈萨克斯坦存在大量"灰色清关"现象，对通关车辆限高、限宽、限重及提高清关费用等，都提高了通关门槛，直接影响贸易顺利进行。

而我国的对外贸易立法也并非完美，尤其是在我国加入的国际公约、条约相关规定的落实方面，也有完善的空间。

（三）贸易管制问题

贸易畅通是《推动共建丝绸之路经济带和 21 世纪海上丝绸之路的愿景与行动》确定的合作重点，应针对我国与沿线国家贸易管制制度存在的缺陷，从我国国内法律制度供给的角度提出统一和协调立法、执法的建议，使得相关国际贸易管制具有明确的法律指引，将有关贸易管制风险设置纳入法律框架。

对"一带一路"国际贸易管制法律问题的研究，需要从国内和国际两个层面考虑。国内层面需要做好我国对外贸易立法的梳理，国际层面则要做好与沿线国家就具体贸易管制、海关合作协议的研究，同时关注国际贸易发展的新动向与趋势，提出完善我国国内立法的建议，做好"一带一路"贸易法律制度的供给。

---

[1] 陆平、邓佩、何维达：《技术贸易壁垒对我国食品产业及贸易影响的实证分析》，载《中国管理信息化》2015 年第 5 期。

1. 进出口管制立法的完善

贸易管制一般指一国对外贸易的国家管制，包括为实现有效管理而颁布实施的各种制度以及所设立的相应机构及其活动的总称。[1] 进出口管制是国家贸易管制中的一项重要内容，是国家对进出口货物和技术所采取的禁止、限制或其他管理措施。目前海关实现对进出口货物监督的途径，一是对物的管控，二是对单证的管理。海关贸易管制职能逐步从传统监管向保护国家安全、防止核扩散、反恐、环境保护、资源保护及履行国际公约等方向转变，保障贸易安全、维护贸易秩序等职责不断突出。[2] 这一功能性的转变，在"一带一路"贸易合作过程中尤为突出。由于支撑各国国民经济的产业有着巨大的差异，各国资源品类的出口管制经常会在短时间内有很大的调整，不确定性因素较多，因此，积极推进各国对贸易管制问题在原则上保持一致，在制度上通过协商趋同意义重大。

进出口管制必须建立在完善的立法基础之上，明确而公开的进出口管制信息有利于实现管制主体之间充分的信息交流，便于管制主体接受监督，也能对进出口商起到警示作用，形成合理的进出口管制风险预期。我国进出口管制立法方面存在空白，需要对管制机构、管制对象、管制清单、管制手段、管制目标、管制原则、行政管理程序、司法审查、海关职责、对外交流与合作、法律责任等问题作出全面的阐述，使得进出口管制体系架构更加完整，尤其需要对资源进出口和技术进出口专门作出规定。

2. 环境关税立法及实施

从全球范围来看，出于关税功能的考量，政府在关税领域相对拥有更多规则的制定权力。我国的关税立法应当在这些方面作出完善，从当前的国际关税立法趋势和主流思想来看，我国应考虑对环境关税的设立和实施。

环境关税是通过关税措施将环境保护成本有效地分摊给污染者，将环境成本包含在国际贸易商品价格中，从而实现环境成本的内在化。"一带一路"沿线国家中的欧洲国家、东盟成员，都有与环境关税相关的绿色壁垒。当前，我国颁布的与环境保护相关的法律、法规、规章及规范性文件已经近千件，

---

[1] 王传丽：《国际贸易法》，中国政法大学出版社 2004 年版，第 67 页。
[2] 付军锋：《海关贸管走向纵深——访海关总署政策法规司司长孟杨》，载《中国海关》2008 年第 12 期，转引自范筱静：《我国海关贸易管制法律问题刍议》，载《海关与经贸研究》2017 年第 3 期。

但是其中涉及税收法律制度的少之又少，更不用说从海关税收法律制度的角度出发。此外，这些规定也基本都是基于国内视角来对环境和资源的保护进行规制的，从对外贸易的视角鲜有体现。对此，我国应尝试构建环境关税制度，包括开征环境进口关税和开征环境出口关税。

3. 海关立法修订和管理制度改革

近年随着全球贸易的繁荣，各国的海关立法不断完善，共建"一带一路"过程中，通过海关革新和海关合作推进贸易便利化，完善海关立法，有助于与沿线国家加强海关合作。对此，需要对我国海关立法作出如下修订：

（1）增加国际合作的明确规定

我国《海关法》中几乎没有关于海关国际合作的规定。这导致我国对于海关国际合作既无原则性指导，也无具体性规则。新国际贸易形势下，各国海关主权已逐渐加强，使得海关在多边、双边和区域性合作中所体现的作用越来越大，而我国海关国际合作规定的法律层级偏低，在国际合作中缺乏贯通一致的宏观支持，需要对此增加规定。

（2）健全《海关法》中贸易便利化的促进措施

包括直接增加贸易便利化相关条款，为进出口业务规定更为便利的通关制度，提供更为宽松的通关条件等，在便利贸易、降低贸易成本的同时，继续推进配套相关制度规则的健全。

（3）简化管理制度

目前，依托强大的数据系统和自动化智能体系的支持，美国和新加坡都已经实现海关"单一窗口"管理制度，主要是通过整合与贸易有关的多个政府部门的方式，通过"单一窗口"制度，对货物进出口进行一站式管理，提高了贸易的安全性和便利性，大大降低了企业的通关成本，减轻了政府的负担。为配合"一带一路"倡议，本着贸易安全和贸易便利两者兼顾的原则，我国海关体系已经尝试在与"一带一路"沿线国家相关的贸易活动中提供一站式窗口服务，并积极推进边境口岸、港口的管理改革。推广电子口岸系统，推进2014年下发的《国务院办公厅关于支持外贸稳定增长的若干意见》中关于"一次申报、一次查验、一次放行"的政策，实现政府各个部门以及海关各个关口内部的数据共享，避免出现重复申报等现象。

（4）与企业建立友好伙伴关系

通过与企业共同协商和制定通关政策等方式，与"一带一路"沿线国企业建立良好的伙伴关系，有利于海关与企业结伴成为利益共同体，提高通关效率。如 2017 年常州口岸推行企业信用管理制度，对常州辖区外贸企业实施分类管理和信用等级管理：对诚信守法、信用等级良好的企业给予审单放行、无纸化报检及通关、原产地无纸化签证等多重便利；对不诚信企业通过降低信用分值、调低信用等级等手段加强监督管理。这一举措使该地区通关速度提升了 34%。[1] 而这一经验是建立在企业信用等级管理的基础上的，是鼓励企业诚信经营的有效措施。应当逐渐通过这一制度，建立"一带一路"沿线国家企业的信用机制，用于海关申报信息的共享。

4. 知识产权边境保护

随着国际贸易的迅速发展、科技水平的大幅提高，侵犯知识产权的手法日益隐蔽和多样化，侵犯知识产权的贸易数额也呈上升趋势，这导致知识产权执法工作的难度加剧。具体表现为：侵权案件数量大，执法负担重；不法分子侵权手段层出不穷；执法机关的衔接合作不到位。

对于知识产权的边境保护，主要需对知识产权海关保护备案程序、担保金、海关依职权主动扣留货物的证据条件、中止放行期限及其他问题进行研究。以海关保护备案程序为例，除了法律规定的完善，更需要提升企业对知识产权边境保护的法律意识。我国知识产权海关保护起步较晚，企业经营者对海关保护知识产权的法律意识与世界贸易的高速发展不相适应。这就需要对边境保护制度进行宣传，引导企业正确适用该制度。

四、"一带一路"知识产权保护法律问题

（一）共建"一带一路"需要知识产权制度与战略先行

我国在推进"一带一路"倡议过程中首先进行的是以高科技为内容的对外经济活动。对沿线国家知识产权环境的研究，是应对有关知识产权纠纷、

---

[1] "常州口岸推行企业信用管理提升通关速度 34%"，http://js.cnr.cn/jjxw/20180224/t20180224_524142942.shtml，最后访问时间：2023 年 6 月 10 日。

提高知识产权保护的基础，也是提升我国对外贸易科技含量的必然要求。在注重法律保护的同时，通过对知识产权法律制度、知识产权政策体系、商标和专利的申请量和授权量、版权和商业秘密保护的情况、所参与的知识产权国际协作制度的类型和数量、知识产权保护效果等诸多方面的考察，可以帮助我们从国家层面制定多边、双边及区域知识产权战略，为企业提示法律风险和提供知识产权战略布局建议。知识产权保护已经成为一个有机整体，从技术到品牌，从创新到商业环境等影响着企业经营的方方面面，更是国家利益之间博弈的重要工具。

1. 知识产权在"一带一路"倡议中的内涵

知识产权制度是从法律上确认和保护人们在文学、艺术和科技等领域的智力活动成果的财产权制度。中国政府认为，"知识产权保护制度对于促进科学技术进步、文化繁荣和经济发展具有重要的意义和作用，它既是保证社会主义市场经济正常运行的重要制度，又是开展国家间科学技术、经济、文化交流与合作的基本环境和条件之一"[1]。

当今社会的经济活动，几乎都涉及知识产权的问题，尤其在国际贸易活动中，从技术合作到技术壁垒、从贸易摩擦到共建自由贸易区，都离不开知识产权相关的利益或协议。"一带一路"倡议的提出，为作为世界第一贸易大国的中国提供了新的探索国际合作的路径。在当今世界经济环境下，几乎所有贸易行为都离不开知识产权，"一带一路"倡议将为沿线国家在知识产权保护机制、经济技术发展和贸易畅通等方面带来积极的尝试。

世界知识产权组织（WIPO）发布的2017年全球创新指数排名中，中国已经跃居第22名，是进入前50名国家和地区中唯一一个中等收入经济体，与发达国家经济创新差距不断缩小。在"一带一路"沿线国家中，只有新加坡排名在中国之前，位居第7位。在制度环境指标中，中国的排名处于第78位，说明在知识产权制度环境方面，我国还有很大的提升空间。对于在贸易过程中发挥巨大作用，主导企业核心竞争力、提升企业价值的关键因素，知识产权制度的完善不仅仅限于立法层面，更需要司法实践的保护、国家层面的政策支持，以及国际贸易上的制度衔接。

---

[1] 参见1994年《中国知识产权保护状况白皮书》。

2. 国际合作格局中的知识产权

从目前的国际形势来看，国际贸易合作与竞争的实质核心是知识产权的竞争。以知识产权为支撑的高科技产业、文化产业以及与品牌增长相关的运营已经成为发达国家的经济支柱，保护知识产权就是维持产业核心利益、保持经济得以持续增长。自由贸易谈判、组建自由贸易区已经成为不同经济发展水平的国家维护自身优势、促进贸易发展的重要途径。部分国家通过双边或小范围多边贸易协议的方式，制定贸易规则，以保持其经贸主导权。

（1）发达国家经济体组成的自由贸易谈判

自2002年起，部分发达国家酝酿并逐步达成了一组多边贸易协定《跨太平洋伙伴关系协定》（Trans-Pacific Partnership，TPP），其中有不少条款的知识产权保护标准高于中国，也高于TRIPS中的规定，已形成高标准的国际经贸规则和知识产权保护规则，从而为协定国本国的优势产业塑造更优的商业和贸易环境，取得竞争优势，如2010年10月，包括美国、日本及欧盟成员在内的四十几个国家签订了《反假冒贸易协议》（ACTA），旨在保护缔约国的知识产权。根据相关条款，缔约国将加强对假冒和盗版产品在出口环节的检查，如海关关员有权在没有接到被侵权方的请求或法院命令的情况下扣留假冒和盗版产品。

（2）发展中国家倡导的自由贸易谈判

区域全面经济伙伴关系（Regional Comprehensive Economic Partnership，RCEP）是东盟在2011年提出的经济一体化合作倡议，意在建立涵盖亚太地区16国的东盟与中国、日本、韩国、印度、澳大利亚和新西兰之间的自由贸易协定，扩大经贸合作。这一区域所涉及的经济体知识产权保护水平差异较大，其中印度的知识产权保护又与中国、日本、韩国存在很大差异，所以在知识产权条款（如仿制药知识产权制度）上存在分歧。另外在对版权保护的问题上，可以考虑选择高于TRIPS协定的保护条款，有利于各国的版权保护向高水平发展。

（3）"一带一路"倡议在知识产权问题上对自由贸易谈判的影响

"一带一路"倡议对于RCEP的推进意义重大，RCEP的成功需要中国作为协调者的角色，平衡各国之间的利益，同时RCEP可以为"一带一路"基础设施建设的推进提供基础,尤其在知识产权问题上给予制度支持。

(4)各国需要协同努力的方向

"一带一路"沿线涉及65个国家和地区,各国的科技创新能力和知识产权保护水平相差甚远。部分国家知识产权保护水平较高,如新加坡、俄罗斯、印度等;还有一些经济发展水平相对落后的发展中国家,知识产权的立法现状和执法环境相对较差。"一带一路"沿线国家在我国申请专利的数据也同样体现了各国的创新能力和知识产权意识,截至2015年4月,"一带一路"涉及的沿线国家共在华申请专利24310件,其中发明专利7993件、实用新型1376件、外观设计4941件。申请人主要来自俄罗斯、马来西亚、新加坡、印度、以色列、泰国、波兰、捷克、匈牙利、土耳其和沙特阿拉伯11个国家。主要申请领域包括化学原料及化学制品制造业、医药制造业、专用设备制造业、通信设备和计算机及其他电子设备制造业、仪器仪表制造业。世界知识产权组织发布的《2014年世界知识产权指数》显示,"一带一路"区域大部分国家知识产权指数都相对偏低,特别是土库曼斯坦、伊朗、乌兹别克斯坦、越南和吉尔吉斯斯坦等国家的知识产权指数最低,其次是南亚等国,而东南亚的新加坡、马来西亚和泰国等国家指数相对较高。

因经济与技术的发展不平衡,"一带一路"沿线国家专利申请数量差别非常大。以东盟地区为例,截至2016年,新加坡专利申请总量遥遥领先(10.8万件),接近东盟地区专利申请总量的50%,马来西亚、菲律宾、越南也有一定规模,专利申请总量分别为4.3万件、3.1万件、2.1万件,但其他国家专利申请总量均不到1万件,与该区域专利申请总量平均水平有很大差距。[1]而东盟各国专利申请具有"本国专利弱势"的特点,专利申请人大都来自欧美日等国家,这一方面反映了东盟成员方企业创新能力不足的现状,另一方面也体现出欧美日等发达国家对该地区专利布局的举措,更反映出我国企业在该地区的专利储备不足,在专利竞争中处于劣势地位[2],如果想在东盟各国积极发展市场,应当重视该地区的专利申请。

---

[1] 孙权亮、王雷:《"一带一路"沿线国家和地区专利分布格局解析》,载《中国专利与商标》2016年第1期。

[2] 张旺:《"一带一路"战略背景下我国企业的专利保护策略——以中国—东盟自由贸易区为视角》,载《专利代理》2017年第1期。

文化产业方面，两千多年前的古代"丝绸之路"曾联结了古老的中华文化、波斯文化、印度文化、阿拉伯文化、古罗马文化及古希腊文化，促进了东西方物质文化和精神文化的交流与发展。"一带一路"促进经贸发展与文化融合的"双核战略"不仅仅推动了贸易发展，也为沿线各国的文化交融带来了新的契机。知识产权的战略合作，不但有利于保障贸易的公平竞争，更可以鼓励各国文化产业在弘扬民族特色的基础上进行创新，有利于民族文化的传承与发展。

版权贸易是服务贸易的一部分，以版权引进和输出为主要形式。近年来，随着文化产业形式多样性发展的特点，像中外合作拍摄电影、合作排演戏剧并通过资本、发行渠道、内容合作等形式进行合作也成为版权贸易的重要组成部分。版权输出是将本国生产或加工的权利作品向国外市场销售的方式。美国的电影产业、日本的动漫产业都已经成为刺激国内经济发展的重要行业。版权贸易除了为本国经济带来增长以外，更发挥了跨文化交流的重要作用。从我国版权输出量与引进量的对比数据来看，我国版权贸易逆差严重。

（二）我国知识产权法治情况

1. 国际条约

国际合作已经使得各国的法律尤其是知识产权制度在大方向上趋同。有学者认为，法律的全球化有两种不同的形式，即地方化的全球主义和全球化的地方主义。前者主要指的是国际组织条约和规则等被国内法逐渐接受，进而在国内上升为具有法律约束力的规则；后者指的是某一国或某一地区范围内通行的法律制度在全球范围内的扩散。这两种形式都是知识产权全球化的方式，前者体现了国际组织或国际条约对各国国内知识产权法律形成和发展的影响，后者指的是知识产权保护强国的国内法律制度对国际组织和条约的影响，进而通过这种方式影响其他受国际条约影响的国家的国内法律制度。[1] 知识产权制度作为工业革命的伴生产物始于 15 世纪的欧洲，随后经过几个世纪的发展，对知识产权的保护在日益频繁的国际贸易中越来越重要，经济交流催生了在专利、商标和版权领域统一国际规则的需求，因此知识产权保护的

---

[1] 郑万青：《知识产权法律全球化的演进》，载《知识产权》2005 年第 5 期。

国际协调机制应运而生。

自 20 世纪 80 年代起，随着改革开放的步伐，中国相继加入了一些知识产权国际保护条约、公约和协议。自 1883 年《保护工业产权巴黎公约》和 1886 年《保护文学艺术作品伯尔尼公约》这两大协调各国知识产权法律的国际条约缔结以来，目前世界范围内与知识产权相关的重要国际条约有 30 多个，中国已经加入的包括：《建立世界知识产权组织公约》《保护工业产权巴黎公约》（1985 年加入）、《保护文学艺术作品伯尔尼公约》（1992 年加入）、《保护录音制品制作者防止未经许可复制其录音制品公约》（1993 年加入）、《关于集成电路知识产权的华盛顿条约》（1990 年加入）、《商标法条约》（1994 年加入）、《世界知识产权组织版权条约》（2007 年加入）、《商标法新加坡条约》（2007 年加入）、《视听表演北京条约》（2014 年批准加入）、《关于为盲人、视力障碍者或其他印刷品阅读障碍者获得已出版作品提供便利的马拉喀什条约》（2013 年签署）、《商标国际注册马德里协定》（1989 年加入）、《专利合作条约》（1993 年加入）、《国际承认用于专利程序的微生物保存布达佩斯条约》（1995 年加入）、《商标国际注册马德里协定有关议定书》（2000 年加入）、《商标注册用商品和服务国际分类尼斯协定》（1994 年加入）、《建立工业品外观设计国际分类洛迦诺协定》（1996 年加入）、《国际专利分类斯特拉斯堡协定》（1996 年加入）、《国际植物新品种保护公约》（1999 年加入）、《世界版权公约》（1992 年加入）、《保护非物质文化遗产公约》（2004 年加入）、《保护和促进文化表现形式多样性公约》（2006 年加入）、《生物多样性公约》（1993 年加入）。我国作为 WTO 成员方，自 2001 年起开始履行《与贸易有关的知识产权协定》（TRIPS）。TRIPS 协定是关贸总协定乌拉圭回合中达成的涉及世界贸易的 28 项单独协议中与知识产权保护相关的重要协议。

在讨论"一带一路"沿线国家知识产权保护问题上，有必要为各国企业提供沿线国家加入相关知识产权保护条约、公约和协议的情况，发挥国际条约的积极作用，降低同一条约成员方企业之间贸易往来的知识产权侵权和制度适用的风险。

2. 国内立法

随着经济全球化进程的加快，世界各国有影响力的经济体之间的经济增长相互依赖性更强，知识产权法的国内立法需要遵循国际条约中的规定。

中国现有的知识产权保护法律体系主要由法律、行政法规和部门规章三个部分组成。其中，专门法律主要包括《商标法》《专利法》《著作权法》等；专门行政法规包括《商标法实施条例》《专利法实施细则》《著作权法实施条例》《知识产权海关保护条例》《计算机软件保护条例》《集成电路布图设计保护条例》《植物新品种保护条例》等；专门部门规章包括《集体商标、证明商标注册和管理规定》《专利实施强制许可办法》等。此外，中国的民法、刑法、对外贸易法以及最高人民法院和最高人民检察院发布的有关司法解释中也包括知识产权保护的专门规定。中国已经建立了比较健全的知识产权保护法律体系，这已经得到了世界各国及国际组织的普遍认可。

目前我国还在不断完善知识产权法律制度体系，在日益频繁的贸易活动和技术创新领域，经营性信息以及技术秘密作为无形财产，对企业的经营和发展而言越来越重要，在 TRIPS 协定中，"未披露信息"确认商业秘密属于知识产权的范畴。我国现有的涉及商业秘密保护的法律有《民事诉讼法》《反不正当竞争法》《刑法》《劳动法》等，商业秘密的定义、保护规则和法律适用的规定较为分散。"一带一路"倡议中的一个重要部分是推进欧亚地区的基础设施建设。除了知识产权中的专利制度能够对公开技术给予法律保障以外，对技术秘密和经营性秘密的保护也同样重要，因此我国有必要对商业秘密的保护进行单独立法，确立统一的商业秘密概念，明确权利主体、侵权标准等。

3. 司法保护

近几年，由专门的知识产权法庭或专门法院审理这一领域的案件，已经成为国际司法审判的一个大趋势。如德国设有专利法院，英国针对小企业之间的知识产权纠纷设置了专门的法院。"一带一路"沿线国家中的泰国于 1996 年公布了《知识产权及国际贸易法院设置法及诉讼程序》，并于次年设立了专门审理知识产权和国际贸易案件的中央知识产权和国际贸易法院。

随着我国社会经济的发展，知识产权案件数量的增长、难度的提高为我国原有的知识产权相关类型的审判工作带来挑战和机遇，我国于 2014 年相继成立了北京、上海和广州三家知识产权法院，专门审理知识产权类案件。其中，截至 2017 年，上海知识产权法院审结"一带一路"相关案件 1243 件。

对我国企业而言，司法角度的保护或提示可以体现在以下几个方面：其一，建议企业在贸易合同中明确争端管辖法院；其二，在沿线国家遇到知识产权纠纷时应当采取积极应对的态度与措施；其三，利用争端所在地的法律维护正当利益，建议建立域外法律援助机制，维护我国企业在"一带一路"沿线国家的合法权益；其四，建立"一带一路"争端案例数据库，分析总结各国知识产权案件审判规律；其五，建立司法审判交流机制。

4. 行政执法

中国参与知识产权行政执法的机构主要有专利管理部门、市场监督管理部门、版权局和海关等部门，参与政策制定和实施、行政管理和执法的政府机构非常分散，存在行政执法范围、权限等不一致的情况，这一现象的形成有我国知识产权保护体系建立与发展的历史原因。"从国际经验来看，各国对知识产权保护的主导模式是司法而非行政执法"[1]，应将行政执法作为司法保护的补充，以避免对"一带一路"知识产权制度建设造成不利影响。

（三）"一带一路"沿线国家知识产权保护概况

1. 知识产权区域合作

目前，中国与"一带一路"沿线国家在知识产权领域的合作正稳步展开，一些区域性合作经验值得借鉴。如于1995年通过的《东盟关于知识产权保护合作的框架协议》，确立了东盟各国在知识产权领域的合作，建立东盟专利事务局和商标事务局以促进区域范围内的专利和商标的保护，同时成立东盟知识产权合作小组，旨在发展、协调和执行区域内知识产权的相关事务。随后，东盟展开知识产权行动计划并逐步建立东盟"统一的知识产权注册和保护法律体系"，鼓励区域内各国的创新，提升企业竞争实力，以新加坡为主导展开专利审查与检索的协助工作，协助柬埔寨和菲律宾缩短商标注册周期，协助成员方逐步加入知识产权国际条约等。中国与东盟在知识产权方面的合作除了体现在已经签署的《中国—东盟全面经济合作框架协议》之外，还与多国签署了双边协议，如2009年签署的《中华人民共和国国家工商行政管理总局和越南社会主义共和国国家知识产权局商标及商标相关领域合作谅解备忘录》、2017年签署的《中华人民共和国国家知识产权局与柬埔寨王国工业及手

---

[1] 中国人民大学知识产权教学与研究中心、中国人民大学知识产权学院：《中国知识产权发展报告2015》，清华大学出版社2016年版。

工业部关于知识产权合作的谅解备忘录》等。我国"一带一路"倡议辐射范围广，所涉国家和地区众多，沿线国家的发展水平不同，知识产权制度和法律体系复杂，保护难度大。具体来说，存在如下问题：

（1）知识产权环境复杂，发展水平不平衡

"一带一路"沿线知识产权环境复杂，各个国家的知识产权制度设计差别大。有一些国家已将知识产权法纳入民法典中，如俄罗斯。中东欧八国（波兰、捷克、斯洛伐克、匈牙利、保加利亚、罗马尼亚、白俄罗斯、乌克兰）知识产权制度已经达到《与贸易有关的知识产权协定》的要求，知识产权环境与中国类似。也有一些国家知识产权部门法中的制度设计比较特别，如新加坡等国家制定并实施了专利法、商标法和著作权法，在专利制度中，其保护对象仅涉及发明专利，不保护实用新型专利，外观设计则另行立法保护。各国在知识产权保护程度上也差异巨大，俄罗斯、新加坡等国家经济发达、知识产权保护意识强，相关知识产权法律制度较为完善。同时，其在贸易上通过设定较高标准，对市场准入设置了较多障碍，知识产权保护水平高。也有一些国家由于自身经济不发达或制度不健全，知识产权保护水平较低。一些国家，如孟加拉国，尚处于知识产权政策法律体系的萌芽状态。柬埔寨、缅甸等东南亚国家则依托东盟经济体的优势，逐渐通过成员相互之间的扶植，构建起知识产权制度体系，并为区域合作提供服务。柬埔寨在2017年与欧洲专利局签署协议，成为承认欧洲专利的首个亚洲国家，该协议内容承认基于申请人的请求，欧洲发明专利申请以及欧洲发明专利的效力将延伸至柬埔寨。格鲁吉亚、哈萨克斯坦等国虽然已经建立起相对完善的知识产权政策法律体系，但由于自身经济技术发展的活跃程度不高，其依托知识产权所产生的经济效益不高。此外，也有具备知识产权政策法律体系且具有现实功能的国家，如土耳其、马来西亚，更有国内知识产权政策及法律较为完善且国际协作广泛的国家。

（2）我国企业知识产权布局不均衡，侵权和被侵权风险大

以专利布局为例，亚洲是我国企业进行贸易与对外直接投资的主要方向，企业的专利申请行为也较其他地区频繁。中国企业在东盟的新加坡、马来西亚、印度、俄罗斯的专利申请数量较大，获得授权较多；而在中东欧和西亚，专利申请活动较少，中亚地区则更少，其中我国与这些沿线国家的合作以基础设施建设、能源矿产等基础产业为主也是重要原因。对比我国近年来进出口贸易和对外直接投资较多的"一带一路"沿线国家，我国企业在印度尼西

亚、越南等国家的专利布局尚未形成。而恰是这些国家，与我国构成产业上竞争的可能性较大。缺乏专利布局，将有被指控侵权和被其他企业侵权的风险。事实上，我国对"一带一路"沿线国家的贸易和投资逐渐向纺织、汽车等传统优势产业和医药制造、通信、电子设备制造业等高新技术产业领域拓展，对专利布局的要求逐渐显现。

在版权方面，经济欠发达地区和国家整体版权意识不强，如在伊朗，盗版的使用非常普遍，与版权保护相关最重要的两个公约《伯尔尼公约》和《世界版权公约》，伊朗也均未加入。

再以商标的使用为例，"一带一路"沿线国家中有部分国家的法律制度属于英美法体系，商标权的获得采用使用和注册相结合的原则，如泰国。相对于我国等以注册制为原则的国家，企业所面临的侵犯商标权的风险加大，增加了纠纷过程中的维权难度。

（3）对沿线国家知识产权法律信息缺乏了解

"一带一路"知识产权问题更多地表现为多边问题，沿线不同国家往往采用不同的知识产权保护制度，对具体问题的规定、理解与适用都常有差异，更不用说广大发展中国家对知识产权制度的不同理解与适用了。而由于语言障碍等原因，我国企业对沿线国家知识产权法律信息的了解并不充分，适用中就容易出现问题。

综上所述，贸易出口对知识产权的依赖程度越来越高。知识产权保护的状况与知识产权有关的贸易尤其是技术贸易之间有着直接的联系。与知识产权有关的行为不仅渗透到货物贸易和服务贸易之中，而且逐渐成为一种独立的贸易形式。各个国家都已认识到知识产权在国际贸易中的重要性，在各国的对外贸易政策中都渗透了对知识产权的保护。知识产权风险日益成为对外贸易中法律风险的突出部分。

2. 建立"一带一路"框架下的知识产权国际规则

鼓励创新、促进技术进步和经济发展是知识产权制度的基本功能。不同国家为了实现促进贸易增长、增进国际合作、刺激本国经济增长的目标，会在相同利益问题上达成一致、形成利益共同体，共同建立便于区域发展的国际合作规则。这样能够为各国企业在沿线国家的知识产权法律适用问题提供指引，给予知识产权法律风险提示，更为中国企业到"一带一路"沿线国家进行贸易提供知识产权布局、搭建基础制度。

在经济和贸易地位以及国内知识产权立法与实践的基础上，知识产权区域合作制度建立的必要性在于：(1) 有助于提高法律的确定性，保障对"一带一路"沿线国家知识产权公平公正的保护；(2) 建立以商标、专利及版权为主的授权、确权、争议解决等方面的规则，便于形成一整套高效的国际机制，促进区域知识产权相关贸易；(3) 统一的合作机制和规则体系有利于提高相关知识产权信息获取的便利性，通过相互承认他国的权利信息，降低知识产权地域性限制带来的贸易壁垒，既有利于给予知识产权强国企业以保护，也有利于知识产权实力较弱的国家通过技术信息的快速传播来提升本国的科技水平，如可以在专利领域避免"重复开发"的现象；(4) 统一的知识产权规则有助于"一带一路"倡议的可持续发展。

中国是"一带一路"倡议发起国，对沿线国家的经济影响深远，应当积极主导建立知识产权国际合作机制。专利制度上，中国有几十年的发展经验，在与欧美企业的国际竞争中，中国企业逐步提高的创新能力已经充分体现在专利申请数量和质量上。中国企业在应对欧美专利巨头所发起的各种专利诉讼方面也有了一定的经验，值得借鉴。

知识产权问题在"一带一路"贸易中涉及若干方面，考虑到推进贸易畅通的紧迫性，从"一带一路"相关国家国内的制度特点及其贸易优势、产业特点来看，可以先从商标、专利和版权三个制度中的一部分具体适用制度入手，由点到面、由规则到原则进行循序渐进的制度设计。

(1) 商标制度

国际贸易过程中，往往会有"市场未动、商标先行"之说。"一带一路"沿线各国商标权的制度特点、贸易过程中对商标使用的纠纷、在各国申请商标的注意事项都是企业所关注的话题。

①商标确权原则

商标确权原则的不统一为国际贸易带来了权利归属的不确定性因素。各国的商标确权制度，通常有"使用在先原则"和"申请在先原则"之分，企业经常会遇到"抢注"的问题。"一带一路"沿线各国的商标制度规定也不一致。如我国商标确权采用"申请在先原则"，采用这一原则的国家包括保加利亚、沙特阿拉伯、伊朗、土耳其、罗马尼亚等；采用使用在先原则的沿线国家有印度、印度尼西亚、伊拉克、新加坡、泰国、菲律宾等。

对我国企业而言，到"一带一路"沿线国家开展业务和在国内进行品牌推广的路径是一致的，应当先做贸易目的国的商标筛查工作。对于适用商标使用在先原则的国家，应做的前期工作则更为复杂。同时，我国企业应当充分利用马德里体系下的国际注册优势，加强商标海外布局。

随着近年来贸易的快速增长，为便于各国企业的产品和服务快速进入沿线各国的市场，有必要在"一带一路"倡议框架内，参考欧盟的商标注册体系[1]，设计注册商标合作机制，内容包括：其一，设立统一的注册机构或授权成员方现有机构授予商标权；其二，商标申请人在认可机构申请注册商标后，其权利可以延伸覆盖到成员方；其三，建立"一带一路"沿线国企业商标申请注册数据信息库，便于企业的商标战略布局；其四，建立统一的争端解决机制。

②商标的注册类型

目前我国商标法规定可以作为商标的要素包括文字、图形、字母、数字、三维标志、颜色组合和声音等。其中，声音商标是2013年商标法修改后新增加的要素类型。欧盟商标注册体系则将申请注册商标的呈现方式定义为"只要能够让主管机关及公众识别权利人所申请保护的内容即可"。而"一带一路"沿线国家国内商标法的规定不一，范围可能限于文字、图形等传统要素，可以在区域内设定一个较低的注册要求，便于企业快速进入各国的市场。

③地理标志保护制度

在地理标志保护制度的历史发展过程中，由于各国在传统产业、传统工艺、传统产品方面的差异，对地理标志的保护有强弱之分。我国有大量农业、传统工艺产品生产经营，"一带一路"沿线国家中也有许多是出口农产品的国家，因此，对地理标志的保护问题会成为其中重要的知识产权问题。

从国际社会关于地理标志问题的历次谈判来看，地理标志的知识产权保护与各国的经济发展水平无关，但与产业或产品的"传统"有关，如对苏格兰威士忌酒、波尔多红酒、西湖龙井茶的地理标志保护。

从资源上说，地理标志是我国知识产权方面的强项，但研究和实践经验都相对缺乏。多年来我国并没有形成明确的地理标志注册、管理和使用制度，政府各相关部门在地理标志制度中的地位和作用处于比较不明晰的状态，使得我国地理标志的保护存在着诸如市场的混乱、消费者的混淆、权利人的困

---

[1] 欧盟商标注册规定，在不影响国内商标注册申请的前提下，任何人可以提交欧盟商标注册申请，受保护范围覆盖欧盟目前28个成员，也会自动延伸保护到未来加入欧盟的国家。

惑、执法者的困难等问题。究其原因，一方面是我国知识产权制度缺乏一个统一协调规划机构，各个部门是按照自己的已有规章从不同角度介入地理标志保护。另一方面则是没有将地理标志视为一种私权，没有按照市场规律对其予以保护。

在与"一带一路"沿线国家的贸易交往中，我国需要重新认识地理标志的保护，既需要改变市场的混乱局面，也要改变对权利人保护不力的现实。除了执法层面的规则，更需要从地理标志保护的权利确认源头开始，寻找合适的保护模式。

④平行进口

平行进口是指本国的商标权人将自己生产的商品出售给国外经销商或者将自己的商标许可给国外生产企业使用后，这些国外的经销商或者生产企业将其与商标权人在国内生产的相同的商品，重新进口到国内的做法。各国对于平行进口对知识产权保护造成的影响持有不同的态度，如新加坡《商标法》第29条规定，注册商标权人或经其明示或暗示同意而将商品投入市场，无论是新加坡市场还是国外市场，则与该货物相连的商标的使用不侵害注册商标；但商品投放市场后已发生变化或损坏，以及与货物相连的注册商标的使用会损害商标特性或其信誉的情形除外。而美国和欧盟成员从保护其国内知识产权权利人的利益出发，排斥大部分的平行进口行为。

近几年，"一带一路"物流便捷通道的建立为我国汽车行业的平行进口带来了便利，满足了我国国内消费者的特殊需求。同时，因大部分"一带一路"沿线国家的经济和技术发展现状弱于我国，为避免市场国利用廉价制造优势将商品返销至中国而使企业的利益受损，应提示企业在签订的商标授权使用协议中严格限定销售和使用范围。

我国商标法目前没有对平行进口问题作出相关的规定，考虑到我国企业的品牌意识逐渐加强，未来在"一带一路"沿线国家贸易中，关于平行进口的商标规则会切实影响到企业的利益，因此应当在立法中作出一定的规定。长远来看，中国可以参考新加坡商标法的做法，对平行进口问题进行明确的规定，同时利用关税或非关税的阶段性政策，调整可平行进口商品的类别，既保障我国国内市场消费高价位产品时可能享受的减免税政策，也可以适当避免企业在出口过程中在他国因平行进口而带来的利益受损风险。

（2）专利制度

全球化使国家间的社会、经济、文化的相互依存度越来越高，无论是发达国家还是发展中国家，考虑到贸易的需要，专利制度在国内是否能够发挥合理有效作用以对专利进行保护，需要更多地从国际角度来考量。[1] 专利政策既能够在宏观上反映出一个国家长期的经济策略、国家的创新能力，又能从微观的角度反映出该国企业的竞争实力，引导企业的发展。

①检索结果互认机制

专利互认机制是指经一国专利审查机构授权且维持有效的发明专利，可以直接在互认国得到确权并获得保护的合作制度。专利互认机制是专利国际化的重要方式之一，是解决传统的专利国际申请所带来的缺陷的双边或多边协议。以往，专利的国际申请主要通过三种方式，即巴黎公约途径、《专利合作条约》的方式和《欧洲专利公约》（EPC）的方式。通过上述几种方式，申请人可以确保"优先权"，简化申请程序等，审查和授权的具体实施需要通过条约内所指定的专利局进行审查，对于经济和技术欠发达地区而言，申请成本高，程序复杂。因此在国家之间建立专利互认机制成为促进技术交流、减少技术纠纷、加快贸易完成的重要手段。目前，我国与新加坡建立了检索结果互认机制，这有利于我国企业通过新加坡在东盟专利审查合作计划中的作用，做好专利布局，为我国企业的发展提供知识产权保障。积极推进"一带一路"沿线国家之间建立双边或多边的专利互认机制，有利于各国本地企业的发展，也有利于不同地区利用区域优势，在现有技术基础上开展研发工作，为各国的科技发展提供制度支持。

②专利文献翻译问题

"一带一路"沿线65个国家和地区中，有53种官方语言，分属九大语系，语言状况非常复杂，这种情况不仅给专利申请文件的翻译带来了巨大的工作量，而且也为权利要求的翻译准确性带来巨大的挑战。对我国企业而言，假如发明人在其最具价值的国外市场上获得专利授权后却发现专利说明书中可能存在翻译错误而导致受保护范围出现错误，权利人可能遭受较大的损失。专利申请不但需要阐明发明的技术，而且还需要包含权利要求，虽然《专利合作条约》对翻译错误的处理作了规定，但是我国企业在向专利制度欠发达

---

[1] 宫本友子：《国际条约与专利法统一：现状与展望》，载《专利法律与理论——当代研究指南》，竹中俊子主编，沈旸译，知识产权出版社2013年版，第149页。

国家和地区递交专利申请时,在如此复杂的语言环境下,需要更加谨慎。同时,东盟经济体有内部的知识产权发展计划,在专利翻译的问题上,可以通过多边协议作更多的处理和解释。在制度建立上,我国可以参考欧洲专利局的条件,利用《欧洲专利公约》(EPC)缔约国中涉及"一带一路"国家的经验,如借鉴土耳其、爱沙尼亚、保加利亚等国在欧洲专利体系的融合经验,制定"一带一路"沿线国家相关专利制度系统的协议。[1]

（3）版权制度

①对传统文化的特别保护

"一带一路"沿线国家版权制度差异较大,同时对版权保护的认识很大程度上受本国文化、宗教等习惯的影响。我国在与澳大利亚、秘鲁、新西兰和哥斯达黎加4国签订的双边自由贸易协定中加入了对传统知识、民间文艺和遗传资源保护的条款。[2] 2011年,我国颁布了《非物质文化遗产法》,将非物质文化遗产的保护提升到了国家层面。面对"一带一路"沿线国家多元文化的特点,有必要通过对具体作品的版权保护来建立相关规则,实现我国民族特色文化"走出去",同时也有利于刺激创业产业的发展。

②对权利人的保护

在著作权（版权）内容方面,我国受德国、法国等大陆法系国家著作权法的影响,注重著作人身权的规则制定。《德国著作权法》第二章规定了著作人身权的内容;《法国著作权法》采用了著作人身权和财产权并重的模式;我国立法也作了类似规定,我国《著作权法》第10条列举了著作权包括人身权（发表权、署名权、修改权和保护作品完整权）和财产权的内容。

③版权贸易合同规则

为了满足版权贸易需要,我国《著作权法》第24条和第25条对著作权许可使用合同和权利转让合同作了相关规定,但是还有很多需要进一步完善

---

[1] 1973年《欧洲专利公约》第14（1）条规定：一项专利申请,不论来源国、提出欧洲专利申请必须使用欧洲专利局的三种官方语言之———英语、法语或德语。这一措施提高了在欧洲专利局提出申请、审查以及授权后程序性阶段的整合效率。尽管这一规定在2000年更改为申请人能够以任何语言提交欧洲专利申请,但仍被要求在一定期限内提交一份使用欧洲专利局任何一种官方语言的译文。

[2] 何荣华：《双边自由贸易协定中的版权条款对我国文化产业产生的影响》,载《政法论丛》2016年第5期。

的细节，包括著作权许可和转让合同的原则性规定[1]，涉及著作人身权的部分，应当在授权与转让合同中明确。

④促进集体管理组织合作

"一带一路"沿线国家文化多元，与文化交流相关的贸易是"一带一路"经贸合作的重要组成部分。著作权集体管理制度是使广大文学艺术领域的创作者能够在其作品得到广泛传播的同时保障其获取经济回报的重要制度。著作权集体管理的有效运转，不仅需要相关制度的完备，更需要相关著作权集体管理组织的有效运行。目前我国著作权集体管理机制已经过了几年的运转，逐渐发展成熟，具备一定的经验。以中国音乐著作权协会为例，除在我国现行法律法规的制度框架下，协助保障国内众多词曲作者相关权利的收益外，还与海外近70家同类组织互签了代表协议，其中也包括如哈萨克斯坦、印度尼西亚、越南、蒙古国等"一带一路"沿线国家的著作权集体管理组织。鉴于这一制度具有信托的性质，权利人将其作品所享有的一部分难以维护的权利委托给集体管理组织进行管理，因此，即便部分国家和地区在国内立法层面存在制度缺失的问题，也不影响权利人通过这种方式获取回报，这为众多国家之间的版权贸易与合作提供了前提。"一带一路"沿线国家之间应当积极建立著作权集体管理组织间的合作，为多元文化的交流和发展作出贡献。

3. 企业在沿线国家知识产权战略布局研究

随着"一带一路"的深入，知识产权领域的争夺将会逐渐成为中国企业布局全球、融入国际竞争的主战场之一，知识产权法治水平的高低也会成为"中国创新"在"世界布局"的成败关键。所以，中国企业"走出去"、中国创新在世界范围内的布局必须有配套的知识产权法治保障，而构建相应的知识产权战略布局则是核心任务。企业知识产权战略布局，是从一个更高的层次，从总体上对企业知识产权的"创造、运用、保护、管理"等战略实力所作的安排和配置。它不是与竞争对手的实力进行直接比拼，而是为了塑造、形成有利的知识产权战略态势，以便为后续的市场竞争创造有利的条件。

长期以来，我国对知识产权制度绩效的评估还停留在较浅的层次，提供的数据主要限于立法的数量，专利、商标的申请量等侧重"创新"的量化指

---

[1] 如日本著作权法对著作权许可和转让作了原则性规定，并明确涉及精神权利的部分不可以转让；美国版权法规定，在法律规定范围内，版权转让的形式依当事人意思可以灵活多样。

标，而对知识产权制度在知识技术运营、转化等"发展"方面的贡献却较少。这导致我国企业往往存在偏重知识产权的静态归属与拥有，而忽视其动态利用与优化的问题，且缺乏知识产权战略布局的实战经验。推进共建"一带一路"中，企业"走出去"面对国际贸易挑战，需要将知识产权战略落实到具体安排上。这一战略布局强调立足于企业的实际情况，采取合适的知识产权策略和方针，大幅度提高创造、运用、保护和管理知识产权的能力，逐步构建自身知识产权优势和特色，形成以知识产权为核心的市场竞争力。

（1）商标注册

我国自主品牌产品出口日益增多的同时，相关企业遭遇的商标抢注问题也越来越多。商标抢注是基于商标注册在先原则，使得商标权的实际所有人因无法获得目标国家的注册商标而丧失在该市场使用其现有商标参与经济活动的资格。早在 2001 年，联想公司开始全球化发展步伐，却发现联想的英文名 Legend 在全球竟被 100 多家公司注册过商标，行业遍及娱乐、汽车等，联想无奈之下，宣布花费巨资更换"Legend"为"lenovo"。随着我国品牌竞争力的不断提高，类似的商标在域外被抢注的问题也在不断增加，如电子类产品"科龙"在新加坡被抢注，"新科""步步高"在俄罗斯被抢注，"奇美鸟"在阿联酋被抢注；云南卷烟"阿诗玛""红塔山"在菲律宾被抢注；"凤凰"牌自行车、"蝴蝶"牌缝纫机在印尼遭抢注；"海鸥"牌系列化妆品和洗涤用品、"天坛"牌蚊香在马来西亚被抢注。商标制度的天然地域性决定了各国有权自行选择商标注册的条件以及限制抢注行为的范围，从而导致商标所有人能否有效地阻止在其他国家出现的抢注行为存在不确定性，其正当利益因而难以得到有效保障，这同样也不利于消费者的利益保护。[1] 从商标布局战略的角度入手，针对目标国，应当提示我国企业根据各国的不同情况，采取不同的注册策略。一是马德里注册模式。截至 2017 年，已经有 98 个国家加入《商标国际注册马德里协定》，其中不乏"一带一路"沿线国家，包括新加坡、菲律宾、柬埔寨、伊朗及中亚 5 国等。通过该体系，商标注册申请人只要取得在每一被指定缔约方均有效力的国际注册，即可在数量众多的国家中保护商标。二是针对那些没有参加《商标国际注册马德里协定》的国家，可以使用逐一申请注册的方式。

---

[1] 杨建峰：《商标抢注的国际法律规制及中国企业的利用——由王致和海外商标维权胜诉案谈起》，载《科技与法律》2009 年第 6 期。

（2）专利布局

据统计，2016 年，在"一带一路"沿线国家提交的 4834 件专利申请中，有 85% 的申请人是中国企业，主要目标国家集中在俄罗斯、印度、新加坡等少数知识产权保护水平较高的国家，在其他大部分国家的专利申请量和授权量较少。这一现象在高新技术产业表现得尤为明显，对中国企业造成的威胁更大。由于发达国家企业已经在"一带一路"沿线国家开展了较为完善的专利布局，如果没有充分准备，我国企业在进入海外市场的时候，将面临较大的知识产权侵权风险。比如，小米公司在印度被爱立信公司起诉专利侵权案。2014 年，小米手机在印度上市后不久，爱立信公司突然发起专利诉讼，称小米侵犯了其 8 项专利。应爱立信公司请求，印度法院向小米公司发出"诉前禁售令"。小米公司提出上诉后，法院仅同意搭载有高通芯片的小米手机在印度销售，但是每部手机还需要预存缴纳金，而另一种搭载联发科芯片的产品则被维持禁售。[1]

"一带一路"背景下，我国高铁技术输出逐渐成为趋势。一些发展中国家通过公开的专利文书迅速抄袭并在本国内予以复制，然后抢先申请，甚至迅速在多个国家抢注，给我国高铁企业造成较大损失。或者获取中国相关技术，稍作改动后便以新技术的身份在本国申请专利并堂而皇之地使用，这是非常典型的抄袭行为。[2]

五、"一带一路"交通与基础设施建设法律问题

（一）"一带一路"货物运输法律问题研究

1. 丝绸之路经济带的陆路货物运输

（1）公路运输
①公法层面：《国际公路运输公约》
公路货运在丝绸之路经济带的北线和中线国家和地区的短途运输具有较

---

[1] 汪洪：《"一带一路"与知识产权的战略协同》，载《前线》2016 年第 10 期。
[2] 高孝义、孙大伟：《中国高铁知识产权保护体系亟待构建》，载《检察日报》2017 年 8 月 16 日，第 03 版。

大的优势。丝绸之路经济带的北线国家和南线国家大多加入了《国际公路运输公约》(TIR)。加入《国际公路运输公约》的丝绸之路经济带国家包括：蒙古国、哈萨克斯坦、吉尔吉斯斯坦、塔吉克斯坦、乌兹别克斯坦、土库曼斯坦、俄罗斯、白俄罗斯、乌克兰、波兰、巴基斯坦、阿富汗、伊朗、阿联酋、约旦、科威特、黎巴嫩、叙利亚、以色列、格鲁吉亚、阿塞拜疆、亚美尼亚、土耳其、摩尔多瓦、罗马尼亚、保加利亚、克罗地亚、阿尔巴尼亚、塞尔维亚、匈牙利、捷克、斯洛伐克、斯洛文尼亚、比利时、波斯尼亚和黑塞哥维那、立陶宛、拉脱维亚、爱沙尼亚、丹麦、芬兰、法国、德国、希腊、意大利、卢森堡、黑山、荷兰、挪威、西班牙、瑞典、瑞士、英国、巴勒斯坦、塞浦路斯、阿曼、沙特阿拉伯、印度、印度尼西亚、卡塔尔。我国于2016年7月5日正式加入TIR，TIR于2017年1月5日在中国生效。

"TIR国际公路运输系统"是一个在联合国公约基础上建立的，以公共—私营合作伙伴形式在全球范围内施行的国际运输体系。采用TIR证运输的集装箱货物自起运地海关检查封志起，至到达目的地海关的过程中，过境国海关无需对货物进行开箱检查，只需核对TIR证及检查海关封志，从而简化过境程序，节约通关时间，便利国际货物跨境运输。TIR证同时担保沿途各国海关针对该批货物的关税。多年来，TIR系统通过允许海关加封车辆和货物集装箱免检过境的方式，推动了贸易与国际公路运输便利化与安全化的进程。具体来说，TIR系统的优势包括：简化过境程序；仅在起运地和目的地办理海关手续，免除过境国海关的检查；提供海关税费支付担保；提高国际贸易效率，降低运输成本；采用网上预申报和风险管理工具。

在加入TIR公约后，我国承运人可以享受较大的便利。具体来说，"关于海关的边境管制措施，TIR制度对海关具有明显的好处，因为它减少了通常的国家过境程序的要求。同时，该制度避免了在沿途国进行从人力和设施两方面来看都极为昂贵的实际视察的需要，而只需检查车辆或集装箱的封志和外部状况。它同时还免除在国家一级进行担保和在国家一级建立单证记录系统的需要。""在有疑问时，海关当局有权随时检查带有海关封志的货物，以及在必要时中断TIR运输业务，并且/或者根据本国的立法采取必要的措施。考虑到《国际公路运输公约》的严格条文，和为了所有海关当局和执行这些条文的运输经营者的利益，如此的干预应属例外。"由于"货物在跨越国界时，TIR 使得海关的干预降低到了最低程度，从而减少了对国际货物流动的传统障碍，因此有助于国际贸易的发展。它可以减少过境时的延误，从而大大节省运费"。基于"TIR 设计的国际担保系统，承运人能够较为方便地得到必要的担保"。在 TIR 的担保系统中，"在某一国家代表承运人并得到该国海关部门授权的每个国家协会，担保在该国内支付 TIR 运输作业过程中发生任何违章时可能应当交纳的任何税费"。进而，海关能够要求承运人的国家协会承担税费风险，承运人无须在过境时向各个海关自行负担这一税费风险。[1]

国际道路运输联盟（IRU）在《释放国际道路运输潜力，服务"一带一路"建设——国际公路运输系统对中国与沿线国家"贸易畅通"促进作用的分析报告》中指出，"宏观层面，TIR 系统的实施，将有利于推进中国与'一带一路'沿线国家，特别是中亚、西亚、南亚和东北欧区域贸易关系的发展。传统上这些国家并非中国主要的贸易伙伴国。这对于改善中国外贸进出口结构，意义尤其重大。同时，TIR 系统的实施，将提高货物放行与通关效率，促进过境自由与海关合作，从而为中国切实可行地实施 WTO《贸易便利化协定》创造条件。微观层面，TIR 系统可增强跨境物流和跨境贸易企业的竞争力。一方面，使用 TIR 系统可使企业受益于海关干预降低、检查延误减少、单证简化、担保金免除等优化措施，从而降低运营成本。另一方面，可促进企业拓展跨境运输市场，增强中国运输企业在海外的竞争力，加快中国国际道路运输行业的发展进程"。

---

[1] 联合国欧洲经济委员会秘书处：《国际公路运输手册》，载联合国欧洲经济委员会网站，https://unece.org/fileadmin/DAM/tir/handbook/chinese/newtirhand/TIR-6Rev9_CN_bookmarks.pdf，最后访问时间：2023 年 6 月 10 日。

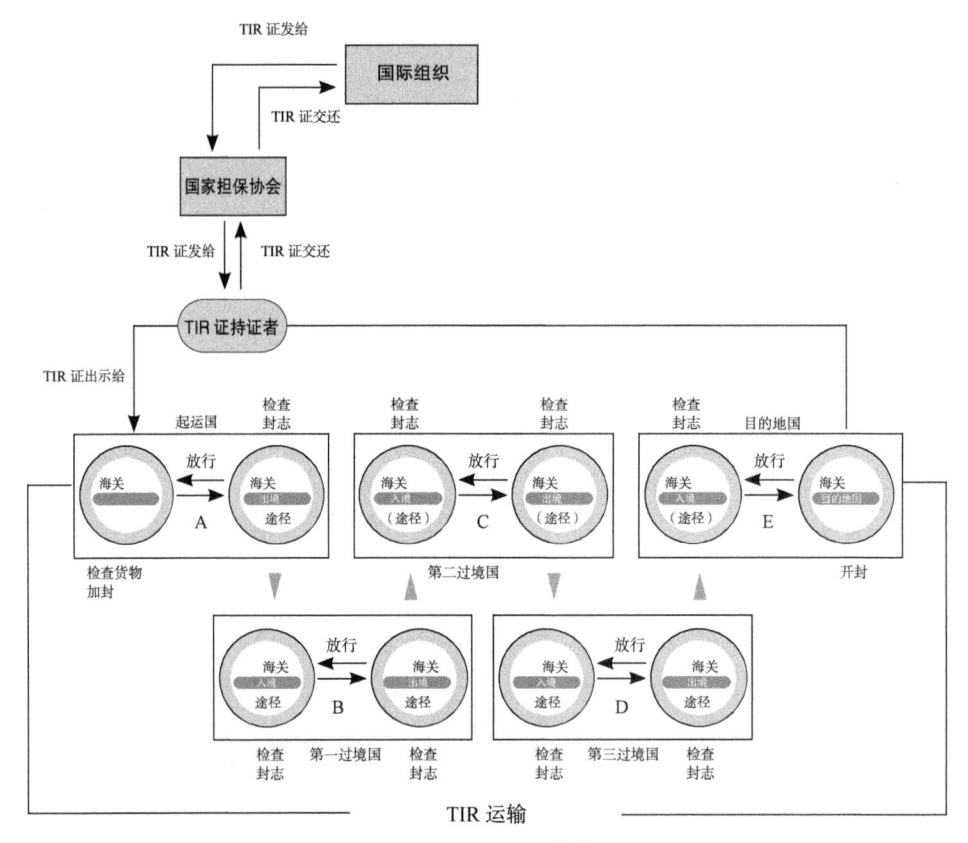

图 2-1 TIR 运输[1]

但是，TIR 主要从公法层面通过减少海关检查和便利担保事项来减轻承运人的负担，就承运人、货主和收货人的关系而言，TIR 并没有作出相应规定。因此，在中国加入 TIR 公约后，如何更好地借助国际公约从民事法角度来保护中国承运人的合法权益、从行政法角度来有效监管公路货运承运人，就成为公路货运研究的重点。目前，我国《民法典》虽然在第三编第十九章包含了货运合同的相关规定，但是它没有专门针对跨国公路货运的规定，在实践中发挥主要作用的是交通运输部制定的《汽车货物运输规则》（已失效）、《公路货物运输合同实施细则》（已失效）等部门规章。因此，在"一带一路"倡议背景下，《国际公路货物运输合同公约》（Convention on the Contract for the International Carriage of Goods by Road）的研究对于我国公路货运具有重

---

[1] 图表来源：欧洲经委会：《TIR 手册 TIR 证国际货物运输海关公约》2010 年版，第 17 页。

要意义，尤其是结合《国际公路货物运输合同公约》的经验从立法层面来推进跨国公路货物运输立法，以促进我国公路货物运输业的发展，维护我国承运人的合法权益，加强对承运人的管理。

②私法层面：《国际公路货物运输合同公约》

丝绸之路经济带的北线国家和南线国家大多加入了《国际公路货物运输合同公约》。《国际公路货物运输合同公约》于1956年在日内瓦签订，于1961年7月2日生效。迄今为止，我国还没有签署或加入《国际公路货物运输合同公约》。然而，依据《国际公路货物运输合同公约》第1条，"以营运车辆的公路货物运输的每一合同，不管缔约方住地和国籍，凡合同中规定的接管和交付货物的地点位于两个不同国家，其中至少有一个是缔约国者，本公约均适用之"。这意味着，以我国作为货物接管地的国际公路货物运输合同，只要交付货物的地点属于《国际公路货物运输合同公约》的缔约国，那么《国际公路货物运输合同公约》就可以适用于因该国际公路货物运输合同发生的纠纷。由于我国的邻国俄罗斯、蒙古国、哈萨克斯坦、吉尔吉斯斯坦、塔吉克斯坦都加入了《国际公路货物运输合同公约》，因此，以我国作为货物接管地的国际公路货物运输合同，只要交付货物的地点是上述国家中的任何一个，都可能适用《国际公路货物运输合同公约》。同样，交付货物的地点是其他"一带一路"沿线国家的，《国际公路货物运输合同公约》也可能适用。同样，以我国为货运起点、以《国际公路货物运输合同公约》缔约国为终点的国际公路货物运输，都可能适用《国际公路货物运输合同公约》。因此，《国际公路货物运输合同公约》的研究对于我国与"一带一路"沿线国家间的公路运输合同具有重要实践价值。

就《国际公路货物运输合同公约》的适用范围而言，它适用于公路货物运输合同，不适用于货运代理合同（forwarding contract）、汽车租赁运输合同、牵引合同（haulage contract）。就货物运输的范围而言，《国际公路货物运输合同公约》第1条第4款将邮件运输、遗体等丧葬运输、家具搬迁排除出了公约适用范围。因此，《国际公路货物运输合同公约》适用于普通货物，包括其包装和集装箱。值得一提的是，《国际公路货物运输合同公约》第2条第1款规定，"除适用第十四条规定外，当载货车辆上的货物没有从车辆上卸下，而其部分路程由海上、铁路、内河或航空接运，则本公约应依然适用于全程。如果经证明，在其他运输方式承运期间货物所发生的任何灭失、损坏或延迟交付不是由于公路承运人的行为或不作为所造成，而仅由于在其他运输方式承运期间和由于其他运输方式承运的原因而发生的某事件所造成，如果货物运输合同本身是根据该运输方式货物运输法规定的条件由发货人和该其他运输方式的承运人所签订的，则公路承运人的责任不应由本公约确定，而应按照其他运输承运人责任的方式来确定。但如无所述条件，公路承运人的责任应由本公约确定"。据此，在货物多式联运中，从我国出发的货运汽车抵达某个缔约国后，货运汽车在不卸货的状态下直接搭乘船舶前往其他缔约国的，《国际公路货物运输合同公约》仍应适用。

由于国内对《国际公路货物运输合同公约》研究较为薄弱，本书将从四个层面对《国际公路货物运输合同公约》进行介绍和分析。

1）运输合同的成立

《国际公路货物运输合同公约》第4条规定："运输合同应以签发运单来确认。未签发运单、运单不符合规定或运单丢失不影响运输合同的成立或效力，仍受本公约规定所制约。"第9条则规定："运单应是运输合同成立、合同条件和承运人收到货物的初步证据。如运单中未包含承运人的特殊保留条件，除非有相反证明，则应认为当承运人接管货物时，货物和包装外表状况良好，件数、标志和号码与在运单中的说明相符。"据此，运单只发挥证据效力，运单的签发是货物已经由承运人接管和运输合同成立的证据，但运单本身并非货物权属证明。

与此相对，我国《汽车货物运输规则》（1999年）第24条则规定："汽车货物运输合同采用书面形式、口头形式和其他形式。书面形式合同种类分为定期运输合同、一次性运输合同、道路货物运单（以下简称运单）。汽车货物运输合同由承运人和托运人本着平等、自愿、公平、诚实、信用的原则签订。"按照这一规定，运单是汽车货物运输合同的其中一种书面形式。《汽车货物运输规则》第27条规定："定期运输合同适用于承运人、托运人、货运代办人之间商定的时期内和批量货物运输。一次性运输合同适用于每次货物运输。承运人、托运人和货运代办人签订定期运输合同、一次性运输合同时，运单视为货物运输合同成立的凭证。在每车次或短途每日多次货物运输中，运单视为合同。"这意味着，运单的法律效力视情况而定，它既可能被视为证明货物运输合同成立的证据，也可能被视为合同。这一立场与《国际公路货物运输合同公约》比较接近。在交通运输部于2016年通过《交通运输部关于废止20件交通运输规章的决定》（交通运输部令2016年第57号）废止《汽车货物运输规则》后，汽车货物运输合同的成立应当按照《民法典》相关规定来认定。

值得注意的是，按照《国际公路货物运输合同公约》第9条的规定，运单不仅是合同成立的证据，还是承运人收到和接管货物的证明。《汽车货物运输规则》没有类似的规定，但是结合《汽车货物运输规则》第30条、第32条来看，运单也是承运人接收货物的凭据。

按照《国际公路货物运输合同公约》第5条的规定，运单一式三份，一份交给发货人，一份跟随货物，一份由承运人保留。就运单的内容而言，按照《国际公路货物运输合同公约》第6条规定，运单应当包括以下事项：运单签发日期和地点；发货人名称和地址；承运人名称和地址；货物接管的地点及日期和指定的交付地点；收货人名称和地址；对货物性质在通常意义上的描述，货物的包装方法，如属危险货物，还应包括对该危险货物按照大众通常认可的情况进行说明；件数和其特殊标志和号码；货物毛重或以其他方式表示的数量；与运输有关的费用（运输费用、附加费用、关税和从签订合同到交货期间发生的其他费用）；办理海关和其他手续所必需的指示；不管有任何相反条款，表明该运输必须遵照《国际公路货物运输合同公约》各项规定的声明。如果发货人在上述事项中就第2项、第4项、第5项、第6项、第7项、第8项、第10项发生记载错误导致承运人损失，发货人对承运人的损失负责。此外，运单还可能包括以下事项：不允许转运的说明；发货人负责支付的费用；"现款交货"费用的金额；关于货物价值和运输体现的特殊利益的声明；发货人关于货物保险所给予承运人的指示；议定的履行运输的时效期限；交付承运人的单据清单。如果发货人就上述事项出现记载错误并造成承运人损失，发货人对承运人的损失负责。除此以外，合同当事人还可以将双方认为有用的其他事项记入运单。

与此相对，我国交通运输部颁布的《国际道路运输管理规定》中要求《国际道路货物运单》一式四份，第一份为存根，第二份交给始发地海关，第三份交给口岸地海关，第四份由承运人随车携带。该运单包含22项内容：发货人信息；收货人信息；装货地点；卸货地点；货物标记和号码；货物件数；货物包装种类；货物名称；货物体积；货物毛重；发货人指示，如进出口许可证号、货物声明价值、发货人随附单证、订单或合同号；运送特殊条件；应付运费；承运人意见；承运人；运单编制日期；收到运单货物日期；收货具体日期，即到达卸货和离去时间；承运人运输信息，如汽车牌号、吨位、司机姓名、拖挂车号、行车许可证号、路单号；运输里程信息，如运输里程、过境里程、收货人境内里程；海关机构记载；收货人意见。

与运单相关的问题是货物的接管。《国际公路货物运输合同公约》第 8 条专门规定了承运人检查货物的不真正义务。该条规定："当接管货物时，承运人应核对：（1）运单中关于货物件数及其标志和号码的申报内容的准确性；（2）货物的外表状况（apparent condition）及其包装。当承运人对本条第一款（1）项所述的准确性无合理的核对方法，他应将他的保留条件连同其理由记入运单。同样，他应对货物外表状况及其包装所作出的任何保留说明理由。除非发货人在运单上明确同意受此种保留所制约，否则此种保留对发货人不应有约束力。发货人应有权要求承运人核对货物的毛重或以其他方式表示的数量。他也可要求承运人对货物的内容进行核对。承运人应有权对此种核对产生的费用提出索赔。核对结果应记入运单中。"第 9 条第 2 款规定："如运单中未包含承运人的特殊保留条件，除非有相反证明，则应认为当承运人接管货物时，货物和包装外表状况良好、件数、标志和号码与在运单中的说明相符。"换言之，如果承运人没有检查货物、没有在运单中记载保留，那么就推定承运人已经履行了检查义务且货物符合运单上的记载。不过，承运人可以不履行检查货物的义务，不履行检查义务并不构成对合同的违反，故检查货物的义务只是承运人的不真正义务。承运人不检查货物的，第 9 条的推定即告成立，承运人不能主张货物的外表状况具有缺陷或主张保留，在货物变质腐败的情况下还要对货物的变质腐败负责。

《国际公路货物运输合同公约》第 8 条第 1 款确定了承运人检查义务的范围，即货物件数、标志和号码、货物的外表状况及其包装。该条对于什么是货物的外表状况没有进行具体的规定，故货物的外表状况取决于各个缔约国国内法的规定。英国法认为，所谓外表状况，是指通过合理的检查从外部（肉眼）能够查明的状况。例如，承运人在检查冷冻肉类时，没有义务对核心温度（core temperature）进行检查。不过，承运人对货物外表状况及其包装的检查，不仅限于货物被接管时应当对货物外表状况进行检查，还包括货物及其包装是否适于运输的检查，以及货物在运输开始后合理时限内可能的状况。此外，按照《国际公路货物运输合同公约》第 11 条第 2 款的规定，承运人没有义务核实发货人就货物办理的海关或其他手续单证和记载信息是否准确或适当。

不过，根据《国际公路货物运输合同公约》第 10 条规定，如果货物的包装存在缺陷，发货人应当对承运人因该缺陷而遭受的损失负责，除非缺陷显而易见或者承运人在接管货物时明知且并未就此作出任何保留。这一损害赔偿责任的范围较广，包括承运人为了避免或限制缺陷包装造成损害的支出，缺陷包装引起的损害不仅包括对货物本身的损坏，还包括对其他发货人货物造成的损坏，同时包括对承运人人员、设备造成的损害。然而，发货人货物包装缺陷导致其他发货人货物损坏的，其他发货人不能依据第 10 条要求发货人负损害赔偿责任，而是应先要求承运人对损害负责，然后承运人将这一损害赔偿责任作为费用要求发货人负责。至于货物包装缺陷造成承运人设备损坏的，发货人只负有损害赔偿责任，无须对设备更换负责。与此类似的是我国《汽车货物运输规则》第 70 条，该条规定："因托运人下列过错，造成承运人、站场经营人、搬运装卸经营人的车辆、机具、设备等损坏、污染或人身伤亡以及因此而引起的第三方的损失，由托运人负责赔偿：（一）在托运的货物中有故意夹带危险货物和其他易腐蚀、易污染货物以及禁、限运货物等行为；（二）错报、匿报货物的重量、规格、性质；（三）货物包装不符合标准，包装、容器不良，而从外部无法发现；（四）错用包装、储运图示标志。"

2）承运人的处置权

《国际公路货物运输合同公约》第 12—16 条规定了货物的处置。《国际公路货物运输合同公约》第 12 条规定："1. 发货人有权处置货物，特别是以要求承运人停止在途货物运输的方式来改变货物交付地点或将货物交付给非运单所指定的收货人。2. 当第二份运单交给收货人时或当收货人按第十三条第一款行使其权利时，则该权利即告终止。自此以后，承运人应听从收货人的指令。3. 收货人有权自运单签发之时起处置货物，如果发货人在运单中注明有如此说明。4. 如收货人在行使其处置货物的权利时，已指示将货物交给另一方，那么其他人无权再指定其他收货人。5. 行使处置权应遵照下列条件：（1）发货人或在本条第 3 款所述情况下拟行使权利的收货人出示上面已列明对承运人的新指示的第一份运单和向承运人赔偿由于执行该指示所涉及的所有费用、灭失或损坏；（2）当指示到达执行人手中时执行该指示是可能的，同时既不干扰承运人的正常工作的进行，也不妨碍其他货物的发货人或收货人；（3）该指示并不造成货物的分票。6. 由于本条第五款第（二）项的规定，当承运人不能执行收到的指示时，他应立即通知给他该指示的人。7. 未执行本条规定的条件中所给予的指示，或已执行指示而未要求出示第一份运单的承运人，应对由此而引起的任何灭失或损坏向有权提赔人负责。"

按照这一规定，在承运人接管货物后，发货人仍然享有货物处置权，可以停止运输并追回货物、将货物运往其他目的地或运给其他收货人，除非发货人在运单中已经将货物处置权交给了指定的收货人。不过，在第二份运单被承运人交给收货人后，或货物已经被运达目的地且收货人要求承运人交货后，发货人对货物的处置权即告消灭。当然，处置权与运单的占有密切相关，如果发货人没有运单（尤其是发货人的货物被组合起来发送），发货人一般没有处置权。在德国，承运人有义务遵守发货人的指示。要求出示运单是为了保护真正有权处置货物的权利人，保护承运人，避免承运人按照他人的指示处置货物而对真正权利人承担赔偿责任。因此，如果没有出示运单，承运人也知道除发货人外没有其他人享有处置权，那么承运人就应当遵守发货人的指示，此时，没有保护承运人以避免承运人按照他人指示从而承担损害赔偿责任的必要。

发货人的处置权实际上是一种形成权，它并非解除运输合同的权利，而是单方面改变运输合同条款的权利。发货人行使货物处置权的，不影响发货人在合同中的法律地位。换言之，承运人违约的，发货人仍然可以针对承运人提起违约之诉。不过，承认发货人的单方面处置权，实际上不利于承运人。当然，由于运单本身不是货物权利的凭证，因此，处置货物的权利和货物的所有权实际上被区分开来。

结合《国际公路货物运输合同公约》第12条，处置权的行使必须满足以下条件：行使处置权的指示必须及时到达执行人；出示第一份运单，便于承运人记载该事项；就承运人遵循处置权指示而负担的成本，处置权人应当给予补偿；行使处置权的发货人必须还享有处置权，即第二份运单尚未交给收货人；收货人知道货物丢失或者迟延并起诉承运人的，发货人不得再行使处置权；如果处置权的行使旨在偏向发货人或其他运单的收货人，如导致收货人的货物发生迟延，处置权即不得行使；处置权的行使不得导致分票。在货物到达目的地（交货地点）后，依据《国际公路货物运输合同公约》第13条，收货人有权凭收据要求承运人将第二份运单和货物交给他。如果货物已经灭失或在运输期限（没有约定运输期限时则为合理期限）届满后货物并未到达，收货人对承运人有权以自己名义主张运输合同产生的任何权利。因此，收货人可以依据合同对承运人提起诉讼要求赔偿损失。不过，收货人主张合同权利的，应当负担运单项下的所有费用。

处置权的意义不仅存在于货物运输过程中，还存在于货物运输不能时。

《国际公路货物运输合同公约》第 14 条规定："1. 如果由于某种原因或者根据运单规定的条件,在货物到达指定交货地点前执行合同已经成为不可能,承运人应按第十二条规定从有权处置货物者处取得指示。2. 但是,如果情况允许按不同于运单规定的条件进行运输和如果承运人不能根据第十二条规定在合理时间内从有权处置货物者处取得指示,他应采取他认为对有权处置货物者最有利的措施。"按照这一规定,如果发生运输合同履行不能,承运人有义务获取处置权人的指示并按照该指示行事。因此,承运人应当在合理期限内将履行不能的事实告知发货人并要求发货人给予指示,为了便于发货人作出合理决定,承运人应当尽可能提供充分有效的信息。在等待发货人指示期间,承运人有权按照《国际公路货物运输合同公约》第 16 条卸货。除非履行不能归咎于承运人的过失或不当行为,承运人要求给予指示的成本和按照指示行事的成本应当依据第 16 条第 1 款获得补偿。如果承运人在合理期限内没有获得处置权人的指示,且运输合同的履行又成为可能,即使运输合同履行的路线和期限可能与运单要求的不同,承运人也应当按照最符合处置权人利益的方式采取措施。比如,承运人可以选择更合适的替代运输方式(如海运),或将货物转移至便于运输至目的地的其他车辆。不过,在这种情况下,承运人仍然按照合同依据《国际公路货物运输合同公约》对发货人和收货人负责。

除上述情况外,处置权的意义还存在于交付存在障碍时。《国际公路货物运输合同公约》第 15 条规定："1. 如果货物到达指定交付地点后的情况妨碍货物交付,承运人应要求发货人给予指示。如果收货人拒绝接货,发货人应有权处置货物而无需出示第一份运单。2. 即使收货人已拒绝接货,但只要承运人未从发货人处收到相反的指示,收货人仍可要求交货。3. 当收货人行使第十二条第三款的权利而指示将货物交付另一人后发生交货受阻的情况,本条第一款、第二款应适用,一如该收货人是发货人,另一人是收货人。"按照这一规定,如果发生妨碍交货的客观情况,承运人应当在合理期限内要求发货人给予指示并提供充分有效的信息,在此期间,承运人应当尽最大努力避免货物的灭失或损坏。同样地,在等待发货人指示期间,承运人有权按照《国际公路货物运输合同公约》第 16 条卸货。除非履行不能归咎于承运人的过失或不当行为,承运人要求给予指示的成本和按照指示行事的成本应当依据第 16 条第 1 款获得补偿。如果承运人没有及时要求发货人给予指示,承运人对由此产生的后果负责;如果发货人没有及时给予指示,承运人按照第 16 条采取措施。

《国际公路货物运输合同公约》第 16 条规定了处置权行使的法律后果："1.除非要求得到指示和执行该项指示而发生的费用是由于承运人的不当行为或疏忽所引起，否则承运人应有权享受偿还该费用的权利。2.在第十四条第一款和第十五条所述的情况下，承运人可为有权处置货物者立即卸货，自此以后运输应视作终结。然后，承运人应代表有权处置货物者掌管货物。但承运人也可将货物委托给第三方掌管，在那种情况下，承运人除履行合理谨慎选择第三方的责任外，不负任何其他责任。在运单中应付的费用和所有其他费用应以货物担保。3.如果货物易腐或货物的状况证明如此，或当栈租费将超过货物的价值，承运人可出售货物而无需等待有权处置货物者的指示。在其他情况下，如果在合同期限届满后，承运人未从有权处置货物者处收到要求他合理执行的相反的指示，他也可将货物进行出售。4.如货物已按照本条被出售，在出售的货款中扣除由发货方承担之费用后的余额应归有权处置货物者所支配。如果这些费用超过货款，承运人应有享受其差额的权利。5.出售货物的手续应由货物所在地的法律或习惯来确定。"第 16 条规定的意义在于规定了承运人的卸货权利和出售货物的权利。按照第 16 条第 2 款，承运人可以立即卸货，无须等待处置权人的指示，卸货的费用由处置权人承担。不过，就货物存储费用而言，如果处置权人确认了承运人的存储行为，那么存储费用由处置权人承担；如果处置权人没有确认承运人的存储行为，那么，存储费用由承运人负担，承运人通过出售货物来获得补偿。依据第 17 条，卸货的法律效果与交付相同。不过，承运人应当为了处置权人的利益管理货物，承运人依据国内法对货物遭受的灭失或者损坏负责。就承运人出售货物的权利而言，承运人在第 14 条规定的履行不能和第 15 条规定的交付受阻的情况下也可以出售货物。承运人在出售货物时，必须遵循货物所在地的法律或习惯确定的程序。国内法可能会要求承运人通知发货人和收货人，但是《国际公路货物运输合同公约》并未就这一通知义务进行规定。第 16 条第 4 款规定的费用范围包括运单项下的费用、要求和执行处置权人指示发生的费用。

3）承运人责任

《国际公路货物运输合同公约》第 17 条是承运人责任制度的核心条款。该条规定："1.承运人应对自货物接管之时起到交付时止发生的全部或部分灭失和损坏以及货物交付中的任何延迟负责。2.但如果货物灭失、损坏或延迟是由于索赔人的不当行为或过失，或是由于索赔人的指示而不是由于承运人的不当行为（wrongfulact）或过失（neglect），或是由于货物的固有缺陷，或是由于承运人不能避免的情况且承运人不能防止的结果所造成,承运人应免除责任。3. 对由于为履行运输而使用之车辆的不良状况或由于承运人已租用其车辆的人或他的代理人或他的受雇人的不当行为或过失,承运人不应免除责任。4. 按照第十八条第二款至第五款,当货物的灭失或损坏是在下述一种或一种以上情况中产生的特殊风险所引起的,承运人应予免责:(1)当事人明确约定且已在运单中特定规定使用无盖敞车;(2)如货物根据其性质,在无包装或未予妥善包装时易于损耗或损坏的情况下,无包装或包装不良;(3)由发货人、收货人或代表发货人或收货人所从事的货物搬运、装载、积载和卸载;(4)根据某些货物的性质,货物极易因断裂、生锈、腐烂、干燥、渗漏、正常损耗或虫蛀而发生全部灭失或部分灭失或损坏;(5)包装上标志或号码不足或不当;(6)承运活动物。5. 根据本条规定,对于其他因素造成货物灭失、损坏或延迟,承运人不负责任的,承运人仅在本条规定其应当承担责任的因素造成货物灭失、损坏或延迟的范围内负责。"

按照这一规定的逻辑,一旦承运人发生延误或货物出现灭失、损坏,承运人即应当对发货人或收货人负责,除非承运人存在第 17 条规定的抗辩事由。从举证责任分配的角度来看,索赔人应当证明延误或货物出现灭失、损坏,承运人则应当依据第 17 条第 2 款和第 22 条证明存在抗辩事由。货物灭失、损坏可以在货物抵达目的地后通过比较货物接管前和货物抵达后的数量和状态来证明,没有到达目的地的,依据第 20 条第 1 款来证明。有些类型的货物需要通过运单来认定其灭失或损坏,如冷藏货物,索赔人应当证明在运输开始前冷藏货物的核心温度适于保存该冷藏货物。当然,如果承运人事先并未检查冷藏货物的核心温度,那么该冷藏货物就被推定为处于适合运输的良好状态。

如果承运人能够举证证明存在第 17 条第 4 款规定的事由,而且,虽然不是上述事由引起了货物的灭失或损坏,但上述事由可以造成货物的灭失或损坏,即推定第 17 条第 4 款中的事由引起了货物的灭失或损坏(第 18 条第 2 款)。此时,索赔人应当证明货物的灭失或损坏并非源于第 17 条第 4 款规定的特定风险,而是源于承运人的原因,这一原因可能表明承运人具有过错。理论上,索赔人无须证明货物发生灭失或损坏的真实原因,只要索赔人的主张能够削弱承运人证据的证明力即可,即动摇承运人关于灭失或损坏可能源于第 17 条第 4 款规定的特定风险的主张。当然,为了推翻第 18 条第 2 款的推定,索赔人可以直接证明灭失或损坏可以归责于承运人。换言之,承运人对货物具有照顾义务，承运人应当尽到最大限度的注意来保护货物，这一义务标准极高，仅在灭失或损坏源于第 17 条第 2 款规定的承运人不能避免的情况且承运人不能防止的结果时，其才无须负责。如果承运人的抗辩不成立，其即对货物的部分或全部灭失或损坏负赔偿责任。就延误而言，承运人不仅要对易腐败货物的变质腐败负责，还应当对纯粹经济损失负责（如丧失的市场机会、份额）。不过，承运人的损害赔偿责任受到了第 23 条的限制。

《国际公路货物运输合同公约》没有关于谁是索赔人的一般规定，因此，索赔人到底是发货人还是收货人，取决于国内法的一般规定。比如，按照英格兰的普通法，有权针对承运人提起诉讼的是合同当事人。而在其他一些国家，承运人作为合同当事人能够提起诉讼。不过，在英格兰，与承运人订立合同的当事人被推定为货物的所有人。然而，对这一问题，不同国家立场并不相同。在德国，有权针对承运人提起诉讼的人是享有货物处置权的人。由于货物处置权不可能同时为两人享有，故这一做法限制了有权提起诉讼的人的范围，避免了双重诉讼。与此相对，在法国、比利时、奥地利，有权针对承运人提起诉讼的人可能不止一个。虽然妥当的办法是承认有权提起诉讼的人是因承运人违反合同而蒙受损失的人，但是这一路径不符合《国际公路货物运输合同公约》的规定。按照《国际公路货物运输合同公约》第 13 条，收货人可以针对承运人提起诉讼，不论是否遭受损失。当然，不论是发货人还是收货人都有权针对承运人提起诉讼，他们在诉讼中的举证责任并无区别。

承运人的责任期间是从接管货物时起到完成交付时止。因此，承运人接收货物后的装载行为也属于承运人的负责期限，但发货人完成的装载行为除外。同样，承运人接收货物后、起运前的存储货物期间也属于承运人的责任期间。交付是指承运人将货物的控制和管领在约定的地点交给收货人。交付与卸货行为不同，如果卸货由承运人完成，那么卸货就在交付之前；如果卸货由收货人或收货人的司机（作为收货人的代理人）完成，那么卸货就在交付之后。

货物灭失是指货物不知所终，没有出现在它应当出现的地点。货物被毁灭或从物理状况上看货物对收货人没有经济价值的，也构成全部灭失。此外，依据《国际公路货物运输合同公约》第 20 条，迟延也可能构成全部灭失。货物损坏是指货物的物理状况发生了变化导致其价值降低。迟延是指货物抵达目的地的时间比约定的要晚或超出了合理时限。

承运人对车辆缺陷造成的货物灭失或损坏负责。车辆缺陷不仅包括车辆不适于上路，也包括车辆不适合接收和容纳特定类型的货物。典型的例子是，承运人提供的车辆设备与合同要求的完全不同。车辆缺陷是对抗索赔请求之抗辩的例外。换言之，即使承运人主张存在第 17 条第 2 款意义上的事由，一旦承运人的车辆存在第 17 条第 3 款规定的缺陷，承运人仍然可能无法免责，除非货物的灭失或损坏源于承运人接管货物后、交付货物前发生的不可避免的情况从外部引起的车辆缺陷。

对抗索赔请求的抗辩，首先是货物灭失或损坏源于索赔人的不当行为或疏忽或索赔人的指示。在《国际公路货物运输合同公约》起草者心目中，不当行为或疏忽都是索赔人的过错。比如，发货人包装有明显缺陷或者装货不当，这就是第 17 条第 4 款意义上的特定风险（索赔人的过错）。类似地，发货人瞒寄违禁品或者对货物的重量发生错估都属于特定意义上的风险。索赔人的指示在索赔人本身并无过错时具有重要意义。不过，索赔人的指示可能与损坏的发生没有直接因果关系或并非近因。

对抗索赔请求的抗辩，其次是货物灭失或损坏源于货物本身的固有瑕疵（Inherent vice），它是指货物本身具有一定缺陷，按照其正常的发展会导致货物毁损。典型的例子是水分过多或保存温度不够导致货物不足以撑过运输。当然，货物本身的性质与货物的潜在缺陷（latent defect）不同。

对抗索赔请求的抗辩，最后是不可避免的情况，即不可避免该情况且该情况的后果无法阻止，即使承运人已经就货物尽到了最大限度的注意（utmost care）。所谓最大限度的注意，是指注意义务的标准在下面两个极端之间浮动：一方面，义务人采取了任何在法律范围内可以想象的预防措施，无论该预防措施有多么极端；另一方面，义务人采取的措施最多不超过根据现有的实践可采取的合理措施。不可避免的情况可能是源于索赔人的风险领域。尽管按照举证责任分配规则来看，应当由承运人来证明存在不可避免的情况。但是，在英格兰司法实践中，有法官要求索赔人应当证明承运人本应当也能够避免损失，然后由承运人举证证明索赔人的要求无异于强人所难。不过，如果承运人能够证明自己虽然没有尽到最大限度的注意，但是损害还是会发生的，那么承运人仍然可以基于这一抗辩免责。一般来说，情况是否不可避免，应当由事实综合各种因素来认定，如承运人当时能够掌握的知识状况、损失发生的可能性、涉及货物运输的法律规定。因此，在某些情况下，即使承运人确实无法亲自履行运输合同，但是他可以通过雇佣其他司机完成运输，从而不能主张不可避免的情况。但是，无论如何，在发生持枪抢劫的情况下，承运人可以基于不可避免的情况而免责。

《国际公路货物运输合同公约》第17条第4款规定了实际上的特定风险（special risks）。所谓的无盖敞车，不仅是指顶部没有遮蔽的无盖敞车，还包括车辆两侧没有遮蔽的敞车。包装是否欠缺，一般应依据通常的商事惯例来认定，即该类货物按照这种运输方式应采取的包装形式。包装存在欠缺是指包装不足以使货物撑到经由合同约定的车辆类型运输结束。值得注意的是，《国际公路货物运输合同公约》并没有对装货和卸货过程中的风险和责任承担明确规定交于发货人或承运人一方，发货人或承运人何者应当装货和卸货，取决于具体的合同约定。如果装货由发货人和承运人的员工共同完成，装货责任应当由对装货过程进行负责和监督的一方承担。按照《国际公路货物运输合同公约》第17条第4款第3项，如果装货由发货人完成且装货出现缺陷，那么承运人即可免责。所谓装货和积载缺陷，是指装货和积载方式不足以让货物撑到经由合同约定的车辆类型运输结束。值得注意的是，承运人可能对发货人的装货负有检查义务。如果装货由发货人完成，发货人的装货存在缺陷从而影响车辆的安全性，倘若这一情况本该由承运人或者承运人的司机发现，那么承运人可能对货物的灭失或损坏负部分责任。敏感货物往往易于灭失或遭受损坏，易生锈货物如金属制品、易腐败货物如肉类、易破碎货物如水杯甚至无酒精饮料。第17条区分了敏感商品和活动物，这是为了适用第18条第4款，即将第18条第4款的适用范围限定于第17条第4款第4项。此外，敏感商品可能同时构成第17条第2款的抗辩事由，从而与活动物存在区别。

值得注意的是，我国的《汽车货物运输规则》第68条第7项与公约第17条第2款接近，而前者第68条第2项、第3项则与公约第17条第4款第2项、第4项体现了相同的思路。

《国际公路货物运输合同公约》第18条规定了承运人的证明责任："1.对第十七条第二款所规定的原因之一所引起的灭失、损坏或延迟，承运人应负举证责任。2.当承运人确定案情中的灭失或损坏能归因于第十七条第四款所述的一种或一种以上的特殊风险，则应推定就是这样引起的。但索赔人有权证明损失或损害事实上不是全部或部分归因于这些风险之一。3.如有大量短少或整件的灭失，此种推定不应适用于第十七条第四款第一项中所述情况。4.如货物由装有特殊设备以便保护货物不受热、冷、温度变化或空气湿度影响的汽车承运，除非承运人证明他对这种设备的选择、维修和使用的情况均已采取了理应采取的所有措施和已按照给他的特别指示行事，否则承运人无权索赔第十七条第四款第二项规定的利益。5.除非承运人证明，根据情况他已采取了一般理应采取的所有措施和已按给予他的特别指示行事，否则承运人无权享受第十七条第四款第六项规定的利益。"这一规定遵循的是"谁主张谁举证"原则，因此，由承运人负责证明第17条第2款和第4款规定的事由。承运人证明存在第17条第4款规定事由的，索赔人应当证明货物灭失或损坏完全不是由第4款规定的事由引起，而是由承运人应当负责的事由引起。当然，如果索赔人能够证明货物的灭失或损坏可以归咎于承运人违反注意义务即可。如果承运人已经发现或者本应该发现发货人的货物包装存在缺陷，承运人应当尽可能告知发货人。如果承运人不能告知发货人，那么承运人应当拒绝接收货物或采取可行的措施来弥补缺陷。发货人则应当采取合理措施来弥补包装缺陷。

《国际公路货物运输合同公约》第19条规定了迟延的认定："当货物未能在议定的时效期限内交货，或虽无此种议定时效期限，在考虑到实际情况后，运输的实际期限，特别是分票运输，在通常情况下组成整票货物所需要的时间超过了允许一个勤勉承运人的合理的时间，则视为延迟交付发生。"因此，如果索赔人主张货物已经发生延迟，那么索赔人要么证明承运人没有在约定的时间交货，要么证明虽然没有关于运输期限的约定，但是承运人的运输时长不合理。我国《汽车货物运输规则》第84条第4款也规定："未按约定的或规定的运输期限内运达交付的货物，为迟延交付。"

《国际公路货物运输合同公约》第20条规定了货物的灭失："1.在约定期限届满后三十天内或如无议定期限，从承运人接管货物时起六十天之内货物未交付，应视为货物灭失的最终证明，所以有权提出索赔的人可视货物已经灭失。2.有权提赔人在收到对灭失货物的赔偿时，可提出书面要求——在赔偿支付后一年期间内如货物被找到，应立即给他通知。对他的此种要求应给予书面确认。3.在接到通知书后三十天之内，在交付运单上应付费用和退还他收到的赔偿金（减去其中包括的费用）后，上述有权提赔人可要求将货物交付给他，但不影响第二十三条中交货延迟赔偿的任何索赔和如可适用的第二十六条。4.如无第二款提及的要求或在第三款所述三十天期间无任何指示或在赔款支付超过一年后货物仍未找到，承运人有权根据货物所在地的法律处理该货物。"我国《汽车货物运输规则》第84条第3款规定了货物的灭失。

《国际公路货物运输合同公约》第22条规定了危险货物运输："1.当发货

人把有危险性质的货物交付承运人,他应将危险的确切性质通知承运人和如有必要时指出应采取的预防措施。如此种情况并未列入运单,发货人或收货人可通过一些其他方式举证证明承运人了解由该货物运输所造成危险的确切性质。2. 在本条第一款所述情况下,承运人不知道货物的危险性质,则危险货物可能随时随地由承运人卸载、销毁或使之无害而无需给予赔偿;再者,发货人应对接管或运输引起的所有费用、损失或损害负责。"所谓危险货物,是指按照通常的公路运输,货物会成为人和财产的直接物理危险源。换言之,危险货物不是指那些变得危险的货物,而是指如不当装载而变得具有危险的货物。发货人应当依据第 6 条第 1 款和第 3 款将危险货物的信息记载在运单上。专业的承运人应当具备货物潜在危险、货物标志和缩写的含义的知识。如果承运人事先并不知道货物是危险货物,而是在接管货物后发现货物是危险货物,那么,依据第 22 条第 2 款,承运人有权卸载或销毁危险货物或使其无害化,无须对发货人或收货人进行赔偿,此时,收货人可以要求发货人赔偿。不过,即使发货人没有告知危险货物信息,承运人也可能负担一定的义务。比如,如果危险不是那么严重,承运人应当要求发货人给予指示。承运人采取措施而负担的成本,应当由发货人负担,但是,不合理的措施引起的成本,发货人可能无须负责。发货人对承运人因危险货物造成的损害负责,包括车辆本身的损害。此外,发货人的危险货物导致其他发货人货物损坏的,其他发货人可依据侵权法要求发货人负责,或者依据合同要求承运人负责,承运人赔偿后再向发货人追偿。发货人的责任不受第 23 条的限制,第 23 条的责任限额仅仅适用于承运人。

《国际公路货物运输合同公约》第 23 条规定了承运人的责任限制:"1. 如果根据本公约规定,承运人负责赔偿货物的全部和部分灭失时,这种赔偿应参照接运地点和实际货物的价值进行计算。2. 货物的价值应根据商品交易所价格,或无此种价格则根据现行市价,或如无商品交易所价格或现行市价,则参照同类、同品质货物的通常货价决定。3. 但该短缺的赔偿额毛重每公斤不超过 25 记账单位。4. 此外,如果货物全部灭失,运输费用、关税和有关货物运输发生的其他费用应全部偿还;如货物部分灭失,则按遭受灭失部分的比例偿还,但其他的损害赔偿无须支付。5. 在延迟情况下,如索赔人证明损坏是由此引起的,承运人应支付该损坏不超过运输费用的赔偿。6. 只有在货物的价值或交货的优惠利息已根据第二十四条和第二十六条作申报时,才可索赔较高赔偿额。7. 本公约所称的记账单位是指由国际货币基金组织确定的特别提款权。本条第三款提到的数量应当被兑换成审理本案法院所在地的本国货币，按照判决日期或当事人同意的日期基于货币的价值来确定。"第23条第1款和第2款确定了在货物部分或全部灭失时承运人责任的计算方式。结合第23条、第25条，也可以计算承运人对货物损坏赔偿的责任限额；结合第23条、第27条，可以计算承运人的利息支付限额。第23条适用于货物的灭失，故承运人原则上无须为发货人或收货人遭受的后续损害负责，如商业利润的丧失，但以下情况除外：第一，按照第27条主张的利息；第二，损害源于第29条中规定的承运人的不当行为；第三，依据第23条第4款主张的费用补偿；第四，依据第23条第5款主张的迟延损失。第23条第5款规定的是因延迟而发生的损失，区别于第25条规定的物理意义上的货物损坏，应当被理解为纯粹经济损失，尤其是利润的丧失或发货人依据销售合同对收货人负担的损害赔偿责任。

《国际公路货物运输合同公约》第23条第1款将货物接管地规定为货物灭失赔偿的计算地点，一般来说，法院可能会按照发货人在运单中声明的货物价值认定损害赔偿，除非发货人能够证明该价值不足以弥补损失。第23条第2款确定了货物的计价标准。第23条第3款则确定了损害赔偿的限额，即8.33单位特别提款权/公斤（毛重），这一规定一般必须结合第28条来适用。与此相对，第24条、第26条和第29条突破了第23条第3款规定的责任限制。不过，总的来说，承运人仅对索赔人证明的实际损失负责。公约没有规定所谓的惩罚性赔偿，而且第31条第2款实际上是禁止了所谓的双重救济。第23条第4款规定，运输费用是指为运输而发生的费用，不包括因退回或重发破损货物而发生的费用。关税按照通常意义理解，不包括消费税。不过，其他费用可能存在争议。比如，在英国，因货物未抵达目的地而发生的退货费和消费税也属于其他费用。当然，其他费用有广义和狭义两种解释。狭义包括包装和保险费用；广义则包括间接发生在运输过程中的费用，故包含违约间接引起的费用，如调查货物受损状况的费用、因货物未能抵达目的地而发生的额外税费和增值税、退货费。

与《国际公路货物运输合同公约》第23条相比，我国《汽车货物运输规则》第83条显得尤为简单。不过，《汽车货物运输规则》第83条不仅包括货物灭失的损害赔偿，还包括货物损坏的损害赔偿。后者由《国际公路货物运输合同公约》第25条调整："1.如果货物损坏，承运人应对货物降低价值的该部分金额负责，其计算则参照第二十三条第一款、第二款和第四款确定的货物价值。2.但赔偿不可超过：(1)如整票货物损坏，在全部灭失情况下所支付的金额；(2)如仅部分货物损坏，在部分灭失情况下所支付的金额。"该规定实际上将货物损坏（货物在物理状况上的改变，导致货物价值降低）的赔偿与货物灭失的赔偿挂钩，限制了承运人的责任。实际上，根据第23条第2款，承运人的责任按照货物市价降低这一标准来计算，而不是"治愈成本"，即修理。不过，索赔人可以依据第23条第4款要求修理费用、减损费用的补偿；此外，如果货物受损的部分能够在合理期限内修理，那么承运人对该修理费用负责。

《国际公路货物运输合同公约》第27条确立了利息的计算标准，即年利率5%："1.索赔人应有权索赔应付赔偿金的利息。按年利率百分之五计算的利息应从向承运人书面提出索赔之日起，或未提出索赔则从法律诉讼之日起计算。2.计算赔偿额如不是按提赔国家的货币来表示时，则应按照赔偿支付地当天所采用的兑换率来换算。"

《国际公路货物运输合同公约》第28条确立了责任限制的适用范围："1.根据适用的法律，本公约内运输所引起的灭失、损坏或延迟导致的合同以外的索赔，承运人可援引免除其责任或确定或限制赔偿金的本公约的规定。2.按第三条规定，如承运人对应予负责的某一方的货物的灭失、损坏或延迟的合同以外的责任有争议，该承运人也可援引免除承运人责任或确定或限制赔偿金的本公约的规定。"它旨在维持《国际公路货物运输合同公约》的责任机制，防止公约的风险和责任分配机制落空，因此，索赔人即使通过侵权损害赔偿之诉要求承运人赔偿，也不得通过国内法获得优于《国际公路货物运输合同公约》的法律地位。这一点值得我国学习，因为我国《民法典》第186条对侵权之诉和合同之诉的竞合采取选择竞合说，合同请求权对侵权请求权不产生影响。

《国际公路货物运输合同公约》第29条规定的是承运人责任限制的例外："1.如损坏不是由承运人的故意不当行为（wilful misconduct）引起或根据受理该案的法院或法庭的法律认为承运人的违约行为（default）相当于故意不当行为，则承运人无权援引本章中免除或限制他的责任或推卸举证责任的规定。2.如果故意不当行为或违约行为是由承运人的代理人或受雇人或为履行运输利用其服务的其他人所作，当这些代理人、受雇人或其他人是在其受雇范围内行事时，则同样规定应予适用。再者，在这种情况下，该代理人、受雇人或其他人无权就其个人责任援引第一款提及的本章的规定。"从举证责任分配的角度来看，索赔人必须证明损害源于承运人的故意不当行为或承运人的代理人、受雇人的不当行为。这里的损害并不仅仅是货物的物理损坏，还包括货物的灭失和延迟。当然，盗窃属于故意的不当行为。举证责任标准取决于受诉法院的国内法。不过，哪些规定属于免除或限制责任的规定，存在争议。实际上，第 23 条第 1 款和第 2 款、第 27 条确立了《国际公路货物运输合同公约》中承运人责任的基础，属于第 29 条第 1 款意义上的规定。值得注意的是，故意的不当行为的范围可能难以确定。典型的例子是，司机认为前方没有车辆经过而闯红灯。故意的不当行为可能有时比过失或重大过失更严重。比如，司机并未充分注意、没有思考过前面是否有车辆而闯红灯的，这不属于故意的不当行为，而仅仅是过失。在英格兰法上，故意的不当行为不是按照事故发生的客观可能性而是按照行为人的主观形态来认定。具体来说，行为人必须有意识承担一项风险，且不当地作出了决定（不包括两害相权取其轻的抉择）。因遭遇抢劫而蒙受损失的，未能采取预防措施的承运人可能仅仅只有重大过失，而非故意的不当行为。反之，故意超载导致车辆安全性降低，构成故意的不当行为。类似地，承运人在一段时间内长期不维护货车，可能也构成故意的不当行为，因为任何货运行业的从业者都知道，车辆长期缺乏维护可能会使车辆处于危险状态。

4）索赔和诉讼

《国际公路货物运输合同公约》第 30—33 条规定了索赔和诉讼，其中第 30 条是这一部分的中心条款。《国际公路货物运输合同公约》第 30 条规定："1. 如果收货人接管货物时未与承运人及时检验货物状况，或如有明显的灭失或损坏，在不迟于交货的时候，如灭失或损坏不明显，在交货后七日内（星期日和例假日除外）未向承运人提出保留说明灭失或损坏的一般性质，则接受货物的事实应作为他收到运单上所载明的货物的初步证据。如货物灭失或损坏不明显，则所述保留应用书面作出。2. 当货物的状况已经收货人和承运人及时检验，只有在灭失或损坏不明显而且收货人在检验之日起七日内（星期日和例假日除外）已向承运人及时提出书面保留的情况下，才允许提出与本检验结果相反的证据。3. 除非自货物置于收货人处置时起二十一天内已向承运人提出书面保留，否则交货延迟不予赔偿。4. 在计算本条规定的时效期限时，根据实际情况，交货日或检验日或将货物置于收货人处理之日，不应包括在时效期限内。5. 承运人和收货人应相互为进行必需的调查和检验提供各种合理的方便。"

《国际公路货物运输合同公约》第 30 条第 1 款确立了推定规则,即推定货物按照发货时的顺序和状态抵达了目的地。收货人的回应对索赔人主张承运人未能严格履行运输合同、货物灭失或损坏具有重要意义。因此,承运人和收货人对货物进行共同检查可能是最好的选择,检查结论依据第 30 条第 2 款具有终局意义。当然,发货人还可以依据第 30 条第 1 款向承运人发出书面保留。收货人和承运人共同检查货物在大陆法上具有重要意义,因为证据是大陆法程序法中的重要因素。不过,第 30 条第 5 款要求当事人就调查和检查给予对方合理的便利,这源于德国法和法国法中的诚实信用原则带来的一般义务。一般来说,检查必须在货物抵达后尽快进行,避免承运人主张货物灭失或损坏发生在交付后、检验前这段时间。第 30 条第 1 款规定的保留必须包含对货物灭失或损坏的一般说明(general indication),收货人只要表明货物与运单不符即足矣。因此,收货人声称收到的货物状况糟糕即可。不过,在货物的灭失或损坏并不明显的情况下,保留必须以书面形式作出;在货物的灭失或损坏明显的情况下,保留可以以口头形式作出。不过,对于采用何种书面形式,《国际公路货物运输合同公约》并没有规定,而是依据国内法来认定。因此,在法国,在承运人持有的运单上注明即属于书面形式;在英格兰,打印的电报或传真也属于书面形式。值得注意的是,第 30 条第 1 款规定了保留发出的时限:在货物的灭失或损坏很明显的情况下,保留必须在交货时作出;在货物的灭失或损坏不明显的情况下,保留必须在交货后的 7 天内作出;在货物出现延误的情况下,保留必须在货物处于收货人处置时起 21 天内作出。收货人没有检查货物或没有作出保留的,第 30 条第 1 款的推定即有利于承运人。不过,在英格兰,即使收货人没有作出保留,法院也允许索赔人提起诉讼并提出其他证据来证明货物在交付时的状况。

《国际公路货物运输合同公约》第 31 条规定了诉讼管辖:"1. 本公约中运输所引起的诉讼,原告可在双方协议约定的缔约国的任何法院和法庭提起,也可以在下列地点所属的国家的法院或法庭提起:(1)被告的通常住所或主要营业所,或者经手订立合同的分支机构或代理机构的所在地;(2)承运人接管货物的地点或指定的交货地点,且不得在其他法院或法庭起诉。2. 关于本条第 1 款所述索赔,如已向根据该款有管辖权的法院或法庭提起诉讼或此类法院或法庭已就此项索赔作出判决,除非受理第一次诉讼的法院或法庭的判决在提起新诉讼的国家不能执行,否则相同当事人之间不得基于相同理由提起新的诉讼。3. 如果就本条第 1 款所述的任何诉讼,由一个缔约国的法院或法庭作出的判决在该国已经生效而可以执行，一旦在任何其他缔约国办妥所需手续，该判决也可以在该缔约国执行。所需手续不应涉及审理案件的实质问题。4. 本条第 3 款规定适用于审理后的判决、缺席判决和法院裁定所确认的和解，但不适用于临时判决或使全部或部分败诉的原告赔偿诉讼费用以外的损失的决定。5. 对本公约中运输所引起的诉讼，不应向在缔约国之一有住所或营业所的任何缔约国国民要求费用担保。"按照该条第 1 款的规定，有管辖权的法院主要有 6 类：第一，当事人双方约定的缔约国法院，不过，如果运输合同双方当事人是发货人和承运人，那么该双方就缔约国法院的约定无法约束收货人，除非发货人在订立合同时作为收货人的代理人订立合同或者承运人明确知晓双方就管辖权所作约定；第二，被告通常住所地法院，这通常适用于自然人；第三，被告的主要营业场所所在地法院，即被告发出商业指示的中心地、被告从该地展开商业控制、被告直接管理公司的中心地且无须借助进一步的其他控制；第四，如果运输合同是被告的分支机构或代理人订立的，那么分支机构或代理人所在地法院也有管辖权；第五，货物接管地的法院；第六，货物交付地的法院。

《国际公路货物运输合同公约》第 32 条则规定了诉讼时效，"1. 按照本公约运输所引起的诉讼，其时效期限是一年，但如是故意的不当行为，或根据受理案件的法院或法庭地的法律认为违约行为与故意的不当行为相等同时，时效期限为三年。时效期限开始起算的时间是：（1）如货物系部分灭失、损坏或交货延迟，自交货之日起算；（2）如系全部灭失，以议定的交货期限届满后第三十天，或如无议定的交货期限，则从承运人接管货物之日起第六十天开始起算；（3）在所有其他情况下，在运输合同订立后满期三个月时起算。时效期限开始之日不应计算在期限内。2. 时效期限因提出书面索赔而中止，直至承运人以书面通知拒绝索赔并将所附单据退回之日为止。如索赔的一部分已承认，则时效期限仅应对有争议部分的索赔恢复计算。收到索赔或答复和退回单据的举证应由援引这些事实的当事人负责。时效期限的计算不应被具有同一标的的进一步主张所中止。3. 除上述的第 2 款的规定外，时效期限的延长应由受理案件的法院或法庭地的法律决定。该法律也应制约新的诉讼权利的产生。4. 时效已过的诉讼权利不可以通过反索赔或抵销的方式行使。"按照这一条的文义，因公约产生的诉讼，不论是违约还是侵权抑或返还，均适用上述诉讼时效规定。设立 1 年的短期诉讼时效旨在保护运输行业对确定性（certainty）的偏好，杜绝或避免法律关系的不确定性或不稳定性。索赔人希望援引3年诉讼时效的，必须援引第29条证明承运人实施了故意的不当行为。第32条第1款第2句明确了诉讼时效的起算点，其中，第3项"其他情况"是指：其一，承运人就运输费用或损害提起的诉讼；其二，因承运人没有交货而产生的针对承运人提起的且不属于第一项的诉讼；其三，没有发生全部灭失且不属于第二项适用范围的诉讼。与此相对，《汽车货物运输规则》并没有类似规定，已经失效的《公路货物运输合同实施细则》第20条没有分门别类地针对不同的具体情况设置不同的诉讼时效，而是一刀切地将时效确定为180日，从货物运抵到达地点的次日起算。因此，公路货物运输赔偿请求权的诉讼时效能否适用两年的普通诉讼时效，存在疑问。不过，《铁路货物运输合同实施细则》第22条则采取了类似《国际公路货物运输合同公约》的立场，针对不同的索赔请求设置了不同的诉讼时效期间。

（2）铁路运输

随着"一带一路"倡议实施，中欧班列作为"一带一路"交通使者，开行数量越来越多，覆盖范围越来越大。据国家发展和改革委员会新闻发言人透露，2023年中欧班列开行17523列，同比增长6%，是2016年统一品牌时的10倍，年均增长率达39%。截至2023年年底，中欧班列国内开行城市达77个，到达欧洲25个国家217个城市，运行线路达88条，为国际陆路运输提供了中国方案，作出了中国贡献。[1]根据人民网的报道，中欧班列开行，不论从效益方面，还是效率方面，其性价比都比较高。同公路运输及海运相比较，铁路运输受气候环境、自然条件影响小，并且安全快捷，绿色环保，时效性有保证，运费约为航空运输五分之一，运行时间约为海运四分之一。另外，中欧班列开行，对"一带一路"参与国家的带动作用越来越明显。很多国家在中欧班列所经过区域，因地制宜建立起工厂、物流集散基地，在降低物流成本同时，也带动相关产业快速发展。[2]

在中欧班列蓬勃发展的背景下，有必要对国际铁路货物运输相关的公约展开研究。与丝绸之路经济带货物运输相关，涉及国际铁路货物运输的国际公约主要有适用于欧洲地区的《国际铁路货物运输合同统一规则》和适用于苏联地区、独联体地区、东欧的《国际铁路货物联运协定》。我国是《国际铁

---

[1] "中欧班列为世界经济发展注入新动力（和音）"，http://world.people.cn/n1/2023/0918/c1002-40079565.html，最后访问时间：2023年10月12日。

[2] 数据来源：光明网，https://economy.gmw.cn/2024-01/10/content_37080416.htm，最后访问时间：2023年10月12日。

路货物联运协定》的缔约国，而中欧班列的目的地则广泛适用《国际铁路货物运输合同统一规则》。因此，本书重点分析《国际铁路货物运输合同统一规则》，并对《国际铁路货物运输合同统一规则》和《国际铁路货物联运协定》展开对比分析。

①《国际铁路货物运输合同统一规则》（1999年）

《国际铁路货物运输合同统一规则》（Uniform Rules Concerning the Contract of International Carriage of Goods by Rail，CIM）是《国际铁路运输公约》（Convention concerning International Carriage by Rail，COTIF）的附件。《国际铁路运输公约》包含《国际铁路旅客运输合同统一规则》（Uniform Rules concerning the Contract of International Carriage of Passengers by Rail，CIV）、《国际铁路货物运输合同统一规则》《国际铁路危险货物运输规则》（Regulation concerning the International Carriage of Dangerous Goods by Rail，RID）、《国际铁路交通车辆使用统一规则》（Uniform Rules concerning Contracts of Use of Vehicles in International Rail Traffic，CUV）、《国际铁路交通基础设施使用统一规则》（Uniform Rules concerning the Contract of Use of Infrastructure in International Rail Traffic，CUI）、《关于拟用于国际交通的铁路材料的技术标准验证和统一技术要求的统一规则》（Uniform Rules concerning the Validation of Technical Standards and the Adoption of Uniform Technical Prescriptions applicable to Railway Material intended to be used in International Traffic，APTU）和《关于用于国际交通的铁路材料技术许可的统一规则》（Uniform Rules concerning the Technical Admission of Railway Material used in International Traffic，ATMF）。《国际铁路旅客运输合同统一规则》和《国际铁路货物运输合同统一规则》有时被称为《伯尔尼公约》。《国际铁路货物运输合同统一规则》最早制定于1890年，后来在1952年、1961年、1970年、1980年被大幅修改，现在的版本是1999年版。不过，《国际铁路货物运输合同统一规则》（1980年）在经过1990年议定书修订后仍适用于有些国家，如伊拉克、黎巴嫩，而绝大多数国家则接受了《国际铁路货物运输合同统一规则》（1999年）。目前，批准、接受、核准或加入（ratification、acceptance、approval or accession）《国际铁路货物运输合同统一规则》（1999年）的国家包括：阿富汗（2019年）、阿尔巴尼亚（2006年）、阿尔及利亚（2006年）、德国（2006年）、亚美尼亚（2011年）、奥地利（2006年）、阿塞拜疆（2015年）、比利时（2007年）、波斯尼亚和黑塞哥维那（2006年）、保加利

亚（2006年）、克罗地亚（2006年）、丹麦（2006年）、西班牙（2009年）、爱沙尼亚（2009年）、芬兰（2006年）、法国（2006年）、格鲁吉亚（2012年）、希腊（2008年）、匈牙利（2006年）、伊朗（2006年）、爱尔兰（2016年）、意大利（2015年）、拉脱维亚（2006年）、列支敦士登（2006年）、立陶宛（2006年）、卢森堡（2006年）、北马其顿（2006年）、摩洛哥（2011年）、摩纳哥（2006年）、黑山（2010年）、挪威（2006年）、巴基斯坦（2013年）、荷兰（2006年）、波兰（2006年）、葡萄牙（2006年）、捷克（2006年）、罗马尼亚（2006年）、英国（2006年）、俄罗斯（2010年）、塞尔维亚（2006年）、斯洛伐克（2006年）、斯洛文尼亚（2006年）、瑞典（2015年）、瑞士（2006年）、叙利亚（2006年）、突尼斯（2006年）、土耳其（2006年）、乌克兰（2007年）、欧盟（2011年）约旦（2010年）。

俄罗斯虽然加入了国际铁路运输政府间组织（Intergovernmental Organisation for International Carriage by Rail，OTIF）和《国际铁路运输公约》，但是，在起步阶段，俄罗斯仅仅从波罗的斯克（Baltiysk）渡轮码头到波罗的斯克火车站、从乌斯季卢加（Ust-Luga）渡轮码头到卢西斯卡亚（Luzhskaya）火车站的铁路适用《国际铁路货物运输合同统一规则》，从而配合德国萨斯尼茨（Sassnitz）—波罗的斯克—乌斯季卢加航运路线。2015年，俄罗斯将卡夫卡兹火车站到卡夫卡兹港（Port of Kavkaz）的铁路适用《国际铁路货物运输合同统一规则》。2022年，俄罗斯又将7条铁路路线纳入了《国际铁路货物运输合同统一规则》的适用范围，如马莫诺沃（Mamonovo）边境口岸火车站到捷尔任斯卡娅-诺瓦亚（Dzerjinskaya-Novaya）火车站的铁路、热烈兹诺多罗日内（Zheleznodorozhny）边境口岸火车站到切尔尼亚霍夫斯克（Chernyakhovsk）火车站的铁路、加里宁格勒-索尔蒂罗维奇尼（Kaliningrad-Sortirovochny）火车站到加里宁格勒港的铁路以及布斯洛夫斯卡亚（Buslovskaya）、斯韦托戈尔斯克（Svetogorsk）、维尔兹里亚（Vyartsilya）等边境口岸火车站到芬兰国境线的铁路。

1）适用范围

第一，按照《国际铁路货物运输合同统一规则》第1条，《国际铁路货物运输合同统一规则》适用于货物接管地和交付地分属两个成员国的有偿铁路货运合同，而不论合同双方当事人的营业地和国籍如何。（第1款）第二，货物接管地或货物交付地位于《国际铁路货物运输合同统一规则》的成员国之一的，如果铁路货运合同双方当事人同意适用《国际铁路货物运输合同统一规则》,那么,《国际铁路货物运输合同统一规则》也适用于该货物合同。(第2款)第三,除了跨境铁路运输外,如果一项国际货运合同还包括在一个成员国内的公路运输或内河运输,且后二者还构成对跨境铁路运输的补充时,《国际铁路货物运输合同统一规则》仍可适用。(第3款)第四,除了跨境铁路运输外,如果一项国际货运合同中还包含海运或跨境内河运输作为铁路运输的补充,且其属于公约第24条第1款所列举的服务时,《国际铁路货物运输合同统一规则》也适用。(第4款)第五,相邻国家领土内车站之间的铁路货物运输,如果这些车站的基础设施仅由其中一国的一个或多个基础设施管理者运营,那么《国际铁路货物运输合同统一规则》不适用。(第5款)据此,按照《国际铁路货物运输合同统一规则》第1条第1款和第2款,在两个成员国之间实施的铁路货运合同,必须适用《国际铁路货物运输合同统一规则》;在成员国和非成员国之间实施的铁路货运合同,由当事人选择适用《国际铁路货物运输合同统一规则》。因此,《国际铁路货物运输合同统一规则》与《国际公路货物运输合同公约》在适用范围上存在明显区别。此外,按照这一规定,《国际铁路货物运输合同统一规则》不影响《国际铁路货物联运协定》的适用,后者适用于成员国之间的直通货物联运(direct carriage)。也就是说,中国到德国、荷兰、法国的中欧班列运输合同,可以按照当事人的约定适用《国际铁路货物运输合同统一规则》;中国到乌克兰、波兰、斯洛伐克、匈牙利、保加利亚的中欧班列运输合同,中国到伊朗的铁路货运合同,既可以按照当事人的约定适用《国际铁路货物运输合同统一规则》,也可以适用《国际铁路货物联运协定》;中国到白俄罗斯的中欧班列运输合同,只能适用《国际铁路货物联运协定》。

2)运单的法律地位

按照《国际铁路货物运输合同统一规则》第6条,运输合同应当通过统一格式的运单进行确认,但是,没有运单、运单不合规、运单丢失不影响运输合同的存在和效力。因此,运单只是合同成立的证据。运单由承运人和发货人签字,承运人在接收货物后应当在运单副本上确认并将副本返还给发货人。不仅如此,运单没有提单的作用。其是承运人接管货物的凭据,不是货物权利凭证。每次发货只能使用一个运单,当事人另有约定除外。货物进入欧盟境内时,承运人应当提交满足《国际铁路货物运输合同统一规则》第7条的运单。

《国际铁路货物运输合同统一规则》第7条第1款规定,运单必须包含以下事项:"(1)运单签发日期和地点;(2)发货人名称和地址;(3)订立运合同的承运人名称和地址；（4）接管货物的人的名称和地址，如果他不是第3项中的承运人；（5）货物接管的地点及日期；（6）货物交付的地点；（7）收货人的名称和地址；（8）对货物性质的描述和包装方式，如属危险货物，规定于《国际铁路危险货物运输规则》的描述；（9）为标识零担货物运输而记载件数和特殊的标志和号码；（10）如系整车货物，车皮的数量；（11）如果铁路车辆系运输货物，在自己车轮上行驶的铁路车辆的数量；（12）如系多式联运单元，为识别而记载的单元类型、数量或其他特征；（13）以其他方式表明的货物总质量或数量；（14）海关或其他行政机关需要的附在运单上的文件清单或由承运人掌管的、按合同约定指定的主管部门或机构的办公室出示的文件清单；（15）应当由收货人支付的与运输有关的费用（运输费用、附加费用、关税和从签订合同到交货期间发生的其他费用），或其他关于由收货人支付费用的声明；（16）不管有任何相反条款，该运输必须遵照本统一规则的说明。"第2款则规定，如可适用，运单也应包括下列事项："（1）在连续承运人运输的情况下，应当交付货物的承运人同意将这一事实记载入运单的；（2）发货人负责支付的费用；（3）现款交货费用的金额；（4）货物价值和交货优惠利息金额的声明；（5）约定的运输期限；（6）约定的运输路线；（7）应当交给承运人但未列在第1款第13项的文件清单；（8）发货人就他在车皮上贴上封条的数量和描述的说明。"第3款规定，双方当事人可将他们认为有用的其他事项列于运单上。

《国际铁路货物运输合同统一规则》第12条第1款规定，运单应作为运输合同成立、合同条件和承运人接管货物的初步证据。第2款规定，承运人装载货物的，运单是运单记载的货物和包装状况的初步证明，或者，在没有上述记载的情况下，运单是承运人接管货物时货物和包装状况良好，运单中关于件数、标志、号码、货物总质量或数量的说明准确的初步证明。第3款规定，发货人装载货物的，运单是运单记载的货物和包装状况的初步证明，或者，在没有上述记载的情况下，仅当承运人已经检查了货物及其包装、运单中关于件数、标志、号码以及货物总质量或数量的说明并在运单上记载检查结果与运单相符时，运单是承运人接管货物时货物和包装状况良好，运单中关于件数、标志、号码以及货物总质量或数量的说明（第2款的说明）准确的初步证明。第4款规定，然而，如果运单中含有一项有理由的保留，运单即不再是初步证明。保留的理由可以是，承运人缺乏合适的手段来检查发货是否与运单说明一致。

3）货物的检查

《国际铁路货物运输合同统一规则》第 11 条第 1 款规定，承运人有权在任何时候检查运输条件是否符合、发货与发货人在运单中的记载是否相符。如果检查涉及发货的内容，承运人应当尽可能地在处分权人在场的情况下检查；如果不可能，承运人应当要求两位独立的证人在场，除非检查所在地国家的法律和规定有其他规定。第 2 款规定，如果发货与运单中的记载不符，或者如果关于有条件接受货物的规定没有得到遵守，检查结果应当被记载进入与货物一起的那份运单，而且应当记载进入运单的副本，如果该副本为承运人持有。在这种情况下，如果检查费用没有被及时支付，检查费用应以货物来担保。第 3 款规定，发货人装载货物的，他有权要求承运人检查货物和包装的状况，以及运单中关于件数、标志、号码以及货物总质量或数量的说明是否准确。只有在承运人具有合适的方式来检验时，承运人才有义务检查。承运人可以要求支付检查费用。检查结果应当被记入运单。

按照这一规定，承运人没有检查货物的（不真正）义务，但是却有检查货物的权利。不过，检查对于运单的证据效力、发货人或收货人能否对承运人提起诉讼具有重要意义。这一规定要求检查时必须有代表货物利益的人在场。此外，该规定允许发货人要求承运人检查。

4）危险货物

《国际铁路货物运输合同统一规则》第 9 条规定，发货人没有按照《国际铁路危险货物运输规则》就危险货物做出说明，如果承运人在接管货物时没有意识到货物的危险性质，只要情况要求，承运人就可以在任何时候卸货或销毁货物或使其无害化，无须支付赔偿。

5）装货和卸货

《国际铁路货物运输合同统一规则》第 13 条第 1 款规定，发货人和承运人应当约定何人对装货和卸货负责。如果没有上述约定，包装的装货和卸货由承运人负责，整车货物的装货应当由发货人负责、卸货由收货人在交付后负责。第 2 款规定，发货人应当对自己装货存在缺陷产生的所有不利后果负责，尤其是应对承运人因上述后果蒙受的损失或损害负责。装货存在缺陷的证明责任由承运人承担。

6）运输期限

《国际铁路货物运输合同统一规则》第 16 条第 1 款规定，发货人和承运人应当就运输期限作出约定。在没有上述约定的情况下，运输期限应当不得超过第2款至第4款规定的时间。第2款规定,除第3款和第4款另有规定外,最长的运输期限如下:"(1)就整车货物而言,发货期间为12小时;运输期限为每400公里或此后每段24小时。(2)就零担货物而言,发货期间为24小时,运输期限为每200公里或此后每段24小时。这些距离应为约定的路线,或,在没有约定的情况下,最短的可能路线。"第3款规定,承运人在下列情况下可以确定额外的运输期限:"(1)运输路线经过不同轨距的铁路,经过海运或内河运输,在没有铁路的情况下通过公路运输;(2)因存在特殊情况,导致运输变得额外繁重或特殊的经营困难。补加的运输期限应在运输总条件内载明。"第4款规定,运输期限应自接管货物的次日起算;它会因承运人无过错引起的停留期而延长。运输期限在法定节假日和周日中止。

7)货物交付

《国际铁路货物运输合同统一规则》第17条第1款规定,收货人应当在指定的交付地点将运单和货物交给收货人。收货人应当出具收据并支付依据运输合同应付的费用。第2款规定,按照交付地现行法律规定,下列情况等同于将货物交付给收货人:其一,货物交存海关或税务机关的处所或不处于承运人监管之下的仓库;其二,货物交由承运人存储,交由发货代理存储或公共仓库。第3款规定,货物到达目的地后,收货人有权要求承运人交付运单和货物。如货物已证实灭失或未在第29条第1款规定的期限内到达,则收货人有权以自己的名义向承运人主张运输合同项下的权利。第4款规定,即使权利人已经收到运单和付清因运输合同产生的费用,如果为权利人主张损失或损害且要求就此进行检验,只要检验没有完成,权利人就可拒绝接收货物。第5款规定,在其他方面,货物的交付应当遵守目的地现行法律规定。第6款规定,如果承运人在事先没有就运输费用收取现金即交付了货物,承运人仍然对收货人负损害赔偿责任,但以运输费用的现金额度为限,这不影响对收货人的追偿权。

8)货物处置权

《国际铁路货物运输合同统一规则》第18条第1款规定,"发货人有权通过给予下列指示处置货物并变更合同,尤其是他可以要求承运人:(1)停止运输货物;(2)推迟交付货物;(3)将货物交付给非运单上指定的其他收货人;(4)货物在非运单指定的到站交付"。第2款规定:"即使发货人持有运单的副本,发货人修改合同的权利在下列情形下消灭:(1)收货人取得运单;(2)收货人接受货物;(3)收货人依据本规则第17条第3款主张自己的权利;(4)收货人依据第3款有权发出指令;从此时起,承运人应当按照收货人的指示和命令行事。"第 3 款规定，自运单签发时起，收货人即享有变更合同的权利，发货人在运单中有相反指示的除外。第 4 款规定，在下列情况下，收货人变更合同的权利消灭："（1）收货人取得运单；（2）收货人接受货物；（3）收货人依据第 17 条第 3 款主张自己的权利；（4）收货人依据第 5 款指令承运人将货物交付给其他人且其他人依据第 17 条第 3 款主张自己的权利。"第 5 款规定，如果收货人指令承运人将货物交给其他人，该他人不得享有变更合同的权利。

9）阻碍运输、交付的情形

《国际铁路货物运输合同统一规则》第 20 条第 1 款规定，当存在阻碍货物运输的情形时，应由承运人决定是他主动变更线路，还是考虑权利人的利益将知道的铁路情况通知权利人并征询其指示。第 2 款规定，如不能继续运输货物，承运人应向有权处置货物者征求指示。如果承运人无法在合理期限内获得指示，他应当采取在他看来最符合有权处置货物者利益的措施。

《国际铁路货物运输合同统一规则》第 21 条第 1 款规定，当存在阻碍货物交付的情形时，承运人应当毫不迟延地通知发货人并征求他的指示，只要发货人没有在运单中记载并要求承运人在存在阻碍交付的情况时将货物退回给他。第 2 款规定，在发货人的指示到达承运人之前妨碍货物交付的情况消失的，承运人应当将货物交付给收货人。应当毫不迟延地通知给发货人。第 3 款规定，如果收货人拒收货物，发货人有权给予指示，即使他不能出示运单的副本。第 4 款规定，当收货人按照规则第 18 条第 3 款到第 5 款的规定变更合同后发生了阻碍货物交付的情况时，承运人应当通知收货人。

《国际铁路货物运输合同统一规则》第 22 条第 1 款规定，除非费用因承运人自身的过失产生，承运人有权就下列情况发生的费用获得补偿：（1）他要求给予指示的费用；（2）他执行已收到指示而发生的费用；（3）征询的指示没有抵达或没有及时抵达；（4）他依据第 20 条第 1 款做出了决定，没有征询指示。承运人可以就既定路线的运费要求偿还并且可以就上述路线获得运输期限。

10）承运人责任

《国际铁路货物运输合同统一规则》第 23 条第 1 款规定，承运人对在被接管后到交付期间货物部分或全部灭失或损坏造成的损失或损害负责，对超出运输期限造成的损失或损害负责，不论承运人使用何种铁路基础设施。第 2 款规定，承运人的责任应被免除，如运输超期或货物的灭失或损坏是由权利人的过错，或基于权利人的指示而非承运人的过错，或由于货物的固有缺陷（腐烂、损耗等），或由于承运人无法避免的情况以及此种情况所产生的承运人不能阻止的后果所造成。第3款规定，承运人的责任应被免除，如灭失或损坏是由于在下列一种或几种情况下固有的特殊危险所引起："（1）按照运输总条件或由双方约定并记入运单的敞车运输；除非货物遭受的损坏因大气影响而产生，货物被装入多式联运单位和封闭式汽车并由火车运输的，不应被视为在敞车中运输；如果发货人在敞车运输中使用遮盖的，承运人承担的责任与其使用无盖敞车运输时的责任一样，即使货物依据运输总条件没有被敞车运输；（2）根据货物的性质，如无包装或包装不良将使其易于毁损，却未包装或未妥善包装货物时；（3）由发货人装货或由收货人卸货；（4）尤其是因破碎、生锈、内部且自发的腐烂、变质或损耗，特别易使货物全部或部分灭失或损坏的某类货物的性质；（5）货物或包装件数记载不合规、不正确或不完全；（6）运输活动物；（7）按照现行规定或承运人与发货人订立的协议和运单所载条款，必须配备押运人的货物运输，如造成该灭失或损坏的风险处于押运人负责防止的范围内。"

《国际铁路货物运输合同统一规则》第25条第1款规定，因第23条第2款规定的原因之一而造成的运输期限的超过、货物的灭失或损坏，举证责任应由承运人承担。第2款规定，如承运人主张在特定的情况下，货物灭失或损坏可能由第23条第3款所指的一种或几种特殊危险而造成，应推定灭失或损坏就是由此造成。但是，索赔人有权举证损失或损害不是全部或部分由于这些危险中的一种而造成。第3款规定，如货物有异常的大量灭失，或任何包件的灭失，则第2款的推定不应适用第23条第3款第1项所述的情况。

《国际铁路货物运输合同统一规则》第23条是统一规则中承运人责任制度的中心规则。有权依据第23条（或第24条）针对承运人提起诉讼的人是运单上确定的发货人和收货人，其他人不得依据第23条对承运人提起诉讼。如果索赔人能够证明货物出现（部分或全部）灭失或损坏，或超出了运输期限，那么，承运人即被推定为应当对索赔人遭受的任何后续经济损失负责。承运人即应当通过援引抗辩来推翻上述推定。在法国和比利时，CIM的责任体制被法院认定为合同责任，且该债务为一项结果之债，即一旦发生灭失、损坏或延迟，承运人即负推定责任。而在德国，承运人的责任被认定为危险责任，即基于风险而非过失的责任。不过，在英格兰，承运人的责任是合同责任而非侵权责任，它以承运人违反合同义务为前提，即将货物按照接管时的数量和状况交给收货人。换言之，它实际上是有若干例外和限制的严格责任。

《国际铁路货物运输合同统一规则》第 23 条第 2 款和第 3 款规定的是两类抗辩，这两类抗辩的举证责任不同。第 23 条的框架下，承运人负有注意义务。第 2 款的抗辩，意味着承运人负责举证证明运输期限的超过或货物的灭失或损坏是由权利人的过错造成，由于权利人的指示而非承运人的过错造成，由于货物的固有缺陷（腐烂、损耗等）或由于承运人不可避免的情况以及此种情况的不能阻止的后果造成。第 3 款的抗辩，承运人就特殊风险负担的证明责任较轻。具体来说，首先，承运人应当证明第 3 款中一项特殊风险确实存在；其次，承运人无须证明货物损坏或灭失确系特殊风险引起，只要证明特殊风险可能引起损坏或灭失即可（第 25 条第 2 款），即特殊风险是灭失或损坏发生可能的原因。这种区别处理的原因在于，要求承运人举证证明第 23 条第 2 款中的"规范抗辩"可能较为困难，何况，第 23 条第 3 款意义上风险通常处于发货人或承运人的责任范围，应当由发货人或承运人负担，除非他们能够证明损坏或灭失并非源于第 3 款中的特殊风险（第 25 条第 2 款）。

承运人的责任期间自接管货物时起，至交付货物时止。《国际铁路货物运输合同统一规则》（1980 年）第 36 条与现在的统一规则第 23 条不一样，是以承运人接收货物时起（the time of acceptance of the goods for carriage）计算。将接收货物时起替换成接管货物时起，意味着承运人自监管和控制货物时起才对货物负责。

就第 23 条第 2 款的抗辩事由而言，第一，所谓权利人的过错，是指索赔人（发货人或收货人）的过错。典型的例子是，发货人夹带违禁品被海关查出导致货物迟延，发货人疏于提供文件或正确的文件导致货物迟延。第二，所谓权利人的指示，包括关于运输期限照顾货物的指示、运单中包含信息的指示（如收货人的地址）、处置货物的指示。权利人的指示可能体现出权利人具有过错，也可能是权利人没有过错，故在权利人没有过错的情况下，承运人通过举证证明权利人指示造成货物灭失或损坏对免责具有重要意义。第三，货物的固有缺陷，是指货物内部的缺陷无须外界影响按照自身正常发展而导致货物灭失或损坏。货物的固有缺陷与特殊风险第 4 项中的货物性质不同，前者是货物本身存在的但不是这类货物都有的缺陷，后者是不仅货物本身存在而且这类货物都有的敏感性质。第四，不可避免的情况与不可抗力不同，前者不如后者严格。不可避免的情况也不同于审慎的注意和合理注意这样的概念，因为铁路运输承运人的责任比海运承运人更高。不可避免的情况并不表示承运人的责任是绝对责任。因此，按照不可避免的情况，承运人的责任要求比不可抗力低，但是却又高于一般普通商事活动中正常或通常注意。在英格兰司法实践中，承运人注意义务的标准在下面两个极端之间浮动：一方面，义务人采取了任何在法律范围内可以想象的预防措施，无论该预防措施有多么极端；另一方面，义务人采取的措施最多不超过根据现有的实践的合理措施。因此，不可避免是指即使尽到了最大的注意也无法避免。德国司法实践也采取类似的立场，即承运人应当尽到最大限度地经济上可以期待的注意。不可避免的情况与不可抗力存在的区别主要有二：一是不可抗力要求事件不可预见，但是不可避免的情况无须事件不可预见；二是不可避免的情况并不必须是承运人经营领域之外的事由，也就是说，如果没有运输货物的可行替代路线，承运人员工自发性罢工不构成不可抗力但却属于不可避免的情况。

就第 23 条第 3 款的特殊风险而言，第一，敞车运货可能对货物造成灭失或损坏，如邻车化学物品泄漏或者失火、冰雹或恶劣天气、高空坠物。在上述情况下，承运人可能具有过失，从而，索赔人可以证明承运人具有过失而否定承运人的敞车抗辩。不过，在实践中，敞车对货物造成的灭失或损坏大多体现为货物的损耗。因此，敞车不仅仅包括无盖敞车，也包括两边敞开的车辆，还包括仅仅覆盖一层油布的敞车。第二，承运人主张货物灭失或损坏系包装瑕疵引起的，应当证明货物的性质要求使用比现有包装更好的包装，尤其是援引通常的行业惯例或目的地国的现行法。包装不足，是指就特定的货物而言，现有的包装无法撑过正常的运输。在认定包装是否充分时，法院可能会考虑目的地的现行法律法规和任何关于现有的行业惯例方面的证据。比如，就易碎品而言，发货人不能指望承运人小心翼翼地搬运货物，因为就铁路承运人的角色而言，为了快速搬运大宗货物，应当默许铁路承运人进行粗糙地操作。又如，对于那些对热敏感的货物，如果发货人没有使用冷藏车厢或者没有要求承运人提供冷藏车厢，货物就应当被充分的隔热绝缘。不过，铁路承运人没有义务提示发货人采取有效的包装以保护货物的安全，但不得阻碍发货人使用采取到的措施来保护货物。不过，为了平衡承运人和发货人的利益，似乎应当承认，即使承运人没有义务检查货物，但是在承运人的雇员发现包装有缺陷时，承运人也应当通知发货人，此外，如果可能导致货物灭失或损坏的包装缺陷出现在承运人接管货物后，承运人应当采取合理的措施来避免货物灭失或腐烂，并征询发货人的指示。第三，承运人主张货物灭失或损坏源于装卸风险的，只需要证明装货由发货人完成、卸货由收货人完成即可。换言之，即使主张权利的是收货人，承运人也可以主张装货系发货人完成而免责。不过，承运人无须证明装货或卸货存在缺陷、无须证明灭失或损坏在装货或卸货期间发生、无须证明灭失或损坏源于装货或卸货的操作方式，承运人只需要证明装货或卸货可能造成货物灭失或损坏即可。（第25条第3款）当然，为了获得更高的证据效力，承运人能够证明装货或卸货存在缺陷的，自然更好。对此，索赔人只能证明灭失或损坏源于承运人车厢本身的缺陷或者承运人操作不当。装货不仅仅包括将货物装进车厢，还包括在货物上铺盖防水油布或其他合适的铺盖材料，也包括货物的积载（尤其是将重物挣脱束缚变得松散且车厢脱轨）。第四，敏感货物风险和货物固有风险难以区分。敏感货物必须是从货物的性质来看，货物天生就易破碎、生锈，内部的自发的腐烂、变质或损耗（不限于这些列举的损害）。货物的敏感性可能是相对的：在一种场合，货物比较敏感；但是在其他场合，货物却不敏感。承认承运人基于敏感货物风险免责的理由在于，发货人了解货物的性质和敏感性，却仍然选择了铁路承运人将其交由铁路运输。因此，货物因敏感性而灭失或损坏的风险由发货人承担，除非发货人期待铁路承运人能够采取措施或通过特定的运输合同条款将这一风险转嫁给铁路承运人。不过，什么是内部的自发的腐烂（interior and spontaneous decay），值得讨论。这一术语的法译为détériorationintérieure et spontanée、德译为innererVerderb，后者更接近第23条第2款的固有缺陷（inherentvice），因此，按照规则，法译本优先。（COTIF第45条第1款）为了合理确定什么是敏感性，以下几点值得参考。首先，敏感性是指这类货物都具有的特质，如柔软的水果易于被撞得出现瘀伤；而固有缺陷则是指特定类型货物的部分货物，即不是所有这类货物都有固定缺陷。比如，特定的煤容易自燃但不是所有煤都容易自燃。其次，固有缺陷源于货物本身，而非源于火车运输等外力因素；敏感性则涉及外部因素，如撞击、破裂等等。再次，固有缺陷往往与特定的运输有关。比如，受欢迎的、适于在到达后立刻使用或消费的货物足以构成固有缺陷，尤其是他们要求铁路承运人尽到高度注意责任，否则它们无法经受住普通的运输，实际上，固有缺陷往往在运输开始前就已经是既有事实；而敏感货物极有可能在旅途期间发生灭失或损坏。又次，大多数货物可能会腐烂腐败或迟早会存在固有缺陷；然而，敏感货物仅仅是指这一货物极有可能在运输期限遭受损害。最后，不论是固有缺陷还是敏感货物，都与潜在缺陷（latent defect）存在区别，后者是指缺陷不能通过谨慎注意而及时发现，它对货物是否具有固有缺陷还是敏感性没有影响。第五，记载错误风险源于发货人的过错，因此，承运人可以对因此发生的灭失或损坏免责。第六，活动物是一种特殊类型的敏感货物，将活动物与敏感货物区分开的原因是部分国家不承认活动物是一种物，它们需要特殊对待。第七，押运员规则旨在平衡发货人和承运人的利益，但是，它的实践意义可能极为有限，因为只有具有较大价值或特殊意义的货物才需要押运员，如运输尸体、铁路机车或其他高价物品。

按照《国际铁路货物运输合同统一规则》第 25 条第 1 款，第 23 条第 2 款适用通常的举证责任分配规则，而按照第 25 条第 2 款，第 23 条第 3 款的抗辩适用特殊的举证责任分配规则，即由承运人证明货物的灭失或损失可能（could have been）是由于其中一种或多种风险造成，从而推定货物的灭失或损失是由第 3 款中的风险引起，转而由索赔人提出反证（counter proof）。也就是说，承运人仅仅需要证明存在一项合理的假设：货物的灭失或损坏符合存疑的特殊风险且这一风险是引起灭失或损坏的可能原因。因此，铁路承运人能够证明没有其他原因造成货物灭失或损坏即可，当然，如果货物灭失或损坏还存在其他可能的原因，铁路承运人无须举证排除上述其他可能原因。索赔人提出的反证，是指索赔人必须证明货物的灭失或损坏并不全因或部分因存疑的特殊风险引起。比如，索赔人可以举证证明货物灭失或损坏源于承运人的过失，只要承运人的过失构成货物灭失或损坏意义上的原因即可。即使索赔人无法证明货物灭失或损坏发生的真实原因，索赔人也可以通过举证来动摇承运人主张的说服力，即索赔人关于货物灭失或损坏的解释并不合理。

11）转运时的推定

《国际铁路货物运输合同统一规则》第 28 条第 1 款规定，当按照本统一规则发运的货物仍按照这些规定转运，并在转运后发现部分灭失或损坏时，如在整个运输期限，货物一直处于承运人照管下，而且，当货物到达转运站后，货物按同样的条件转运，应推定该灭失或损坏发生在履行后一运输合同期间。第 2 款规定，当转运前的运输合同不遵照本统一规则时，如该统一规则适用从始发站至最终目的站的联运，则上述推定仍应适用。第 3 款规定，当转运前的运输合同适用其他关于国际铁路货物运输的公约且这一公约与本规则相当时，如果这一公约也包含有利于运输的，依据本统一规则的同样法律推定，则上述推定仍应适用。

12）货物灭失的推定

《国际铁路货物运输合同统一规则》第 29 条第 1 款规定，当货物未交付收货人，或在运输期限届满后三十天内货物未处于收货人控制之下时，有权对灭失货物索赔的人可认为货物业已灭失而无须要求提供补充证明。第2款规定，权利人在收到对灭失货物的赔偿时，可以书面要求，在赔偿支付后一年内如果寻获货物，应及时通知他。对此要求，承运人应得予以书面确认。第3款规定，自收到第2款意义上的通知之日起三十天内，上述权利人可以向承运人请求将货物交付于他，但须支付运输费用，并且还须退回扣除上述包括的任何合理费用后的他所收到的赔偿。但他仍保留就超出第33条和第35条运输期限主张赔偿的权利。第4款规定，如未提出第2款所述的要求，或未在第3款规定的三十天内作出任何指示，或货物在赔偿支付后超过一年才寻获，则承运人即可按照该货物所在地的法律法规处理货物。

货物灭失的推定，旨在避免收货人权利和承运人损害赔偿金额的不确定性，同时保留收货人在货物被发现时选择取回货物而放弃损害赔偿的可能。该推定不仅适用于部分灭失还适用于全部灭失，只要（部分或全部）货物没有及时交付给收货人即可。推定全部灭失，承运人的损害赔偿额就不再是迟延交付的赔偿（第33条第1款），即四倍运费赔偿，而是货物灭失的损害赔偿（第30条第1款）。此外，诉讼时效的起算也会不同。（第48条）货物在承运人支付损害赔偿后的一年内被发现的，收货人有选择接受货物并退回赔偿的权利。因此，收货人选择接收货物的，应当将赔偿退回承运人但可以就迟延主张赔偿；承运人应当将货物交付给收货人。不过，如果货物被发现时只有部分货物或者货物全部或部分遭受损坏的，应当适用转运的规定，由承运人通知收货人。货物在被发现后承运人没有要求交货也没有给出任何指示的，货物由承运人处理。

13）损害赔偿

货物灭失的赔偿。《国际铁路货物运输合同统一规则》第30条第1款规定，在货物全部或部分灭失的情况下，承运人应当支付赔偿，无须赔偿其他损失，赔偿应当按照货物被承运人接管时当天、当地的商品交易所价格计算，或，如果没有此种价格，则按照货物被承运人接管时当天、当地的现行市场价格计算，或，如果上述两种价格都没有，则按照货物被承运人接管时当天、当地的同类、同质货物通常价格计算。第2款规定，短缺货物毛重每公斤的赔偿不得超过17记账单位。第3款规定，如果灭失的货物系作为货物发运的、在自己车轮上行驶的铁路车辆，或多式联运运输单元，或它们的可拆卸部件，赔偿将会受到限制，无须赔偿其他损失，限制在车辆或多式联运运输单元或它们可拆卸部件的通常价格，且按照灭失发生之日和之地计算。如果无法确定灭失发生的日期或地点,赔偿将会限制在车辆被承运人接管的当天和当地的通常价格。第 4 款规定,此外,关于灭失货物运输所产生的运费、关税和其他费用应退回,处于暂停征收程序中的消费税除外。

货物灭失的赔偿以货物被承运人接管时当天、当地(或者最近)的商品交易所价格、现行市场价格、同类、同质货物通常价格为标准计算,运输目的地的市场价格不是赔偿计算标准。这一规则背后隐含的逻辑是,铁路承运人的责任应当与公路承运人一样,被限定在一个相对受限的范围,毕竟,铁路运输的费用相对低廉,货物灭失可能会导致目的地货物市场价格上涨,按照目的地货物市场价格计算赔偿,可能会导致赔偿额度过高,加重铁路承运人的负担。不过,货运合同双方当事人可以按照发票价格(invoice price)来计算赔偿,也可以按照在运单中声明货物的价值计算赔偿。(第 34 条)"无须赔偿其他损失"意味着承运人仅仅就货物灭失的直接损失负责,无须赔偿间接损失(consequential loss)。承运人仅仅对所受损失负责,不对所失利益负责。当然,由于货物灭失的赔偿以货物的价格(而不是成本)计算,因此,这种赔偿计算方式仍然涵盖了一部分利润。此外,间接损失实际上可以通过其他途径获得弥补,如第 7 条和第 35 条规定的交付利息、灭失部分的运费应当退回、迟延时四倍运费赔偿。赔偿按照实际损失计算,但不得超过第 2 款的限额,即 17 记账单位 / 公斤毛重。承运人应当退回运费、关税和其他费用。其他费用的范围可能难以确定,如果采取狭义说,那么该费用仅仅限于包装费、保险费、获得货物数量证明的费用等与运输合同直接相关且实际支出的费用,不包括间接产生的费用;如果采取广义说,那么该费用就包括一切与合同有关且实际支出的费用,包括调查和评估损失的费用、退回损坏货物的费用、救助费用(salvage costs)、丧失的消费税和法律费用。

对途中损耗的责任。《国际铁路货物运输合同统一规则》第 31 条第 1 款规定,鉴于货物的性质,货物通常在运输过程中因运输而遭受损耗的,承运人只对超过下列允许的损耗部分负责,而不论路程的远近:"(1)液体货物或托运时处于潮湿状态的货物,其重量的百分之二;(2)干货,其重量的百分之一。"第 2 款规定,"在特殊情况下,如证明货物的损耗不是上述允许的原因造成,则第 1 款规定的责任限制不得适用"。第 3 款规定,按一张运单运输数件货物,如发运时每件的重量已分别在运单内注明或能以其他方法确定,则途中损耗应按每件分别计算。第 4 款规定,在货物全部灭失的情况下,计算赔偿额不应扣除途中损耗。第 5 款规定,本条规定不得妨碍第 23 条和第 25

条的规定。

由于承运人的责任取决于货物在接管地和在目的地之间在数量和重量上的区别，因此，货物由于正常运输发生的减重，无须承运人负责。不过，该规则与第 23 条第 3 款第 4 项的敏感货物风险存在区别，即适用的货物范围和举证责任分配。索赔人主张损耗责任的，必须证明损耗超过了第 31 条第 1 款规定的限度。

货物损坏的赔偿。《国际铁路货物运输合同统一规则》第 32 条第 1 款规定，如发生损坏，承运人应对货物降低价值的金额负责，无须赔偿其他损失。该金额应根据适用于第 30 条规定的货物之价值，按目的地货物降低价值的百分比计算。第 2 款规定，赔偿不得超过：（1）如由于损坏而全部货物降低价格，全部灭失时应付的赔偿额；（2）如由于损坏而仅部分货物降低价格，该部分灭失时应付的赔偿额。第 3 款规定，如果遭受损坏的货物系作为货物发运的、在自己车轮上行驶的铁路车辆，或多式联运运输单元，或它们的可拆卸部件，赔偿将会被限于修理费用，无须赔偿其他损失。赔偿不得超过灭失时应当支付的赔偿。第 4 款规定，承运人应当按照第 1 款的比例退回第 30 条第 4 款规定的费用。

货物的损坏与货物的灭失不同，前者是指货物价值的降低，后者是指货物数量的短缺。货物损坏的赔偿也按照第 30 条第 1 款的货物被接管时当天、当地的商品交易所价格来计算。在认定损害赔偿时，法院应当估算货物按照现有情况被交付时的价值并将这一价值与货物未遭受损坏时的价值进行比较，推测出货物价值降低的比例。换言之，除了第 3 款的情况，原则上以货物的市场价格而非修理费用来认定损害赔偿额。此外，承运人无须赔偿其他损失，从而，间接损失不得依据本条获得赔偿。

对超过运输期限的赔偿额。《国际铁路货物运输合同统一规则》第 33 条第 1 款规定，如果损失或损害因运输期限超过造成，承运人应当支付赔偿，赔偿不得超过运费的四倍。第 2 款规定，在货物全部灭失的情况下，第 1 款规定的赔偿不得与第 30 条的赔偿并用。第 3 款规定，在部分灭失的情况下，第 1 款规定的赔偿不得超过运费的四倍，运费应当按照未灭失的部分计算。第 4 款规定，在货物发生损坏且损坏并非源于运输期限超出的情况下，第 1 款规定的赔偿应当在合适的情况下与第 32 条规定的赔偿一并支付。第 5 款规定，在任何情况下，按照第 1 款规定和第 30、32 条计算的赔偿总额不得超过货物全部灭失时应当支付的赔偿。第 6 款规定，如果按照第 16 条第 1 款，运输期限由合同约定，也可以约定第1款之外的其他赔偿形式。在这种情况下，如果第16条第2款至第4款规定的运输期限已经超过，权利人可以主张合同约定中的赔偿或第1款至第5款的赔偿。

货物迟延赔偿的最大特点在于，本条规定不含"无须赔偿其他损失"，但是，司法实践认为本条实际上是延迟赔偿的全面规定，没有承认间接损失赔偿。不过，即使货物灭失或损坏因迟延造成，这也适用迟延规定而非损坏或灭失规定。按照本条第1款规定，因迟延造成的损失或损害，承运人赔偿上限为运费的四倍。因迟延造成的部分灭失，权利人可以同时主张第30条的赔偿；因迟延造成的全部灭失，权利人不得同时主张第30条的赔偿。当然，权利人可以就非因迟延引起的损坏依据第32条主张赔偿。货物损坏必须是物理上的损害，如火车出轨导致货物遭受冲击引起的损坏，即使火车出轨本身就可能是迟延的原因。

援引责任限制权利的丧失。《国际铁路货物运输合同统一规则》第36条规定，承运人因作为或不作为导致损失或损害的，如果承运人故意导致上述损失或损害，或轻率地且知道可能造成上述损失或损害，第15条第3款、第19条第6款和第7款、第30条和第32—35条规定的责任限制不适用。

在承运人违约行为极为恶劣的情况下，应当对违约的承运人进行惩罚，从而使承运人无法再援引责任限制。这意味着，承运人要依据完全赔偿原则承担赔偿责任，他不仅要赔偿直接损失，还要赔偿所失利益。

承运人为雇员和其他在履行运输合同中使用的人负责。《国际铁路货物运输合同统一规则》第40条规定，当雇员和承运人在履行运输合同中使用的人在自身职责范围内行事时，承运人应为雇员和其他在履行运输合同中使用的人负责。运输经过的铁路基础设施的管理人也被视为承运人在履行运输合同中使用的人。

承运人对雇员和使用人负替代责任。铁路承运人订立运输合同的，对未能完成运输任务负责，不论违约行为源于公司总部的总经理还是其他人，也不论违约行为源于承运人在"轨道（实际运输）层面"雇佣的一个或多个雇员或代理人。不过，"履行运输合同"（performance of the carriage）的范围如何，可能需要法院具体认定。例如，铁路员工罢工是否属于履行运输合同的范围，从而承运人是否对罢工者的作为或不作为负责。当然，发货人在订立合同前对承运人发出错误或误导的指示的，承运人对由此发生的损害不负责任。此外，承运人负责的前提是雇员和使用人在自身职责范围内行事（acting within the scope of their functions）。因此，如果装货由发货人负责但是承运人的雇员提供帮助的，雇员并非在自身职责范围内"履行运输合同"，承运人无须依据第 40 条为雇员的行为负责。

《国际铁路货物运输合同统一规则》第 41 条第 1 款规定，就本统一规则适用的所有情形，就承运人责任针对承运人提起的诉讼，不论该诉讼基于何种理由，都适用本统一规则规定的构成要件和责任限制。第 2 款规定，上述规定同样适用于按照第 40 条针对承运人的雇员或其他由承运人负责的人提起的任何诉讼。

按照《国际铁路货物运输合同统一规则》第 41 条规定，就承运人责任提起的诉讼，不论该诉讼是侵权之诉还是合同之诉，统一规则确定的责任要件和限制都一体适用，这一规定解决了责任竞合的争议，同时，也确保铁路承运人的责任统一明确并处于有限的合理水平。虽然责任限制（limitations）比较清晰易懂，如第 30 条第 2 款的赔偿限制和第 48 条的诉讼时效，但是，责任前提（conditions）难以确定。比如，按照第 44 条规定，只有发货人和收货人才能针对承运人提起诉讼，那么，这一责任前提似乎也应适用于各种诉讼。因此，真实的收货人（而非名义上的收货人）不得针对承运人提起侵权之诉。

14）诉讼

货物部分灭失或损坏的检验。《国际铁路货物运输合同统一规则》第 42 条第 1 款规定，如承运人发现或推定或权利人提出货物部分灭失或损坏，承运人应毫不迟延地，如可能，在权利人在场的情况下，根据损失或损害的性质起草报告，陈述货物的状况、重量，并尽可能说明损失或损害的程度、原因及其发生的时间。第 2 款规定，应向权利人免费提供报告的副本。第 3 款规定，如权利人不接受报告的内容，他可要求聘请专家对货物的状况、重量、致损原因、损失或损害的金额进行查验，专家由合同双方或法院、法庭任命。查验的程序需符合进行查验时所在国法律法规的要求。

索赔人通常应当证明货物被承运人接管时的数量和状况与货物被交付时的数量和状况存在区别。货物被承运人接管时的数量和状况一般可以从运单记载中得知；关于货物被交付时的数量和状况的证据，就是第 42 条的规范目的。不过，在货物全部灭失或者没有交付的情况下，要求收货人依据第 42 条展开调查，并不妥当。公路货运和铁路货运不同于海运，运单不具有提单的效力。而在海运中，如果承运人交付了货物，那么收货人本不应该再持有提单。换言之，由于运单不具有提单的效力，在铁路货运中，收货人出示运单不足以证明承运人尚未交货。为了降低收货人的证明难度，主张没有交货的收货人应当证明运输合同的存在，证明自己是运单指定的收货人。进而，收货人可以援引"推定灭失"（第 29 条）来维护自己的利益，尤其是在超过运输期限 30 日后，承运人还没有收到货物的，可以推定货物全部灭失。第 42 条确立了承运人调查货物状况的义务。索赔人仅仅需要证明自己依据第 44 条具有诉讼资格，是能够针对承运人提起诉讼的人。检验的证明力由法院依据国内法来认定。货物检验还具有其他后果。比如，在货物灭失或损坏不明显的情况下，承运人即使收货仍然保有诉权；在货物灭失或损坏明显的情况下，承运人在合理期限内要求对货物进行检验的，诉权不消灭。（第 47 条）如果承运人没有对货物进行检验，那么索赔人无须再证明货物出现了部分灭失，他的主张即被推定为真实。检验报告模糊或不全的，也是如此。而且，如果承运人没有对货物进行检验，只要索赔人在合理期间内提出主张，索赔人的诉权依据第 47 条不会消灭。此外，如果承运人没有对货物进行检验，收货人即使依据接受运单且支付了运输合同项下的费用，也没有义务接受货物。承运人原则上应当在索赔人在场的情况下出具报告并按照第 42 条进行说明，但是索赔人没有义务在报告上签字或接受报告。如果索赔人没有签字，那么索赔人可以继续就报告内容涉及的争议提出主张。具体来说，索赔人有权获得报告的副本但是无权检查报告所依据的文件或记录。报告的证明力依据本地法认定。索赔人对检验报告不满的，可以聘任专家来检验货物的状况。当然，索赔人没有义务来聘请专家，他可以自行通过其他方式对检验报告的结论提出怀疑。

索赔。《国际铁路货物运输合同统一规则》第 43 条第 1 款规定，涉及运输合同的索赔应以书面形式向被起诉的承运人提出。第 2 款规定，该项索赔可由有权向承运人提起索赔的人提出。第 3 款规定，发货人提出索赔的，应出示运单副本。如未出示运单副本，发货人应当表明他已经取得收货人的授权，或证明收货人已拒绝提货。第 4 款规定，收货人提出索赔的，如运单已交给他，他应提交运单。第 5 款规定，如果承运人要求，索赔人提出索赔的同时还要提交运单、运单副本和任何其他索赔人认为合适的文件的原本或复印件，必要时应当公证。第 6 款规定，在处理索赔时，承运人可要求提交运单、运单副本或交货付款凭证的原本，以便在这些文件上注明处理事宜。

索赔人提出索赔无须经过任何正式的法律程序。换言之，索赔人完全可以提出非正式的索赔请求，只要该索赔请求以书面形式做出即可。索赔人提出非正式索赔请求的，不妨碍其正式起诉；索赔请求的提出并非提起诉讼的前提，索赔人没有提出非正式索赔请求的，也可以直接提起诉讼。不过，索赔请求必须以书面形式提出，书面形式的范围依据提起索赔地的国内法来认定。第43条关于索赔法律效力的规范目的有三。首先，保护承运人的法律地位，尤其是在发货人和收货人都有权起诉的情况下，第43条第3—5款的文件要求起到了保护承运人的作用，便于承运人向正确的人赔偿。其次，保护索赔人的法律地位，即通过提出索赔主张中止诉讼时效。最后，有利于保护证据避免举证上的困难。第43条通过列举需要提交的文件发挥了固定证据的功能。

可以对承运人提起诉讼的人。《国际铁路货物运输合同统一规则》第44条第1款规定，"除第3款和第4款另有规定外，基于运输合同的诉讼只能由下列人提起：1.发货人，直到收货人（1）取得运单；（2）接受货物，或；（3）按照第17条第3款或第18条第3款主张权利；2.收货人，从他（1）取得运单时起；（2）接收货物时起，或；（3）按照第17条第3款或第18条第3款主张权利时起"。第2款规定，收货人的诉权应依第18条第5款自收货人所选定之人已取得运单，或接受货物，或行使第17条第3款所赋予他的权利之时起消灭。第3款规定，关于返还（退回）按照运输合同已付金额的诉讼，只能由支付该项金额的人提起。第4款规定，关于现款交货支付的诉讼，只能由发货人提起。第5款规定，如提起该类诉讼，发货人必须提交运单副本。发货人未提交运单副本的，应当表明他已经取得收货人的授权，或证明收货人已拒绝提货。在必要时，发货人应当证明没有出具运单或运单遗失。第6款规定，如运单已交给收货人，为提起诉讼，收货人应出示运单。

有权对承运人提起诉讼的是发货人和收货人，要么是发货人要么是收货人，即两者不能同时提起诉讼，且发货人和收货人之外的其他人无权提起诉讼。这一范围具有封闭性。因此，不论是谁支付运费、拒绝收货，即使运单上记载的收货人只是其他人的代理人，收货人本人并未遭受损失，有权提起诉讼的始终是发货人和收货人。真实收货人无法基于统一规则提起诉讼，即使承运人知道真实收货人或者运单记载了真实收货人。这种严格限定原告范围的模式旨在保护承运人，承运人通常难以知道谁是（基于合意而产生的）真实收货人，为了保护确定性和可操作性，统一规则采纳了简便的利处，故名义上的收货人而非真实收货人享有诉权。第41条强化了原告范围的排他性。因此，蒙受实际损失的其他人，只能要求发货人或运单记载的收货人将诉权转移给他。受让人和代位人的权利依据国内法认定。

可以针对提起诉讼的承运人。《国际铁路货物运输合同统一规则》第45

条第1款规定，除第3款和第4款外，基于运输合同的诉讼只能针对第一承运人、最后承运人或承担部分阶段运输并在这一阶段发生引起诉讼程序事件的承运人提起。第2款规定，在连续承运人履行运输合同的情况下，应当交付货物且基于他的同意被记入运单的承运人，依据第1款可以针对该承运人提起诉讼，即使他没有收到货物或运单。第3款规定，关于返还（退回）按照运输合同已付金额的诉讼，可向收取该项金额的承运人提起，或向为自己收益而多得款额的承运人提起。第4款规定，关于现款交货支付的诉讼，只能向接管货物的始发地承运人提起。第5款规定，基于同一运输合同，当提起反诉或抗辩时，诉讼可向本条第1—4款所指以外的承运人提起。第6款规定，在本统一规则适用于替代承运人的范围内，可以针对替代承运人提起诉讼。第7款规定，如果原告有权在数个承运人之间进行选择，一旦他对其中一个承运人提起诉讼，他的选择权即告消灭；这也适用于原告在一个或多个承运人与一个替代承运人之间选择的情况。

《国际铁路货物运输合同统一规则》第44条规定了原告的范围，第45条规定了被告的范围。这并不意味着承运人会永远是被告，承运人也可以基于第13条第2款（卸货存在缺陷）、第14条（包装存在缺陷）、第15条第2款（单证文件存在缺陷）对发货人主张损害赔偿责任。按照第45条规定，原告可以选择多个承运人之一作为被告起诉。原告的选择权具有绝对性，行使选择权后，原告针对其他承运人的诉权即告消灭，即使被选择的承运人破产无力支付赔偿。不过，如果原告误认为货物灭失或损坏发生在中间承运人负责的路段从而起诉中间承运人的，原告对其他承运人之一的诉权仍然存在。

诉讼管辖。《国际铁路货物运输合同统一规则》第46条第1款规定，"按照本公约提起的诉讼，可以依当事人双方的协议，在其选定的成员国法院提起，或者可以在下列地点所属的国家的法院或法庭提起：（1）被告的住所地或经常居住地，被告的主要营业所或者经手订立合同的分支机构或代理机构的所在地；或（2）承运人接管货物的地点或指定的交货地点，且不得在其他法院或法庭起诉"。第2款规定，如根据《国际铁路货物运输合同统一规则》提起的诉讼，正在由根据第1款有管辖权的法院或法庭审理中的，或此类法院或法庭已对其作出判决的，相同当事人不得基于同一事由提起新的诉讼，除非受理首次诉讼的法院或法庭的判决无法在提起新诉的国家得到执行。

《国际铁路货物运输合同统一规则》第46条规定的是针对承运人提起诉讼的诉讼管辖，不涉及承运人对发货人提起诉讼的诉讼管辖。承运人之间的追偿之诉也不适用第 46 条，而是按照第 51 条确定诉讼管辖。《国际铁路货物运输合同统一规则》（1999 年）改变了《国际铁路货物运输合同统一规则》（1980 年）第 56 条的规定，其效仿《国际公路货物运输合同公约》第 31 条，规定了诉讼的管辖法院。

诉权消灭。《国际铁路货物运输合同统一规则》第 47 条第 1 款规定，基于运输合同就货物部分灭失、损坏或超过运输期限产生的一切诉讼权利因（货物）权利人接受货物而消灭。第 2 款规定，"在下列情况下，诉权不消灭：1. 在货物部分灭失或损坏的情况下，（1）如果灭失或损坏依据第 42 条已经在接受货物前被查明；（2）如果本应依据第 42 条进行的查明完全因承运人的过错而没有被实施；2. 损失或损害不明显，权利人接收货物后才确定货物灭失或损坏的：（1）如果发现损失或损害后，在接收货物后的 7 日内，权利人按照第 42 条立即要求检验，且；（2）权利人证明损失或损害发生在货物接管至货物交付期间；3. 在运输期限超过的情况下，如果权利人在 60 日内向承运人之一主张第 45 条第 1 款的权利；4. 如权利人证明损失或损害是由承运人的作为或不作为，承运人实施上述行为时故意造成上述损失或损害，或轻率地且知道可能造成上述损失或损害"。第 3 款规定，如货物已按照第 28 条转运，对关于由之前的运输合同之一引起的部分灭失或损坏之赔偿的诉权，应像仅存在一个运输合同时那样消灭。

当货物交付给收货人并被收货人接收时，货物灭失或损坏的风险处于收货人的控制范围，因此，在此之后，收货人对承运人的诉权应当消灭，因为承运人对货物灭失或损坏不再具有控制力。当然，在货物已经在运输途中全部丢失的情况下，交付和收货自然无从谈起，从而，第 47 条第 2 款第 3 项对超过运输期限设置了特殊规定。同样地，货物全部灭失也不能适用第 47 条，第 47 条第 1 款很明显将适用范围限定于部分灭失、损坏和超过运输期限。第 47 条第 2 款第 4 项则构成了诉权消灭的例外，用于惩罚有过错的承运人。此外，如果部分灭失或损坏发生在交付和接受货物之前，第 47 条第 2 款第 1 项和第 2 项为此设置了例外规则。第 1 项前半句调整的是货物部分灭失或损坏的情况，由此产生的损失或损害在货物被接收前已经过检验而确定的情况，第 1 项后半句和第 2 项调整的是损失或损害在接收货物前没有被检验确定的情况。具体来说，收货人在交付时对损失或损害存疑的，应当按照第 42 条要求对货物进行检验。一旦检验确定存在损失或损害，收货人针对承运人的诉权即不会因收货而消灭。不过，如果检验报告的结论是没有发生损失或损害，那么，收货人的诉权不会消灭，收货人应当决定是否聘请专家来重新检验。当然，如果检验程序因承运人的过失而没有实施。比如，承运人本该发现损失或损害但是没有发现，承运人虽然发现损失或损害但是却疏于制作检验报告，收货人的诉权不消灭；与此相对，如果损失或损害不明显，收货人必须在收货后 7 天内要求对货物进行检验。如何认定明显，取决于个案中的具体情况，尤其是损失或损害被发现的时间点。通常来说，货物因运输而具有缺陷的，即构成不明显的损害，损害无法通过合理的检验而被发现。收货人在收货后发现损失或损害的，应当立刻提出检验请求，无须等到 7 天。不过，收货人也可以直接提出索赔请求，这也被视为检验。然而，考虑到第 2 项附加要求，即收货人证明损失或损害发生在货物被承运人接管至货物由承运人交付给收货人期间，非常困难，所以，第 2 项的例外规定可能对收货人帮助有限。

诉讼时效。《国际铁路货物运输合同统一规则》第 48 条第 1 款规定，"运输合同引起的诉讼，诉讼时效期限为一年。但是，在下列情况下，时效期限为二年：1. 对追回（退回）承运人向收货人收取的现款交货之金额的诉讼；2. 对收回由承运人售出货物之净收入的诉讼；3. 对承运人实施作为或不作为引起的损失或损害，即承运人故意造成损失或损害或轻率地且知道可能造成损失或损害提起诉讼；4. 在第 28 条规定的情形下，对由转运前运输合同之一引起的诉讼"。第 2 款规定，"时效期限的起算：1. 对全部灭失提起的赔偿诉讼，自运输期限届满后第 30 日；2. 对超过运输期限、部分灭失或损坏提起的赔偿诉讼，自货物交付日；3. 在其他一切情况下，从诉权可行使之日。时效期限开始日不应计算在期限内"。第 3 款规定，当根据第 43 条以书面形式向承运人提出索赔时，时效期限应当中止，直到承运人书面通知拒绝索赔并退回有关附件。如部分索赔的要求被接受，应仅就仍有争议的索赔部分重新计算时效。对收到索赔通知、答复通知、相关附件退回的举证责任，由援引这些事实提出主张的一方承担。时效期限不应因出于同一目的而提出的再次索赔而中止。第 4 款规定，已经罹于时效的诉权不得再以提出反诉或抗辩的方式行使。第 5 款规定，除遵守上述各项规定外，时效期限的中止和中断应适用诉讼地的国内法。

《国际铁路货物运输合同统一规则》第 48 条与第 47 条不同，适用于因运输合同发生的一切诉讼。换言之，不论原告是收货人还是发货人抑或是承运人，均适用这一诉讼时效。当然，承运人之间的追偿之诉不适用第 48 条；承运人因火车车厢存在缺陷而导致货物灭失或损坏进而对收货人负责的，承运人对车厢制造者的损害赔偿之诉也不适用第 48 条，而是适用国内法规定。按照《国际铁路货物运输合同统一规则》第 48 条第 1 款，因运输合同发生的纠纷，诉讼时效原则上为一年，例外情况下为两年。第 48 条第 1 款后句第 1 项和第 2 项设置的长期时效旨在避免承运人因为短期时效获得不当得利，第 3 项则针对的是有过错的承运人，避免有过错的承运人获得优待。《国际铁路货物运输合同统一规则》第 48 条第 2 款规定的是诉讼时效的起算时点，这一规定采纳了类型化的方式，即就货物全部灭失针对承运人提起的赔偿诉讼，诉讼时效自运输期限届满后第 30 日起算，就货物部分灭失、损坏或超出运输期限针对承运人提起的赔偿诉讼，诉讼时效自货物交付之日起计算。第 48 条第 2 款第 3 项中所谓的其他一切诉讼，主要包括承运人就货物储存和销售而承担的费用提起的诉讼、承运人就发货人或收货人的货物造成承运人财产损害而提起的诉讼、货物在目的地发生全部灭失提起的诉讼。《国际铁路货物运输合同统一规则》第 48 条第 3 款规定的是诉讼时效的中止，即诉讼时效开始计算后的中止。不过，第 3 款规定的诉讼时效中止仅仅适用于发货人或收货人针对承运人提起的诉讼，不适用于承运人作为原告对发货人或收货人提起的诉讼。收货人要求承运人对货物进行检验的，不具有中断诉讼时效的效力，即收货人必须提出索赔要求。承运人书面通知拒绝索赔的，诉讼时效中止结束，诉讼时效继续计算。承运人只需要退回对索赔人不可缺少的文件和单证，即可发生诉讼时效继续计算的效力。换言之，诉讼时效中止的结束不要求承运人退回全部文件和单证。《国际铁路货物运输合同统一规则》第 48 条第 4 款旨在避免已经拒绝的索赔请求因反诉或抗辩而死灰复燃。当然，第 5 款给诉讼时效的中止和中断保留了余地，即允许按照国内法来认定诉讼时效的中止和中断。

②《国际铁路货物运输合同统一规则》与《国际铁路货物联运协定》的区别

我国没有加入《国际铁路货物运输合同统一规则》，但是我国加入了铁路合作组织（OSJD）颁布的《国际铁路货物联运协定》。铁路合作组织是 1956 年由苏联等社会主义阵营国家组建的铁路运输组织，成员国包括：阿塞拜疆、阿尔巴尼亚、阿富汗、白俄罗斯、保加利亚、匈牙利、越南、格鲁吉亚、伊朗、哈萨克斯坦、中国、朝鲜、韩国、古巴、吉尔吉斯斯坦、拉脱维亚、立陶宛、摩尔多瓦、蒙古国、波兰、俄罗斯、罗马尼亚、斯洛伐克、塔吉克斯坦、土库曼斯坦、乌兹别克斯坦、乌克兰、捷克、爱沙尼亚。铁路合作组织还包括6个观察员铁路：法国铁路（SNCF）、德国铁路（DBAG）、塞尔维亚铁路（ZS）、希腊铁路（OSE）、联邦客运股份公司（FPC JSC, Russia）。[1]《国际铁路货物联运协定》自1951年生效，最新的版本在2023年7月1日发布。目前，《国际铁路货物联运协定》的缔约国包括阿塞拜疆、阿尔巴尼亚、阿富汗、白俄罗斯、保加利亚、匈牙利、越南、格鲁吉亚、伊朗、哈萨克斯坦、中国、朝鲜、吉尔吉斯斯坦、拉脱维亚、立陶宛、摩尔多瓦、蒙古国、波兰、俄罗斯、斯洛伐克、塔吉克斯坦、土库曼斯坦、乌兹别克斯坦、乌克兰、爱沙尼亚。由此可见，我国中欧班列要想进入欧洲，不可能绕开《国际铁路货物联运协定》的缔约国。因此，有必要对《国际铁路货物运输合同统一规则》与《国际铁路货物联运协定》进行对比分析和研究。不过，总的来说，与《国际铁路货物运输合同统一规则》相比，《国际铁路货物联运协定》明显倾向于承运人利益的保护，对货方明显不利。

1）适用范围

在适用范围上，按照《国际铁路货物运输合同统一规则》第1条，只要货物接管地和货物交付地有一处位于成员国境内，当事人即可约定适用《国际铁路货物运输合同统一规则》。与此相对，《国际铁路货物联运协定》第3条第1款规定，"本协定规定了在国际铁路直通联运和国际铁路—轮渡直通联运中货物运输合同的统一法律标准"。因此，《国际铁路货物联运协定》只适用于成员国之间的货物运输，货物接管地和货物交付地只有一处在成员国境内的，不得适用《国际铁路货物联运协定》。不过，依据《国际铁路货物联运协定》第3条第3款，"如协定各方同时是规定铁路货物运输合同法律标准的其他国际协定的参加方，则上述各方铁路车站之间的运送可按这些协定的条件办理"，故《国际铁路货物运输合同统一规则》可能会优先于《国际铁路货物联运协定》适用。

就适用的运输方式而言，按照《国际铁路货物运输合同统一规则》第1条规定，《国际铁路货物运输合同统一规则》不仅适用于单纯的铁路货运，还适用于铁路货运＋水上运输（包括内河运输和海上运输）/公路运输，只要铁路货运占主导地位即可。与此相对，按照《国际铁路货物联运协定》第3条，《国际铁路货物联运协定》只适用于铁路货运以及铁路—轮渡直通联运。换言

---

[1] 数据来源：https://zh.osjd.org/zh/8775，最后访问时间2023年4月8日。

之,《国际铁路货物运输合同统一规则》适用的运输方式比《国际铁路货物联运协定》范围更广。

2)运单的法律地位

就运单而言,《国际铁路货物运输合同统一规则》和《国际铁路货物联运协定》都承认运单只是运输合同的凭证或证明,但是在具体内容上,《国际铁路货物运输合同统一规则》第7条和《国际铁路货物联运协定》第15条在内容上有不同要求。

按照《国际铁路货物联运协定》第15条第1款,运单的内容应当包括:"(1)发货人名称及其通信地址;(2)收货人名称及其通信地址;(3)缔约承运人名称;(4)发送路及发站名称;(5)到达路及到站名称;(6)国境口岸站名称;(7)货物名称及其代码;(8)批号;(9)包装种类;(10)货物件数;(11)货物重量;(12)车辆(集装箱)号码,运送货物的车辆由何方提供(发货人或承运人);(13)发货人附在运单上的添附文件清单;(14)关于支付运送费用的事项;(15)封印数量和记号;(16)确定货物重量的方法;(17)缔结运输合同的日期"。第2款规定,必要时运单中还应记载下列事项:"(1)接续承运人名称;(2)发货人有关货物的声明;(3)港口附近的铁路车站和移交水运的港口;(4)《货物运送规则》所规定的其他事项"。此外,《国际铁路货物联运协定》第13条规定了国际货约/国际货协运单,即CIM/SMGS统一运单。

3)运输期限

就运输期限而言,《国际铁路货物运输合同统一规则》第16条和《国际铁路货物联运协定》第24条存在较大差异。《国际铁路货物联运协定》对承运人更为宽容。

按照《国际铁路货物运输合同统一规则》第16条,"(1)就整车货物而言,发货期间为12小时;运输期限为每400公里或此后每段24小时;(2)就零担货物而言,发货期间为24小时,运输期限为每200公里或此后每段24小时"。

与此相对,《国际铁路货物联运协定》第24条第2款规定:"货物运到期限根据下列标准确定:集装箱,每150公里——1昼夜;其他货物,每200公里——1昼夜。对因自身技术特性需限速运行的货物、超限货物及采用单独机车牵引的专列运送的货物,运到期限由承运人确定。对国际铁路——轮渡直通联运中运送的货物,其水运区段的运到期限由办理该区段运送的承运人确定。"

4）货物处置权

就货物处置权而言，《国际铁路货物运输合同统一规则》第 18 条和《国际铁路货物联运协定》第 25 条存在区别。

首先，《国际铁路货物运输合同统一规则》的发货人处置权范围比《国际铁路货物联运协定》的发货人处置权范围广。《国际铁路货物运输合同统一规则》第 18 条第 1 款规定的发货人处置权包括："（1）停止运输货物；（2）推迟交付货物；（3）将货物交付给非运单上指定的其他收货人；（4）货物在非运单指定的到站交付。"与此相对，《国际铁路货物联运协定》第 25 条第 2 款规定，发货人对运输合同可作下列变更：变更货物到站；变更收货人。类似地，第 25 条第 3 款规定，收货人只可在到达国范围内对运输合同作下列变更：变更货物到站；变更收货人。收货人只可在货物尚在到达国进口国境站时，根据本协定的条件办理运输合同的变更。如货物已通过到达国的进口国境站，则收货人只能按到达国现行国内法律办理运输合同的变更。

其次，收货人变更合同的权利受到的限制不同。依据《国际铁路货物运输合同统一规则》第 18 条第 3 款规定，收货人有变更货运合同的权利，除非发货人在运单上做出相反指示；依据《国际铁路货物联运协定》第 25 条第 5 款规定，自收货人收到运单时起，或从货物到达目的地进口国境站时（如承运人已经收到收货人关于变更货运合同的申请书）起，发货人变更运输合同的权利消灭。

5）装货

就承运人责任而言，《国际铁路货物运输合同统一规则》第 13 条第 1 款规定由发货人和承运人协商由哪一方负责装货和卸货；《国际铁路货物联运协定》第 19 条则将装车交给了国内法，即"由何方装车（承运人或发货人），按发送国的国内法律规定办理。多式运输单元和汽车运输工具内的货物装载，由发货人进行。如运单中没有记载由何方装车，则认为是由发货人装车"。

6）交付、阻碍交付的情况、推定灭失

就交付而言，《国际铁路货物联运协定》第 26 条第 2 款限制了收货人拒绝收货的权利，"收货人只在货物由于承运人的过错而使质量发生变化，以致部分货物或全部货物不能按原用途使用时，方可拒绝领取货物"。

就发生阻碍交付的情况而言，《国际铁路货物运输合同统一规则》第 22 条第 6 款规定，承运人可以退回货物或销毁货物；《国际铁路货物联运协定》第 28 条承认承运人享有处置货物的概括权利。

在运输期限超过 30 天后货物仍然未能交给收货人的,《国际铁路货物运输合同统一规则》第 29 条和《国际铁路货物联运协定》第 27 条都推定货物灭失。然而,如果货物在运输期限届满 6 个月内被寻回的,《国际铁路货物运输合同统一规则》第 29 条第 2 款和第 3 款允许收货人在收到赔偿一年内自由决定是否接受寻回的货物,但是,《国际铁路货物联运协定》第 27 条第 3 款强制要求收货人收货,具有浓厚的保护承运人色彩,"如货物在运到期限期满后 6 个月内到达,则收货人应予领取,并将承运人已付的货物灭失赔款、运送费用退款和有关货物运送的其他费用退还承运人。如货物灭失赔偿已付给发货人,则发货人必须将该赔款退还承运人。在这种情况下,对支付货物运到逾期违约金,以及对货物重量不足、毁损(腐坏)或质量降低,保留向承运人提出赔偿请求的权利"。

7)承运人的留置权

为了保护承运人的利益,《国际铁路货物联运协定》第 34 条规定了承运人的留置权,"第 1 款在收到运输合同所产生的全部费用以前,承运人有权留置其管理的货物。第 2 款如何行使留置权,根据承运人行使其留置权所在国的国内法律确定"。

8)承运人的免责事由

就免责事由而言,《国际铁路货物运输合同统一规则》第 23 条第 3 款和《国际铁路货物联运协定》第 39 条不同,后者更为详细,对承运人更为有利。第 39 条规定如下:

第 1 款承运人的责任范围不应超过货物灭失时承运人应支付的赔偿额度。

第 2 款如承运的货物,由于下列原因发生灭失、短少、毁损(腐坏),则承运人不予负责:

1. 由于铁路不能预防和不能消除的情况。

2. 由于货物、容器、包装质量不符合要求或由于货物、容器、包装的自然和物理特性,以致引起其毁损(腐坏)。

3. 由于发货人或收货人的过失或由于其要求,而不能归咎于承运人。

4. 由于发货人或收货人装车或卸车的原因所造成。

5. 由于货物没有运送该货物所需的容器或包装。

6. 由于发货人在托运货物时,使用不正确、不确切或不完全的名称,或未遵守本协定的条件。

7. 由于发货人将货物装入不适于运送该货物的车辆或集装箱。

8. 由于发货人错误地选择了易腐货物运送方法或车辆（集装箱）种类。

9. 由于发货人、收货人未执行或未适当执行海关或其他行政手续。

10. 由于与承运人无关的原因国家机关检查、扣留、没收货物。

第3款 如承运的货物灭失、短少、毁损（腐坏）发生在按特殊合同条件运送货物时，则承运人对此不予负责，且这些特殊合同条件应对免责事宜作出规定。

第4款 在下列情况下，承运人对货物短少不予负责：

1. 对于有容器或包扎运送的货物，如将货物交付收货人时件数齐全，容器或包扎完好，并且没有可以成为货物短少原因的能触及内装物的外部痕迹时。

2. 对于无容器或无包扎运送的货物，如将货物交付收货人时件数齐全，并且没有可以成为货物短少原因的能触及货物的外部痕迹时。

3. 对于由发货人装入车辆、多式运输单元或汽车运输工具的货物，如将货物交付收货人时发货人的封印完好，并且没有可以成为货物短少原因的能触及货物的外部痕迹时。

4. 对于由发货人装车的集装箱货物（集装箱门朝内），如该车辆内的集装箱在运送途中没有重新摆放，并且交付收货人时没有检查封印，也没有可以成为货物短少原因的能触及货物的外部痕迹时。

5. 对于用敞车类货车承运的货物，如货物在运送途中未经换装且到达时车辆完好，并且没有能够证明运送时发生货物短少的痕迹时。

6. 对于施封的多式运输单元或汽车运输工具内的可拆零件和备用零件，如将这些多式运输单元或汽车运输工具交付收货人时发货人的封印完好。

第5款 用敞车类货车承运的货物，如货物在运送途中未经换装且到达时车辆完好，并且没有能够证明运送时发生毁损（腐坏）的痕迹，则承运人对货物毁损不予负责。

第6款 由于下列原因致使未履行货物运到期限，承运人不予负责：

1. 由于承运人不能预防和不能消除的情况。

2. 由于发货人或收货人的过失或由于其要求，而不能归咎于承运人。

3. 由于发货人、收货人或其授权人未执行或未适当执行海关或其他行政手续。

第7款 如承运的货物，由于下列原因在国际铁路——轮渡直通联运中发生灭失、短少、毁损（腐坏）或运到逾期，则承运人对货物灭失、短少、毁损（腐坏）或运到逾期也不负责任：

1. 由于火灾。如承运人能证明火灾不是由于其过失，也不是由于在其履行运输合同时为其提供服务的其他人在履行职责时的过失造成。

2. 为拯救生命而采取的措施或为抢救财产而采取的合理措施。

3. 风险、危险或不幸事故。

同时，承运人仅在能够证明货物灭失、短少、毁损（腐坏）或货物运到逾期发生在水路区段上，即从车辆上的货物装到水运交通工具上开始直至从水运交通工具卸下为止的期间内时，才可引用上述免责原因。

9）证明责任分配

就证明责任而言，《国际铁路货物运输合同统一规则》第25条和《国际铁路货物联运协定》第41条存在差别。

第1款对由于第39条"承运人的责任范围"第2款第1项和第4项所述情况而发生的货物灭失、短少、毁损（腐坏），由承运人负责举证。

第2款如查明，货物的灭失、短少、毁损（腐坏）可能是由于第39条"承运人的责任范围"第2款第2项、第3项和第5—10项，以及第7款第2项和第3项所述的情况而造成，则在发货人或收货人未提出其他证明时，即认为损失是由于这些情况而造成的。

第3款对货物运到逾期不是由于承运人的过失而造成，由承运人负责举证。

10）损害赔偿

就货物损耗的赔偿责任而言，如果货物的性质会在运输过程中发生损耗，《国际铁路货物运输合同统一规则》第31条第1款和《国际铁路货物联运协定》第43条第1款都以湿货2%、干货1%为标准。但是，《国际铁路货物联运协定》第43条第2款则规定："货物在运送中，因其本身的自然特性不发生减量时，不限货物的行经里程，承运人仅对超过0.2%的货物重量不足部分负责。"这意味着，即使按照货物的性质，货物在运输过程中不应发生损耗的，承运人仍然可以在0.2%的短缺范围内免责。

就超出运输期限的赔偿而言，《国际铁路货物运输合同统一规则》第33条第1款和《国际铁路货物联运协定》第45条第2款不同。按照《国际铁路货物运输合同统一规则》第33条第1款，承运人对超出运输期限负担的赔偿最高可以达到运费的4倍；然而，《国际铁路货物联运协定》第45条第2款则规定，"货物运到逾期的违约金额度，根据造成运到逾期承运人的运费和逾期

（期限）的长短，即逾期（天数）占总运到期限的比例确定，即逾期不超过总运到期限 1/10 时，为运费的 6%；逾期超过总运到期限 1/10，但不超过 3/10 时，为运费的 18%；逾期超过总运到期限 3/10 时，为运费的 30%"。《国际铁路货物联运协定》第 45 条第 2 款规定的损害赔偿额明显低于《国际铁路货物运输合同统一规则》第 33 条第 1 款，对承运人更为有利。

就货物灭失的赔偿而言，《国际铁路货物运输合同统一规则》第 30 条第 1 款和《国际铁路货物联运协定》第 42 条第 1 款都以货物的价值来计算损害赔偿，但是，如何界定货物的价值，《国际铁路货物联运协定》第 42 条没有给出标准。因此，《国际铁路货物联运协定》第 17 条的声明货物价值具有重要意义，同时，结合第 44 条第 3 款的规定，目的地货物价格可能对于认定货物价格具有参考价值。

就货物损坏的赔偿而言，《国际铁路货物运输合同统一规则》第 32 条第 2 款对货物损坏的赔偿进行了限制，在全部货物因损坏降低价格的场合，货物损坏的赔偿不得超过全部灭失时应付的赔偿；在部分货物因损坏降低价格的场合，货物损坏的赔偿不得超过货物部分灭失时应付的赔偿。《国际铁路货物联运协定》第 44 条第 3 款没有上述规定，而是允许法院自由裁量，即"按照第 42 条货物灭失或短少时的赔偿额第 1 项规定，并参考根据到达地国内法律确定的货物价格降低额度确定"。

就赔偿限额而言，《国际铁路货物运输合同统一规则》第 30 条第 2 款就货物灭失确立了 17 记账单位/公斤毛重的限制，这一限制也基于《国际铁路货物运输合同统一规则》第 32 条第 2 款适用于货物损坏的赔偿，而第 33 条第 1 款就超出运输期限的赔偿确立了 4 倍运费的限制（第 33 条第 3 款）；《国际铁路货物联运协定》第 42 条第 1 款和第 44 条第 1 款就货物灭失和损坏采纳完全赔偿原则，没有赔偿上限的规定，但第 45 条第 2 款就超出运输期限的赔偿设置了限额（30% 上限运费）。

就更高赔偿额而言，《国际铁路货物运输合同统一规则》第 34 条、第 35 条与《国际铁路货物联运协定》第 42 条、第 44 条不同，《国际铁路货物联运协定》不包含特别利息或利息的赔偿。

就限制恶意的承运人援引责任限制而言，《国际铁路货物运输合同统一规则》第 36 条有规定，《国际铁路货物联运协定》则完全没有。换言之，在《国际铁路货物联运协定》框架下，即使承运人故意或重大过失引起损失或损害，也可以援引超出运输期限的赔偿限制。

11）诉讼

就诉讼提起的前置条件而言，《国际铁路货物运输合同统一规则》允许索赔人不对承运人提出赔偿请求直接起诉，《国际铁路货物联运协定》第47条第1款要求索赔人必须先提出赔偿请求才能提起诉讼，"只有提出相应赔偿请求后，才可提起诉讼，且只可对受理赔偿请求的承运人提起诉讼"。当然，《国际铁路货物联运协定》第47条第3款设置了两项例外，即"承运人没有在规定的赔偿请求审查期限内对赔偿请求做出答复；在赔偿请求审查期限内已将全部或部分拒绝赔偿请求一事通知请求人"。

就诉讼时效而言，《国际铁路货物运输合同统一规则》第48条第1款规定为1年，例外为两年，《国际铁路货物联运协定》第48条第1款就超出货物运输期限的诉讼时效规定为2个月，其他诉讼的诉讼时效（如货物的灭失或损坏）为9个月。此外，《国际铁路货物运输合同统一规则》第48条第3款允许援引国内法，《国际铁路货物联运协定》则没有提到。

就诉讼管辖而言，《国际铁路货物运输合同统一规则》第46条第1款给出了多种选择，《国际铁路货物联运协定》第47条第4款则限定为被告住所地的司法机关。

2. 21世纪海上丝绸之路的海上货物运输

（1）既有的海上货物运输规则体系

21世纪海上丝绸之路的货运方式主要是海运或者包含海运的多式联运。目前，世界上海上货物运输规则大致可以分为三大体系，即1924年海牙规则体系、1924—1968—1979年海牙—维斯比规则体系和1978年汉堡规则体系。除此以外，还有尚未生效的2008年《鹿特丹规则》。

《海牙规则》（《关于统一提单的若干法律规定的国际公约》）是历史最为悠久的国际海上货物运输条约。在"一带一路"沿线的国家和地区中，批准1924年《海牙规则》的有塞浦路斯、埃及、匈牙利、伊朗、爱尔兰、以色列、科威特、中国澳门、马来西亚、毛里求斯、马达加斯加、摩纳哥、莫桑比克、葡萄牙、斯洛文尼亚、土耳其、美国、新加坡、叙利亚、斯里兰卡、波兰、立陶宛、克罗地亚。

脱胎于《海牙规则》的海牙—维斯比规则体系在世界范围内适用的最广泛。海牙—维斯比规则体系主要由1924年《海牙规则》、1968年《修改统一提单若干法律规定的国际公约议定书》（《维斯比规则》）、1979年《特别提款权议定书》(《修订海牙—维斯比规则议定书》)组成。据统计，批准1924年《海牙规则》和1968年议定书的有新加坡、斯里兰卡、叙利亚，批准1968年议定书的有澳大利亚、格鲁吉亚，批准1968年议定书和1979年议定书的有丹麦、芬兰、中国香港、意大利、荷兰、挪威、瑞典、英国，批准1979年议定书的有希腊、日本、卢森堡、新西兰、俄罗斯，批准1924年《海牙规则》、1968年议定书和1979年议定书的有比利时、克罗地亚、法国、立陶宛、拉脱维亚、波兰、瑞士。

20世纪70年代末，联合国为了平衡货方和承运人的利益，确保海上货物运输的公平性，主持制定了《联合国海上货物运输公约》(《汉堡规则》)。目前，批准《汉堡规则》的国家和地区包括：秘鲁(2021年)、阿尔巴尼亚(2006年)、奥地利(1993年)、巴巴多斯(1981年)、博茨瓦纳(1988年)、布基纳法索(1989年)、布隆迪(1998年)、喀麦隆(1993年)、智利(1982年)、捷克(1995年)、多米尼加(2007年)、埃及(1979年)、冈比亚(1996年)、格鲁吉亚(1996年)、圭亚那(1991年)、匈牙利(1984年)、约旦(2001年)、哈萨克斯坦(2008年)、肯尼亚(1989年)、黎巴嫩(1983年)、莱索托(1989年)、利比里亚(2005年)、马拉维(1991年)、摩洛哥(1981年)、尼日利亚(1988年)、巴拉圭(2005年)、罗马尼亚(1982年)、圣文森特和格林纳丁斯(2000年)、塞内加尔(1986年)、塞拉利昂(1988年)、叙利亚(2002年)、突尼斯(1980年)、乌干达(1979年)、坦桑尼亚(1979年)、赞比亚(1991年)。许多航运大国仅仅只是签字但并未批准，如巴西(1978年)、丹麦(1979年)、德国(1978年)、挪威(1979年)、新加坡(1978年)、瑞典(1979年)、美国(1979年)等。还有一些航运大国，如韩国、英国、日本、摩纳哥、土耳其、意大利、印度、瑞士、俄罗斯、伊朗、荷兰、印度尼西亚、马来西亚甚至都没有签字。

值得注意的是，为了摆脱长期以来国际海上货物运输缺乏统一规则的困境，进入21世纪后，联合国又主持制定了《联合国全程或部分海上国际货物运输合同公约》(《鹿特丹规则》)。目前，批准《鹿特丹规则》的国家和地区包括：贝宁(2019年)、喀麦隆(2017年)、刚果(布)(2014年)、西班牙(2011年)、多哥(2012年)。已经在《鹿特丹规则》上签字的国家和地区包括：亚美尼亚(2009年)、加蓬(2009年)、加纳(2009年)、几内亚(2009年)、马达加斯加(2009年)、马里(2009年)、尼日尔(2009年)、尼日利亚(2009年)、波兰(2009年)、塞内加尔(2009年)、丹麦(2009年)、法国

（2009年）、希腊（2009年）、荷兰（2009年）、挪威（2009年）、瑞士（2009年）、美国（2009年）、卢森堡（2010年）、刚果民主共和国（2010年）、瑞典（2011年）、几内亚比绍（2013年）。

总的来看，21世纪海上丝绸之路的国家和地区对上述四大规则存在不同的立场。以海牙—维斯比规则体系为例，伊朗、科威特、马来西亚加入了海牙公约；新加坡、斯里兰卡、叙利亚不仅加入了海牙公约，还批准了《维斯比规则》的1968年议定书。此外，在西亚地区，约旦、黎巴嫩、叙利亚批准了《汉堡规则》，而东盟地区只有菲律宾和新加坡、南亚地区只有巴基斯坦在《汉堡规则》上签字（但未批准）。这种分歧可能需要结合上述海运公约的内容分歧来分析。下面将总结《海牙—维斯比规则》《汉堡规则》与《鹿特丹规则》的主要区别。

表2-2 三大公约对比分析

具体内容	规则名称		
	《海牙—维斯比规则》	《汉堡规则》	《鹿特丹规则》
承运人责任期间	第一条 "货物运输"是指自货物装上船时起，至卸下船时止的一段期间。 第七条 本条约中的任何规定，都不妨碍承运人或托运人就承运人或船舶对海运船舶所载货物于装船以前或卸船以后所受灭失或损害，或与货物的保管、照料和搬运有关的灭失或损害所应承担的责任与义务，订立任何协议、规定、条件、保留或免责条款。	第四条 责任期间 1. 按照本公约，承运人对货物的责任期间包括在装货港，在运输途中以及在卸货港，货物在承运人掌管的全部期间。 2. 就本条第1款而言，在下述起迄期间，承运人应视为已掌管货物： (a) 自承运人从以下各方接管货物时起： (i) 托运人或代其行事的人；或 (ii) 根据装货港适用的法律或规章，货物必须交其装运的当局或其他第三方；	第十二条 承运人的责任期间 一、承运人根据本公约对货物的责任期，自承运人或履约方为运输而接收货物时开始，至货物交付时终止。 二、（一）收货地的法律或条例要求将货物交给某当局或其他第三方，承运人可以从该当局或其他第三方提取货物的，承运人的责任期自承运人从该当局或从该其他第三方提取货物时开始。（二）交货地的法律或条例要求将货物交给某当局或其他

续表

具体内容	规则名称		
	《海牙—维斯比规则》	《汉堡规则》	《鹿特丹规则》
承运人责任期间		（b）至承运人将货物交付以下各方时止：（i）将货物交付收货人；或（ii）遇有收货人不向承运人提货时，则依照合同或卸货港适用的法律或特定的贸易惯例，将货物置于收货人支配之下；或（iii）根据在卸货港适用的法律或规章将货物交给必须交付的当局或其他第三方。3.在本条第1和第2款内提到的承运人或收货人，除指承运人和收货人外，还分别指承运人或收货人的受雇人或代理人。	第三方，收货人可以从该当局或该其他第三方提取货物的，承运人的责任期至承运人将货物交给该当局或该其他第三方时终止。三、为确定承运人的责任期，各当事人可以约定接收和交付货物的时间和地点，但运输合同条款作下述规定的即为无效：（一）接收货物的时间是在根据运输合同开始最初装货之后；或（二）交付货物的时间是在根据运输合同完成最后卸货之前。
承运人义务	第三条 1.承运人须在开航前和开航时恪尽职守：（a）使船舶适于航行；（b）适当地配备船员、装备船舶和供应船舶；（c）使货舱、冷藏舱和该船其他载货处所能适宜和安全地收受、运送和保管货物。2.除遵照第四条规定外，承运人应适当和谨慎地装卸、搬运、配载、运送、保管、照料和卸载所运货物。	无	第十一条 货物的运输和交付 承运人应根据本公约，按照运输合同的条款将货物运至目的地并交给收货人。第十三条 特定义务 一、在第十二条规定的责任期内，除须遵循第二十六条的规定外，承运人应妥善而谨慎地接收、装载、操作、积载、运输、保管、照料、卸载并交付货物。二、虽有本条第一款规定，在不影响第四章其他规定以及第五章至第七章规定的情况下，承运人与托运人可以约定由托运人、单证托运人或收货人装载、操作、积载或卸载货物。此种约

续表

具体内容	规则名称		
	《海牙—维斯比规则》	《汉堡规则》	《鹿特丹规则》
承运人义务			定应在合同事项中载明。第十四条 适用于海上航程的特定义务承运人必须在开航前、开航当时和海上航程中恪尽职守：（一）使船舶处于且保持适航状态；（二）妥善配备船员、装备船舶和补给供应品，且在整个航程中保持此种配备、装备和补给；并且（三）使货舱、船舶所有其他载货处所和由承运人提供的载货集装箱适于且能安全接收、运输和保管货物，且保持此种状态。
承运人责任及免责事由	第四条 2.不论承运人或船舶，对由于下列原因引起或造成的灭失或损坏，都不负责： （a）船长、船员、引水员或承运人的雇佣人员，在航行或管理船舶中的行为、疏忽或不履行义务。 （b）火灾，但由于承运人的实际过失或私谋所引起的除外。 （c）海上或其他能航水域的灾难、危险和意外事故。 （d）天灾。 （e）战争行为。 （f）公敌行为。 （g）君主、当权者或人民的扣留或管制，或依法扣押。 （h）检疫限制。	第五条 责任基础 1.除非承运人证明他本人及其受雇人或代理人为避免该事故发生及其后果已采取了一切所能合理要求的措施，否则承运人应对因货物灭失或损坏或延迟交货所造成的损失负赔偿责任，如果引起该项灭失、损坏或延迟交付的事故，如同第四条所述，是在承运人掌管期间发生的。 2.如果货物未能在明确议定的时间内，或虽无此项议定，但未能在考虑到实际情况对一个勤勉的承运人所能合理要求的时间内，在海上运输合同所规定的卸货港交货，即为延迟交付。 3.如果货物在本条第2款	第十七条 赔偿责任基础一、如果索赔人证明，货物灭失、损坏或迟延交付，或造成、促成了灭失、损坏或迟延交付的事件或情形是在第四章规定的承运人责任期内发生的，承运人应对货物灭失、损坏和迟延交付负赔偿责任。 二、如果承运人证明，灭失、损坏或迟延交付的原因或原因之一不能归责于承运人本人的过失或第十八条述及的任何人的过失，可免除承运人根据本条第一款所负的全部或部分赔偿责任。 三、除证明不存在本条第二款所述的过失之外，如果承运人证明下列一种或数种事件或情

续表

具体内容	规则名称		
	《海牙—维斯比规则》	《汉堡规则》	《鹿特丹规则》
承运人责任及免责事由	(i) 托运人或货主、其代理人或代表的作为或不作为。 (j) 不论由于任何原因所引起的局部或全面罢工、关停或限制工作。 (k) 暴动和骚乱。 (l) 救助或企图救助海上人命或财产。 (m) 由于货物的固有缺点、性质或缺陷引起的体积或重量亏损，或任何其他灭失或损坏。 (n) 包装不善。 (o) 喷头不清或不当。 (p) 虽恪尽职守亦不能发现的潜在缺点。 (q) 非由于承运人的实际过失或私谋，或者承运人的代理人，或雇佣人员的过失或疏忽所引起的其他任何原因；但是要求引用这条免责利益的人应负责举证，证明有关的灭失或损坏既非由于承运人的实际过失或私谋，亦非承运人的代理人或雇佣人员的过失或疏忽所造成。	规定的交货时间期满后连续六十天内未能按第四条的要求交付，有权对货物的灭失提出索赔的人可以视为货物已经灭失。 4.(a) 承运人对下列各项负赔偿责任： (i) 火灾所引起的货物的灭失、损坏或延迟交付，如果索赔人证明火灾是由承运人、其受雇人或代理人的过失或疏忽引起的； (ii) 经索赔人证明由于承运人、其受雇人或代理人在采取可以合理要求的扑灭火灾和避免或减轻其后果的一切措施中的过失或疏忽所造成的货物的灭失、损坏或延迟交付。 (b) 凡船上的火灾影响到货物时，如果索赔人或承运人要求，必须按照海运惯例，对火灾的起因和情况进行调查，并根据要求向承运人和索赔人提供一份调查人的报告。 5.关于活动物，承运人对此类运输固有的任何特殊风险所造成的灭失、损伤或延迟交付不负赔偿责任。如果承运人证明他是按照托运人给他的关于活动物的任何特别指示行事的，并证明根据实际情况，灭失、损伤或延迟交付可以归之于这种风险时，则应	形造成、促成了灭失、损坏或迟延交付，也可免除承运人根据本条第一款规定所负的全部或部分赔偿责任： (一) 天灾； (二) 海上或其他通航水域的风险、危险和事故； (三) 战争、敌对行动、武装冲突、海盗、恐怖活动、暴乱和内乱； (四) 检疫限制；政府、公共当局、统治者或民众的干涉或造成的障碍，包括非由承运人或第十八条述及的任何人所造成的滞留、扣留或扣押； (五) 罢工、关厂、停工或劳动受限； (六) 船上发生火灾； (七) 虽恪尽职守仍无法发现的潜在缺陷； (八) 托运人、单证托运人、控制方或根据第三十三条或第三十四条托运人或单证托运人对其作为承担责任的其他任何人的作为或不作为； (九) 按照第十三条第二款所述及的约定进行的货物装载、操作、积载或卸载，除非承运人或履约方代表托运人、单证托运人或收货人实施此项活动； (十) 由于货物固有缺陷、品质或瑕疵而造成的数量或重量损耗或其他任何灭失或损坏； (十一) 非由承运人或代

续表

具体内容	规则名称		
	《海牙—维斯比规则》	《汉堡规则》	《鹿特丹规则》
承运人责任及免责事由		推定灭失、损伤或延迟交付就是这样引起的，除非证明灭失、损伤或延迟交付的全部或部分是由承运人、其受雇人或代理人的过失或疏忽所造成的。 6. 除分摊共同海损外，承运人对因在海上采取救助人命的措施或救助财产的合理措施而造成的灭失、损伤或延迟交付不负赔偿责任。 7. 如果货物的灭失、损坏或延迟交付是由承运人、其受雇人或代理人的过失或疏忽连同其他原因所引起的，承运人仅在归于他们的过失或疏忽所引起的灭失、损坏或延迟交付的范围内负赔偿责任，但承运人须证明不属于此种过失或疏忽所造成的灭失、损坏或延迟交付的数额。 第九条　舱面货 1. 承运人只有按照同托运人的协议或符合特定的贸易惯例，或依据法规的规章的要求，才有权在舱面上载运货物。 2. 如果承运人和托运人议定，货物应该或可以在舱面上载运，承运人必须在提单或证明海上运输合同的其他单证上载列相应说明。如无此项说明，承运人有责任证明，曾经达成在舱面上载运的协议但承运人无权援引这种协议对抗	其行事的人所做包装不良或标志欠缺、不清； （十二）海上救助或试图救助人命； （十三）海上救助或试图救助财产的合理措施； （十四）避免或试图避免对环境造成危害的合理措施；或 （十五）承运人根据第十五条和第十六条所赋权利的作为。 四、虽有本条第三款规定，有下列情形之一的，承运人仍应对灭失、损坏或迟延交付的全部或部分负赔偿责任： （一）索赔人证明，承运人或第十八条述及的人的过失造成、促成了承运人所依据的事件或情形；或 （二）索赔人证明，本条第三款所列事件或情形以外的事件或情形促成了灭失、损坏或迟延交付且承运人无法证明，该事件或情形既不能归责于其本人的过失，也不能归责于第十八条述及的任何人的过失。 五、虽有本条第三款规定，在下列情况下，承运人还应对灭失、损坏或迟延交付的全部或部分负赔偿责任： （一）索赔人证明，造成或可能造成或促成灭失、损坏或迟延交付的原因是：1. 船舶不适航；2. 配备船员、装备船舶

续表

具体内容	规则名称		
	《海牙—维斯比规则》	《汉堡规则》	《鹿特丹规则》
承运人责任及免责事由		包括收货人在内的，相信并持有提单的第三方。 3.如违反本条第1款的规定将货物载运在舱面上，或承运人不能按照本条第2款援引在舱面上载运的协议，尽管有第五条 第1款的规定，承运人仍须对仅由于在舱面上载运而造成的货物灭失或损坏以及延迟交付负赔偿责任，而其赔偿责任的限额，视情况分别按照本公约第六条或第八条的规定确定。 4.违反将货物装载在舱内的明文协议而将货物装载在舱面，应视为第八条含义内的承运人的一种作为或不作为。	和补给供应品不当；或 3.货舱、船舶其他载货处所或由承运人提供的载货集装箱不适于且不能安全接收、运输和保管货物；并且 （二）承运人无法证明： 1.本条第五款第一项述及的任何事件或情形未造成灭失、损坏或迟延交付；或 2.承运人已遵守第十四条规定的恪尽职守的义务。 六、承运人根据本条规定被免除部分赔偿责任的，承运人仅对根据本条应由其负赔偿责任的事件或情形所造成的那部分灭失、损坏或迟延交付负赔偿责任。 第十八条 承运人为其他人负赔偿责任 如果下列人的作为或不作为违反本公约对承运人规定的义务，承运人应负赔偿责任： （一）任何履约方； （二）船长或船员； （三）承运人的受雇人或履约方的受雇人；或 （四）履行或承诺履行运输合同规定的承运人义务的其他任何人，以该人按照承运人的要求，或在承运人的监督或控制下直接或间接作为为限。 第二十一条 迟延 未在约定时间内在运输合同约定的目的地交付货物，为迟延交付。

续表

具体内容	规则名称		
	《海牙—维斯比规则》	《汉堡规则》	《鹿特丹规则》
承运人责任及免责事由			第二十五条　船舶上的舱面货 一、在船舶舱面上载运货物，只能限于下列情形： （一）根据法律的要求进行此种运输； （二）货物载于适合舱面运输的集装箱内或车辆内，而舱面专门适于载运此类集装箱或车辆；或 （三）舱面运输符合运输合同或相关行业的习惯、惯例或做法。 二、本公约有关承运人赔偿责任的规定，适用于根据本条第一款在舱面上载运的货物的灭失、损坏或迟延交付，但根据本条第一款第二项或第三项载运货物的，对于舱面载运货物涉及的特殊风险所造成的货物灭失、损坏或迟延交付，承运人不负赔偿责任。 三、在舱面上载运货物，不是本条第一款所准许的情形的，对于完全由于舱面载运货物所造成的货物灭失、损坏或迟延交付，承运人负赔偿责任，且无权享有第十七条规定的抗辩。 四、第三方已善意取得可转让运输单证或可转让电子运输记录的，承运人无权对其援用本条第一款第三项的规定，除非合同事项载明可以在舱面上载运货物。 五、承运人与托运人明

续表

具体内容	规则名称		
	《海牙—维斯比规则》	《汉堡规则》	《鹿特丹规则》
承运人责任及免责事由			确约定货物将载于舱内的，如果货物载于舱面造成任何灭失、损坏或迟延交付，对于此种灭失、损坏或迟延交付，承运人无权享有限制赔偿责任的利益。 第八十一条 活动物和某些其他货物特别规则 虽有第七十九条的规定，在不影响第八十条的情况下，运输合同可以排除或限制承运人和海运履约方的义务或赔偿责任，条件是： （一）货物是活动物，但如果索赔人证明，货物灭失、损坏或迟延交付，是由于承运人或第十八条述及的人故意造成此种货物灭失、损坏或此种迟延损失的作为或不作为所导致的，或是明知可能产生此种灭失、损坏或此种迟延损失而轻率地作为或不作为所导致的，则任何此种排除或限制均属无效。
承运人赔偿限额	第四条 5.（a）不论是承运人或船舶，对超过每件或每单位相当于 666.67 计算单位，或按灭失或受损货物毛重计算，每公斤相当于 2 计算单位（两者之中以较高者为准）的货物或与货物有关的灭失或损害，在任何情况下，概不负责，除非货物的性质和价值已由托运人在货物装运前声	第六条 责任限额 1.（a）按照第五条规定，承运人对货物灭失或损坏造成的损失所负的赔偿责任，以灭失或损坏的货物每件或每其他货运单位相当于 835 记账单位或毛重每公斤 2.5 记账单位的数额为限，两者以较高的数额为准。 （b）按照第五条规定承运人对延迟交付的赔偿责任，以相当于该延迟交	第五十九条 赔偿责任限额 一、除须遵循第六十条以及第六十一条第一款的规定外，承运人对于违反本公约对其规定的义务所负赔偿责任的限额，按照索赔或争议所涉货物的件数或其他货运单位计算，每件或每个其他货运单位 875 个计算单位，或按照索赔或争议所涉货物的毛重

续表

具体内容	规则名称		
	《海牙—维斯比规则》	《汉堡规则》	《鹿特丹规则》
承运人赔偿限额	明，并在提单上注明。(b)可赔偿的总额应参照该货物根据合同从船上卸下或本应卸下的当时当地的价值计算。货物价值应按商品交换价格确定，或者如无此种价格，按现时市场价格计算；如无商品交换价格和现时市场价格，参照相似品种和质量的货物的正常价值确定。(c)如货物是以集装箱、货盘或类似的运输工具集装则提单中载明的装载此种运输工具中的件数或单位数，应视为本款所述件数或单位数。除上述情况之外，此种运输工具应视为一个包件或单位。(d)本条述及的计算单位，是国际货币基金组织定义的特别提款权。本款(a)项述及的金额，须按照一国货币在受案法院所在地法律确定的日期的币值，折算成该国货币。	付货物应支付运费的2.5倍的数额时为限，但不得超过海上货物运输合同规定的应付运费总额。(c)根据本款(a)和(b)项，承运人的总赔偿责任，在任何情况下都不得超过根据本款(a)项对货物全部灭失引起的赔偿责任所规定的限额。2.按照本条第一款(a)项规定，在计算较高数额时，应遵照下列规则：(a)当使用集装箱、货盘或类似运输器具拼装货物时，如果签发了提单，在提单中列明的，或在证明海上运输合同的任何其他单证中列明的，装在这种运输器具内的件数或其他货运单位数，即视为件数或货运单位数。除上述情况外，这种运输器具内的货物视为一个货运单位。(b)当运输器具本身遭到灭失或损坏时，该运输器具如不属于承运人所有或提供，即视为一个单独的货运单位。3.记账单位是指第二十六条中所述的记账单位。4.承运人和托运人可以通过协议确定超过第1款规定的赔偿责任限额。第二十六条 记账单位1.本公约第六条所指的记账单位是国际货币基金组织所规定的特别提款权。第六条所述的数额应在判决日或当事各方议定之日该国货币	计算，每公斤3个计算单位，以两者中较高限额为准，但货物价值已由托运人申报且在合同事项中载明的，或承运人与托运人已另行约定高于本条所规定的赔偿责任限额的，不在此列。二、货物载于集装箱、货盘或拼装货物的类似装运器具内，或载于车辆内运输的，合同事项中载列的载于此种装运器具内或车辆内的货物件数或货运单位数，视为货物件数或货运单位数。未载列的，载于此种装运器具内或车辆内的货物视为一个货运单位。三、本条述及的计算单位，是国际货币基金组织定义的特别提款权。本条述及的限额，须按照一国国家货币在判决日或裁决日，或在当事人约定日的币值折算成该国货币。一缔约国是国际货币基金组织成员国的，该国货币对特别提款权的比价，须按照国际货币基金组织当日对其业务和交易实行的计价换算方法计算。一缔约国不是国际货币基金组织成员国的，该国货币对特别提款权的比价，须按照该国确定的方式计算。第六十条 迟延造成损失的赔偿责任限额 除须遵循第六十一条第款的规定外，对迟延

续表

具体内容	规则名称		
	《海牙—维斯比规则》	《汉堡规则》	《鹿特丹规则》
承运人赔偿限额		的价值换算为该国货币。凡属国际货币基金组织成员的本公约缔约国，以特别提款权表示的本国货币价值应按国际货物基金组织中上述日期进行营业和交易中应用的定值办法计算。非国际货币基金组织成员的本公约缔约国以特别提款权表示的本国货币价值，应按该国决定的办法计算。	造成货物灭失或损坏的赔偿额，应按照第二十二条计算，对迟延造成经济损失的赔偿责任限额，是相当于迟交货物应付运费两倍半的数额。根据本条以及第五十九条第一款确定的赔付总额，不得超过所涉货物全损时根据第五十九条第一款确定的限额。
承运人义务	第三条 5. 托运人应被视为已在装船时向承运人保证，由他提供的唛头、号码、数量和重量均正确无误；并应赔偿给承运人由于这些项目不正确所引起或导致的一切灭失、损坏和费用。承运人的这种赔偿权利，并不减轻其根据运输合同对托运人以外的任何人所承担的责任和义务。	第十三条 关于危险货物的特殊规则 1. 托运人必须以适当的方式在危险货物上加上危险的标志或标签。 2. 当托运人将危险货物交给承运人或实际承运人时，托运人必须告知货物的危险性，必要时并告知应采取的预防措施。如果托运人没有这样做，而且该承运人或实际承运人又未从其他方面得知货物的危险特性，则： (a) 托运人对承运人和任何实际承运人因载运这种货物而造成的损失负赔偿责任。并且 (b) 根据情况需要，可以随时将货物卸下、销毁或使之无害，而不予赔偿。 3. 任何人如在运输期间，明知货物的危险特性而加以接管，则不得援引本条第2款的规定。 4. 如果本条第2款 (b) 项的规定不适用或不能	第二十七条 交付运输 一、除非运输合同另有约定，否则托运人应交付备妥待运的货物。在任何情况下，托运人交付的货物应处于能够承受住预定运输的状态，包括货物的装载、操作、积载、绑扎、加固和卸载，且不会对人身或财产造成损害。 二、根据第十三条第二款订有约定的，托运人应妥善而谨慎地履行根据该约定承担的任何义务。 三、集装箱或车辆由托运人装载的，托运人应妥善而谨慎地积载、绑扎和加固集装箱内或车辆内的货物，使之不会对人身或财产造成损害。 第二十八条 托运人与承运人在提供信息和指示方面的合作 如果有关货物正确操作和运输的信息处于被请求方的占有之下，或有关货物正确操作和运输

续表

具体内容	规则名称		
	《海牙—维斯比规则》	《汉堡规则》	《鹿特丹规则》
承运人义务		援引，而危险货物对生命或财产造成实际危险时，可视情况需要，将货物卸下、销毁或使之无害，而不予赔偿，但共同海损分摊的义务或按照第五条规定承运人应负的赔偿责任除外。	的指示是在被请求方能够合理提供的范围之内，且请求方无法以其他合理方式获取此种信息和指示，承运人和托运人应就对方提出的提供此种信息和指示的请求作出响应。 第二十九条 托运人提供信息、指示和文件的义务 一、托运人应及时向承运人提供承运人无法以其他合理方式获取，且是为下述目的而合理需要的有关货物的信息、指示和文件： （一）为了正确操作和运输货物，包括由承运人或履约方采取预防措施；并且 （二）为了使承运人遵守公共当局有关预定运输的法律、条例或其他要求，但承运人须及时将其需要信息、指示和文件事宜通知托运人。 二、本条规定概不影响根据公共当局有关预定运输的法律、条例或其他要求，提供有关货物的某些信息、指示和文件的任何特定义务。 第三十一条 拟定合同事项所需要的信息 一、托运人应及时向承运人提供拟定合同事项以及签发运输单证或电子运输记录所需要的准确信息，包括第三十六条第一款所述及的事项；

续表

具体内容	规则名称		
	《海牙—维斯比规则》	《汉堡规则》	《鹿特丹规则》
承运人义务			合同事项中拟载明为托运人的当事人名称；有收货人的，收货人名称；须凭指示签发运输单证或电子运输记录的，指示人名称。 二、承运人收到根据本条第一款提供的信息时，理当认为托运人已对信息的准确性给予保证。托运人应就此种信息不准确所导致的灭失或损坏向承运人作出赔偿。 第三十二条 危险货物特别规则 当货物因本身性质或特性而已对人身、财产或环境形成危险，或适度显现有可能形成此种危险时： （一）托运人应在货物交付给承运人或履约方之前，及时将货物的危险性质或特性通知承运人。托运人未履行此项义务，且承运人或履约方无法以其他方式知道货物危险性质或特性的，托运人应就未发通知所导致的灭失或损坏向承运人负赔偿责任。 （二）托运人应根据货物预定运输任何阶段所适用的公共当局的法律、条例或其他要求，对危险货物加标志或标签。托运人未履行此项义务的，托运人应就由此导致的灭失或损坏向承运人负赔偿责任。

续表

具体内容	规则名称		
	《海牙—维斯比规则》	《汉堡规则》	《鹿特丹规则》
承运人责任	第四条 3.对于任何非因托运人、托运人的代理人或其雇佣人员的行为、过失或疏忽所引起的使承运人或船舶遭受的灭失或损坏，托运人不负责任。	第十二条 一般规则 托运人对承运人或实际承运人所遭受的损失或船舶所遭受的损坏不负赔偿责任，除非这种损失或损坏是由托运人、其受雇人或代理人的过失或疏忽所造成。托运人的任何受雇人或代理人对这种损失或损坏也不负责任，除非这种损失或损坏是由他自己的过失或疏忽所造成。	第三十条 托运人对承运人赔偿责任的基础 一、对于承运人遭受的灭失或损坏，如果承运人证明，此种灭失或损坏是由于违反本公约规定的托运人义务而造成的，托运人应负赔偿责任。 二、灭失或损坏的原因或原因之一不能归责于托运人本人的过失或第三十四条述及的任何人的过失的，免除托运人的全部或部分赔偿责任，但托运人违反第三十一条第二款和第三十条对其规定的义务所造成的灭失或损坏，不在此列。 三、托运人根据本条被免除部分赔偿责任的，托运人仅应因其本人的过失或第三十四条述及的任何人的过失所造成的那部分灭失或损坏负赔偿责任。 第三十四条 托运人为其他人负赔偿责任 托运人委托包括受雇人、代理人和分合同人在内的任何人履行托运人任何义务的，对于此等人的作为或不作为造成违反本公约规定的托运人义务，托运人负赔偿责任，但托运人委托承运人或代表承运人行事的履约方履行托运人义务的，对于此等人的作为或不作为，托运人不负赔偿责任。

续表

具体内容	规则名称		
	《海牙—维斯比规则》	《汉堡规则》	《鹿特丹规则》
诉讼时效	第三条 6. 除第6款（之一）另有规定外，除非从货物交付之日或应交付之日起一年内提出诉讼，承运人和船舶在任何情况下都免除对于货物的任何责任。但是，诉讼事由提出后，如经当事方同意，该期限可以延长，即使在前款规定的年限期满后，如果在受理该案的法院的法律准许的时间内，仍可以对第三者提出赔偿诉讼。但是，准许的时间不得少于三个月，自提出这种赔偿诉讼的人已经解决了对他本人的索赔或者从起诉传票送达他本人之日起算。	第二十条 诉讼时效 1. 按照本公约有关货物运输的任何诉讼，如果在两年内没有提出司法或仲裁程序，即失去时效。 2. 时效期限自承运人交付货物或部分货物之日开始，如未交付货物，则自货物应该交付的最后一日开始。 3. 时效期限开始之日不计算在期限内。 4. 被要求赔偿的人，可以在时效期限内的任何时间，向索赔人提出书面说明，延长时效期限。该期限还可以用另次或多次声明再度延长。 5. 如果诉讼是在起诉地所在国国家法律许可的时间内提起，负有赔偿责任的人即使在以上各款规定的时效期限届满后，仍可以提起追赔的诉讼。但是，所许可的时间不得小于从提起索赔诉讼的人已解决了对他的赔偿或从他本人提起的传票送达之日起九十天。	第六十二条 时效期 一、两年时效期满后，不得就违反本公约下的一项义务所产生的索赔或争议提起司法程序或仲裁程序。 二、本条第一款述及的时效期，自承运人交付货物之日起算，未交付货物或只交付了部分货物的，自本应交付货物最后之日起算。时效期间的起算日不包括在该期间内。 三、即使本条第一款规定的时效期满，一方当事人仍然可以提出索赔作为抗辩，或以此抵消对方当事人提出的索赔。 第六十三条 时效的延长第六十二条规定的时效期不得中止或中断，但被索赔人可以在时效期内的任何时间，通过向索赔人声明而延长该时效期。该时效期可以经再次声明或多次声明进一步延长。 第六十四条 追偿诉讼被认定负有责任的人可以在第六十二条规定的时效期满后提起追偿诉讼，提起该追偿诉讼的时效期以下列较晚者为准： （一）提起程序的管辖地准据法所允许的时效期内；或（二）自追偿诉讼提起人解决原索赔之日起，或自收到向其本人送达的起诉文书之日

续表

具体内容	规则名称		
	《海牙—维斯比规则》	《汉堡规则》	《鹿特丹规则》
诉讼时效			（以较早者为准）起九十日内。 第六十五条 对被识别为承运人的人的诉讼 对光船承租人或对根据第三十七条第二款被识别为承运人的人的诉讼，可以在第六十二条规定的时效期满后提起，提起该诉讼的时效期以下列较晚者为准： （一）提起程序的管辖地准据法所允许的时效期内；或 （二）自识别承运人之日起，或自船舶登记所有人或光船承租人根据第三十七条第二款推翻其为承运人的推定之日起九十日内。
管辖权		第二十一条 管辖权 1.按本公约规定在有关货物运输的司法程序中，原告可以选择在这样的法院提起诉讼，按照该法院所在国法律该法院有权管辖，并且下列地点之一位于该法院管辖范围： （a）被告的主要营业所，或如无主要营业所时，其通常住所；或， （b）合同订立地，但该合同须是通过被告在该地的营业所、分支机构或代理机构订立的；或 （c）装货港或卸货港；或 （d）海上运输合同中为此目的指定的任何其他地点。 2.（a）尽管有本条规定，如果载货船舶或属于同	第六十六条 对承运人的诉讼 除非运输合同载有一项符合第六十七条或第七十二条的排他性法院选择协议，否则原告有权根据本公约在下列管辖法院之一对承运人提起司法程序： （一）对下列地点之一拥有管辖权的一管辖法院： 1.承运人的住所； 2.运输合同约定的收货地； 3.运输合同约定的交货地；或， 4.货物的最初装船港或货物的最终卸船港；或， （二）为裁定本公约下可能产生的向承运人索赔事项，托运人与承运人在协议中指定的一个或数个管辖法院。

续表

具体内容	规则名称		
	《海牙—维斯比规则》	《汉堡规则》	《鹿特丹规则》
管辖权		一船舶所有人的任何其他船舶,在一个缔约国的任何一个港口或地点,按照该国适用的法律规则和国际法规则被扣留,就可在该港口或该地点的法院提起诉讼。但是,在这种情况下,经被告请求,原告必须将诉讼转移到由原告选择的本条第1款所指的管辖法院之一,以对索赔作出判决。但在诉讼转移之前,被告必须提供足够的保证金,以确保支付在诉讼中可能最后判给原告的金额。 (b)一切有关保证金是否足够的问题,应由扣留港口或地点的法院裁定。 3.按照本公约有关货物运输的一切法律诉讼,不得在本条第1或第2款没有规定的地点提起。本款的规定不妨碍缔约国采取临时性或保护性措施的管辖权。 4.(a)如已在按本条第1或第2款规定有管辖权的法院提起诉讼或已由这样的法院作出判决,相同当事方之间不得基于相同理由,提起新的诉讼,除非受理第一次诉讼的法院的判决在提起新诉讼地的国家不能执行; (b)就本条而言,为执行判决而采取措施,不应视为提起新的诉讼; (c)就本条而言,按照本条第2款(a)项将诉	第六十七条 法院选择协议 一、根据第六十六条第二项选择的法院,只有经合同当事人协议约定,且只有授予管辖权协议满足下列各项条件,方能对合同当事人之间的争议具有排他性管辖权: (一)该协议载于清楚载明各方当事人名称和地址的批量合同,此种批量合同或1.是单独协商订立,或2.载有一则存在一项排他性法院选择协议的明确声明,且指出批量合同中载有该协议的部分;并且, (二)该协议清楚指定某缔约国的数个法院或某缔约国的一个或数个特定法院。 二、根据本条第一款订立的排他性法院选择协议,只有满足下列各项条件,方能对不是批量合同当事人的人具有约束力: (一)该法院位于第六十六条第一项所指定的地点之一; (二)该协议载于运输单证或电子运输记录; (三)关于诉讼提起地法院以及该法院拥有排他性管辖权的通知已及时、正确地发给该人;并且 (四)受案法院的法律承认该排他性法院选择协议对该人具有约束力。 第六十八条 对海运履约方的诉讼

续表

具体内容	规则名称		
	《海牙—维斯比规则》	《汉堡规则》	《鹿特丹规则》
管辖权		讼转移到同一个国家的另一法院，或转移到另一个国家的法院，不应视为提起新的诉讼。 5.尽管有以上各款的规定，在按照海上运输合同提出索赔之后，当事各方达成的指定索赔人可以提起诉讼的地点的协议应属有效。	原告有权在对下列地点之一拥有管辖权的管辖法院，根据本公约对海运履约方提起司法程序： （一）海运履约方的住所； （二）海运履约方接收货物的港口或海运履约方交付货物的港口，或海运履约方执行与货物有关的各种活动的港口。 第六十九条 不另增管辖权地 除须遵循第七十一条和第七十二条的规定外，不得在不是根据第六十六条或第六十八条指定的法院，根据本公约对承运人或海运履约方提起司法程序。 第七十条 扣留以及临时措施或保全措施 本公约的规定概不影响对临时措施或保全措施，包括对扣留的管辖权。除非符合下列条件，否则临时措施或保全措施执行地所在国的法院不享有裁定案件实体的管辖权： （一）符合本书的要求；或（二）一项国际公约在该国适用的，该国际公约作此规定。 第七十一条 诉讼合并和移转 一、除非根据第六十七条或第七十二条存在一项具有约束力的排他性法院选择协议，就同一事件同时对承运人和海运履约方提起一项共同诉讼的，只能在同时根据第六十一、六十六条

续表

具体内容	规则名称		
	《海牙—维斯比规则》	《汉堡规则》	《鹿特丹规则》
管辖权			和第六十八条指定的一法院提起该诉讼。无上述这类法院的，可以在根据第六十八条第二项指定的一法院，在其存在的情况下提起该诉讼。二、除非根据第六十七条或第七十二条存在一项具有约束力的排他性法院选择协议，承运人或海运履约方提起的诉讼寻求一项不承担赔偿责任声明的，或提起的其他任何诉讼将剥夺承运人根据第六十六条或第六十八条选择诉讼地的权利的，该承运人或海运履约方应在被告已选择根据第六十六条或第六十八条（两者以适用者为准）所指定的法院的情况下，根据被告的要求撤回该诉讼，然后可以在该法院重新提起诉讼。第七十二条　争议产生后的协议和被告应诉时的管辖权一、争议产生后，争议各方当事人可以协议约定在任何管辖法院解决争议。二、被告在一管辖法院应诉，未根据该法院的规则提出管辖权异议的，该法院拥有管辖权。第七十三条　承认和执行一、根据本公约拥有管辖权的一法院在一缔约国作出的裁决，应在另一缔约国根据该另一缔约

续表

具体内容	规则名称		
	《海牙—维斯比规则》	《汉堡规则》	《鹿特丹规则》
管辖权			国的法律得到承认和执行，但两国须已根据第七十四条作出声明。 二、法院可以以其法律所提供的拒绝承认和执行的理由为根据，拒绝给予承认和执行。 三、不得影响加入本公约的区域经济一体化组织对其成员国彼此承认或执行判决适用本组织的规则，不论这些规则的通过时间是在本公约之前还是之后。 第七十四条 第十四章的适用 本书的规定只能对根据第九十一条声明其将受本书规定约束的缔约国具有约束力。
仲裁		第二十二条 仲裁 1.按照本条各项规定，当事方可以用书面证明的协议规定，按照本公约可能发生的有关货物运输的任何争端应提交仲裁。 2.如租船合同载有该合同引起的争端应提交仲裁的条款，而依据租船合同签发的提单并未特别注明此条款对提单持有人具有约束力，则承运人不得对相信提单的提单持有人援引该条款。 3.原告可以选择在下列地点之一，提起仲裁程序： (a)一国的某一地点，该国领土内应有： (i)被告的主要营业所，或无主要营业所时，其通	第七十五条 仲裁协议 一、除须遵循本章的规定外，当事人可以协议约定，任何根据本公约运输货物可能产生的争议均应提交仲裁。 二、仲裁程序应按照对承运人提起索赔的人的选择： (一)在仲裁协议为此目的指定的任何地点进行；或， (二)一国的其他任何地点进行，下列任何地点位于该国即可： 1.承运人的住所； 2.运输合同约定的收货地； 3.运输合同约定的交货地；或， 4.货物的最初装船港或货

续表

具体内容	规则名称		
	《海牙—维斯比规则》	《汉堡规则》	《鹿特丹规则》
仲裁		常住所；或， (ⅱ)签订合同地，但该合同须是通过被告在该地的营业所、分支机构或代理机构订立的； (ⅲ)装货港或卸货港；或 (b)仲裁条款或协议中为此目的而指定的任何地点。 4.仲裁员或仲裁庭应当应用本公约的各项规则。 5.本条第3和第4款规定应视为每一仲裁条款或协议的一部分，仲裁条款或协议中与此两款不符的任何规定，均属无效。 6.本条各款不影响按照海上运输合同提出索赔之后，当事各方所订立的有关仲裁协议的效力。	物的最终卸船港。 三、仲裁协议指定的仲裁地对仲裁协议当事人之间的争议具有约束力，条件是，载有该仲裁协议的批量合同清楚载明各方当事人的名称和地址，且该批量合同属于下列情况之一： （一）是单独协商订立的；或， （二）载有一则存在一项仲裁协议的明确声明，且指出批量合同中载有该仲裁协议的部分。 四、仲裁协议已根据本条第三款订立的，该协议指定的仲裁地，只有满足下列条件，方能对不是批量合同当事人的人具有约束力： （一）该协议指定的仲裁地位于本条第二款第二项述及的地点之一； （二）该协议载于运输单证或电子运输记录； （三）仲裁地通知已及时、正确地发给受仲裁协议约束的人；并且 （四）准据法准许该人受该仲裁协议的约束。 五、本条第一款、第二款、第三款和第四款的规定，视为每一仲裁条款或仲裁协议的一部分，此种条款或协议的规定，凡与其不一致的一概无效。 第七十六条 非班轮运输中的仲裁协议 一、非班轮运输的运输合同由于下列原因而适用

续表

具体内容	规则名称		
	《海牙—维斯比规则》	《汉堡规则》	《鹿特丹规则》
仲裁			本公约或本公约规定的,本公约的规定概不影响该运输合同中仲裁协议的可执行性: (一) 适用第七条;或 (二) 各方当事人自愿在本来不受本公约管辖的运输合同中纳入本公约。 二、虽有本条第一款规定,运输单证或电子运输记录由于适用第七条而适用本公约的,其中的仲裁协议仍受本章的管辖,除非此种运输单证或电子运输记录: (一) 载明了因适用第六条而被排除在本公约适用范围之外的租船合同或其他合同的各方当事人和日期;并且 (二) 以具体提及方式纳入了租船合同或其他合同中载有仲裁协议规定的条款。 第七十七条 争议产生后的仲裁协议 虽有本章和第十四章的规定,争议产生后,争议各方当事人仍可以协议约定在任何地点以仲裁方式解决争议。 第七十八条 第十五章的适用 本章的规定只能对根据第九十一条声明其将受本章规定约束的缔约国具有约束力。

实际上，国际海上货物运输公约的形成和发展，始终围绕着货方利益和承运人利益的博弈。《海牙规则》与《维斯比规则》侧重保护承运人，货方利益受到的保护有限，故许多发展中国家对海牙—维斯比规则体系并没有兴趣。而联合国主导制定的《汉堡规则》，则更充满了争议和分歧。海运大国通常倾向于维持传统的海上货物运输规则立场，侧重保护承运人利益，如英国、荷兰、日本、德国、比利时、意大利、希腊等，苏联、波兰、阿根廷、秘鲁、韩国也接近这一立场。与此相对，美国、澳大利亚和内陆国，如捷克、匈牙利、奥地利以及绝大多数发展中国家则更倾向于保护货方利益。最终，与海牙—维斯比规则体系相比，《汉堡规则》转向了对货方利益的保护，比如废除了传统的航海过失免责，因此，《汉堡规则》在世界范围内得到的支持极为有限。为了统一国际海上货物运输规则，联合国又主持制定了《鹿特丹规则》。不过，《鹿特丹规则》并没有彻底回到海牙—维斯比规则体系，而是延续了《汉堡规则》，否认传统的航海过失免责制度，接受了完全过失责任主义，强化了承运人的适航义务，同时提高了赔偿责任限额。这导致海运大国对《鹿特丹规则》也不感兴趣。

（2）统一海上丝绸之路海上货物运输法的出路

①现实背景

在海上丝绸之路国家和地区分属各个海上货物运输规则体系的大背景下，加入《鹿特丹规则》似乎成为促进海上货物运输法律统一最经济便捷的方式。因为，不论是《海牙—维斯比规则》，还是《汉堡规则》，都不适用于港口范围之外的活动，只调整单一海运，对多式联运运输方式无能为力。故基于最新的多式联运国际协议或以海运为主的多式联运国际协议，推进海上丝绸之路的海运规则标准化，是更为可行的路径。然而，是否应当加入《鹿特丹规则》，促进我国在海上丝绸之路的国际海上货物运输和贸易，需要结合我国当前的现状来分析，即我国不仅是海运大国，还是国际贸易大国。

表 2-3：35 个主要航运国家或地区的船舶数量和运力（2021 年）[1]

序号	国家/地区	船舶数量 本国或地区旗	船舶数量 外国或地区旗	船舶数量 合计	载重吨位 本国或地区旗	载重吨位 外国或地区旗	载重吨位 合计	外国或地区旗所占比例	占世界船队总吨位
1	希腊	642	4 063	4 705	58 067 003	315 350 152	373 417 155	77.92	16.36
2	中国	4 887	2 431	7 318	105 657 323	138 898 420	244 555 743	87.43	12.78
3	日本	914	3 115	4 029	35 107 223	206 741 103	241 848 326	53.36	8.87
4	新加坡	1 459	1 384	2 843	73 258 302	65 805 758	139 064 060	90.51	6.65
5	中国香港	886	878	1 764	72 367 151	31 851 549	104 218 700	35.20	5.32
6	德国	198	2 197	2 395	7 437 473	78 759 307	86 196 780	22.72	4.88
7	韩国	787	854	1 641	15 096 916	70 995 920	86 092 836	79.57	4.40
8	挪威	387	1 655	2 042	1 899 017	62 144 480	64 043 497	86.47	3.36
9	百慕大	13	540	553	300 925	63 733 226	64 034 151	89.80	2.87
10	英国	309	1 014	1 323	7 160 493	46 524 174	53 684 667	98.96	2.70
11	美国	790	1 020	1 810	10 395 172	44 576 019	54 971 191	63.52	2.69
12	中国台湾	147	867	1 014	6 998 235	46 284 542	53 282 777	88.96	2.58
13	摩纳哥	0	478	478	0	43 426 478	43 426 478	58.03	2.14
14	丹麦	26	902	928	47 415	42 185 673	42 233 088	100.00	1.67
15	比利时	108	249	357	8 974 783	21 969 171	30 943 954	70.26	1.56
16	土耳其	429	1 112	1 541	5 994 812	21 970 706	27 965 518	32.16	1.27
17	印度尼西亚	2 232	89	2 321	24 139 035	2 704 715	26 843 750	65.96	1.23
18	瑞士	18	396	414	928 432	25 794 797	26 723 229	27.58	1.21
19	印度	875	195	1 070	16 396 087	10 013 434	26 409 521	92.56	1.14

[1] 数据来源：联合国贸易和发展会议的《2021 年海运评论》（Review of Maritime Transport）。

续表

序号	国家/地区	船舶数量 本国或地区旗	船舶数量 外国或地区旗	船舶数量 合计	载重吨位 本国或地区旗	载重吨位 外国或地区旗	载重吨位 合计	外国或地区旗所占比例	占世界船队总吨位
20	阿联酋	119	941	1 060	525 959	24 431 420	24 957 379	62.92	1.01
21	俄罗斯	1 464	322	1 786	9 184 626	14 682 694	23 867 320	77.29	1.00
22	伊朗	246	8	254	18 898 257	352 889	19 251 146	61.69	0.97
23	荷兰	692	515	1 207	5 577 088	13 185 003	18 762 091	12.41	0.96
24	沙特阿拉伯	151	111	262	13 397 363	3 422 203	16 819 566	49.68	0.94
25	意大利	481	170	651	10 296 714	5 900 509	16 197 223	76.59	0.88
26	巴西	292	91	383	4 735 593	9 120 015	13 855 608	96.88	0.86
27	法国	98	327	425	1 592 919	12 004 098	13 597 017	79.23	0.78
28	越南	929	166	1 095	9 491 311	3 043 458	12 534 769	71.42	0.68
29	塞浦路斯	134	177	311	5 166 089	7 174 723	12 340 812	73.82	0.55
30	加拿大	210	164	374	2 569 373	7 212 024	9 781 397	42.32	0.51
31	阿曼	5	58	63	5 704	8 926 419	8 932 123	63.17	0.51
32	马来西亚	456	163	619	6 587 734	2 158 859	8 746 593	18.17	0.46
33	卡塔尔	57	69	126	1 123 717	6 145 431	7 269 148	99.92	0.40
34	尼日利亚	198	73	271	3 517 645	3 429 887	6 947 532	24.67	0.38
35	瑞典	90	208	298	1 004 333	5 448 524	6 452 857	88.35	0.37
	35国合计	20 729	27 002	47 731	543 900 223	1 466 373 485	2 010 273 707	72.94	94.99
	其他国家或地区	3 096	3 146	6 242	37 011 088	69 116 093	106 127 181	65.13	5.01
	全世界合计	23 825	30 148	53 973	580 911 310	1 535 489 578	2 116 400 888	72.55	100.00

按照联合国贸易和发展会议的《2021年海运评论》，我国船舶载重总吨位排名保持在第2位，船舶数量增至7318艘，载重总吨位为244 555 743 吨，外国或其他地区占比为56.80%，总价值98 936百万美元，平均每艘船价值13.52百万美元。不仅如此，在联合国贸易和发展会议的《2018年海运评论》列出的全世界50大（集装箱）班轮运输公司中，我国的中国远洋运输（集团）总公司排名第4、山东海丰国际航运集团有限公司排名第17，我国台湾地区长荣海运股份有限公司排名第7、阳明海运股份有限公司排名第9、万海航运股份有限公司排名第13，我国香港地区的东方海外货柜有限公司排名第8。据中国远洋海运集团官网介绍，截至2022年2月1日，中国远洋海运集团经营船队综合运力11 217万载重吨/1384艘，排名世界第一。其中，集装箱船队规模304万TEU/507艘，居世界前列；干散货船队运力4 339万载重吨/426艘，油轮船队运力2937万载重吨/224艘，杂货特种船队运力514万载重吨/160艘，均居世界第一。截至2022年4月底，中远海运集装箱运输有限公司自营船队包括403艘集装箱船舶，运力达2 185 724标准箱，集装箱船队整体规模在世界排名第四。中远海运集装箱运输有限公司共经营403条航线，其中包括264条国际航线（含国际支线）、55条中国沿海航线及84条珠江三角洲和长江支线。公司所经营的船舶，在全球约140国家和地区的570个港口挂靠。截至2022年年初，中远海运散货运输有限公司管理和控制散货运输船舶400多艘，运力达4000多万载重吨。运输货物覆盖铁矿石、煤炭、粮食、散杂货等全品类散装货物，航线覆盖国内沿海和世界主要港口，服务网络遍布全球。

我国不仅是海运大国，还是国际贸易大国。世界贸易组织发布的《世界贸易数据评论2019》（World Trade Statistical Review 2019）显示，2018年我国商品贸易（merchandise trade）的出口货物总值达到2.49万亿美元，占商品贸易世界出口总值的13%，商品贸易的进口货物总值为2.14万亿美元，占商品贸易世界进口总值的11%。不仅如此，2018年我国商业服务（commercial services）出口额达到2650亿美元，商业服务进口额达到5210亿美元，占世界商业服务进口额的9.5%。按照我国海关总署发布的数据，2021年，我国商品贸易进出口总值达390931亿元人民币，比2020年增长21.3%，扭转了此前连续两年增长微弱的局面。其中，出口217318亿元人民币，增长21.2%；进口173613亿元，增长21.5%；2021年前11个月，贸易顺差3.77万亿元，同比增加20.1%。其中，2021年，我国对欧盟、美国和东盟进出口分别增长

19.1%、20.2% 和 19.7%，截至 2021 年 11 个月，三者合计占我国进出口总值的 40.9%。同期，我国对俄罗斯、波兰和印度等国进出口分别增长 26.6%、26.7% 和 33.9%，均高于总体增幅。

结合我国这种双重身份，是否批准《鹿特丹规则》在我国学界曾经引起巨大的争议。具体来说，我国学界存在反对批准或加入《鹿特丹规则》、支持批准或加入《鹿特丹规则》两种不同的声音。反对者的担忧在于，我国虽然是海运大国但不是海运强国，我国国际航运企业盈利水平较低、国际航运市场长期处于低迷状态，引入《鹿特丹规则》会强化承运人责任倒置，使我国国际航运企业负担过重。不仅如此，《鹿特丹规则》的引入可能给实力不强的港口经营人、国际船舶管理企业、国际船员管理企业、中小仓储经营者、场站经营者和中小国际贸易企业带来冲击。据张文广教授介绍，《鹿特丹规则》通过之后，商务部和交通运输部先后成立了多个课题组，对公约进行了专题研究。[1] 整体而言，法律评估组和港口评估组比较乐观，认为加入《鹿特丹规则》利大于弊；航运评估组和战略政策评估组则相对悲观，坚持目前中国不应加入《鹿特丹规则》；贸易评估组认为，"《鹿特丹规则》对货方来说有利有弊，多数货主从整体上持积极态度，中国政府应以客观全面、积极、审慎的态度对待《鹿特丹规则》"。换言之，反对加入《鹿特丹规则》的考虑，主要是保护我国竞争力不强的国际航运企业。

不过，得出上述论断的前提事实如今可能已经发生了变化。2016 年，韩国韩进集团破产、波罗的海干散货综合运费指数持续走低，表明航运业不景气已经到了最严峻的时候。2016 年 10 月，有媒体甚至称"航运业利润降至历史低位""航运业情况不容乐观，上市航运企业亏损严重"。然而，航运业的颓势并没有一直持续下去。实际上，在 2017 年，航运市场迎来拐点，航运市场逐步回暖，航运企业盈利情况日趋好转。2017 年 10 月 9 日，上海国际航运研究中心发布了 2017 年第三季度中国航运景气报告，报告显示中国航运企业景气状况再创近五年新高，航运企业盈利状况大幅改善。该报告指出，船舶运输企业、港口企业和航运服务企业经营状况继续好转，各类港航企业景气指数都处于景气线之上。具体来说，该报告认为，在 2017 年第三季度，船舶公司盈利继续大幅增加，这主要表现为经营散货海运企业盈利罕见大幅跳涨和班轮企业盈利指标持续向好、船舶投资意愿大幅提升；港口企业盈利持续

---

[1] 张文广：《海上货物运输法的历史发展及其启示》，载《中国海商法研究》2016 年第 2 期。

大幅增加；航运服务企业盈利状况大幅好转，企业流动资金保持充盈，劳动力需求与固定资产投资将有所增加；船舶运输企业和港口企业盈利情况将继续好转；近40%的船舶公司计划于未来1年至2年内订造新船。按照2022年5月发布的《2021年度中国港航船上市企业盈利能力榜单》，入榜的70家企业中，实现盈利的有68家，亏损的有2家，整体净利润获得3356.10亿元人民币，较2016年度整体净利润886.18亿元人民币也有较大幅度增长。其中，中远海运控股股份有限公司2021年净利润约892.96亿元人民币。

在航运市场回暖的大背景下，关于批准或加入《鹿特丹规则》可能不利于我国航运企业的担忧，可能没有我们想象的那么严重。实际上，与我国庞大的进出口贸易相比，我国航运企业的营业收入可能并不大。比如，2021年中国远洋海运集团有限公司年营业收入约为2323.6亿美元，而中国2021年对印度的出口总额为975.2亿美元、进口总额为281.4亿美元。中国与海上丝绸之路沿线国家和地区的进出口贸易体量极大。据统计，2021年，中国与东盟国家和地区的进出口贸易总额达到8782亿美元，其中，出口为4836.9亿美元、进口为3945.1亿美元。从这个角度来看，在统一海上丝绸之路海上货物运输法律规则时，我国应当优先保护货主利益或至少不能过多偏向承运人的利益。

值得注意的是，与我国相比，海上丝绸之路国家和地区算不上航运大国。按照《2017年海运评论》，除新加坡位居世界海运大国前5外，印度（第19位）、伊朗（第22位）、印尼（第17位）、马来西亚（第32位）、阿联酋（第20位）、沙特（第24位）、塞浦路斯（第29位）、越南（第28位）、阿曼（第31位）、卡塔尔（第33位）等国的运力与我国相去甚远。不考虑新加坡，上述国家和地区的运力全部加起来也不如我国。与这些国家相比，我国航运企业具有相当大的优势。

总之，我国与海上丝绸之路国家和地区间进出口贸易体量巨大，且我国航运实力虽然无法与欧美发达国家相比，但与海上丝绸之路的国家和地区相比优势明显。

②具体路径

就海上丝绸之路的海上货物运输而言，在国际航运业复苏后，可以就中国是否加入《鹿特丹规则》进行研判。不过，与其他发达国家相比，中国航运企业的竞争力还处于较低的水平。仅仅为了保障我国在海上丝绸之路海上货物运输的利益而言，加入《鹿特丹规则》、无限制地适用《鹿特丹规则》可能在一定程度上不利于我国航运企业。在主要航运大国对《鹿特丹规则》持谨慎态度的背景下，可以考虑按照《鹿特丹规则》，来对我国现行的《海商法》进行适度修改，吸取《鹿特丹规则》中先进、合理的部分内容，并建议我国航运企业在航运合同中加入适用国内法的格式条款，发挥我国航运企业在海上丝绸之路的优势竞争力，从而避免不分场合、全盘接受《鹿特丹规则》，防止其给我国航运企业带来的不利后果。

具体来说，第一，应当在《海商法》第四章增加批量合同，即于约定的期间内分批装运特定数量的货物的运输合同（《鹿特丹规则》第1条第2项）。据学者介绍，"国际集装箱货物运输中，服务合同应用很普遍，大宗散货运输中包船运输合同的运用也很普遍"。因此，有必要将批量合同引入我国《海商法》。

第二，《海商法》的第四章应当调整对承运人的责任期间的规定。《海商法》第46条第1款规定："承运人对集装箱装运的货物的责任期间，是指从装货港接收货物时起至卸货港交付货物时止，货物处于承运人掌管之下的全部期间。承运人对非集装箱装运的货物的责任期间，是指从货物装上船时起至卸下船时止，货物处于承运人掌管之下的全部期间。在承运人的责任期间，货物发生灭失或者损坏，除本节另有规定外，承运人应当负赔偿责任。"第103条规定："多式联运经营人对多式联运货物的责任期间，自接收货物时起至交付货物时止。"这一立场不适合集装箱货物多式联运的发展。可以考虑按照《鹿特丹规则》第12条作进一步的修改，即"一、承运人根据本公约对货物的责任期，自承运人或履约方为运输而接收货物时开始，至货物交付时终止。二、（一）收货地的法律或条例要求将货物交给某当局或其他第三方，承运人可以从该当局或该其他第三方提取货物的，承运人的责任期自承运人从该当局或从该其他第三方提取货物时开始。（二）交货地的法律或条例要求将货物交给某当局或其他第三方，收货人可以从该当局或该其他第三方提取货物的，承运人的责任期至承运人将货物交给该当局或该其他第三方时终止。三、为确定承运人的责任期，各当事人可以约定接收和交付货物的时间和地点，但运输合同条款作下述规定的即为无效：（一）接收货物的时间是在根据运输合同开始最初装货之后；或（二）交付货物的时间是在根据运输合同完成最后卸货之前"。

第三，与《汉堡规则》相比，《鹿特丹规则》并没有规定实际承运人，而是确立了新的海运履约方制度。按照《鹿特丹规则》第1条第7项，海运履约方,是指凡在货物到达船舶装货港至货物离开船舶卸货港期间履行或者承诺履行承运人任何义务的履约方,而内陆承运人仅在履行或者承诺履行其完全在港区范围内的服务时方为海运履约方。从这个角度来看,海运履约方是履行或者承诺履行运输合同规定的承运人义务的其他任何人,以该人按照承运人的要求,或在承运人的监督或控制下直接或间接作为为限,其范围比实际承运人更广,包含承运人的履行辅助人,从而港口经营人也属于海运履约方。《海商法》可以效仿《鹿特丹规则》引入海运履约方制度,解决那些帮助承运人履行货运合同但不属于实际承运人的主体的权利义务问题。

第四,要求承运人在航程中恪尽职守使得船舶处于适航状态。《海商法》第47条仅仅要求承运人在船舶开航前和开航时负有使船舶处于适航状态的义务,《鹿特丹规则》将这一义务扩展到了整个海上航程。按照《鹿特丹规则》第14条规定:"承运人必须在开航前、开航当时和海上航程中恪尽职守:(一)使船舶处于且保持适航状态;(二)妥善配备船员、装备船舶和补给供应品,且在整个航程中保持此种配备、装备和补给;并且(三)使货舱、船舶所有其他载货处所和由承运人提供的载货集装箱适于且能安全接收、运输和保管货物,且保持此种状态。"

第五,按照《鹿特丹规则》更新托运人责任制度。《海商法》第66、70条设定了有关托运人责任的规则,但是,与《鹿特丹规则》第27、31条相比,还存在进一步完善的空间。具体来说,《海商法》第66条可以考虑按照《鹿特丹规则》第31条进行丰富,第67条则按照第28、29条进行扩展、强化托运人作为合同当事人的协助义务(信息提供义务),尤其是《鹿特丹规则》第28条。《海商法》没有区分两种托运人——与承运人订立运输合同的人、将货物交给承运人或履约方的FOB价格条件下的货物卖方的权利义务。

第六,按照《鹿特丹规则》第43条、第44条、第48条改革货物交付制度,尤其是按照第48条第2款、第3款调整我国《海商法》第86条、第88条。

第七,效仿《鹿特丹规则》确立控制权与权利转让制度。

第八,效仿《鹿特丹规则》适当调整承运人的赔偿责任。《鹿特丹规则》第17条确立了承运人责任的基本框架。与我国《海商法》第51条不同,《鹿特丹规则》的免责事由范围更广,包括恐怖活动、海盗、承运人避免或试图避免对环境造成危害的合理措施、承运人针对可能形成危险的货物和海上航程期间牺牲货物的条款所赋权利的作为等。不过,《鹿特丹规则》废除了航海过失和火灾过失免责事由。此外,《鹿特丹规则》还对船货双方的举证责任分配作了详尽的类型化规定。如果货方举证证明了货物的灭失、损坏或迟延交付，或者其原因发生于承运人的责任期间之内，即推定承运人有过失，承运人要免除赔偿责任，必须证明本人以及其负责的人没有过失；如果承运人证明货物的灭失、损坏或迟延交付由第17条列明的15项免责事项中的一项或者几项所致，则推定其无过失，如果货方不能提出反证，证明承运人本人及其负责的人有过失，承运人便不负赔偿责任；如果货方证明货物灭失、损坏或迟延交付是或者可能是船舶不适航所致，那么即推定承运人有过失，承运人要想免除赔偿责任，就必须证明货物灭失、损坏或迟延交付不是由于船舶不适航所致，或者其已经做到谨慎处理使船舶适航。不仅如此，可以考虑按照《鹿特丹规则》第22条调整我国《海商法》第55条。按照前者，货物价值确定的标准依据以下顺序确定：货物交货地和交货时间的商品交易价格、市场价格、交货地的同种类和同品质货物的通常价值。按照《鹿特丹规则》第59条、第60条，适当提高《海商法》第56条、第57条的赔偿限额。《鹿特丹规则》第59条设定的赔偿限额为，每件或每个其他货运单位875个计算单位，或按照索赔或争议所涉货物的毛重计算，每公斤3个计算单位，以两者中较高限额为准；《海商法》第55条设定的赔偿限额为，按照货物件数或其他货运单位数计算，每件或每个其他货运单位为666.67计算单位，或按照货物毛重计算，每公斤为2计算单位，以二者中赔偿限额较高的为准。《鹿特丹规则》的两项标准分别比《海商法》高30%和50%。不仅如此，《鹿特丹规则》第59条的赔偿限额适用于"承运人对于违反本公约对其规定的义务"，即承运人对《鹿特丹规则》的其他义务违反所负担的赔偿也适用上述赔偿限额。《鹿特丹规则》就迟延交货设置的纯粹经济损失赔偿标准为2.5倍运费，高于我国的1倍运费。

（二）"一带一路"基础设施建设法律问题研究

在"一带一路"倡议框架下，基础设施建设领域先行。当前全球75%的新兴经济体都进入了"一带一路"沿线地区，基础设施建设合作是中国同这些国家合作的重点之一。"一带一路"框架下基础设施建设合作项目涵盖行业广泛，蕴藏着巨大的投资机遇与项目合作机会。目前，"一带一路"沿线国家和地区提出的大部分项目需要以PPP、BOT等形式实施，对承包商也提出了设计、规划、融资、建设和运营的综合服务要求。中国"走出去"的企业遇到了更高的门槛。实际上，在基础设施建设上，中国有比较优势。在基础设施所需要的原材料上，中国有很多剩余产能。此外，"一带一路"倡议还可以提高中国外汇储备的回报率，培育出口增长点，利用发展中国家的资源。

1. 我国对外工程承包的现状

据商务部发布的统计数据，2019 年，我国对外承包工程业务完成营业额 11927.5 亿元人民币（折合 1729 亿美元），同比增长 6.6%，新签合同额 17953.3 亿元人民币（折合 2602.5 亿美元），同比增长 12.2%。其中 12 月当月完成营业额 379.3 亿美元，同比增长 22.2%，当月新签合同额 517.3 亿美元，同比下降 8.3%。另外，我国企业在"一带一路"沿线的 62 个国家新签对外承包工程项目合同 6944 份，新签合同额 1548.9 亿美元，占同期我国对外承包工程新签合同额的 59.5%，同比增长 23.1%；完成营业额 979.8 亿美元，占同期总额的 56.7%，同比增长 9.7%。2020 年，我国对外承包工程业务完成营业额 10756.1 亿元人民币（折合 1559.4 亿美元，同比下降 9.8%），新签合同额 17626.1 亿元人民币（折合 2555.4 亿美元，同比下降 1.8%）。其中，2020 年我国企业在"一带一路"沿线的 61 个国家新签对外承包工程项目合同 5611 份，新签合同额 1414.6 亿美元，占同期我国对外承包工程新签合同额的 55.4%，同比下降 8.7%；完成营业额 911.2 亿美元，占同期总额的 58.4%，同比下降 7%。而在 2021 年，我国对外承包工程业务完成营业额 9996.2 亿元人民币，同比下降 7.1%（折合 1549.4 亿美元，同比下降 0.6%），新签合同额 16676.8 亿元人民币，同比下降 5.4%（折合 2584.9 亿美元，同比增长 1.2%）。其中，我国企业在"一带一路"沿线的 60 个国家新签对外承包工程项目合同 6257 份，新签合同额 1340.4 亿美元，占同期我国对外承包工程新签合同额的 51.9%，同比下降 5.2%；完成营业额 896.8 亿美元，占同期总额的 57.9%，同比下降 1.6%。[1]

2. 我国企业对外工程承包可能遇到的重点问题

（1）融资问题

我国企业对外承包工程在"一带一路"沿线国家和地区参与基础设施建设，首先，面临的问题是融资。跨境基础设施建设具有较强的复杂性，对基础设施建设融资包含众多相关利益主体，需要考虑基础设施的自身属性、不

---

[1] 中华人民共和国商务部统计数据，http://www.mofcom.gov.cn/article/tongjiziliao/，最后访问时间：2023 年 4 月 6 日。

同待建基础设施之间的比较、投融资模式设计、制度和社会舆论环境等诸多因素。因此，投资融资机制不仅是金融问题，还是涵盖国家主权、国际关系、产业布局、社会环境、自然生态等诸多领域的结合体，覆盖了战略、政策、技术等多个层次，涉及贸易、投资、对外援助等各种经济活动，表现为人员、货物、资金、技术等多种要素的往来与流动。我国国企对外参加基础设施建设：首先要进行市场和战略需求的调研。其次，需要符合相关国家重点投资方向与项目，通过多边双边区域合作机制，在政府和东道国相关机关磋商讨论后，在规划或项目达成共识。在此基础上，国有企业通过国家配套资金、多边开发银行、区域或双边基金、政策性银行、商业金融机构筹措资金，在东道国开展基础设施建设，借助东道国的投资支持政策，按照我国和东道国的双边投资协定、合作协议，参与招标、投标和项目建设，并最终获得一定的商业回报。就跨境基础设施建设投融资机制而言，拓宽资金来源渠道是首要措施，如发挥主权财富基金的作用、鼓励境内对外投资机构的发展、促进企业利用项目所在国的资金、加强与国际金融机构合作（包括亚洲基础设施投资银行、亚洲开发银行、东盟基础设施基金、世界银行、伊斯兰发展银行等）。再次，完善投融资平台也是可行之举，如完善区域投资保护机制、推进覆盖"一带一路"沿线国家的区域性债券市场发展、提升和完善现有投融资机构能力和功能。最后，创新投融资方式也有助于对外基础设施建设的融资，即基于 PPP 模式进行创新。不过，这些融资问题主要涉及国际金融法等领域，具有一般性。本书重点关注我国企业在"一带一路"沿线国家和地区遇到的特殊问题和国内学界研究尚未深入的基础问题。

（2）法律风险

我国企业对外承包工程，在"一带一路"沿线国家和地区参与基础设施建设，还会面临诸多法律风险。一般来说，法律风险包括合同风险、税务风险、劳工方面的风险、内部管理方面的风险、环境保护和企业社会责任方面的风险。

就合同风险而言，我国虽然制定了《对外承包工程管理条例》，但是却没有单独的对外工程承包模范合同。不过，我国企业可以考虑在对外承包工程时适用 FIDIC 合同。

FIDIC 合同是国际咨询工程师联合会（International Federation of Consulting Engineers）制定并发布的适用于工程承包的格式合同。FIDIC 是国际咨询工程师联合会的法语缩写（Fédération Internationale Des Ingénieurs-

Conseils）。中国工程咨询协会于 1996 年加入了国际咨询工程师联合会，是该联合会的成员。实际上，早在 20 世纪 90 年代，就有外资企业委托中国建筑公司在苏州地区建设工程厂房适用 FIDIC 合同。换言之，在当事人达成一致的情况下，国内工程承包也可以适用 FIDIC 合同，FIDIC 合同在国内仍然有效。

目前，FIDIC 合同条件包括：施工合同条件（Conditions of Contract for Construction），适用于由雇主设计的建筑和工程，俗称红皮书；生产设备和设计—施工合同条件（Conditions of Contract for Plantand Design-Build），适用于由承包商设计的电气和机械设备以及建筑和工程，俗称黄皮书；设计采购施工/交钥匙工程合同条件（Conditions of Contractfor EPC/Turnkey Projects），适用于承包商负责设计和施工、以总价合同为基础实施的工程项目，俗称银皮书；简明合同格式（Short Form of Contract），俗称绿皮书。目前，实践中适用的主要是 2017 年版本的 FIDIC 合同条件，尤其是红皮书和银皮书。不过，FIDIC 合同一般包括合同协议书、专用条件和通用条件，当事人通常不改变通用条件，而是通过专用条件来达成权利义务关系的特殊安排。

按照 FIDIC 的解释，施工合同条件推荐适用于由雇主或其代表工程师设计的建筑或工程项目，在此形式下，一般由承包商按照雇主提供的设计进行工程施工，但该工程中的土木、机械、电气和（或）构筑物的某些部分也可能由承包商进行设计。生产设备和设计—施工合同条件，推荐适用于电气和（或）机械设备供货和建筑或工程的设计与施工，在此形式下，一般由承包商按照雇主要求设计和提供生产设备和（或）其他工程，可能包括土木、机械、电气和（或）构筑物的任何组合。设计采购施工/交钥匙工程合同条件适用于以交钥匙方式提供工程或类似设施的加工或动力设备、基础设施项目或其他类型开发项目，这种方式的特色在于：其一，项目的最终价格和要求的工期确定性更高；其二，由承包商对项目的设计和实施全权负责，雇主介入很少。因此，适合这种合同条件的项目，通常是由承包商进行全部设计、采购和施工，提供配备完善的设施，交钥匙后插入钥匙转动钥匙设施即可运行。因此，如果投标人没有足够时间或资料仔细研究和核查雇主要求，或进行他们的设计、风险评估和估算的，不适于设计采购施工/交钥匙工程合同条件。同样地，如果建设内容涉及相当数量的地下工程，或投标人未能调查的区域内的工程，或者如果雇主要严密监督或控制承包商的工作，或要审核大部分施工图纸的，设计采购施工/交钥匙工程合同条件也不适合。

表 2-4：FIDIC 合同条件条款一览表

条款	施工合同条件	生产设备和设计—施工合同条件	设计采购施工/交钥匙工程合同条件
1	一般规定	一般规定	一般规定
2	雇主	雇主	雇主
3	工程师	工程师	雇主管理
4	承包商	承包商	承包商
5	分包	设计	设计
6	员工	员工	员工
7	生产设备、材料和工艺	生产设备、材料和工艺	生产设备、材料和工艺
8	开工、延误和暂停	开工、延误和暂停	开工、延误和暂停
9	竣工试验	竣工试验	竣工试验
10	雇主的接收	雇主的接收	雇主的接收
11	接收后的缺陷	接收后的缺陷	接收后的缺陷
12	测量和估价	竣工后试验	竣工后试验
13	变更和调整	变更和调整	变更和调整
14	合同价格和付款	合同价格和付款	合同价格和付款
15	由雇主终止	由雇主终止	由雇主终止
16	由承包商暂停和终止	由承包商暂停和终止	由承包商暂停和终止
17	工程照管和保障	工程照管和保障	工程照管和保障
18	例外事件	例外事件	例外事件
19	保险	保险	保险
20	雇主和承包商的索赔	雇主和承包商的索赔	雇主和承包商的索赔
21	争端和仲裁	争端和仲裁	争端和仲裁

施工合同条件和设计采购施工/交钥匙工程合同条件的主要区别在于项目设计者不同，因此，两者的第3条、第5条、第12条就存在区别。在第1条中，施工合同条件包含雇主给予的工程图纸，设计采购施工/交钥匙工程

合同条件则没有；施工合同条件包含投标函、中标函、中标合同标的额，设计采购施工/交钥匙工程合同条件则没有；施工合同条件包含工程量表，而设计采购施工/交钥匙工程合同条件则包含性能保证资料表、费率和价格资料表；施工合同条件的承包商文件包含"规范要求"，而设计采购施工/交钥匙工程合同条件的承包商文件包含"雇主要求"；施工合同条件包含工程师和工程师代表，而设计采购施工/交钥匙工程合同条件没有工程师而只有雇主代表；施工合同条件包含的竣工日期是工程师签发的接收证书中规定的日期，设计采购施工/交钥匙工程合同条件包含的竣工日期是雇主签发的接收证书中规定的日期；设计采购施工/交钥匙工程合同条件包含履约损害赔偿费；施工合同条件包含付款证书。

施工合同条件第 3 条规定了工程师的任务和权利，工程师的任务和权利来源于合同的约定，除条件另有说明外，工程师无权修改合同，工程师的替换需要雇主提前 42 天通知；与此相对，设计采购施工/交钥匙工程合同条件第 3 条规定了雇主代表，雇主代表具有雇主根据合同享有的全部权利，但涉及第 15 条（由雇主终止）规定的权利除外，雇主代表的替换仅需雇主提前 14 天通知。

施工合同条件第 4 条规定，承包商承诺工程的实施和竣工的工程将符合经过变更做出更改或修正而构成的合同文件的要求。同时，设计采购施工/交钥匙工程合同条件第 4 条明确规定，竣工时，工程（或分项工程或生产设备的主要部件，如果有）应达到雇主要求中规定和阐明的预期目的，或在未规定和阐明的情况下，则应达到一般目的；且工程应当包括为满足雇主要求和资料表或合同隐含要求的任何工作，以及（合同虽然没有提到但）为工程的稳定或完成，或安全和有效运行所需的所有工作。

施工合同条件第 5 条规定的是承包商指定的分包商，而设计采购施工/交钥匙工程合同条件第 5 条规定的是承包商的设计，即承包商负责工程的设计，对雇主要求的正确性负责。该规定要求承包商在基准日期前已经仔细检查了雇主要求，对雇主要求正确性负责，同时，承包商从雇主或其他方面收到任何数据或资料，不应免除承包商对工程施工承担的职责，但承认雇主也必须对部分数据负责，如合同中规定的由雇主负责的或不可变的部分、数据和资料、对工程或其他部分的预期目的的说明、竣工工程的试验和性能的标准、承包商不能核实的部分、数据和资料。换言之，就现场数据而言，承包商依据设计采购施工/交钥匙工程合同条件对数据准确性负责。一旦发生如地下水量数据不准、地下水量巨大，承包商即使无法按期完工也必须对雇主负赔偿责任。按照设计采购施工/交钥匙工程合同条件第 5 条，承包商承诺其设计、承包商文件、实施和竣工的工程符合工程所在国的法律，且符合经过变更做出更改或修正的，构成合同的各项文件。同时，承包商应当按照雇主要求对雇主的雇员（和/或雇主要求中确定的其他人员）进行工程操作和维护以及其他任何方面的培训。

就第 7 条而言，施工合同条件要求施工材料的选择应向工程师提交材料样品并取得其同意，设计采购施工/交钥匙工程合同条件则要求向雇主提交材料样品并取得其同意。

就第 8 条而言，施工合同条件设置的延长竣工时间的事由较多，包括设计采购施工/交钥匙工程合同条件没有规定的异常不利的气候条件。此外，就雇主暂停而言，施工合同条件规定工程师可以随时指示承包商暂停工程某一部分或全部的施工进度，而设计采购施工/交钥匙工程合同条件则将此权利赋予雇主。

就第 9 条而言，与施工合同条件不同，设计采购施工/交钥匙工程合同条件专门规定了竣工试验的顺序，第 12 条进一步规定了竣工后试验的程序（施工合同条件第 12 条规定的是工程师对工程的测量和估价）。

就第 10 条而言，施工合同条件允许雇主接受部分工程，设计采购施工/交钥匙工程合同条件则规定，除非雇主要求可能规定或双方可能商定的情况外，雇主不得接收或使用任何部分工程（单位工程以外）。此外，基于雇主人员或雇主应当负责的原因导致竣工试验被干扰达 14 天以上的，施工合同条件规定此时视为雇主已经接收了工程或分项工程，并且承包商应在切实可行的范围内尽快进行竣工试验，设计采购施工/交钥匙工程合同条件要求承包商无论如何都应当在相关缺陷通知期限到期前尽快进行竣工试验，并无有关范围限制。

就第 11 条而言，如果承包商未能在雇主通知中规定的日期修补好缺陷或损害，并且根据第 11 条第 2 款的规定，此项修补工作应当由承包商承担费用，基于设计采购施工/交钥匙工程合同条件的特殊性，雇主有权获得承包商因完全弥补此项违约而支付的履约损害赔偿费或要求降低合同价格；而施工合同条件规定雇主仅能要求降低合同价格而无权请求支付履约损害赔偿费。

就第 13 条而言，施工合同条件允许工程师行使变更权，并明确设置了变更的范围，如就合同中包括任何工作内容的数量的改变，任何工作内容的质量或其他特性的改变，任何部分工程的标高位置和（或）尺寸的改变，任何工作的删减（交给他人实施的除外），永久工程所需的任何附加工作、生产设备、材料或服务的改变，实施工程的顺序或时间安排的改变；而设计采购施工 / 交钥匙工程合同条件则仅仅规定，变更不应包括准备交给他人进行的任何工作的删减，且由雇主行使变更权。此外，施工合同条件还在价值工程中规定了工程师批准的部分永久工程设计的改变，而设计采购施工 / 交钥匙工程合同条件没有这方面的内容。按照施工合同条件，工程师行使变更权的，按照第 12 条的规定进行估价；而按照设计采购施工 / 交钥匙工程合同条件，雇主做出变更的，仅仅需要按照第 3 条和承包商商定或确定合同价格和付款计划表进行调整。

就第 14 条而言，施工合同条件和设计采购施工 / 交钥匙工程合同条件就预付款的支付设置了不同规则。比如，依据施工合同条件，预付款证书由工程师签发，雇主只有在收到预付款证书后，才应当支付预付款，并且预付款应通过预付款证书中按百分比扣减的方式偿还；依据设计采购施工 / 交钥匙工程合同条件，并无对预付款证书作相应规定，只要合同数据规定了预付款金额，在符合相应的条件下，雇主就应当支付预付款，并且预付款应通过期中付款的百分比扣减的方式偿还。拟用于工程的生产设备和材料的付款计划、最终付款证书的颁发，施工合同条件和设计采购施工 / 交钥匙工程合同条件也存在区别。此外，就最终款项而言，施工合同条件要求雇主收到最终付款证书后，在合同数据中规定的期限内（如未规定，则为 56 天）支付，设计采购施工 / 交钥匙工程合同条件要求雇主在收到最终报表后（或如果第 14 条第 13 款第 2 段适用，则在雇主发出最终付款通知后 14 天内）以及收到（或视为承包商已发出）书面结清证明后，在合同数据规定的期限内（如未规定，则为 56 天）支付。

施工合同条件和设计采购施工 / 交钥匙工程合同条件就第 17 条对于承包商保障的规定有一定区别。按照设计采购施工 / 交钥匙工程合同条件，承包商应保障和保持雇主免受其在履行其工程设计义务时的所有行为、错误或遗漏造成的伤害；而按照施工合同条件，承包商只有按照规定，负责设计部分永久工程，和 / 或合同规定的任何其他设计之时，才负担上述义务。

我国企业在"一带一路"沿线国家和地区承包工程的，尽量选择 FIDIC 合同条件，同时在专用条件中尽量避免对自己不利的条款。实际上，FIDIC 合同条件第 6 条对工程施工员工进行了规定，在一定程度上可以避免甚至减少劳工方面的风险。不过，我国企业可能会面临东道国使用本地劳工的要求。东道国也可能要求我国企业仅能雇佣一定比例的中国员工，而主要雇佣当地劳工。东道国特有的文化风俗可能会导致东道国劳工在管理上存在难点。我国企业在处理劳资关系、尊重本地劳工习俗等方面需要额外谨慎。此外，FIDIC 合同条件在一定程度上可以解决我国企业面临的潜在内部管理风险，如东道国地方或雇主造成的工期延误、竣工试验阻碍，可以按照第 8 条和第 10 条解决。值得一提的是，FIDIC 合同条件对工期有严格的要求。我国企业为了响应国家倡议或者抱有低价签合同事后索赔求利润的侥幸心理，往往会接受不合理的合同条款或者成本极低的合同，有时甚至没有透彻研究合同条款即签订承包合同，从而会蒙受严重损失。合同方面的风险还有条款解释的不明，要求我国企业尽量在合同协议书中将具体条款的含义予以明确，避免模糊不清。以麦加轻轨案为例，中国铁建与沙特方面约定，轻轨总共 9 个车站，在 2010 年 11 月 13 日开通运营，要达到 35% 运能；2011 年 5 月完成所有调试，达到 100% 运能。对此，中国铁建方面理解为，开通 35% 运能是指在车站建设方面只需要开通四个车站即可；而沙特方则要求九个车站在 2010 年 11 月全部开通运营，每个车站都要达到 35% 的运能。由于双方的理解不一，导致中国铁建在工期方面出现巨大的疏失，进而蒙受巨大亏损。

就环境保护方面的风险而言，我国企业面临的主要风险是环评不过关、设备存在环境污染的可能性，甚至已经通过的环评仍无法获得当地群众理解。比如，2015 年 9 月，秘鲁阿普里马克区域发生针对当地矿业的抗议活动，抗议原因包括与已获批的环境影响评估有关事宜以及若干政治及社会问题，抗议导致当地警察与抗议者发生严重冲突。这直接影响到了中国五矿集团公司旗下香港上市公司五矿资源在秘鲁的拉斯班巴斯铜矿项目，该铜矿项目因此短暂停工。实际上，早在 2014 年 3 月，中国铝业在秘鲁的一处铜矿被叫停，秘鲁官方称中国公司在施工生产中破坏当地环境。中国铝业控制秘鲁中部的特罗莫克铜矿，该铜矿为千万吨级世界特大型铜矿，但因为环境保护等问题而在当地的开发饱受争议。当地政府部门调查发现，中国铝业将废水违规排放到 Huacrococha 和 Huascacocha 两个湖中。此前，中铝还曾因特罗莫克矿区居民的搬迁问题被索 3 亿美元天价。

为了加强我国企业对外工程承包的竞争力、维护我国工程企业的合法权益，应当加强中国工程咨询协会、中国对外承包工程商会、中国国际工程咨询协会合作对我国企业的 FIDIC 合同条件培训，培养了解和精通 FIDIC 合同条件的中国律师。

第三编
"一带一路"倡议下争端解决机制的构建

2015年3月,中国政府颁布《推动共建丝绸之路经济带与21世纪海上丝绸之路的愿景与行动》,标志着"一带一路"倡议进入实施阶段。"一带一路"倡议背景下的争端,是指在推进"一带一路"倡议过程中国家之间、国家与外国私主体(自然人或法人)或不同国籍私主体之间因贸易合作、投资建设等项目而引起的各类争议的总和。在争端发生后,争端双方会通过各种途径以寻求解决争端的方法,这种途径就被称作争端解决机制。"一带一路"沿线各国要多元、自主、平衡、可持续地发展,就必须建构一套行之有效的争端解决机制作为后盾,否则中国与沿线国家的贸易争端将难以高效、妥善解决,其不仅会危及"一带一路"倡议向纵深发展,而且会导致倡议实施中签订的协议和制定的规则流于形式,最终可能使共同体瓦解。

一、"一带一路"倡议实施与现有争端解决机制

(一)"一带一路"倡议实施下的纠纷类型

与"一带一路"相关的争议主要包括不同国籍私主体之间、国家之间、国家与外国私主体(自然人或法人),以及国际组织与国家或私主体的争议,争端可能涉及贸易、投资、融资、能源等诸多领域。

1. 私主体与私主体之间的争议

主要是不同国家的企业之间的普通商业交易纠纷，包括贸易、投资、技术转让、知识产权保护、企业合并与分立、设备买卖、特许权转让等，范围广泛。其共同特点是涉及的事项均由当事方签订的合同规范，包括争端解决的方法、适用法律等解决争议。如果当事方来自不同的国家，且任何当事方均不愿选择对方国家的法院解决争议，则其大多会选择通过仲裁解决争议。

2. 国家与国家之间的贸易争端

国家与国家间关于经济合作的纠纷被视为国家间或缔约当事方间的争议。贸易合作是"一带一路"倡议的重点内容。"一带一路"的大规模基础设施建设，容易带动国际贸易业务的繁荣，相应地也会增加贸易争端的可能性。由于沿线国家经济发展与开放水平很不均衡，半数国家游离于任意 RTA 之外，[1] 关税区与非关税区的贸易壁垒不利于货物和服务的自由流动，"一带一路"构想的以货物贸易为载体带动资本性输出的贸易投资模式，容易遭到歧视待遇和非关税壁垒的阻碍。在缺乏统一贸易体系的背景下，上述问题容易引发国家间的贸易争端。[2]

3. 私主体与国家之间的投资争端

基础设施的互联互通是"一带一路"的优先领域。根据倡议规划，"一带一路"通过推进国际骨干通道建设，逐步形成连接亚洲各次区域以及亚欧非之间的基础设施网络。公路、铁路、港口、码头、水利等基础项目建设对东道国的经济运行和民生安全容易产生重大影响，而且沿线国家并不都是政局稳定、政治清明的状态，存在复杂的宗教、民族矛盾，恐怖主义、分裂主义和极端主义。[3] 投资者与东道国间极易因项目征收、外汇汇出、政府承诺、战争损害等原因产生纠纷。除非相关争议涉及条约下的义务，否则此类争议只能通过企业所在地的法院或所在地法律允许的其他方式解决。

1　刘艳、黄翔:《"一带一路"建设中国家风险的防控——基于国际法的视角》，载《国际经济合作》2015 年第 8 期。

2　张超、张晓明:《"一带一路"战略的国际争端解决机制研究》，载《南洋问题研究》2017 年第 2 期。

3　包运成:《"一带一路"建设的法律思考》，载《前沿》2015 年第 1 期。

4. 国际金融机构（国际组织）与融资主体之间的争端

资金融通是"一带一路"的重要支撑。部分沿线国家因经济实力所限，基础设施建设中所需要的大量资金通过主权贷款或非主权贷款的方式从亚洲基础设施投资银行等多边金融机构融资。基础设施投资回收期长，盈利水平低，一旦作为贷款主体的国家出现经济危机或作为贷款主体的企业经营不善，就会出现不能如期还款的可能，从而引发贷款方与金融机构间的争端。而贷款纠纷往往又牵涉投资担保机构等担保方的利益，进而引发其他争端。

5. 跨国能源交易与运输争端

"一带一路"沿线国家，特别是中东、中亚地区油气资源较为丰富，能源基础设施建设与运转是互联互通的重头戏。由于能源产业是一个完整的价值链，在能源投资、能源贸易、能源过境、环境保护等产业链的不同节点，纠纷争议的性质与解决方式都有不同，[1]涉及主体也不只是能源交易国家和能源投资者，还可能包括与能源过境或环保问题相关联的第三方，其争议解决更具复杂性。[2]

争议主体及其性质的差异决定了对其解决方式与适用规则的不同。"一带一路"倡议下的争端类型具有争端主体多元化、争端内容多样化的特点，因此争端解决机制的设计应当围绕不同的争端类型进行多元化、差异化的构建，使不同类型的争端在"一带一路"倡议下的争端解决机制中获得包容、有效的解决。

（二）当前跨国争端解决机制的主要形式

在不同的合作共同体的范围，对于上述国际争端解决方式，存在不同的选择、侧重和结构分布，当然某一种方式落实的具体规则也有所不同，从而形成了不同的国际争端解决机制模式。从对世界范围内主要的双边投资条约、区域性多边条约和国际性多边公约考察来看，当前跨国争端解决机制主要分为如下三种模式：

---

[1] 白中红：《〈能源宪章条约〉的争端解决机制研究》，载《外交评论》2011年第3期。
[2] 张超、张晓明：《"一带一路"的国际争端解决机制研究》，载《南洋问题研究》2017年第2期。

1. 政治型争端解决模式

国际争端的政治解决模式，是指主要以传统的政治解决方法或外交解决方法解决国际投资贸易争端，主要包括磋商、斡旋、调停与调解等。纯粹采用政治手段解决国际纠纷是较早采用的一种类型，但随着国际争端解决机制的不断发展，越来越少的双边、区域性或国际性条约采用纯粹的政治手段来解决国际争端。因此，当前的政治型争端解决模式，并不排斥其他争端解决方式的存在，但政治性手段占主导地位，具体呈现出两种形态：其一，着重强调磋商等政治性手段，并贯穿争端解决过程的始终。比如 WTO 机制，该机制的争端解决方法主要有协商、斡旋、调解和调停、专家小组审查、上诉复审、报复和仲裁等，但几乎各项 WTO 协议都强调协商是解决 WTO 争端的必要方法，凡未采用协商方法之前不得选用之后的各项方法。虽然 WTO 机制存在逐步融合并向司法体制发展的趋势，但其毕竟是解决国家主体之间的争端，理应强调磋商等政治性手段的作用。其二，在争端解决的方法上除采用政治解决方法外，虽然采用仲裁等方法，但仲裁等机制的运用存在若干问题。争端解决方法只是运用了仲裁的形式，但没有仲裁的实质，因此仍属于政治型解决模式。比如中国—东盟的 CAFTA 机制，虽系统地规定了仲裁规则，但基本处于虚置，遇到纠纷，仍采用磋商、调解等政治性手段。

2. 政治与司法相结合型争端解决模式

政治与司法相结合型争端解决模式，是指在争端解决中将政治解决方法与法律解决方法结合在一起的解决方法。在这种争端解决模式下，争端解决程序通常可分为两大阶段：第一阶段，运用政治解决方法解决当事各方的争议，如果通过磋商与斡旋、调停、调解等方法弥合了当事各方的分歧，争端解决程序即告结束；第二阶段，如果争端未能在第一阶段得到解决，争议当事各方可以提请司法或准司法手段对案件的是非曲直作出裁决，其裁决结果具有法律约束力，由争议当事各方遵守。此类争端解决方法虽然从表面上看是一种复合型的争端解决方法，但由于政治解决方法只是仲裁的前置程序，其最终落脚点仍在于通过设立仲裁庭解决争端，因此从本质上讲，此种方法仍然是一种法律化的争端解决方法。由于此模式兼具了政治型和司法型的优点，因此是当前国际争端解决机制的主流模式。因司法性方法所采用的方式和规则内容有差别，该种模式可细分为如下形态：

（1）磋商前置 + 东道国救济

此种形态，是发展中国家早期采用的国际争端解决机制，主张各主权国家是自由和独立的，在平等的基础上享有不受其他国家武力或外交干涉的自由，外国人对于投资或者其他争端，只能在当地法院寻求救济。这种形态与海外投资自由化潮流和投资争端解决机制国际化的趋势相违背，因此逐渐被放弃。

（2）磋商前置 + 东道国救济或者仲裁

此种形态，典型代表为德式 BITs、印式 BITs 和《能源宪章条约》（ECT）。因东道国救济和仲裁的选择关系不同，该形态可进一步细化为：

①排他性自由选择模式

即争端当事方可以自由选择是东道国救济还是国际仲裁，而一旦选择了一种解决方式则这种解决方式是终局的，对双方均有约束力。但采取此种模式在仲裁程序的启动上也有差别：一种是以德式 BITs 为代表的类型，即双方尽可能地通过外交途径友好解决，如果在一定时期内（中德 BIT 约定为 6 个月）得不到解决，则执行"岔路口条款"，当事方可选择当地救济或者国际仲裁，且提交国际仲裁解决，需要当事双方同意。另一种是以 ECT 为代表的类型，即如果在一方提出要求的三个月内各方无法达成协议，则相关投资者可将争端提交东道国的司法或行政程序，也可选择通过仲裁程序解决，且投资者对仲裁程序的发起有单方面选择权，不需要任何现实存在的仲裁协议，缔约国只能无条件同意。

②优先选择东道国救济且保留权利模式

此种模式以印式 BITs 为典型代表。强调所有投资应该受到东道国国内法律的约束。如果 6 个月内无法友好协商解决，且当事双方都同意，则可以按照东道国的国内法提请东道国的相关司法、仲裁、行政机构解决，或提交国际调解或仲裁。同时在文本中规定，不得排除东道国为保护其重要的安全利益或者在特别紧急情况下根据其法律在非歧视的基础上正常、合理地采取行动的权利。

（3）磋商前置 + 仲裁

此种形态，是截至目前对海外投资者保护程度最高的一套争端解决机制，以美式 BITs 和北美自由贸易协定（NAFTA）为典型代表。此种模式彻底规避、抛弃东道国救济，尽量削弱东道国在投资争端方面的管辖权，扩大了对于国际仲裁机制的运用，尤其是 ICSID 机制的运用，且其对仲裁规则作出了十分细致、可操作性的规定,涉及争端的投资者可以作为主体直接参与其中。但采取此种模式在仲裁程序的启动上也有差别:一种是以美式 BITs 为代表的类型,即如果 6 个月内争端一方当事人认为投资争端不能通过协商和谈判解决,经双方同意可提请仲裁。另一种是以 NAFTA 为典型代表的类型,即外国投资者一旦通过协商或谈判无法解决争端,投资者可以自由地将其提交仲裁,只有投资者拥有仲裁程序的发动权,同时也只有投资者享有仲裁规则的选择权,国家只能作为该程序的被告,而投资者不可能成为被告。

3. 司法型争端解决模式

司法型争端解决模式,是指在争端解决中采取正式司法或准司法(仲裁)的争端解决方法,具体可分为以下两类:

(1)正式司法争端解决类型

以欧盟为典型代表。此种争端解决方式是以"硬法"机制为主的模式,最具客观性、公正性、约束性与可预见性,但由于缔约国让渡主权,并不是一种常用的争端解决模式。欧盟的争端解决机制司法性突出,而且非常完备,是欧盟一体化的法律制度具有强制性的司法保障。

第一,欧盟建立了一系列超越国家性质的具有立法、行政、执行以及司法功能的机构,这些国际司法机构一旦设立即具有独立性,在争端解决中不再受命于任何区域贸易协定的成员国;第二,法院或法庭适用国际法对争议案件作出判决;第三,法院对争议案件具有强制管辖权;第四,法院或法庭依事先确定的程序性规则审理争议案件,这些程序性规则一旦确定,通常不被争端当事各方所改变。

(2)准司法争端解决类型

以《华盛顿公约》为典型代表。此种模式是以具有准司法性质的仲裁为主的模式,当在双边 BITs 中约定 ICSID 机制管辖时,往往还有磋商等手段,即纳入上述混合型争端解决模式,但当直接单独援引 ICSID 机制解决矛盾纠纷时,即为准司法的争端解决类型。

在 ICSID 机制中,还需要关注调解的争端解决方式。调解因主体的不同,而呈现不同的属性特征,当政治力量主导调解时,属于政治性手段,但当前越来越受到重视的国际商事仲裁,既不属于政治性手段,也很难划入司法手段。ICSID 中心设有调解机制供争端方选择,因上述诸多优点的存在,在"一带一路"倡议下争端解决机制构建研究中,要给予国际商事仲裁相当的地

位与作用。（见图 3-1）

```
政治 ┬ 重视磋商方式，贯穿所有程序（WTO）
     └ 其他方式虚置，政治方式发挥作用（CAFTA）

政治与司法相  ┬ 东道国救济（卡尔沃主义，发展中国家早期）
结合型-磋商   │
             │                    ┬ 排他性    ┬ 双方同意（德式BITs）
             ├ 东道国救济+国际仲裁 │ 自由选择  ├ 投资者直接启动
             │                    │           └ 缔约国无条件同意（ECT）
             │                    └ 优先选择东道国救济，重要安全利益保留（印式BITs）
             │
             └ 国际仲裁（规避、抛弃东道国救济）┬ 双方同意（美式BITs）
               对投资者保护力度最大           ├ 投资者享有仲裁发动权，规则选择权（NAFTA）
                                              └ 缔约国只能成为被告

司法 ┬ 正式司法（国际硬法）（EU）
     └ 准司法（国际仲裁）（ICSID）
```

图 3-1：国际争端解决机制的模式

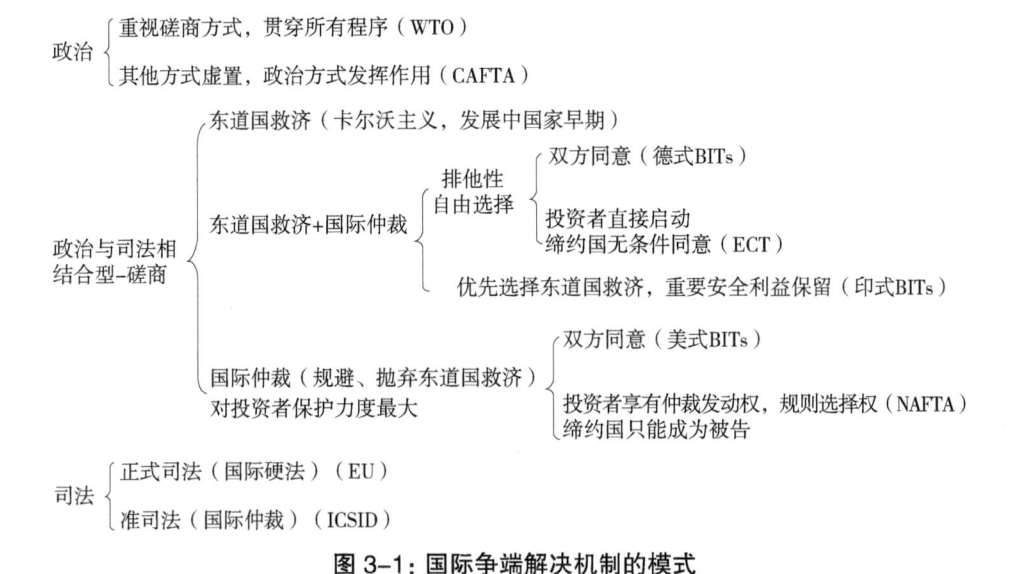

（三）纠纷类型与争端解决机制之间的匹配性问题

"一带一路"倡议实施以来，我国企业已经开展了一系列合作项目，如中国南车为阿根廷贝尔格拉铁路改造项目提供机车及火车产品。[1] 但在关于"一带一路"倡议的多边协议和具体围绕"一带一路"内容的双边协议签订之前，一旦这些投资项目产生争端，只能依据我国参加的国际性，区域性多边条约和已签订的双边投资条约作出处理。因此，以我国为主要对象研究纠纷类型与争端解决机制的匹配性问题，具有现实必要性，也是研究"一带一路"倡议下争端解决机制构建的重要基础，需吸取经验、克服现存的不足之处。

1. 吸资国站位的争端解决机制模式不再适应"一带一路"倡议的需求

我国作为最大的吸收外国直接投资的发展中国家，主要角色是吸资国，因此我国现有的投资争端解决机制往往强调对外国投资的保护、防范外国投资者对中国政府提起仲裁，而对中国海外投资者遭遇投资争端、利益受损时

---

[1] 齐慧："中国南车获17亿元阿根廷订单，提供机车超2000辆"，http://intl.ce.cn/specials/zxgjzh/201412/18/t20141218_4147883.shtml，最后访问时间：2023年4月8日。

如何救济与解决争端方面考虑不多。

2. 过度依赖政治性外交手段解决争端

海外利益是指境外的国家利益，属于国家利益的组成部分，国与国之间的海外利益纠纷，应允许并在需要时积极发挥政治性外交手段的作用，以维持长久的和谐、合作，这也体现在国际法的规则中。在这种政治性外交手段中，最为正式和典型的为外交保护权。WTO 规则包括《与贸易有关的投资协定》规定，国家由于其国际不法行为要承担国家责任，而受害人所属国便有权行使外交保护权。外交保护是指一国针对其国民因另一国国际不法行为而受的损害，以国家的名义为该国国民采取外交行动或其他和平解决手段。政治性外交手段应确有必要，也是国际社会普遍保留的争议解决手段，但其应是在穷尽东道国救济后的国际争端解决中的最后性、保障性手段，这一点在"一带一路"倡议下尤其应当强调。

以中国与东盟自由贸易区为例，我国与东盟签订的贸易协定中规定了较为体系化的争端解决方式（CAFTA），包括磋商、仲裁等，各方对此都寄予了厚望，我国在该框架下与菲律宾、泰国和印度尼西亚等国都有贸易摩擦的相关调查，但却没有任何启动争端解决机制的记录。当前，中国与东盟自贸区内的争端主要还是通过当事方的单边行动或者双边私下政治性协商加以解决。具体表现为以下两种：一是由当事方国家的商务部门展开调查并作出裁决，采取单边报复措施；二是由当事方私下接触，以政治协商方式逐个处理发生的争议。[1]

3. 采用仲裁手段解决国际争端经验稀缺，仲裁规则设计有缺陷

国际仲裁因准司法性而体现出中立性、强制性和终局性等特点，在国际商事争端解决机制中占据越来越重要的地位。国际仲裁可在国际性公约、区域性多边条约或双边投资条约等不同框架下实现，我国已具备启动国家争端仲裁的法律基础。

（1）我国对于国际仲裁手段基本上是"备而不用"，相关法律运用经验严重不足。以 ICSID 机制为例，我国于 1990 年 2 月 9 日签署了《关于解决国家

---

[1] 叶成：《论中国—东盟自由贸易区服务贸易争端解决机制的完善》，山东大学 2014 年硕士学位论文。

和他国国民之间投资争端公约》(《华盛顿公约》),该公约框架下的解决投资争端国际中心作为该公约的常设机构,核心宗旨就是为各缔约国和其他缔约国国民之间的投资争端提供仲裁的便利。截至目前,我国已经签订了121个BITs,均规定了可提交ICSID中心仲裁,且管辖范围越来越广,为我国海外投资者利用ICSID机制解决其投资争端奠定了较好的基础。在实践中,我国海外投资者因投资而陷入争端的情况也时常发生。例如,联想在并购IBM时所遇到的"安全门"事件、中海油并购优尼科案在美国受到不公正法律对待等。但我国的海外投资项目引发的争端中,尚无一例诉诸ICSID机制来启动仲裁程序。这种局面的形成,一方面是由于中国政府对利用ICSID机制的宣传力度不够,另一方面是由于不少中国海外投资者的法律意识淡薄,不能够利用法律武器维护自己合法权益。这样一来,我国在处理国际争端仲裁的经验就少之又少,对基本的仲裁规则和适用的法律等缺乏必要的储备,如WTO稀土争端案中,中方误用了举证责任,否则应能够取得配额分配方面的胜诉。在"一带一路"倡议下,我国会实现从资本输入国向资本输出国的角色转型,特别是沿线的很多发展中国家,法治建设并不完善,因此,很有必要强调国际仲裁在"一带一路"争端解决机制构建中的地位和作用,通过国际仲裁来维护我国的海外投资利益。

(2)我国在区域性多边条约中设定的仲裁规则有缺陷,"一带一路"争端解决机制构建需在此基础上改进。以中国—东盟自由贸易区的仲裁机制为例,关于仲裁的程序性协议见于《争端解决机制协议》,虽然这些规则因系统性备受好评,但仍存在诸多不足,主要是指:其一,争端方在确定仲裁人员及程序等方面耗费很多精力。其二,仲裁的机制不够灵活,没有对简单和复杂的案件进行区别对待。其三,仲裁裁决可以采纳多数意见,可能使裁决无法作出,且有悖于世界通行方式。其四,复核程序的缺失。争端处理程序缺少对错误仲裁裁决的纠正程序,剥夺了一方寻求救济的权利。这些不足,在研究"一带一路"倡议下争端解决机制的构建时,需给予重视,且有意识地加以克服。

4.私人、企业成为争端解决主体的机制存在导向偏差

"一带一路"倡议下,我国的自然人、企业对外投资将大幅增加,其是贯彻"一带一路"的主要角色,一旦发生争端,理应由这些海外投资的私人、企业享有主体权利和承担主体义务,这种思路有利于第一时间保障我国的海

外投资利益，同时也有利于培养我国战略投资者的责任感和使命感。但我国当前的国际争端解决机制中，在肯定私人、企业成为解决争端的主体地位上，存在导向偏差。比如 WTO 争端解决机制中，私人、企业与政府间因贸易和投资所产生的纠纷，是不能直接到 WTO 的争端解决机构（DSB）直接起诉的。那么，在东道国与其他成员国私人发生争端时，私人利益可能会被东道国的违法政策损害，但其所属国政府往往基于政治风险的顾虑而不把争端诉诸于 DSB，最终导致私人投资者的利益遭受实质性的巨大损失。再如，在最为晚近的中国和东盟的争端解决机制中，当事人也只能是框架内各协议或法律文件项下的各缔约成员国，而不能是任何自然人或法人。

庆幸的是，ICSID 机制中，要求争端主体的一方为缔约国，另一方为其他缔约国国民，目前我国签订的所有 BITs 中，绝大部分国家是《华盛顿公约》的缔约国，且普遍接受 ICSID 仲裁管辖，这为我国私人、企业直接参与国际贸易争端，奠定了较好的基础。在"一带一路"倡议下研究争端解决机制的构建，要避免否定私人、企业成为争端解决主体的导向继续发挥作用，利用好双边 BITs 和 ICSID 机制，保障私人、企业等能够参与到海外投资权益的维护活动。

5. 争端解决机制缺乏针对性，附属保留等运用不够充分

我国当前签订的区域性多边条约中关于争端解决机制，都只是就争端解决的方式、程序等一般性的规定，但就区域性合作争端的有针对性的特殊安排等很少涉及。例如，中国与东盟的争端解决机制协议中，针对服务贸易特殊规定的比重太小，很少有关于特殊领域与分部门的细化规则，没有更多地对一般程序作出变通的详细规范，显得过于单薄。在"一带一路"倡议下，研究争端解决机制的构建，要根据"一带一路"倡议下合作项目的主要类型和特点，也应适当考虑合作国家的政治、经济、文化特点，制定有针对性的争端解决规则，要做到这一点，难度非常大。

我国当前签订的双边 BITs、国际性多边公约和区域性多边公约等，对于附属条款和保留条款的选择和应用非常有限。根据国际法经验，公约或条约中的附属条款或保留条款，是在框架范围内的正当主张，能够增强争端解决机制的灵活性，适当运用能够保障签约国的利益。如关于投资准入阶段的国民待遇条款，在与发达国家更新双边 BITs 时，可对一些关系国计民生的重要的经济部门作出适当的保留，添加例外条款，这样一来，能够减小谈判压力，渐进式地实现通过双边投资协定将传统的国内法管理的事项提高到国际法的保护水平。这一点，也应该具体体现在"一带一路"倡议下的争端解决机制构建当中。

6. 国际争端解决机制中的机构配套、专业服务等方面有待提升

国际争端解决机制的有效运行，要以组织机构、专业人员等方面为保障，否则构建再为科学的争端解决机制，也难以发挥平息争端、促进合作的作用，甚至会成为"空中楼阁"，我国在配套服务方面，仍有进一步提升空间。比如中国—东盟自由贸易区的争端解决机制在现实运行中被架空的情况，缺乏管理争端的常设机构是原因之一。再如，我国在参与 ICSID 仲裁的经验上基本为零，还需要从国家和社会层面，加紧对仲裁规则研究和做好相关方面的人才储备，重点研究已作出的裁决书，分析 ICSID 中心的审理水平（可否信赖）、公正程度（有无偏袒）、断案倾向（对谁有利）以及实际效果（能否执行）等。在"一带一路"倡议下，研究争端解决机制的构建，要在设计上充分考虑上述问题。"一带一路"倡议辐射众多沿线国家，需要一个强有力的争端管理常设机构和相对可靠的法律服务人才储备，这是争端解决机制落实的重要保证，即使当前仍不具备落地的条件，也应以此为目标积极推进之。

（四）现有争端解决机制不适应性的原因分析

1. "一带一路"倡议与传统国际经贸合作模式不同

传统的国际经贸合作模式通常是先签署双边或区域性协定，甚至是建立区域性合作组织，然后再开展区域内贸易投资一体化建设。"一带一路"倡议虽然在本质上也是一种区域发展模式，但是从其整体发展构想来看，它又完全不同于传统的区域一体化模式：其一，它倡导的是一个开放包容的合作体系。其二，它探索多元共存的合作机制。其三，它坚持"共同体"的发展向度。

"一带一路"倡议的上述构想对跨国争端的解决提出了新的挑战。"一带一路"倡议下的争端解决机制不能简单地照搬任何一种现有区域经贸合作模式下的争端解决机制。而"一带一路"倡议下争端解决机制的构建必须紧紧围绕"一带一路"倡议的宗旨和特殊性来进行。

2. "一带一路"上存在许多高冲突风险国家，导致争端发生和解决更加复杂、敏感

在"一带一路"沿线国家中有"总统制""议会共和制""君主制""君主立宪制""人民代表大会制"和"主席团制"等多种政体。例如，有六十余个国家实行多党制，老挝、越南和土库曼斯坦等实行一党制，沙特阿拉伯、阿联酋、阿曼、科威特、卡塔尔和巴林等海湾国家实行君主制等。在"一带一路"沿线国家中，有二十余国至少出现过一次大规模政治冲突或动乱，有的国家甚至陷入长期战乱或冲突。"一带一路"上存在众多高冲突风险国家，使得投资贸易争端的发生具有更高的不确定性，也使得争端解决更加复杂和敏感。此外，按照法系的不同，"一带一路"沿线国家主要分为大陆法系和英美法系两大类，除此以外，还有一些国家属于伊斯兰法系。例如，蒙古国、韩国、日本等东亚国家，除阿富汗外的中亚国家，缅甸、泰国、老挝等东南亚国家，俄罗斯以及以法国、德国为核心的绝大多数欧洲国家，都属于大陆法系；印度、巴基斯坦等亚洲国家，坦桑尼亚、肯尼亚等非洲国家，以及欧洲的英国和爱尔兰等属于英美法系；阿富汗以及除伊拉克、以色列等少数国家外的绝大部分中东国家属于伊斯兰法系。不同法系国家的法律传统、法律分类与术语、法律表现形式、审判模式与技巧、法律适用规则等差异较大，同一纠纷在不同法系国家之间的处理方式各异，法律的适用性会被削弱。法律信息的差异化和不对称也可能会带来许多无法预测的风险。

3. 现有经贸合作模式下的争端解决机制难以完全适应"一带一路"倡议需求

"一带一路"倡议与现有经贸合作模式具有明显区别，而"一带一路"的特殊性使得现有国际性或者区域性经贸合作模式下的争端解决机制都难以完全适应"一带一路"倡议的需求。以具有代表性的国际性和区域性争端解决机制为例进行具体分析说明。

（1）WTO争端解决机制不适应性分析

一是WTO争端解决机制在"一带一路"过程中的适用范围有限。二是WTO争端解决机制在沿线区域内的适用效果不佳。三是WTO争端解决机制与"一带一路"的理念并不匹配。

（2）ICSID争端解决机制的不适应性分析

一是ICSID争端解决机制适用范围有限。二是由于ICSID在价值选择上倾向于对投资者利益的保护，轻视东道国主权利益的维护，容易对东道国的

经济主权，甚至是公共利益产生损害。三是由于国际社会中尚不存在统一的多边投资协定，大多数的投资协定是采取双边的模式，ICSID 据以作出裁决的法律依据存在较大差异。四是 ICSID 实施追溯赔偿制，其适用的"及时、有效、充分"的赔偿标准，涉及赔偿金额巨大，容易给东道国施加较为沉重的财政负担。五是"一带一路"沿线国家多为发展中国家，一般主张绝对的主权豁免，这也使得 ICSID 的仲裁裁决面临执行难的局面。

（3）区域性争端解决机制的不适应性分析

总体来看，"一带一路"沿线现有区域内的争端解决机制大多处于虚置状态，内容构成和实践操作均难以满足需求，与全球性争端解决机制的竞合也不占优势，适用的实际效果远远落后于欧洲、美洲等其他区域内的争端解决机制。在"一带一路"沿线区域内，利用区域性机制解决争端少有先例。[1]

（4）国际能源争端解决机制的不适应性分析

《能源宪章条约》（ECT）是全球第一个针对能源领域的多边条约，争端解决机制是条约的核心与基石。尽管 ECT 提供了多样性的争端解决机制，但仍难以满足"一带一路"的建设需求，存在不适应性问题。

一是与 WTO 和 ICSID 争端解决机制类似，ECT 争端解决机制同样存在着适用范围有限的问题。其难以涵盖"一带一路"沿线所有国家。

二是伴随欧洲一体化进程和俄罗斯退出了临时适用，该体系的制度功能显著下降。

三是 ECT 的条约义务过高，特别是其全面的准入后待遇，以及强制性的"投资者—国家争端解决机制"规定，高于一般的双边投资协定标准，沿线国家特别是发展中国家对此存有疑虑。

（5）国际融资争端解决机制的不适应性分析

多边开发性金融机构与主权贷款国家签订的借款协议，一般被理解为"受国际法约束的国际协议"，因此争议排除了任何国内管辖的可能，一般通过国际仲裁来解决。现有国际融资争端解决机制适用于"一带一路"争端解决的不适应性主要表现为：

一是现行的体制做法将国际融资争端区分为主权贷款与非主权贷款，并采取不同的争端解决模式。

---

[1] 张超、张晓明：《"一带一路"战略的国际争端解决机制研究》，载《南洋问题研究》2017 年第 2 期。

二是在争端解决的实践中，缺少对协商、调解等非诉争端解决机制的细化制度。

二、"一带一路"倡议实施中争端解决体系完善的原则和思路

据商务部统计，在 2016 年上半年我国对外投资合作中，"一带一路"相关国家承包工程业务快速增长，合同额合计达 514.5 亿美元，同比增长 37%，占同期我国对外承包工程新签合同额的 51.6%。[1] 另有媒体报道，上海对"一带一路"沿线国家投资呈"井喷式"增长，自 2015 年以来，上海已经与新加坡、捷克、土耳其、阿联酋等"一带一路"沿线国家和地区的经贸部门和节点城市签署了经贸合作备忘录，在贸易、金融、能源、装备制造等领域落实了一大批重大项目。[2] 虽然"一带一路"在促进区域经济发展、推进沿线国家经贸合作方面作用明显，但由于贸易往来增长引起的贸易争端数量也呈上升趋势。尽管一旦产生争端可以根据中国与对方国家签订的双边 BITs、区域性多边条约、国际性多边公约和对方国家或我国的国内法予以解决，但正如前文所述，由于"一带一路"背景下国际贸易存在新特点——具体指，所涉区域经济集团具有多样性、所涉各国经济发展水平参差不齐、受政治因素影响较大[3]——所以这些既有的争端处理依据不可以完全取代"一带一路"倡议下的争端解决机制，而必须根据"一带一路"倡议之新特点，结合合作国政治、经济、文化特点，创设有针对性的争端解决机制。唯有如此，才可以为"一带一路"倡议的顺利实施和区域经贸合作机制的建立提供制度保证。

本部分包括三方面内容，首先介绍我国当前国际争端解决机制的现状，从而分析它在"一带一路"倡议中可能存在的不足。而正因为现有机制的不足，所以才需要创设更具针对性的争端解决机制，于是后续将分别探究"一带一路"倡议实施中争端解决机制的原则以及基本思路。

---

[1] "2016 年上半年中企'一带一路'承包工程同比增 37%，" http://world.people.com.cn/n1/2016/0722/c1002-28575625.html，最后访问时间：2023 年 4 月 8 日。

[2] "上海对'一带一路'沿线国家投资呈'井喷式'增长，" http://www.chinanews.com/cj/2015/12-02/7652282.shtml，最后访问时间：2023 年 4 月 8 日。

[3] 黄韵：《"一带一路"背景下国际贸易争端解决机制》，载《重庆社会科学》2017 年第 6 期。

(一)"一带一路"倡议实施中争端解决机制体系面临的主要问题

争端解决机制是与国际贸易相伴而生的,是指为了解决国际争端而设的包括争端解决机构、解决规则、方法等在内的一整套法律制度。"一带一路"沿线各国现有的争端解决机制规则主要包括:WTO 争端解决机制、双边投资条约与区域贸易协定(如《东盟全面投资协定》)、多边条约(如 ICSID),但它们都存在不足,如果将之适用于"一带一路"倡议中会面临各种问题,主要表现为:条约适用范围上受限,不能适用于"一带一路"沿线所有国家。

WTO 的争端解决机制是目前国际贸易领域最为成功的争端解决机制,但是,如通过其处理"一带一路"中国际贸易纠纷,将心有余而力不足。截至 2016 年 WTO 有 164 个成员方,而"一带一路"倡议所涉沿线国家和地区目前为止是 65 个,通过对比可以看出,有 15 个不是 WTO 成员方。[1] 然而,WTO 争端解决机制只解决 WTO 成员之间的争端,只有 WTO 成员才可以将案件投诉到 WTO,[2] 因此,如果争议发生在"一带一路"沿线的非成员国之间或成员国与非成员国之间,那么它们将无法利用 WTO 争端解决机制。而一国之所以未加入 WTO,很可能是因为它对 WTO 规则持反对态度,如果强行适用 WTO 争端解决机制,不仅解决不了争端,反而有可能导致更深的纠纷。此外,即使争议双方都是 WTO 成员方,照搬 WTO 争端解决机制也未必可行。理由是:WTO 争端解决机制是多边贸易体制下的机制,它必须去协调各成员的利益,本质上是调整利益对立方之间利益冲突的一种法律制度,[3] 但"一带一路"倡议中,其目标在于"促进共同发展、实现共同繁荣的合作共赢之路,是增进理解信任、加强全方位交流的和平友谊之路,"因而各国利益不是对立的,而是共同的,这与 WTO 争端解决机制存在着理念上的差别——WTO 追求形式公正,而"一带一路"追求实质公正。[4] 此外,WTO 争端在执行阶段时,如果被诉方在合理期限结束后持续不遵守且未能与投诉方达成补

---

[1] 蒋圣力:《论"一带一路"战略背景下的国际贸易争端解决机制的建立》,载《云南大学学报(法学版)》2016 年第 1 期。

[2] 余劲松、吴志攀主编:《国际经济法》,北京大学出版社 2014 年版,第 613 页。

[3] 慕亚平、肖丽:《应当构建 CEPA 下的争端解决机制》,载《中山大学学报(社会科学版)》2004 年第 4 期。

[4] 蒋圣力:《论"一带一路"战略背景下的国际贸易争端解决机制的建立》,载《云南大学学报(法学版)》2016 年第 1 期。

偿安排，WTO 将允许投诉方实施"交叉报复"，[1]但这一措施带有强权主义色彩，与"一带一路"的平等共赢理念相悖，也会引起沿线各国的抵触情绪。[2]

双边投资条约与区域贸易协定、多边条约都属于区域性贸易争端解决机制，顾名思义，两者都是适用于特定区域性经济组织的成员，而"一带一路"沿线国却不是同属于某一区域型经济组织，所以不得适用该争端解决机制。且当前的区域性争端解决机制大多带有地域性特点，不适用于地域跨度很大的"一带一路"国家。[3]

以上就是现有的争端解决机制存在的不足，正因为有这些不足，所以在面对"一带一路"中的贸易争端时，不可以照搬既有制度。但是，不得照搬，不代表全盘否弃，在现有制度可利用之时，应充分利用好现有的争端解决机制；[4]在现有制度存在不足或根本没有相应制度时，才应建立相应的解决机制，如此方可最大限度地节省制度成本。

（二）"一带一路"倡议实施中争端解决完善的原则

原则在现代汉语中的含义是观察问题、处理问题之准绳。[5]要完善"一带一路"中争端解决机制，固然应构建具有针对性的规则，但首先应确立一些基本原则，原则不仅是规则之抽象，而且可以用来指导规则之创设。"一带一路"倡议实施中争端解决完善的原则主要有以下几项：

1. 动态性原则

关于制度建设的路径，理论上有两种方式，一种是建构主义，系通过人类之理性设计出一套完美无缺的制度；另一种是试错主义，主张通过人类在实践中不断碰壁、试错，从而总结经验与教训，不断将制度完善。[6]这两种方法各有优点，具体选择何种，应视具体情形来定。

国际社会是一个权利平等的社会，不可能通过一个集权的政府机构来对

---

[1] 左海聪主编：《国际经济法》，武汉大学出版社 2010 年版，第 71 页。
[2] 黄韵：《"一带一路"背景下国际贸易争端解决机制》，载《重庆社会科学》2017 年第 6 期。
[3] 黄韵：《"一带一路"背景下国际贸易争端解决机制》，载《重庆社会科学》2017 年第 6 期。
[4] 包运成：《"一带一路"建设的法律思考》，载《前沿》2015 年第 1 期。
[5] 徐国栋：《民法基本原则解释——以诚实信用原则的法理分析为中心》，中国政法大学出版社 2004 年版，第 7 页。
[6] 张超：《略论国际法治的维度、进度与向度》，载《河南师范大学学报（哲学社会科学版）》2016 年第 5 期。

国际法治进行规范设计和组织推行。"一带一路"倡议中也是如此，虽然它是由中国提出，但中国与沿线各国都是平等、互惠的主体，与沿线各国不存在领导与被领导的关系，所以无法通过理性设计出一套制度让沿线各国予以遵循。况且，在"一带一路"倡议中，相关合作项目、合作方式和合作区域都在不断拓展，并且在以国际金融为核心的世界经济全球化进程中，国际投资的环境也风云变幻，而"一带一路"构想又是对全球治理模式的新探索，无历史经验参考，如异想天开地设计一套制度，很有可能"画虎不成反类犬"。正因如此，对于"一带一路"倡议实施中的争端解决机制，不宜采用建构主义的思路予以建立，而应该"摸着石头过河"，不预先设计细致行动规则，仅仅依靠明确目标与方向，积累经验、局部试点、逐步推开。[1]

当然，也许有人会担心，依照这一思路构建争端解决机制，将会陷入一个漫长的过程，但应当明确，"一带一路"倡议本就是一个长期过程，争端解决机制的建立也不能一蹴而就，必须"由点到面"逐渐铺开。所以，争端解决机制的建立不能奢望一劳永逸，而应注意长期规划与短期规划的结合，具体构想是：第一步，在"一带一路"沿线国家和地区，各个击破，分批次地签订双边的协议或共识，建立磋商、沟通、调解、仲裁和司法方面的解决机制，并在争端解决中检验、完善。第二步，在多个国家和地区之间实现双边互认，或者根据争端解决经验制定完备的区域性多边协定。第三步，尽力促进区域示范法或统一法的制定，即小范围内的法律统一。

当然，为尽快建立争端解决机制，中国作为"一带一路"首倡国，也应充分发挥其主观能动性，对既有的争端解决机制之适用现状与沿线各国的法律实践作出调研，以此为基础检视既有争端解决机制的利与弊，因地制宜地制定出相应对策。[2] 这样一来，既有实践的探索，又有理论的指导，可少走很多弯路，高效且快速地建立争端解决机制。

2. 灵活性原则

在建立"一带一路"争端解决机制过程中，必须立足于各国基本国情，务必做到具体问题具体分析。这是由"一带一路"倡议布局的自身特点决定

---

[1] 何志鹏：《"一带一路"与国际制度的中国贡献》，载《学习与探索》2016年第9期。
[2] 张超、张晓明：《"一带一路"战略的国际争端解决机制研究》，载《南洋问题研究》2017年第2期。

的。在一般的区域性经济组织中，各成员国经济水平差距不大，法律制度与传统上也有一定相似性，因此可以使用统一的争端解决规则。但是，"一带一路"倡议辐射 65 个国家和地区，既有发达国家又有发展中国家，既有内陆国家又有沿海、岛屿国家，既有英美法系国家又有大陆法系国家，既有签订双边 BITs 的国家又有未签订的国家，这些国家的政治制度、法律环境和经济发展水平，以及与我国的外交合作关系等方面都有较大的差别。因此，争端解决机制的构建中很难做到无差别的统一适用，强行"一刀切"必然不利于"一带一路"倡议的贯彻落实和合作共同体的长久发展。

灵活性原则有两层含义，其一，争端解决不可以照搬国际上通行经验，必须考虑沿线国具体国情。在"一带一路"沿线国中，很大一部分由于历史上遭遇战争、分裂而相当落后，"一带一路"倡议主要对象正是这些国家。它们基础设施跟不上，开放发展又受到制约，对主权利益非常敏感，所以，在争端解决过程中，应尊重主权。比如，"不能动辄以保护投资者为由约束东道国立法，也不宜轻易否定东道国国内司法救济体制的有效性，即便是违约责任，也应当考虑适用'相应赔偿'原则取代'充分、及时、有效'原则"[1]；又如，投资争端解决机制的规则中应包含可持续发展条款，给予东道国一定外资政策空间。当然，这种做法虽然最大限度地维护了东道国主权，但却不利于投资者保护。因为对于基础设施建设的投资者而言，投资成本大，回报周期长，如果产生争端时过于保护东道国利益，对于东道国违约等不当行为惩罚力度不大，将会使投资者望而却步，长此以往，反而会损害东道国利益。此时，就需要平衡好东道国主权与投资者利益之间的关系，可采用的办法有：在国家层面做好沟通，通过协商机制有效解决纠纷；利用第三方担保机制保护投资者利益。[2]

其二，"一带一路"倡议中争端解决机制并不要求沿线国遵守同一套争端解决体系，而是根据具体情况灵活运用。在国际经济合作安排中，"经济带"与"经济区"存在较大差别。"经济带"近似于"经济圈"，有关安排不追求"紧密型经济一体化"；而"经济区"大多构成较为紧密的经济一体化合作关系，并且需要建立必要的组织机构。"经济带"的开放性、灵活性远高于"经

---

[1] 张超、张晓明：《"一带一路"战略的国际争端解决机制研究》，载《南洋问题研究》2017 年第 2 期。

[2] 张超、张晓明：《"一带一路"战略的国际争端解决机制研究》，载《南洋问题研究》2017 年第 2 期。

济区"。[1] "一带一路"倡议追求的正是一个高度灵活性的经济圈，它旨在构建"宜双边即双边、宜多边即多边、以双边促进多边、以多边带动双边"的区域经贸合作机制。因此，该倡议背景下的争端解决机制理应与倡议本身特征相一致，具有高度灵活性，而不必受制于统一的争端解决体系。具言之，由于"一带一路"所涉地域广、沿线国总数量多且特点各异，统一的争端解决机制需很长时间才能建立，在此之前，不妨先在双边、多边层面上建立相应的争端解决机制，局部地解决争议。[2] 比如说，中国与 A、B 两国虽不能建立统一的争端解决机制，但可以分别与 A、B 建立一个双边机制，来解决争端。

3. 系统性原则

"一带一路"倡议下涉及的国际合作项目等本身就是一项复杂的系统工程，有关倡议合作项下的争端解决机制只是这项系统工程的子系统，合理构建必然要体现系统性的特征，以与"一带一路"倡议的系统性相匹配。正如前文所述，"一带一路"倡议是一个高度灵活的区域经贸合作机制，所以其争议解决机制也应具有灵活性，而不必受制于统一的争端解决体系，就是体系性原则之体现。

同时，我国当前用于解决国际争端的双边 BITs、区域性多边条约、国际性多边公约和国内法，以及将来可能形成的"一带一路"的双边或多边条约，都是我国整体法律体系的子系统，但其又不可能脱离现有的国际立法和国内立法而存在，必须相互保持协调和统一。"一带一路"倡议包含了贸易、金融等领域，横跨了数个区域性合作组织，各个领域与区域组织都存在既有的争端解决机制。这种现象导致的一个弊端就是，不同的争端解决机制适用的法律原则、程序规则可能存在冲突，从而导致挑选法院、平行诉讼，甚至矛盾判决的产生，[3] 进而损害国际贸易的可预测性与争端解决机构的权威性。

规范"一带一路"的法律制度可以分为以下几类：（1）全球性法律（WTO 法律制度）；（2）区域性法律（中国—东盟法律制度）；（3）双边法律制度；（4）各国国内立法。这些法律制度间都可能存在冲突，具体表现为：第

---

1 王海运等：《"丝绸之路经济带"构想的背景、潜在挑战和未来走势》，载《欧亚经济》2014 年第 4 期。

2 包运成：《"一带一路"建设的法律思考》，载《前沿》2015 年第 1 期。

3 参见小田滋：《国际法院法官》。Shigeru Oda, "The International Court of Justice from the Bench", Recueil De Court, Vol.9, 1993, pp.55-139.

一，各国国内立法之间的冲突。某一法律关系可以由一国法律调整，也可以由另一国法律调整，但两国立法对此作出不同的规定。第二，双边条约导致的冲突。双边条约与成员国国内立法可能产生冲突，而且新订立的双边条约可能与原有的双边或多边条约产生冲突。第三，多边条约导致的冲突。多边条约与成员国国内立法可能产生冲突，而且新订立的多边条约可能与原有的双边或多边条约产生冲突。

造成上述现象是有其客观原因的：一是立法主体多样化，国内法是一国意志的体现，不同国家国内立法所体现的意志难免存在冲突，而条约是国际法主体意志协调一致的表现，而不为某一国意志所决定，不同条约所体现的国际法主体的意志也会存在差异；[1] 二是法律受政治、经济等因素影响，不同背景下立法者制定的法律有所不同，随着时间的推移，立法背景也可能改变，所以不同时间段就同一问题制定的立法也可能不同。

为解决这一问题，中国与沿线国法院应根据司法谦让的原则，尽可能地减少国际管辖权冲突，[2] 而一旦出现冲突，则可以通过以下几个方法来解决：

第一，"强行法优先原则"。"国际强行法是国际法上一系列具有法律拘束力的特殊原则和规范的总称，这类原则和规范由国际社会成员作为整体通过条约或习惯，以明示或默示的方式接受并承认为具有绝对强制性，且非同等强行性质之国际法规则不得予以更改，任何条约或行为（包括作为与不作为）如与之相抵触，归于无效"。[3] 因此，在国际法律发生冲突时，国际强行法应得到优先适用。

第二，"利益衡量原则"。面对利益的多元化及其冲突化，需要通过利益衡量实现对利益关系的调节，使得各个利益主体能够各得其所、各安其位。[4] 因此当出现法律冲突之时，不应局限于法律形式，应从本质——法律反映之利益——着手，明确相互冲突的利益之位阶，对它们予以平衡，使双方利益都得到合理保护。

但是，上述做法不能根本性地解决问题。这是因为，如前文所述，沿线国在灵活性原则的指引下建立了双边、多边的争端解决机制，但如果这些解

---

1 包运成：《"一带一路"建设的法律思考》，载《前沿》2015年第1期。
2 刘敬东：《构建公正合理的"一带一路"争端解决机制》，载《太平洋学报》2017年第5期。
3 张潇剑：《论国际强行法的定义及其识别标准》，载《法学家》1996年第2期。
4 张新宝：《从隐私到个人信息：利益再衡量的理论与制度安排》，载《中国法学》2015年第3期。

决机制过于分散,就与"一带一路"的特性——"互联互通"的跨区域合作相符了,仍可能出现规则间相互冲突的现象。所以,为了实现系统性,就应防止过于分散的争端解决机制,应尽量采用有普遍适用性的机制,同时,可以效仿国际民事诉讼管辖权冲突的解决做法,将"协议管辖原则""有效原则""便利原则"及"不方便法院制度""一事不再理制度"引入国际争端解决体系,[1] 实现不同争端解决机制的有效调和。

4. 多元性原则

目前,"一带一路"倡议的实施主要面临以下几种困难:[2](1)国家对外贸易法律制度不健全,部分法律不具有可操作性,产生纠纷时也没有高效的纠纷解决机制,使得我国企业在对外贸易中经常因此而遭受损失;(2)由于"一带一路"倡议覆盖地域广且参与国多,导致纠纷呈现多元化趋势,而一律依据司法裁判解决将会恶化贸易主体之间的关系,与"一带一路"初衷不符;(3)各国不同的国情、体制造成了纠纷多元且复杂化,既有的纠纷机制不能胜任;(4)专业领域人才缺乏(尤其是法律领域)使得建立健全高效纠纷解决机制的方案大受迟滞。

正是基于上述原因,既往的以诉讼为主的纠纷解决手段已无法适应新形势下的新纠纷,所以应引入一种新的纠纷解决机制,而多元纠纷解决机制正是不二之选。"多元纠纷解决机制是一种能够以多种手段和方法解决纠纷的机制,它能够满足'一带一路'倡议实施过程中多元化主体的多样性需求。"[3] 具体而言,在构建"一带一路"倡议纠纷解决机制中,我们可以利用以下几种纠纷解决手段:磋商、斡旋、调解或调停、仲裁、司法。

在"一带一路"倡议中,针对日益复杂的新型纠纷,应灵活运用以上各种方法予以解决,不仅要发挥司法与仲裁的权威性和终极性,也要注重调解、磋商之作用,使多元化纠纷解决机制能够在合法合理的范围内缓解诉讼的压力,提高纠纷解决的效率和效果。"一带一路"沿线国家既有东盟和中亚发展中国家,也有亚欧发达国家。因此,中国在与它们商谈构建区域贸易协定争

---

[1] 赵相林:《国际民商事争议解决的理论与实践》,中国政法大学出版社 2009 年版,第 87 页。
[2] 宗晓丽、高杨、管欣:《"一带一路"战略中多元纠纷解决机制研究》,载《合作经济与科技》2017 年第 6 期。
[3] 宗晓丽、高杨、管欣:《"一带一路"战略中多元纠纷解决机制研究》,载《合作经济与科技》2017 年第 6 期。

端解决机制时,应因时制宜。比如,协定谈判对象为中亚、东亚等发展中国家,可以采用法律与政治相结合的方法,在不损害争端各方友好关系的前提下解决争端。在第一阶段以磋商、调解等方法为主,以弥合双方分歧。如未能得到解决,则作为后置程序的法律手段将开始介入。如果贸易协定谈判对象为发达国家,则可以考虑建立类似 WTO 的准司法性争端解决机制,设立常设机构与上诉程序来负责。[1]

另外,对于不同主体之间冲突的多元化和复杂化现状,要建立诉调对接机制,健全各类纠纷解决机制的协调对接,尤其应该发挥调解之作用,将这一适应于传统东方文化的纠纷解决利器运用于国际纠纷解决的实践之中。

(三)"一带一路"倡议实施中争端解决完善的基本思路

1. 立足当下,取长补短

有观点认为,"一带一路"沿线国大多是 WTO 成员或《华盛顿公约》缔约国,所以它们产生争端时,可以诉诸 WTO 争端解决机制或《华盛顿公约》下的投资仲裁机制,没有必要创设一种新的争端解决机制。[2] 本书对此持否定态度。

"基于'一带一路'倡议突破传统区域经贸合作模式的特殊性,以及数量众多的沿线国经济水平参差不齐、贸易政策各不相同的复杂性等原因,照搬或直接诉诸既有的国际贸易争端解决机制,对于'一带一路'倡议背景下的国际贸易争端的解决而言并不可行。"[3] 然而,不能照搬并不意味着全盘否弃。既有的都是实践经验的积累,可以为"一带一路"倡议中争端解决机制的构建提供充足的养料,所以,应在吸收既有制度的基础上予以创新,构建出真正符合"一带一路"需要的国际贸易争端解决机制。实际上,虽然不少学者提出了建构专门的"一带一路"纠纷解决机制,本书也表示支持,但我们必须清醒地意识到,该设想短期内不具有可实现性,在此一段时间内,面对大量"一带一路"倡议中的纠纷,要么通过建构某些区域性或地方性纠纷解决

---

[1] 管俊兵:《"一带一路"语境下的中国区域贸易争端解决机制的模式选择》,载《现代国企研究》2015 年第 4 期。

[2] 刘敬东:《构建公正合理的"一带一路"争端解决机制》,载《太平洋学报》2017 年第 5 期。

[3] 参见蒋圣力:《论"一带一路"战略背景下的国际贸易争端解决机制的建立》,载《云南大学学报(法学版)》2016 年第 1 期。

机制予以解决，要么依照既有的纠纷解决机制予以解决。

对此，本书有如下构想：

（1）推动"一带一路"沿线国加入全球性国际争端体系

"一带一路"沿线国一共是 65 个，其中近 1/4 不是 WTO 或 ICSID 的成员，而中国作为区域内最大能源国与贸易国，也未缔结 ECT。上述争端解决机制固然都存在一定不足，尤其是在"一带一路"背景之下可能存在不适用的问题，但是，毕竟它们已具有了成熟的运作经验，全球范围内不少国家都已加入。因此，在专门的"一带一路"纠纷解决机制尚未构建成功的前提下，不妨暂时利用既有的争端解决机制。而且，"一带一路"虽然主要是面对沿线国，但不排斥其他国家参与，如果在争端解决机制上采用了全球性争端解决机制，也将为"一带一路"由区域走向全球打下基础。

（2）创设专门的"一带一路"纠纷解决机制

一个社会的争端解决方式反映了这种文化的世界观，并在争端解决的过程中突出表现出来。[1]"在国际贸易争端解决方面，充分发挥'一带一路'国家间政策沟通的优势，建立完善磋商沟通机制和快速反应通道，提高争议解决效率，避免高成本的对立程序。将调解、调停程序制度化、规范化，发挥行业专家和领袖型国家的特殊作用，避免国家间产生误解、误判。完善仲裁制度，建立仲裁员名录，规范统一的裁判标准，建立仲裁裁决复核制度，保证仲裁裁决的规范协调。在投资者—东道国争端解决机制中，可以发挥投资者母国的协调作用，完善国内、国际投资保险制度，在保障投资者利益的同时，维护良好的国际合作氛围。"[2]

2. 柔性机制与强制性程序相结合

从当今全球性的争端解决机制的发展趋势来看，普遍约束力和强制管辖效力是追求的目标之一，这是在全球治理和国际法治背景下的考量。[3]例如，《关于争端解决规则与程序的谅解》第 22 条规定，在 WTO 中，如败诉方在合

---

[1] 参见格里福：《争端与谈判》。P.H.Gulliver, "Dispute and Negotiations", New York Academic Press, 1979, pp.60-65.

[2] 前引[15]，张超文，第 31 页。

[3] 参见恩斯特·乌尔里希·彼得曼：《如何促进国际法治》。Ernst-Ulrich Petersmann, "How to Promote the International Rule of Law", Contributions by the World Trade Organization Appellate Review System, Journal of International Economic Law, Vol.1, Issue1, 1998, pp.25-48.

理期限内不履行建议和裁决，则作为临时措施，可予赔偿和中止减让或其他义务（交叉报复）。但这不适用于"一带一路"倡议。

诚然，如果没有强制措施予以保障，规则最终很可能成为一纸空文，因此强制措施可以起到提升争端解决机制公信力的作用。但是，如前文所述，"一带一路"倡议追求的目标不是构成较为紧密的"经济区"，而是一个高度灵活性的经济圈，沿线国之间的关系较为松散，强制措施不易得到遵守。另外，"一带一路"倡议倡导"以和为贵、合作互赢"的理念，这一理念之践行就需要国家之间沟通与互信，解决国际争端时应优先通过协商、调解等非强制性措施。倘若动辄采用强制性措施作为争端解决之方法，不利于沿线国之间建立睦邻友好的关系。况且，在"一带一路"沿线国中，不少经济水平相对落后，法治不健全，对国际贸易规则熟悉程度也不高，它们最可能成为国际贸易争端中的败诉方，动辄采用强制性措施将会挫伤它们参与"一带一路"倡议的积极性，并且由此影响该倡议构建范围更广、包容性更强的区域经贸合作机制的目标的实现。因此，如何将协商、调解等柔性机制规范化、制度化，并辅以强制性的机制作保障，是下一步建立实施争端体系应该考虑的方向。

对此，本书初步设想是，在争端解决上应尽可能采取柔性规范。可以考虑设置调解前置的争端解决措施，如果调解不成，再行仲裁，诉讼则作为最后保证。"以仲裁为中心，以调解为优先，以司法为保障的三位一体、优势互补模式，并构建三种争端解决方式有机衔接的争端解决中心。"[1]另外，对于争端解决结果的执行，也应采取"柔性"措施。

3. 构建"一带一路"争端解决中心

基于"一带一路"对争端解决的客观需求，结合前文"多元性"原则，本书认为，应创设一个多元争端解决中心——诉讼、仲裁与调解三位一体。但有一点应指出，多元争端解决中心由诉讼、仲裁与调解三位一体而构成，不等于争端解决只限于这三种方式，前文所说的政治磋商仍是一种必要的模式，只不过政治磋商通常由两国政府私下协商，程序灵活，不需要一个特别机构予以管辖。所以，一般程序是，政治磋商达不成一致之时，再将争端提

---

[1] 初北平：《"一带一路"多元争端解决中心构建的当下与未来》，载《中国法学》2017年第6期。

交给"一带一路"争端解决中心。

目前，仲裁是国际贸易中最常用的争端解决方式，相对于诉讼更具高效性。尤其是"一带一路"沿线国大部分是《承认及执行外国仲裁裁决公约》的缔约国，这使得仲裁执行可以在一定程度上得到保证。所以，在三种争端解决方式中，应该以仲裁为主。

"一带一路"争端解决中心以仲裁为主，其功能实现离不开组织机构的设置，对此有两种设想。[1] 第一种方法是根据我国《仲裁法》建立一个面向"一带一路"的国际性专门仲裁机构，但这种构想不大可行，理由是，仲裁机构选择取决于当事人意愿，但目前中国仲裁机构之国际声誉与影响力无法与国际知名仲裁机构相抗衡，该国际性专门仲裁机构显然无法吸引"一带一路"沿线国争端。第二种方法是吸引现有国际、国内的知名仲裁机构集合于新建构的服务平台受理、审理仲裁案件，这种方法更合理。

三、"一带一路"倡议实施中的争端解决模式一：政治解决

（一）跨国争端解决机制中政治解决的主要形式

政治解决是一种和平解决国际争端的方法，主要包括谈判与协商以及斡旋与调停。谈判是争端当事国积极地主张并予协调，谋求解决的一种方式，也是比较自由和常用的争端解决方式，当事国可以自由地决定谈判的方式、时间、地点及内容。协商作为争端解决方式的一种形式，与谈判略有不同，协商的一个重要特点是当事国态度一般比较积极，心态比较平和，没有太多的针锋相对和剑拔弩张的情形。[2] 谈判与协商主要是争端当事方自行解决，无须第三方介入。斡旋是当国际争端发生后，如果争端当事国拒绝谈判，经由第三方的参与运作，促成争端当事方谈判的开始或继续的争端解决方式。调停是争端当事国以外的第三国以调停者的资格直接参与当事国谈判，不仅为争端双方提供便利，也为双方提供实质性建议的争端解决方式。调停与斡旋的相同之处在于争端当事国解决争端时均有第三方参与，而二者的不同之处

---

[1] 初北平：《"一带一路"多元争端解决中心构建的当下与未来》，载《中国法学》2017年第6期。

[2] 窦仲晖：《对和平解决国际争端的政治与法律方式的比较研究》，暨南大学2009年博士论文。

在于斡旋中的第三方只是促成争端解决的谈判，本身并不直接参与谈判，调停中的第三方直接参与争端解决谈判，发挥实质性作用。鉴于政治方式是国际争端解决的重要和基础方式，一些国际组织或者区域协定会将国家间磋商作为起始或者必经程序，并作出一定的要求，如 WTO 争端解决机制和 CATFA 等争端解决机制。

1.WTO 争端解决机制中的磋商程序

磋商是 WTO 解决贸易争端的第一步程序，具有严格的时间限制和实质性要求，是要求设立专家组等后续程序的必经阶段。磋商开始后，双方的争端就置于 WTO 多边监督之下。因此，这种磋商与两国之间出现贸易问题时所进行的一般磋商或谈判有所不同。[1] 依据 WTO《关于争端解决规则与程序的谅解》，中国与"一带一路"沿线国家决定利用 WTO 争端解决机制解决贸易投资争端时，一成员方保证对另一成员方提出的关于在其境内采取的影响各有关协议实施之措施问题，给予同情的考虑，并就此提供充分的磋商机会。世界贸易组织争端解决的参与方仅限于其成员，企业和个人只可以通过本国政府完成对其他成员的投诉。

（1）磋商的时限

磋商请求应由一成员向另一成员提出。磋商请求所针对的成员，应在收到请求之日起 10 天内作出答复，并应在收到请求之日起不超过 30 天的期限内进行磋商。但双方可另行商定进行磋商的时限。如对方未在 10 天内作出答复，或者未在 30 天或商定的时间内进行磋商，则请求磋商的成员就可直接开始申请设立专家组。在紧急情况下，包括在涉及易损坏货物的情况下，成员方应在收到请求后 10 日内进行磋商。若在收到请求之后的 20 日期限内磋商未能解决争端，则起诉方可请求设立一个专家小组。[2]

（2）磋商的形式

磋商请求应采用书面形式，并应说明提出请求的理由，包括确认所争论的措施及法律依据。"措施"是指被诉方采取的且请求方认为正在对其根据有关协定直接或间接获得的利益造成损害的具体措施。[3] "法律依据"是指引起争

---

[1] 杨国华等：《WTO 争端解决机制中的磋商程序研究》，载《法学评论》2003 年第 2 期。
[2] 《关于争端解决规则与程序的谅解》（1995），第 4 条。
[3] 《关于争端解决规则与程序的谅解》（1995），第 3 条第 3 款。

议的措施所违反的具体协议条文。一般认为,如果没有单独或与他人联合提出磋商请求,而仅仅是加入磋商,则无权在日后申请作为起诉方设立专家组。[1]

(3) 磋商的方式

可以是单独磋商,也可以是共同磋商。单独磋商是一方独自提出与另一方进行磋商,即磋商只在两个成员之间进行。共同磋商是多个成员与一个成员磋商。其中一种是几个成员分别就同一措施单独提出磋商请求,但磋商共同举行。另一种是加入其他成员已经提出的磋商。在第一种共同磋商情形下,几个请求方通常事先协调立场,分工合作。在第二种共同磋商情况下,请求加入的成员必须在其他成员的磋商请求散发之日起10天内,将其参加磋商的愿望通知进行磋商的成员和DSB。[2] 一般认为,如果没有单独或与他人联合提出磋商请求,而仅仅是加入磋商,则无权在日后申请作为起诉方设立专家组。[3]

2. 中国—东盟自由贸易区争端解决机制中的磋商程序

中国与东盟于2004年11月签订了《中国—东盟全面经济合作框架协议争端解决机制协议》(以下简称《争端解决机制协议》)以解决自贸区框架内发生的经贸争端,协议共包含18个条款和1个附件。仲裁是其中确立的最重要的争端解决方式。然而从《争端解决机制协议》下反复强调的"磋商"及仲裁程序设计的规定来看,中国及东盟各国无疑是偏向于使用外交手段来解决争端的,即依赖于各国间基于友好互信而达成的一致协议。"东盟方式"是在多年的发展过程中,东盟各国逐渐形成一种强调通过协商和对话来逐渐加强非正式合作的方式,可概括为四项原则:不干涉其他成员国的内部事务、非正式外交、不使用武力、通过一致意见来进行决策。中国—东盟争端解决机制是在各国基本国情下,通过反复协商而建立起来的,体现了东方文明以和为贵的主要特点。[4]

(1) 磋商的条件

《争端解决机制协议》第2条规定,凡《框架协议》项下之争端,均可援引,协议主文及其附件均一体适用。争端双方可将磋商解决方法适用于任何

---

[1] 杨国华等:《WTO争端解决机制中的磋商程序研究》,载《法学评论》2003年第2期。
[2] "散发",是指DSB以WTO文件的形式发放。
[3] 杨国华等:《WTO争端解决机制中的磋商程序研究》,载《法学评论》2003年第2期。
[4] 周颖俊:《CATFA争端解决机制中的"磋商"研究》,载《重庆科技学院学报(社会科学版)》2013年第2期。

程序。因未能履行《框架协议》项下的义务，对起诉方在执行或适用的任何事项产生影响，主要包括《框架协议》项下直接或间接获得的利益正在丧失或减损和《框架协议》任何目标的实现正在受到阻碍时，可以启动磋商程序。对于利益减损和目标实现阻碍的证明责任在于起诉方，而且，证明标准不宜过高。这是因为中国—东盟争端解决机制的核心在于政治解决，倘若设置过高的证明标准，则与《争端解决机制协议》的目的相违背。[1]

（2）磋商的请求

磋商请求应当以书面方式提起，包括争议的措施以及指控的事实和法律依据。被诉方应在收到该请求7天内答复，并在收到请求之日起30天内进行磋商，否则，起诉方可以直接依据第6条请求设立仲裁庭。由此可见，为了防止争端方恶意迟延磋商，《争端解决机制协议》明确规定了磋商启动的期限，并且不同于WTO争端解决机制，磋商并非仲裁的前置程序。从实体规范来看，本条第3款规定磋商应当"真诚"，主要是强调《争端解决机制协议》是建立在各成员国的友好互信基础上的。争端当事方应尽最大努力通过磋商对有关事项达成双方满意的解决办法。一方面磋商时要尽到"最大努力"，另一方面磋商结果要使"双方满意"。在此要求下，当事方应该提供充分的信息，并对影响《框架协议》的执行进行全面审查，另一方对磋商中提交为保密的信息进行保密，且不得损害任何一方在进一步或者其他诉讼程序中的权利。当然，对于"真诚"的理解是开放的，包括但不限于本条第4、5款的情形，在今后的实践中将会得到进一步的发展。[2]

（3）磋商的其他事项

其他事项主要在本条的第6、7、8款中。主要就第三方参与磋商和特殊案件的磋商作出了规定。紧急案件，如涉及易腐货物的案件规定了特别时效，这是根据泰国代表团的提议而特别规定的，因为中国—东盟自贸区货物贸易很重要的一部分是水果等易腐货物。如果在这些时限内未能解决争端，请求磋商方可根据本争端解决机制第6条直接请求任命仲裁庭。[3]

---

[1] 周颖俊：《CATFA争端解决机制中的"磋商"研究》，载《重庆科技学院学报（社会科学版）》2013年第2期。

[2] 周颖俊：《CATFA争端解决机制中的"磋商"研究》，载《重庆科技学院学报（社会科学版）》2013年第2期。

[3] 周颖俊：《CATFA争端解决机制中的"磋商"研究》，载《重庆科技学院学报（社会科学版）》2013年第2期。

(二)"一带一路"倡议实施中争端政治解决的空间

1. "一带一路"倡议实施中争端政治解决的优势

政治解决的主要功能体现在两个方面：第一，判断并追求国家的共同利益。第二，协同其他争端解决方式发挥作用。

2. "一带一路"倡议实施中争端政治解决的不足

政治磋商因是国家间通过外交途径进行，磋商结果通常基于国家整体利益的考量，而不仅仅是纠纷企业利益，因此可能达成的结果并非最有利于当事企业。此外，目前，针对海外投资中严重的"骚乱"和"冲突行为"很难启动外交保护机制。虽然中国已经签订了一百多项 BIT（双边投资协议），但这些 BIT 多半是就进入中国的外资而缔结，并非针对我国的对外投资。而且仍有相当比例的高风险投资流向地国尚未与中国缔结 BIT。比如，我国与缅甸之间虽然有 BIT，但是没有细则，发生纠纷时难以实际操作。在有效的 BIT 缺失的情况下，加之需要坚持不干涉内政原则，就会导致外交保护机制的启动更加困难。

(三)"一带一路"倡议实施中争端政治解决机制的进一步完善

1. 优化磋商程序。可以考虑依据不同的案件规定不同的磋商程序，对于个别的争议不大、权利义务关系较为明确的特殊事项可适当缩减磋商程序。"磋商"机制需要限定严格的时间，避免因恶意磋商而延误争端解决的进程，同时需要规定"真诚地进行磋商"。"磋商"下达成的意思一致，不仅有利于增进双方互信，而且有利于增加执行的可能性。得以尽快地解决双方的纠纷，也是为了更好地发挥 CAFTA 争端解决机制的作用。

2. 可以建立多层级磋商机制。随着"一带一路"沿线国家的贸易往来日益增多，如果过于依赖中央政府层面进行磋商，难免会造成对效率的减损。因此，可以对某些特殊的产品和商业服务领域考虑在省部级层面建立磋商关系，并可利用发挥好行业协会等民间组织的作用。

3. 可以将调解、调停程序制度化、规范化，发挥行业专家和领袖型国家的特殊作用，避免国家间产生误解、误判。在投资者—东道国争端解决机制中，可以发挥投资者母国的协调作用，完善国内、国际投资保险制度，在保障投资者利益的同时,维护良好的国际合作氛围。

四、"一带一路"倡议实施中的争端解决模式二:司法解决

自"一带一路"倡议提出以来,中国与"一带一路"沿线国家间的往来越来越频繁,因此,如何解决争议实际上是"一带一路"倡议必须面对的问题。只有有效、合理地解决国家之间贸易争端,才可以实现"一带一路"倡议的构建沿线国区域经贸合作机制的目标。[1] 就国际经济贸易争端的解决来看,其有不同的解决方式,概括而言,可以分为司法的方式与非司法的方式。一般而言,司法的方式是指通过诉讼解决国际经济贸易争端;非司法的方式则是指通过诉讼之外的方式来解决争端,比如,由第三方调解或仲裁。[2] 但是,就非司法方式来说。除了调节与仲裁,实践中仍存在通过政治手段来解决争端的方式,[3] 比如磋商、斡旋、调停、外交保护等。这种争端解决方式又称为选择性纠纷解决方式(ADR),因为这种方式适用之前提是当事人达成通过ADR解决争端之协议。

然而,理论上对于何谓ADR,存在不同的看法。一种观点认为,诉讼之外的解决纠纷之方法(非司法的方式)都属于ADR。但另一种观点认为,仲裁不属于ADR,理由是,在ADR情况下,争端之解决有赖于参与各方自觉履行达成的争端解决方案,虽然纠纷双方也可以选择一个中立第三方来帮助他们解决纠纷,但是第三方无权对争议双方作出有拘束力的决定,决定的履行有赖于双方自觉履行,而无法得到法院强制执行。但仲裁员却不同,仲裁裁决在一定意义上有法律强制力,从这一点来说,它是一种准司法方式。[4]

就两种观点对比来说,第二种观点更为符合现代国际商事争议解决的实践,根据解决争议的结果是否具有法律上的拘束力,将仲裁视为准司法的方式是合理的。因此,本书标题虽然是"司法解决",但实际上既包含了诉讼的方式,也包含了作为准司法方式之仲裁。

司法解决方式在"一带一路"倡议的争端解决机制中占有重要地位。理

---

1 蒋圣力:《论"一带一路"战略背景下的国际贸易争端解决机制的建立》,载《云南大学学报(法学版)》2016年第1期。
2 余劲松、吴志攀主编:《国际经济法》,北京大学出版社2014年版,第560页。
3 赵学清、邓瑞平主编:《国际经济法学》,法律出版社2005年版,第311页。
4 余劲松、吴志攀主编:《国际经济法》,北京大学出版社2014年版,第561页。

由在于：第一，诉讼方式是各种争端解决方式中最具强制拘束力的，虽然就裁决结果上看，仲裁结果也有法律拘束力，但仲裁之开始必须纠纷双方事前约定或事后同意将纠纷提交给仲裁机构，否则仲裁机构将不得根据一方请求受理纠纷，但诉讼则不一样，因此，可以说诉讼是国际经济争端之中受害一方最后的权利救济途径。第二，"国际商事仲裁是目前商业实践中使用率最高的争端解决方式，也是目前最兼具效益和公平的争端解决方式之一。尤其是 1958 年《承认及执行外国仲裁裁决公约》（以下简称《纽约公约》）在全球范围内对仲裁裁决可执行性的有效保障，使仲裁更易得到商业社会的自愿选择"[1]。因此，合理利用仲裁制度有利于"一带一路"倡议的争端解决机制之构建。第三，"中国与'一带一路'沿线国家的司法合作在多边合作领域更注重投资和商事仲裁领域的合作，在民事领域的多边司法合作还存在许多不确定性；在双边司法合作领域，中国与'一带一路'沿线国家更注重刑事司法领域的合作，对民商事司法合作领域关注较少。"[2] 但是，为保障"一带一路""五通"目标的顺利实现，中国又确实需要加强与"一带一路"沿线国家间的司法合作。基于上述理由，本部分将对"一带一路"争端解决机制中的司法模式作出研究，既回顾既有司法模式之特点，分析其不足，也提出构建建议。

（一）跨国争端解决机制中司法解决的主要形式

在叙述国际争端解决中的司法解决机制前，应先明确一个问题。在普通的国内民商事纠纷中，对于一起经济纠纷，双方既可以提交到仲裁机构，也可以起诉到法院。换言之，不同的纠纷解决方式使用的纠纷种类是相同的。但是，国际纠纷解决机制却不是如此。

在"一带一路"倡议实施中，可能产生的争议包括政府与政府、政府与企业、企业与企业间这三种。对于企业与企业间的争议，视为普通的国际商事争议；对于政府与政府间关于经济贸易的争议，视为政府间或缔约方之间的争议；企业与东道国政府之间的争议，是指企业因政府的行政行为受损而与之产生争议（如税收）。对于政府与企业间的争议，又可以分为贸易性质与投资性质，对于贸易性质的争议，"目前情况下企业只能通过其本国政府通过世贸

---

[1] 初北平：《"一带一路"多元争端解决中心构建的当下与未来》，载《中国法学》2017 年第 6 期。

[2] 专家热议："一带一路"司法合作建多边仲裁争议解决机制"，http://news.ifeng.com/a/20170511/51077953_0.shtml，最后访问时间：2023 年 4 月 10 日。

组织争端解决机制解决；对于投资性质的争议，且企业的注册国和所在国或东道国签署了投资协定或自由贸易协定（投资章节），则其可能有权通过投资者与东道国仲裁解决"。[1]

由此可见，解决的方法与适用之规则就不同。比如，对于企业与企业之间、纯粹私人性质的纠纷，双方可以提交国际商事仲裁机构，也可以由一方向有管辖权的法院起诉，但是显然不可以通过 WTO 争端解决机制予以解决，这是因为，WTO 争端解决机制只适用于其成员，而企业显然不能成为 WTO 之缔约方。

之所以对此作出强调，是因为在研究"一带一路"争端解决机制时不应该笼统而论，而应该根据所涉争议之性质，具体规范。详言之，对于企业与企业间的争议，可以采用国际民商事诉讼或国际商事仲裁的方式；对于政府与政府间的争议，可以采用 WTO 争端解决机制、国际法院、可受理国家间争端的国际仲裁机构等；对于企业与政府间的争议，需区分贸易性质或投资性质，对于前者，企业只可以通过其本国政府通过 WTO 争端解决机制解决，对于后者，企业可以与东道国政府通过仲裁解决。

以下分别就不同争端解决方式作出简介：

1. 国际民商事诉讼

国际民商事诉讼，是指具有国际因素，或者从某一具体国家来看具有涉外因素的民商事诉讼。具体而言，国际民商事诉讼中的国际因素主要是指：（1）诉讼当事人中有外国人；（2）诉讼客体是涉外民商事法律关系；（3）证据含涉外因素；（4）适用外国法律作为准据法。有一点应予指出，由于世界上不存在且近期之内不可能存在专门解决经济争端的、凌驾于各主权国家之上之法院，这里所谓之国际民商事诉讼，是指在一国法院提起的关于不同国家当事人之间的国际经济贸易争议的诉讼。这与将国际经济争端提交给国际法院不同，国际法院是联合国的法定组织之一，不属于任何一个国家，但国际民商事诉讼中管辖法院却是国内法院。[2]

国际民商事诉讼所涉主要的法律问题包括：（1）争议案件管辖权问题；（2）诉讼程序之问题；（3）解决争议应当适用之法律规则；（4）法院判决之承

---

[1] 王贵国：《"一带一路"战略争端解决机制》，载《中国法律评论》2016 年第 2 期。
[2] 赵相林、宣增益：《国际民事诉讼与国际商事仲裁》，中国政法大学出版社 1994 年版，第 1 页。

认与执行。

国际上不存在统一的国际民商事案件管辖标准，各国一般都适用本国民事诉讼法来判断对某一案件是否享有管辖权，但是，各国确定管辖权之原则又未必相同[1]，这就经常造成管辖权冲突。在国际经济争端中，管辖权冲突主要是属人管辖原则造成的，因为外国投资者一般都担心在东道国法院起诉，东道国政府会采取保护措施，从而想在本国政府起诉，但纠纷另一方却也想在其本国（东道国）法院起诉，由此就导致管辖权冲突。

由于各国法院可以根据当事人国籍、住所、营业地等因素行使管辖权，实践中无法避免管辖权冲突现象之产生。比如，韩国公司与日本公司签订的合同产生了争议，韩、日双方分别就合同争议在韩、日法院起诉，且根据两国法律，双方法院对此都享有管辖权，于是就产生了平行诉讼的问题。[2] 平行诉讼会给当事人带来不利，比如，诉讼费用翻倍、诉讼时间延长、诉讼结果也可能相互冲突。为避免平行诉讼，通常会采用两种方法。[3] 一种方法是通过"选择法院的条款"来避免平行诉讼，双方在合同订立时或争议产生前达成协议，约定由某一法院管辖，实践上所选择的法院一般不是任一方所属国的法院；另一种方法是通过国际公约来解决平行诉讼的问题，如《布鲁塞尔公约》《卢加诺公约》等。

在诉讼程序方面，国际民商事诉讼也比国内诉讼更为复杂。一些司法行为必须在国外实施，如境外司法文书的送达、境外调查取证等。基于主权的原因，本国法院不得在国外直接实施这类行为，必须得到相关法院或其他机关的司法协助。

国际民商事诉讼中，由于双方当事人、法律关系等分别属于不同国家，那么对该案件适用哪一国法律就是一个必须解决的问题，因为适用不同的法律很可能会导致不同的结果。根据各国立法与实践，一般允许当事人共同选择应当适用的法律。如没有选择，法院一般会根据本国法律冲突适用法来决定应当适用的法律。但是，这又产生了两个问题：一是法院也未必知道外国法之内容，这就需要外国法查明；二是案件结果对当事人没有预期性。[4]

---

[1] 实践中各国法院一般通过以下原则来确定管辖权：属人管辖原则、属地管辖原则、协议管辖原则与专属管辖原则。
[2] 王传丽主编：《国际经济法》，高等教育出版社 2012 年版，第 577 页。
[3] 王传丽主编：《国际经济法》，高等教育出版社 2012 年版，第 577 页。
[4] 王传丽主编：《国际经济法》，高等教育出版社 2012 年版，第 579 页。

一国法院作出的判决一般只在该国境内有效，但是国际民商事纠纷当事人身处不同国家，如果判决不可以跨国执行，那么就无实际意义。为解决这一问题，就须使外国法院的判决在本国得到承认与执行。对此，有一些国家通过签订国际公约来实现，如《关于承认与执行外国民事和商事判决的公约》《选择法院协议公约》等。[1]

2. 国际商事仲裁

国际商事仲裁已经成为解决国际商事争议常用的方式，它是指在国际商事交往中，当事人根据已达成的仲裁条款，将商事争议提交给仲裁机构或临时仲裁庭审理，该结果对当事人各方具有法律拘束力。国际商事仲裁有以下几个特征[2]：

第一，它是一种自愿的争议解决方式。仲裁机构受理案件建立在双方都接受仲裁的前提下，如果一方不同意将争议提交仲裁，那么决策机构就无权受理该争议。这点与诉讼不同，法院作为司法机关，其对案件之管辖权不取决于当事人协议。

第二，仲裁程序具有灵活性。争议双方可以选择仲裁员、仲裁适用的规则、仲裁地点等。原则上仲裁不公开审理，这有利于商业秘密的保护。而在诉讼中，尽管当事人有权选择应当适用的法律，但不能选择该案法官。另外，诉讼程序以公开审理为原则。

第三，仲裁具有高效性与专业性。所谓高效性，是指仲裁实施一裁终局的制度。裁决作出后，当事人就同一纠纷再申请仲裁或者向人民法院起诉的，仲裁委员会或者人民法院不予受理。[3]一裁终局制节省了争议解决的时间，符合商事立法快捷交易的特征。所谓专业性，是指仲裁员名单上的人一般都是相关方面的专业人士，对特定领域了解程度较一般法官为甚，可以更好地解决纠纷。

根据审理国际商事争议之仲裁机构是否有固定的名称、章程与办公地点，可将之分为临时仲裁机构与常设仲裁机构。前者是指为了解决商事争议而由双方当事人暂时成立的，争议解决后即刻解散的仲裁庭；后者是指根据国际公

---

1 莫世健主编：《国际经济法》，中国政法大学出版社 2014 年版，第 531 页。
2 莫世健主编：《国际经济法》，中国政法大学出版社 2014 年版，第 490-491 页。
3 《仲裁法》第 9 条第 1 款。

约或一国国内法设立的、有固定的组织、地点和仲裁程序规则的永久性机构，且一般都备有仲裁员名册供当事人选择。根据国际公约设立的常设仲裁机构被称为国际性商事仲裁机构，主要有国际商会仲裁院（ICC）与解决投资争议国际中心（ICSID），[1] ICSID 在下文将会详述。

在国际民商事诉讼中，当事人可就案件所应适用的法律作出约定，在国际商事仲裁中也是如此。一般而言，如果争议双方在合同中约定了准据法，那么仲裁院在审理案件时就应适用该法律。但现实中，很多情况下当事人未对此作出约定，此时只能由仲裁庭决定确定准据法，这时有两种方法：其一，如果仲裁机构的仲裁规则规定了仲裁庭有权直接决定应当适用的实体法规范，那仲裁庭就可以根据情况直接决定准据法。其二，如果仲裁机构的仲裁规则未作出规定，那仲裁庭就应先适用冲突规则，根据该规则指引确定准据法。[2]

国际商事仲裁中最核心的内容是仲裁协议，它是指双方当事人将争议提交仲裁机构解决的共同意思表示。其形成过程有两种，既可以是签订经济贸易合同时订立的仲裁条款，也可以是在争议产生后单独达成的请求仲裁的协议。前者称之为仲裁条款，后者是仲裁协议书。有效的仲裁协议排除了法院的管辖权，是仲裁机构受理案件的前提，因此对其效力的判断非常关键。大部分国家只规定，当事人表明了仲裁意愿，且仲裁协议是书面形式，仲裁协议就有效。联合国《国际商事仲裁示范法》也如此。[3] 但我国要求更严，《仲裁法》第 16 条规定："仲裁协议包括合同中订立的仲裁条款和以其他书面方式在纠纷发生前或者纠纷发生后达成的请求仲裁的协议。仲裁协议应当具有下列内容：（一）请求仲裁的意思表示；（二）仲裁事项；（三）选定的仲裁委员会。"

仲裁裁决一经作出就对双方当事人具有法律拘束力，如果一方不主动履行，就必须强制执行。但是，根据各国的立法实践，如果仲裁裁决存在法定事由，当事人可以在法定期限内向法院申请撤销该裁决。根据联合国《国际

---

1 赵相林主编：《国际民商事争议解决的理论与实践》，中国政法大学出版社 2009 年版，第 250 页。
2 余劲松、吴志攀主编：《国际经济法》，北京大学出版社 2014 年版，第 602 页。
3 《国际商事仲裁示范法》第 7 条规定："（1）'仲裁协议'是指当事各方同意将在他们之间确定的不论是契约性或非契约性的法律关系上已经发生或可以发生的一切或某些争议提交仲裁的协议。仲裁协议可以采取合同中的仲裁条款形式或单独的协议形式。（2）仲裁协议应是书面的。协议如载于当事各方签字的文件中，或载于往来的书信、电传、电报或提供协议记录的其他电讯手段中，或在申诉书和答辩书的交换中当事一方声称有协议而当事他方不否认即为书面协议。在合同中提出参照载有仲裁条款的一项文件即构成仲裁协议，如果该合同是书面的而且这种参照足以使仲裁条款构成该合同的一部分的话。"

商事仲裁示范法》第34条，申请撤销仲裁裁决应当在收到裁决书之日起3个月内提出，且必须基于法定理由。具体包括：仲裁裁决所依据之仲裁协议无效、仲裁程序不当（如未给当事人表达其意见之机会）、仲裁庭越权、仲裁庭组成与约定或法定不符。此外，如果仲裁裁决的事项不属于仲裁的受理范围，或者仲裁裁决违反了当地公共政策，法院可以主动裁定撤销该仲裁。

如果仲裁裁决不存在可撤销事由，但当事人一方又拒不履行，那权利人就可以请求法院强制执行。但正如国际民商事诉讼一样，国际商事仲裁的双方当事人一般也身处不同国家，一国境内作出的裁决需要去另一国执行的现象是很普遍的，但因为主权问题，他国法院没有义务执行外国仲裁裁决，除非：（1）根据执行地国国内法，该国法院应承认与执行外国仲裁裁决；（2）执行地国缔结了双边或多边国际公约，从而有义务承认与执行外国仲裁裁决，如《纽约公约》。

3.WTO 争端解决机制

对于 WTO 争端解决机制是否属于司法模式，实践中存在争议。因为从 WTO 争端解决机制的运作程序来看，其第一阶段是磋商程序，败诉方如拒不执行 WTO 争端解决机构（DSB）的建议与裁决，胜诉方将被授权采取贸易报复的手段。从以上措施来看，其具有明显的政治特征。但是，从整体来看，WTO 争端解决机制司法特征更明显。主要表现为[1]：（1）设立了专门争端解决机构；（2）规定了强制管辖权，专家组准自动成立、DSB 准自动通过专家组或上诉机构之报告，实际上授予了 WTO 争端解决机制强制管辖权；（3）增加了上诉程序；（4）加大了裁决执行力度，《争端解决谅解》第22条规定了交叉报复，有利于裁决执行；（5）程序时间明确具体，磋商程序、专家组程序、上诉程序、执行程序等都规定了明确的时间界限。正是基于上述理由，才将 WTO 争端解决机制放入本书予以介绍。

WTO 争端解决程序如下：

（1）WTO 成员必须就争议事项先行磋商

根据《争端解决谅解》第4条第2款，每一成员承诺对另一成员提出的有关在前者领土内采取的、影响任何适用协定运用的措施的交涉给予积极考虑，并提供充分的磋商机会。因此，磋商是 WTO 争端解决机制的前置程序，

---

[1] 贺小勇主编：《国际经济法学》，中国政法大学出版社2008年版，第653页。

如果 WTO 成员认为它在 WTO 某协议项下的权利被另一方所侵害，它应向后者提出书面请求，后者应在收到请求后 10 日内作出答复，且应在接到请求之日后不超过 30 日内磋商。如果双方在磋商阶段就争议事项达成一致，该案件的争端解决程序就告结束。

（2）专家组解决争议

磋商机制是希望争端各方在此期限内能够通过外交磋商的友好方式解决争端。如果收到磋商请求一方在接到请求之日后 10 日内未作出答复，或在接到请求之日后 30 日内没有磋商，或者在接到磋商请求之日后 60 日内磋商未达成一致，投诉方可以向 DSU 提出请求成立专家组。在提出设立专家组的书面文件中，必须说明双方是否已就争议事项磋商，因为只有磋商未果才可以设立专家组。

专家组一般由 3 名成员组成，有时也可以由 5 人组成，小组成员由争议双方共同选择，如有不同意见，由总理事选定。根据《争端解决谅解》第 11 条，专家组的职能是：对其审议的事项作出客观评估，包括对该案件事实及有关适用协定的适用性和与有关适用协定的一致性的客观评估，并作出可协助 DSB 提出建议或提出适用协定所规定的裁决的其他调查结果。

专家组应当向 DSB 提交有关调查材料的书面报告，说明争议事项的调查结果，提出建议。此项报告应向 DSB 与争议各方提供。专家组报告应向缔约各方提供，为了给缔约方提供足够的考虑时间，DSB 只有在这些报告提供给缔约各方 20 天后，才考虑通过这些报告。争议各方有权全面参与对专家组报告之评审，他们的意见应记录在案，DSB 应在规定期限内通过报告，除非某一争议方声称将提出上诉，或 DSB 会议一致决议不采纳此项报告（反向一致原则）。

（3）上诉程序

根据《争端解决谅解》第 17 条，DSB 应设立一常设上诉机构。上诉机构应审理专家组案件的上诉。该机构应由 7 人组成，任何一个案件都应由其中 3 人任职。DSB 应任命在上诉机构任职的人员，任期 4 年，每人可连任一次。上诉机构应由具有公认权威并在法律、国际贸易和各适用协定所涉主题方面具有公认专门知识的人员组成。他们不得附属于任何政府。上诉机构的成员资格应广泛代表 WTO 的成员资格。

有权提出上诉的是专家组报告中的争议当事人，第三方不可以作为上诉方，上诉内容不局限于专家组报告之结果，胜诉一方也可就专家组报告中的法律问题和专家组所作的法律解释上诉。上诉机构审理上诉事项之期限最长不超过 90 日，从上诉之日开始起算。DSB 应在该报告提交给全体缔约方后 30 日内通过该报告，除非 DSB 协商一致不通过。

（4）裁决执行与监督

专家组或上诉机构如果认为争议某一方之行为违反相关协议，应在报告中让该方取消该不当行为，使之与协议相符，也可以提出执行报告中建议的其他办法。报告一经通过就对争议各方有法律拘束力。但是，WTO 争端解决不存在赔偿问题，裁决只面向将来，败诉方在此前实施的不当行为给相关成员造成的损失，争端解决机构在裁决中不得要求赔偿。争端解决机构规定了以下三种执行方式：实际履行、补偿与授权报复。

所谓授权报复是指，如争议方未在合理期间届满后 20 天内就补偿问题达成一致，胜诉方可以要求争端解决机构授权对被诉方予以报复，中止履行应给予被诉方的贸易减让义务或其他义务。报复可分为同部门报复、跨部门报复与跨协议报复。在报复时，首先应选择同部门报复，也就是说，在与其遭受损失或减损的部门相同的部门予以报复；如不可行或没效果时，才可以跨部门报复；如仍不可行或没效果，才可以跨协议报复。

4.ICSID 投资争端解决机制

ICSID 是国际投资争端解决中心的简称，它是世界银行下设的一个独立机构，根据《华盛顿公约》而设立的专门处理国际投资争端的全球性常设仲裁机构。如果就性质而言，ICSID 投资争端解决机制实际上也属于国际商事仲裁之一种，本不必单独列出。但 ICSID 之特殊性在于，它只受理缔约国与另一缔约国国民因直接投资而产生的法律争议，个人之间与缔约国之间产生的投资争议都不属于其管辖范围。而一般国际商事仲裁管辖范围都是个人与个人之间。这是 ICSID 与其他国际商事仲裁的根本区别。而在"一带一路"背景下，这一区别又显得尤为重要，因为"一带一路"倡议中所产生的纠纷很大一部分都是投资纠纷，而且是投资者与东道国政府之间的纠纷，ICSID 正好有了用武之地。因此，本书将对 ICSID 投资争端解决机制单独介绍。

在解决投资争议上，资本输入国（通常是发展中国家）与海外投资者（通常是发达国家之投资者）之间存在很大分歧：发展中国家需要利用外资发展经济，而一旦产生纠纷，又希望可以通过本国途径解决；但发达国家投资者却担心东道国国内司法体制不完善，争议不能得到公正的解决。这种分歧使得投资者对海外投资望而却步，从长远来看，不利于国际投资环境。在此背景下，经过世界银行牵头，1965 年一部分国家在华盛顿缔结了《华盛顿公约》，并根据该公约设立了 ICSID。ICSID 宗旨是：通过仲裁、调停等方法解决缔约国与另一缔约国国民之间的投资争议，促使投资争议的非政治方式解决——这样可以防止投资者母国介入使投资争议成为国与国之间的争端——从而鼓励私人资本的国际流动。一般来说，ICSID 只管辖受理缔约国与另一缔约国国民之间的投资争议，但也有例外。ICSID 制定了一套"增设便利规则"，授权秘书处可以受理不属于《华盛顿公约》范围内的一国与另一国公民之间的调解、仲裁程序。

有一点应予指出，ICSID 本身不直接承担调解与仲裁工作，它只是为投资争议的调解与仲裁提供辅助性工作。比如，为根据《华盛顿公约》设立的调解委员会与仲裁庭提供场所、设施与服务，开展管理性工作。为此，ICSID 中备有调解员小组与仲裁院小组名册，供争议双方聘请。

由于实践中 ICSID 主要是通过仲裁来解决争议，且调解与仲裁程序有不少类似之处，与一般国际商事仲裁程序基本相同，以下仅就 ICSID 中仲裁程序的特殊之处予以简介：

（1）管辖权确定

管辖权是受理案件的前提条件，根据《华盛顿公约》第 25 条，投资争议须符合三个条件才可以提交 ICSID 管辖：争议当事人适格（主体要件）、争议性质适格（客体要件）、争议当事人同意（主观要件）。[1]

①主体要件——争议当事人适格

争议双方必须一方是缔约国（或缔约国指派到 ICSID 的该国任何组成部分或机构），另一方是其他缔约国国民。《华盛顿公约》之所以规定"组成部分或机构"，是因为在一些国家，不是由政府本身，而是由公共机构或国有企业与外国投资者签订投资合同。[2] 比如，联邦州、自治城市在某些时候有权处理外国投资事宜。因此，对"组成部分或机构"不应作精确界定，而是让各缔约国视具体情形将特定的、认为合格的实体指派到 ICSID 作为仲裁当事人。仲裁程序另一方当事人是另一缔约国国民，这时就存在一种情形，缔约国 X 与某自然人产生了投资争议，该自然人既有 X 国国籍，也有另一缔约国 Y 国

---

1 余劲松主编：《国际投资法》，法律出版社 2007 年版，第 349-357 页。
2 张庆麟主编：《国际经济法》，武汉大学出版社 2014 年版，第 361 页。

国籍，此时该自然人不是适格当事人。

②客体要件——争议性质适格

《华盛顿公约》第25条第1款规定："中心的管辖适用于缔约国和另一缔约国国民之间直接因投资而产生并经双方书面同意提交给中心的任何法律争端。当双方表示同意后，任何一方不得单方面撤销其同意。"可见，争议需满足两个条件：其一，争议必须直接产生于投资；其二，争议必须是法律争议。

"直接产生于投资"表明，投资与争议之间存在合理的密切联系，实践中对此争议不大。但对于何谓"投资"，实践中存在争议。"投资"的界定是公约适用之前提，但公约对此未予明确，因为如果强行统一"投资"的概念，可能会使得某些不在范围内但当事人认为属于投资事项的争议无法得到解决。最后，《执行董事会报告》对此作出解释，由于当事人同意是 ICSID 管辖权的前提，所以当事人同意将争议提交给 ICSID 以默示争议的经济活动属于投资。但是，"当事人同意就默示为投资"也不是不受限制，即使双方同意，普通的商业交易也不能视为投资。对此，学理上认为，可以根据资金支出的情况、履行期间、风险等因素来判断是否系投资。

如何判断争议是不是法律争议，《执行董事会报告》作出了解释，认为"法律争议"一词表明该争议必须是关于法律上权利义务的争议，单纯的利益冲突不属于管辖范围。实践中，只要一方根据法律主张权利，就认为满足了该条件。

③主观要件——争议当事人同意

ICSID 管辖权必须以争议双方同意为前提，这符合仲裁一般特征，与诉讼不同。而且，该同意应以书面方式作出，一经同意，任何一方都不得单方面撤销。

（2）ICSID 享有排他性管辖

《华盛顿公约》第26条第1句规定："除非另有规定，双方同意根据本公约交付仲裁，应视为同意排除任何其他救济方法而交付上述仲裁。"可见，ICSID 对于东道国救济、外交保护、外国法院诉讼、国际商事仲裁都有排他性。不过，第2句又指出，缔约国可以要求以用尽该国行政或司法救济作为其同意根据本公约交付仲裁的条件。

（3）裁决承认与执行

根据《华盛顿公约》第53条第1款，裁决对双方具有约束力，不得上诉或采取除本公约规定外的任何其他补救办法。而根据本条第2款，补救方法是对裁决的解释、修改与撤销。它们分别对应第50、51、52条。

ICSID纠纷解决机制最大特点之一是它的执行。ICSID所作出的裁决等同于缔约国法院的最终判决，这表明缔约国法院无权对裁决予以审查，也不可以拒不承认不执行。这与其他国际商事仲裁不同，后者的裁决法院没有义务承认与执行。《纽约公约》中，虽然缔约国也有义务承认与执行外国仲裁裁决，但缔约国法院可以对裁决作出程序性与实质性审查，视情况拒不承认、执行。但是，在ICSID却不可以。可见，ICSID裁决被赋予了更强的拘束力。当然，对裁决执行仍存在一定限制：其一，执行裁决仅限于履行金钱义务，而不包括各种禁令的执行；其二，对缔约国财产是否可以强制执行或给予执行豁免，应依缔约国法律。

（二）"一带一路"倡议实施中争端司法解决的空间

如前所述，在"一带一路"欣欣向荣之时，各种经济争端也随之而来，为了有效地解决争端，实现"一带一路"倡议构建的宏伟目标，最高人民法院在2015年7月发布了《关于人民法院为"一带一路"建设提供司法服务和保障的若干意见》(简称为《"一带一路"意见》)。意见指出，"'一带一路'建设的实施，将对开创我国全方位对外开放新格局、推动经济增长、促进和平发展产生现实而深远的影响，在'一带一路'建设中，法治是重要保障，司法的作用不可或缺"；"大力加强涉外刑事、涉外民商事、海事海商、国际商事海事仲裁司法审查和涉自贸区相关案件的审判工作，为'一带一路'建设营造良好法治环境"；"为'一带一路'建设营造和谐稳定的社会环境。要加强刑事审判工作，深化与'一带一路'沿线国家刑事司法合作，严厉打击暴力恐怖势力、民族分裂势力、宗教极端势力，严厉惩处海盗、贩毒、走私、洗钱、电信诈骗、网络犯罪、拐卖人口等跨国犯罪"[1]。

通过上述意见可以看出，司法机制扮演的角色很关键，其作用表现在两个方面：其一，为"一带一路"打造公平、公正、可持续发展的营商环境；其二，为"一带一路"打造和谐稳定、开放包容的社会环境。[2] 为此，2015年7月8日成立"一带一路"司法研究中心，为"一带一路"大局提供保障，成立仪式上，时任中国法学会会长王乐泉也强调，人民法院承担着为"一带一

---

[1] 《最高人民法院关于人民法院为"一带一路"建设提供司法服务和保障的若干意见》第1-3条。
[2] 蔡长春：《公正高效司法为"一带一路"护航》，载《人民法院报》2017年3月17日，第3版。

路"提供司法服务和保障的职能。[1]

对此，不禁要问，就争端解决而言，有不同的方式，既可以采用司法（准司法）的模式，也可以采用政治模式或民间模式，何以唯独司法模式受到如此重视呢？本书认为，这主要是基于以下理由：

1. 司法模式的比较优势

国际商事争端的解决有不同方法，既可以通过诉讼、仲裁、WTO 争端解决机制等司法/准司法模式，也可以通过磋商、调停、斡旋、外交保护等政治模式，或者调解、和解等民间模式。司法之外的方式可以统称为 ADR。

ADR 之所以日益受到青睐，是因为它相比于司法模式确实有其特点与优势，它可以"快速、有效、经济地解决纠纷，从而实现对诉讼制度之补偏救弊与功能替代，以减轻司法压力更好地调整人际关系与社会关系"[2]。不可否认，司法方式，尤其是诉讼方式，存在局限性，如积案与迟延、程序之复杂性与对抗性、诉讼成本较为高昂（仲裁中尤其如此）、解决特定与新型纠纷的局限性、判决结果机械适用法律而不合情理等。[3] 但是，至今为止，ADR 也未能对司法方式取而代之而成为主流，究其根本，是因为其他各种方式仍有其固有缺陷，具体如下：

（1）*磋商*

磋商不需要第三方介入，程序简单而灵活，因而一般情况下当事人都会在合同中约定，争议产生之后应先行磋商。

但是，从性质上看，磋商是一种任意性行为，争议双方可以接受也可以拒绝。这就与诉讼、仲裁不同。在诉讼中，一方起诉如满足条件，另一方必须应诉；在仲裁中，如果双方事先达成了仲裁协议，嗣后也有接受仲裁的义务。另外，争议双方即使参与了磋商，也无达成协议的义务，也可能出现双方耗费了大量时间与精力却未解决纠纷的情况；即使达成了协议，一方如不自觉履行，对方也不可以请求强制执行。从这点上看，磋商作为一种纠纷解决机制，从启动、过程到履行，都依靠当事人自觉，不确定性太大。

此外，磋商双方虽然表面上是平等主体，但事实上在经济、政治上总会

---

[1] 罗书臻、孙若丰：《最高人民法院成立"一带一路"司法研究中心，提升涉外审判水平，提供有力司法服务和保障》，载《人民司法》2015 年第 20 期。

[2] 范愉：《非诉讼程序（ADR）教程》，中国人民大学出版社 2012 年版，第 21 页。

[3] 范愉：《非诉讼程序（ADR）教程》，中国人民大学出版社 2012 年版，第 22-23 页。

存在差异，如果磋商双方存在实力悬殊时，磋商往往会给弱方当事人带来不利。[1] 在"一带一路"倡议中，这一点尤为显著，因为"一带一路"中不少争端属于投资纠纷，争端双方一方是东道国政府，另一方是投资者，不论投资者是自然人或者企业，相对于一国政府而言，其实力相距悬殊，如果采用磋商的方式，投资者实际上居于不利的地位。当然，投资者也可以请母国政府出面参与磋商，但如果该投资者系一般投资者，这一点几乎不可能实现，而且，母国一般都是发达国家，东道国一般都是发展中国家，这又造成了新一轮的不平等。

最后，磋商受到政治等情况干扰之可能性较大，在解决纠纷过程中可能牵涉其他敏感性问题，从而阻碍纠纷的解决。[2]

（2）斡旋与调停

当争端双方由于某种原因无法直接磋商，或经过磋商仍无法达成协议时，通常可以由第三方介入予以斡旋或调停。

但是，这种方式有像磋商一样的不足：其一，斡旋与调停只有劝告性质，没有强制力，即使调停成功，也不能保证完全按照调停达成的协议执行，而且只要有一方在调停中不予合作，调停就无法继续；其二，第三方没有调停义务，实践中未必有第三方愿意扮演调停人的角色，而且调停不成功，调停人也不必承担任何不利，因此其缺少激励；其三，在调停的方式下，调停人起促成的作用，没有权力自行作出裁决，调解并不必然产生结果；其四，由于调停人一般是有声望与经验的人，其建议一般有一定说服力，如果一方不接受，其声誉可能受损。[3]

（3）外交保护

外交保护是国家对其海外国民的权益实施保护的一种方式，当一国国民权益受到另一国国际不法行为侵犯时，以国家名义为该国民采取的外交行动或其他和平解决手段。根据习惯国际法，外交保护需满足两个条件：一是国籍继续原则，受害人从受害之日直至获得外交保护为止均应具有保护国的国籍；二是用尽当地救济原则，受害人用尽当地救济后仍未实现其合法权利，才可以外交保护。[4]

---

[1] 徐乃斌主编：《国际法学》，中国政法大学出版社2008年版，第367页。
[2] 陈立虎：《当代国际贸易法》，法律出版社2007年版，第472页。
[3] 王贵国：《国际投资法》，法律出版社2008年版，第394页。
[4] 张庆麟主编：《国际投资法问题专论》，武汉大学出版社2007年版，第288页。

外交保护存在着不足，理由有二：第一，外交保护既然属于国家的权利，国家就有决定是否行使的自由裁量权，纵然国民可请求国家保护，但是否实施仍是未知数；第二，外交保护在很大程度上取决于国家的政治实力，母国出于平衡国家之间的政治、经济利益很难充分考虑到私人的切身利益。一旦母国通过政治方式解决争端，私人就失去了主动权，最后能否取得损害赔偿，完全取决于母国和东道国之间的政治博弈。

民间调解、和解等方式与上述方式的区别仅在于前者纯粹在私人之间，而后者中有国家参与，其他方面都大同小异，因此民间调解、和解与磋商、调停等有相似的缺陷，在此不予赘述。

当然，这并不表示司法/准司法模式就是完美无缺的，它仍存在着不足。以仲裁而论，它的局限性体现为：仲裁是一裁终局，对当事人而言会成为一种风险，一旦出现错位难以得到纠正；正式仲裁机构收费较高，对当事人来说是很大的成本。[1]但整体而言，司法模式仍是"一带一路"倡议中最为主要的纠纷解决模式，其作用不可替代。

2.我国对司法模式应用不足

磋商与谈判是和平解决国际争端的重要方法，我国政府一贯主张通过磋商与谈判等政治方法来解决国际争端，认为不论争端多复杂，只要争端各方都抱有诚意，就可以经过磋商与谈判获得解决。中英政府通过历时两年的磋商与谈判解决了香港问题，就是范例。[2]

政治性外交方法确有必要，其也是国际社会普遍保留的争议解决方法，但其应是在穷尽东道国救济后的国际争端解决中的最后性、保障性方法，这一点在"一带一路"倡议下尤其应当强调。

国际仲裁因准司法性而体现的中立性、强制性和终局性等特点，在国际商事争端解决机制中占据越来越重要的地位。但是，我国对于国际仲裁手段基本上是"备而不用"，相关法律运用经验严重不足。以ICSID机制为例，我国1990年2月9日签署了《华盛顿公约》，该公约框架下的ICSID作为该公约的常设机构，核心宗旨就是为各缔约国和其他缔约国国民之间的投资争端提供仲裁的便利。中国已经签订了121个双边投资条约，均规定了可提

---

[1] 范愉：《非诉讼程序（ADR）教程》，中国人民大学出版社2012年版，第122页。
[2] 周忠海主编：《国际法》，中国政法大学出版社2007年版，第519页。

交 ICSID 仲裁，且管辖范围越来越广，这为中国海外投资者利用 ICSID 机制解决投资争端创造了条件。实践中，中国海外投资者所遇到的因为投资而引起的争端也大量存在。但我国的海外投资项目引发的争端中，尚无一例诉诸 ICSID 机制来启动仲裁程序。在"一带一路"倡议下，我国会实现从资本输入国向资本输出国的角色转型，特别是沿线的很多发展中国家，法治建设并不完善，因此，很有必要强调国际仲裁在"一带一路"争端解决机制构建中的地位和作用，通过国际仲裁来维护我国的海外投资利益。

综上所述，之所以说在"一带一路"争端解决机制中有司法模式的空间，正是因为司法模式有其他争端解决模式所没有的优势，而且我国传统上对司法模式又"备而不用"，忽略了它的作用，缺乏对它的研究。因此，在"一带一路"倡议实施中对它应给予更多关注。

（三）争端司法解决机制的进一步完善

既然司法模式在"一带一路"争端解决机制中不可或缺，那么是否可以照搬既有的制度呢？答案是否定的。正如第二章所述，我国当前的国际争端解决机制本就存在问题，而且"一带一路"背景下国际贸易又存在新特点——所涉区域经济集团多样性、所涉各国经济发展水平参差不齐、受政治因素影响较大[1]——所以依靠既有的争端解决机制无法有效地解决争端。在司法领域，这一点也概莫能外。正因如此，应对我国现有的司法争端解决机制予以完善，使之符合"一带一路"的新特点。而根据第一节所述，本部分项下的司法模式不仅包括传统意义上的诉讼模式，也包括仲裁、WTO 争端解决机制。因此，下文将分别论述它们的不足与对现有的司法争端解决机制提出的建议。

1. 诉讼方式

公正、高效地解决"一带一路"实施过程中相关争端，营造良好的法治环境，保证贸易通顺、设施联通与资金融通，应注意以下几点：

（1）完善管辖权规则

管辖权是一国主权的组成部分，其意义重大。如果一国法院取得了管辖权，那么就可适用本国程序法与冲突法，从而在一定程度上可以决定案件结

---

[1] 黄韵：《"一带一路"背景下国际贸易争端解决机制》，载《重庆社会科学》2017 年第 6 期。

果。[1] 在"一带一路"倡议中，沿线牵涉数十个国家，其基础设施、能源合作、产业投资等互相联通，涉外民商事关系连接点也呈现出跨国性特征，一旦产生民商事争议，将不可避免地会产生管辖权冲突。而不论是积极冲突（两个以上法院都有权受理案件）还是消极冲突（两个以上法院都无权受理案件），都不利于纠纷解决。

（2）完善国际司法合作与协助

目前，我国法院受理的司法协助案件平均一年超过 3000 件，但是，我国与"一带一路"不少沿线各国都尚未签订相关条约，有部分条约虽签订了，也存在范围过窄、执行率低等问题。[2] 因此，为更好地践行"一带一路"倡议，我国应完善与"一带一路"沿线国的司法协助制度。具体包括以下几部分：

①拓宽外国法查明机制

查明外国法始终是涉外民商事案件存在的问题，能否准确查明外国法律关系着诉讼的效率与结果的公正与否。数据显示，2013—2015 年，"我国法院涉及域外法查明与适用的案件共 166 件。其中，未能查明外国法而适用我国法律的案件达 21 件"[3]。造成这种现象的原因是由于查询途径有限、法官对国外法律制度缺少了解、专家证人意见相冲突等。[4] 为解决这一问题，可通过信息交换、网络平台等途径建构外国法查明机制。另外也可以与各大高校研究所合作，如最高人民法院与西南政法大学合作设立了东盟法律人才培训项目。

②司法文书域外送达

在域外送达方面，通过中央机关予以送达的方式效率低下，耗时过长。虽然从 2003 年以来，最高人民法院对域外送达做出了改革试点，提高了域外民商事送达的效率，但总体送达率仍为 50% 左右，有待提升。[5]

③域外调查取证

域外调查取证是涉外诉讼中的关键环节，我国也是《海牙取证公约》的

---

[1] 丁伟：《论管辖权在现代国际私法中的重要地位》，司法部司法协助局主编：《司法协助研究》，法律出版社 1996 年版，第 187-193 页。

[2] 乔雄兵：《"一带一路"倡议下中国国际民商事司法协助：实践、问题及前景》，载《西北大学学报（哲学社会科学版）》2017 年第 6 期。

[3] 张勇健：《"一带一路"司法保障问题研究》，载《中国法律评论》2017 年第 1 期。

[4] 宋锡祥、朱柏燃：《"一带一路"战略下我国开展国际民商事司法协助的法律思考》，载《上海大学学报（社会科学版）》2017 年第 3 期。

[5] 邓锐、徐同义：《我国域外送达制度及其完善》，载《山东审判》2010 年第 1 期。

成员国,最高人民法院也公布了《关于依据国际公约和双边司法协助条约办理民商事案件司法文书送达和调查取证司法协助请求的规定》等司法解释来调整,但从现实看,结果却不尽如人意。我国很少向国外请求协助调查取证,国外法院或当事人向我国提出调查取证,我国也持保守态度。这已成为制约涉外诉讼的"瓶颈"。因此,有必要建立网络信息平台,通过平台就调查取证相关事宜予以沟通,实现司法协助信息的共享。

④外国判决承认与执行

根据《民事诉讼法》第299条,人民法院对申请或者请求承认和执行的外国法院作出的判决、裁定,依照中华人民共和国缔结或者参加的国际条约,或者按照互惠原则进行审查后,认为不违反中华人民共和国法律的基本原则或者国家主权、安全、社会公共利益的,裁定承认其效力,需要执行的,发出执行令,依照本法的有关规定执行。实践中也确有承认与执行外国判决的实例。但问题是,我国订立的承认与执行外国判决的条约数量有限,实践中承认与执行外国判决也只是个案。实践中有更多的案件是我国未承认与执行的国外判决,比如,日本国民五某某申请承认与执行日本国横滨地方法院小田原分院判决案[1]、某发动机有限公司申请承认和执行澳大利亚国西澳大利亚最高人民法院判决案[2]。

究其根本,是因为我国认为,只有当对方国家承认了我国判决后,我国才能承认双方有互惠关系,从而承认对方的判决。如果双方都不愿意先承认对方的判决,那么互惠关系就无法形成。因此,我国不妨采取主动方式,先行承认对方的判决,向对方作出表率,何况目前不少国家对承认与执行外国判决也放开了互惠关系的限制。[3]

除上述问题外,诉讼中仍有不少制度需要完善与建立,如司法政策与信息的沟通合作机制的建立,国际条约、准据法与国际惯例的使用问题等。[4] 由于篇幅所限,本书在此不再赘述。

---

1 最高人民法院《关于中国人民法院应否承认和执行日本国法院具有债权债务内容裁判的复函》。
2 最高人民法院《关于申请人弗拉西动力发动机有限公司申请承认和执行澳大利亚法院判决一案的请示复函》。
3 李双元、谢石松:《国际民事诉讼法概论》,武汉大学出版社2001年版,第467页。
4 张勇健:《"一带一路"司法保障问题研究》,载《中国法律评论》2017年第1期。

2. 仲裁方式

国际商事仲裁作为国际争端解决的主要方式，得到了广泛认可，而且由于"一带一路"沿线国大部分都加入了《纽约公约》，所以可以预料仲裁是将来"一带一路"倡议中纠纷的主要解决方式。但是，我国国际商事仲裁制度仍存在不足，数据显示，虽然中国国际经济贸易仲裁委员会受理案件总量从2000年的731件增加到2013年的1256件，但增加的只是国内案件，涉外案件却不升反降，从543件下降到了387件。[1] 这表明，我国国际商事仲裁公信力不足，无法与国际知名机构并肩，究其原因，是我国仲裁法律制度与国际通行规则不符，[2] 因此，在新形势下应当健全国际商事仲裁制度，为"一带一路"倡议保驾护航。

（1）建立临时仲裁制度

临时仲裁是为了解决特定纠纷而由当事人暂时成立的、争议解决后即刻解散的仲裁庭，相比于仲裁机构，它有更为悠久的历史。当事人在临时仲裁中既可以选择现有的仲裁规则，又可以自行设计，此外，"联合国国际贸易法委员会的仲裁规则被广泛适用于临时仲裁，其对仲裁的程序事项作了系统、严密的规定，能够消除仲裁过程中的不确定因素"[3]。而且，临时仲裁中仲裁院一般是相关领域的权威机构，因此也不必担心公正性的问题。由此可见，在公正性与确定性方面，临时仲裁不逊于仲裁机构，在仲裁效率与规则灵活性等方面，临时仲裁比仲裁机构更有优势，[4] 因此国际商事争端中，当事人都愿意选择临时仲裁。

但是，根据我国《仲裁法》第16、18条，仲裁协议中应当包括选定的仲裁委员会；仲裁协议对仲裁事项或者仲裁委员会没有约定或者约定不明确的，当事人可以补充协议；达不成补充协议的，仲裁协议无效。而临时仲裁由仲裁庭组成，没有仲裁委员会，所以我国对于临时仲裁持否定态度。[5] 这样造

---

[1] 数据来源：中国国际经济贸易仲裁委员会数据统计，http://cn.cietac.org/AboutUS/AboutUS4Read.asp，最后访问时间2023年4月5日。

[2] 孙巽：《"一带一路"战略与上海国际仲裁中心的制度完善》，载《人民法院报》2017年3月29日，第7版。

[3] 王佳宜：《"一带一路"战略下国际商事仲裁制度的构建》，载《人民论坛》2016年第14期。

[4] 张贤达：《中国临时仲裁制度的构建》，载《上海师范大学学报（哲学社会科学版）》2017年第5期。

[5] 李昌超、陈磊：《论我国临时仲裁制度之构建》，载《湖北经济学院学报》2014年第1期。

成的局面是，国外临时仲裁的裁决根据《纽约公约》可以在我国执行，我国作出的裁决却因违反制裁裁决地法而无效，这种不对等的结果不利于保护当事人的权益。有鉴于此，应构建临时仲裁制度，鉴于短期没有可能修订《仲裁法》，因此可以在自贸区内先予试行，具体建议是：其一，在自贸区内允许当事人选择临时仲裁；其二，仲裁规则既可自行设计，也可适用既有规则；其三，要明确一个仲裁机构，有权在一定条件下代为指定仲裁员，防止因无法对仲裁院选择达成一致意见而影响仲裁程序；其四，赋予仲裁机构对仲裁员的监督职能。[1]

（2）构建"一带一路"在线仲裁纠纷解决机制

"在线仲裁是指将ICT技术信息与通信技术与仲裁过程相结合，将原先在线下完成的仲裁程序和裁判过程通过互联网技术实现在线完成。"[2]在线仲裁比传统仲裁更有灵活性与自主性，可以高效、迅速地解决纠纷，而且可以防止传统仲裁中因经济实力、政治背景对仲裁造成的不公正影响，而且如果顶层设计完善，仲裁的程序公正也可以得到有效监督。

基于此，本书认为我国应就"一带一路"倡议专门构建在线仲裁纠纷解决机制，完善相关配套机制，如培养一批专业人员，他们不仅熟悉各国法律、在线规则，而且了解"一带一路"沿线各国的人文知识。另外，在线仲裁必须建立在一个网络平台上，方能保证纠纷主体有效地进行沟通，因此需建立在线仲裁"虚拟空间"技术，在线仲裁平台需要提供同步传输、异步传输、图像、文本与视频等基本技术。[3]

（3）"一带一路"国际投资争端解决机制之构建

前面两点所述的都是对国际商事仲裁的整体建议，它们既可以适用于私人之间的争端，也可以适用于政府与私人之间的争端。但是，在"一带一路"倡议中，有一种很典型且很常见的争端——投资者与东道国政府之间的投资争端。对于这种争端，现有的解决方式存在不足，应当构建专门制度予以调整。

---

[1] 赖震平：《我国商事仲裁制度的阙如——以临时仲裁在上海自贸区的试构建为视角》，载《河北法学》2015年第2期。

[2] 倪楠：《构建"一带一路"贸易纠纷在线仲裁解决机制研究》，载《北京联合大学学报（人文社会科学版）》2017年第4期。

[3] 倪楠：《构建"一带一路"贸易纠纷在线仲裁解决机制研究》，载《北京联合大学学报（人文社会科学版）》2017年第4期。

相比于私人之间的国际商事争端的解决，国际投资争端之特点是"第三方机构专属性"，仅有少数机构可以管辖国际投资争端，而其中最典型的机构就是 ICSID。[1] 但是，ICSID 机制对"一带一路"倡议中的争端解决存在不足，理由如下：研究显示"一带一路"主要沿线国倾向于将投资争端交给 ICSID 解决。这看似有利，因为可以将 ICSID 逐渐发展为"一带一路"争端解决的统一机构，但通过分析，ICSID 机制存在诸多不足，将纠纷统一交由它解决反而不利于"一带一路"倡议的实施。

ICSID 机制设立之初，是想对东道国政府与投资者平等对待，东道国政府与投资者都可以向 ICSID 提出仲裁，"它并不是要将影响外国投资的所有问题都从国内管辖拿走，投资者与东道国之间投资争端通常仍然应该在国内法律程序中解决"[2]。但实施结果显示，ICSID 越来越偏向对外国投资者的保护，同时也由原本的灵活性转向法律刚性。正因如此，不少亚非拉美等发展中国家脱离了 ICSID。[3]

其实，"一带一路"倡议中争端解决机制必须符合地缘性投资保护之目的。因为"一带一路"沿线国以发展中国家为主，所以制度构建时应兼顾发展中国家对于发展权之需求。但是，ICSID 在实践中却越来越偏向外国投资者保护，不可避免地损害了东道国利益，从而没能兼顾发展中国家发展权。另外，一是 ICSID 纠纷解决机制中，仲裁院一般是沿线国之外之国民，他们对于沿线国客观环境不了解，常常刚性地根据法律来解决争端，忽略了地缘性保护之目的。二是 ICSID 毕竟不是"一带一路"区域内的争端解决机制，不论是从地理便捷度还是从用户心理接受度考虑，都不如在"一带一路"区域内设立专门的争端解决机构。[4]

有鉴于此，本书认为应建立"一带一路"国际投资争端解决机制，专门解决"一带一路"中的投资争端，具体路径是：

---

[1] 根据 UNCTAD 统计，截至目前，实际受理过国际投资争端的第三方机构仅有国际商事仲裁开罗区域中心、国际商会国际仲裁院、解决投资争端国际中心、伦敦国际仲裁院、莫斯科工商会仲裁院、常设仲裁院、斯德哥尔摩商会仲裁院。参见联合国贸易和发展会议网站，http://investmentpolicyhub.unctad.org/ISDS/FilterByRulesAndInstitution，最后访问时间：2018 年 2 月 3 日。

[2] 王彦志：《国际投资争端解决法律化：成就与挑战》，载《当代法学》2011 年第 3 期。

[3] 邓瑞平、周亚光：《博弈与协调：构建多边投资规则的中国方略》，载《现代法学》2015 年第 5 期。

[4] 鲁洋：《论"一带一路"国际投资争端解决机构的创建》，载《国际法研究》2017 年第 4 期。

① 制定"'一带一路'国际投资争端解决机构公约"

ICSID 机制就是建立在《华盛顿公约》基础上的，因此想建立一个专门性的"一带一路"争端解决机构，就必须先行制定一个"'一带一路'国际投资争端解决机构公约"。幸运的是，目前 ICSID 等投资争端解决机构带来了不少负面作用，所以沿线国对于专门性的"一带一路"争端解决机构是期待的。作为"一带一路"的倡导者，中国可以率先向亚洲基础设施投资银行提出相关倡议。

② "'一带一路'国际投资争端解决机构公约"的内容

公约的内容必须有独特性与创新点，如果与《华盛顿公约》大同小异，就没有必要制定，可以沿用《华盛顿公约》。详言之，公约内容应体现以下几点：

在 ICSID 中，仲裁与调解作为两项主要的争端解决方式，在公约中也应当对此作出规定，而且应规定调解前置，尽量让争端双方通过友好协商来解决纠纷。另外，除这两者外，也可以考虑纳入其他争端解决方式。

在 ICSID 中，裁决以不公开为原则，双方同意公开为例外，这也是仲裁的基本特征之一。但是近年来国际投资争端仲裁程序的透明性备受关注，这是因为投资仲裁牵涉东道国民众利益，因此应予公开。基于此，公约中不妨规定"除非任何一方书面反对，裁决应当公开"。另外，也可以授予非当事方一定的程序参与权（如法庭之友），以加大外部监督力度。

"一带一路"沿线国大部分是发展中国家，它们既渴望吸引外资，又担心在争端解决上本国发展权受到损害。对此，应平衡两者利益。

综上所述，国际争端解决机制中司法解决的主要形式包括国际民商事诉讼、国际商事仲裁、WTO 争端解决机制等几种，但在应对"一带一路"争端中，都显得不足。本书结合"一带一路"的特点，分别提出了完善建议，希冀对"一带一路"争端解决机制之构建有所助益。但有一点应注意，本书未对 WTO 争端解决机制提出完善建议，但不代表它在解决"一带一路"争端中无瑕疵，相反，WTO 争端解决机制有很大局限性，如 WTO 争端解决机制只受理缔约方之间的纠纷，如果缔约方与另一缔约方的企业产生贸易争端，该企业就无法直接诉诸 WTO 争端解决机制，只可以由其本国政府通过世界贸易组织争端解决机制解决。但对于普通企业来说，这既不现实，也不高效。但这一弊端无法解决，因为中国显然无法左右世界贸易组织修改其 WTO 争端解决机制。因此，只能通过构建出一套更完美的争端解决机制来取而代之。

五、涉"一带一路"商事纠纷解决的供需分析与应对

(一)"一带一路"相关主体对商事仲裁的需求现状分析

"一带一路"倡议推进成绩斐然。仅就 2016 年全年,中国与沿线国家双边贸易额就达到 6.3 万亿元人民币,中国企业对"一带一路"相关国家直接投资达 145.3 亿美元,与沿线 61 个国家新签对外承包工程项目合同 8158 份,新签合同额达 1260.3 亿美元。[1] 诸如巴基斯坦喀喇昆仑公路二期、卡拉奇高速公路、中老铁路、亚吉铁路已开工建设,土耳其东西高铁、匈塞铁路均在积极有序推进。

在中国企业积极"走出去"的同时,中国投资方在境外投资受阻、资产无法及时回流甚至面临违约追索等消息也有见诸媒体的。这些纠纷势必会影响"一带一路"倡议的持续推进,同样也会抑制该倡议的实际效果。[2] 因此,有必要对"一带一路"相关主体的商事仲裁需求现状进行深入分析。

事实上,"走出去"对于企业争议解决的具体需求并不清晰。企业在借助"一带一路"倡议走出去的过程中,对于项目往往签约容易、获益难,且跨国特性通常导致资本撤出受阻。在对外投资遭遇纠纷的情况下,很多国内企业,尤其是国有企业局限于固有思路,不能积极主动寻求法律层面解决,从投资前段到项目中期再到收尾阶段都缺乏体系化的法律风险预估及保障机制:在项目选择及签约阶段,往往不在意对合同中争议解决条款的控制权和主导权,从而使得国内企业在一开始就失去后续解决纠纷的先机;在项目运行过程中,不注重关键证据采样、收集及保存,导致在问题爆发后缺失关键性材料,进而产生不利后果;在出现问题并进入纠纷解决渠道后,对于多种争端解决机制没有较为全面的了解,从而因不熟悉商事仲裁规则致使选择其他更加耗时

---

[1] 中国一带一路网,https://www.yidaiyilu.gov.cn/p/8263.html,最后访问时间:2023 年 4 月 6 日。
[2] 近年来中国企业的大型超大型跨国并购遭遇东道国政府毁约的案件有所增加,包括中电投开发密松电站项目被搁置("密松水电站搁置四年揭秘究竟谁在反对这个项目",载 http://news.sohu.com/20151108/n425654394.shtml,最后访问时间:2023 年 4 月 11 日)、墨西哥高铁项目被叫停("墨西哥高铁一波三折还是'黄了'南北车暴跌",载 http://stock.sohu.com/20150203/n408382187.shtml,最后访问时间:2023 年 4 月 11 日)等,中方企业遭受挫折的同时资产面临重大损失。

费力的方式，有些企业虽然选择了仲裁方式化解纠纷，但是由于对仲裁理念和制度了解的缺乏，导致在仲裁程序中往往陷入被动局面，如仲裁地的确定、仲裁机构的选择、仲裁员的委任等，进而导致败诉。[1] 实践中，中国很多企业本身对于仲裁都不太熟悉，更谈不上在经贸活动中选择中国仲裁机构。事实上，商事仲裁不仅在国际纠纷解决中发挥主导作用，同时在当前国内争议处理中也慢慢占据一席之地。但从目前争议解决机制选择频率统计来看，除国际化贸易纠纷外，毋庸置疑的是，很多单纯国内的大宗商事交易主体对于商事仲裁制度本身缺乏了解。逐步了解和熟悉国内仲裁制度以及主要仲裁机构，更有利于中国企业"走出去"后更加熟练地运用现代商事仲裁技巧，应对国际仲裁实践。

同时，另一个较为严峻的问题是，目前中国具有涉外法律服务经验的律师以及相关法律人才队伍储备并不充足。事实上，环顾整个国内法律行业，在国际舞台频频亮相，乃至真正地代理国际争端纠纷案件的律师并不多。此外，与西方发达国家的国际化争端业务相配套的高校教育和研究工作尚处于逐步厘清的层面，更不用说对沿线众多发展中国家纷繁复杂、法律各异的了解与研究进展。该困境在业内也基本成为当前行业发展的窘迫共识。因此，当国内企业借助"一带一路"倡议走出中国、进行沿线国跨境投资时，如果没有专业的法律从业人员，尤其是缺乏律师予以各阶段、全链条的支持与保障，将使得企业主体无法认清问题所在，这无疑给整个交易投资决策过程带来困惑，甚至会引发投资背后隐藏的巨大风险和成本，并且可能随时爆发。

此外，"一带一路"所具有的特殊性，又使得其对争议解决的需求具有不同于一般性争议的特点：一方面，大额跨国性投资交易对于争议解决天然地要求专业、高效以及易于执行；另一方面，作为中国着力对外寻求合作机会的政策而言，资金投入方应当享有更为主动的规则话语权。而与之相对应，沿线环境表现出来的却是：地理跨度大，覆盖范围广；语言多样；经济水平低下，大多数为发展中国家，甚至有少数沿线国属于"最不发达国家"；法律制度极其复杂和不同，既有普通法系国家、大陆法系国家，也有伊斯兰法系国家，甚至有一些国家适用混合法律制度，如印度既有普通法，又有习惯法和伊斯兰法，泰国和尼泊尔国家则普通法、大陆法、习惯法并存；多数沿线国家并未加入全球及部分区域性的机制框架。由此可见，"一带一路"沿线区域的特殊

---

[1] 陈福勇：《我国企业涉外争议解决风险管理现状分析》，载《北京仲裁》2011年第4期。

性对于商事仲裁提出了更高的需求。

(二)"一带一路"沿线地区商事争议解决供给现状考察

1. 中方在相关国际知名仲裁机构的参与现状

(1)新加坡国际仲裁中心(Singapore International Arbitration Centre, SIAC)[1]

案件占比:在2016年度中,SIAC共计受理案件343件,涉案标的额达到118.5亿美元。其中,中国为一方主体的案件量为76件,仅次于其涉外案件中印度当事人的案件数量(153件)。

仲裁员:全年度中,SIAC共计指定157位仲裁员,其中新加坡国籍仲裁员占34%,英国国籍仲裁员占27.3%,澳大利亚国籍仲裁员占10.6%,中国国籍仲裁员并未排入前十,具体占比在其年报中归入"其他",马来西亚、美国、印度、加拿大等仲裁员委任次数均超过中国。在当事人自主选定仲裁员的国籍分析中:新加坡占32.5%,英国为30.9%,澳大利亚为7.9%,中国国籍仲裁员被选定的次数仅有2.2%。

仲裁地:未披露。

机构管理:考察SIAC的仲裁院董事会组成,共计18名董事,中国国籍董事占2位。这也在一定程度上显示作为近邻中国的新加坡仲裁界对中国市场的侧重。2016年3月3日,SIAC在上海自贸区设立代表处。

(2)香港国际仲裁中心(Hong Kong International Arbitration Centre, HKIAC)[2]

案件占比:在2016年度中,HKIAC共受理仲裁案件262起,涉案金额达25亿美元。案件中78.4%的仲裁案件涉及非香港当事人,87.2%的机构仲裁案件为国际案件。案件当事人所涉国家或地区中,中国香港、内地占据前列。

仲裁员:2016年HKIAC共指定75名仲裁员,排名前10的分别是:英国、中国香港、澳大利亚、新加坡、加拿大、中国内地、奥地利、马来西亚、美国和新西兰。中国内地排名第六。

仲裁地:未披露。

机构管理:目前,HKIAC共计24位理事,其中,中国国籍仅占有5位。

---

[1] 本节数据均来自SIAC 2016年官方公布年报数据,参见:http://siac.org.sg/images/stories/articles/annual_report/SIAC_AR_2016_24pp_WEBversion_edited.pdf,最后访问时间:2022年10月12日。

[2] 本节数据均来自于HKIAC2016年官方网站统计数据,参见:http://hkiac.org/about-us/statistics,最后访问时间:2022年10月12日。

值得一提的是，在截至目前的 6 届主席中，仅有一位为中国国籍。2015 年 11 月 19 日，HKIAC 在上海自贸区设立办事处。

（3）国际商会国际仲裁院（International Chamber of Commerce，ICC）[1]

案件占比：2016 年，ICC 共受理 966 件仲裁案，其中，美国当事人数量最多，为 554 家，占总数量的 17.88%。来自中国（含香港）的当事人数量为 66 家，占总数量的 2.13%，居于第 12 位。

仲裁员：2016 年受到任命的仲裁员共计 1411 人次，其中英国国籍的仲裁员人数最多，为 200 人，占总人数 14.17%；美国第二，为 168 人，占总人数 11.91%。中国国籍的仲裁员为 9 人次，其中边裁 8 人次，首席仲裁员 1 人次，独任仲裁员 0 人次。

仲裁地：当事人选择巴黎、伦敦和日内瓦作为仲裁地的频次最高，分别为 96 件、65 件和 54 件。选择中国作为仲裁地的案件为 8 件，均由当事人约定，城市均为中国香港，没有将仲裁地约定为中国内地。

机构管理：2016 年 6 月 8 日，ICC 在上海自贸区设立代表处。

（4）吉隆坡国际仲裁中心（Kuala Lumpur Regional Center for Arbitration，KLRCA）[2]

案件占比：2016 年，KLRCA 受理 522 件仲裁案，总标的额达 2.95 亿美元，其中涉及中国主体的案件有 40 件。

仲裁地：未披露。

（5）伦敦国际仲裁院（London Court of International Arbitration，LCIA）[3]

案件占比：2016 年度，LCIA 共受理 303 件仲裁案，中国案件数量占比 2%。

仲裁员：在其 2016 年 496 次的仲裁员委任中，中国国籍仲裁员仅有 4 名，占比只有 0.8%。

仲裁地：全年没有将仲裁地选择在中国的案件。

---

[1] 本节数据转引自中国国际贸易促进委员会网站，参见："国际商会国际仲裁院公布 2016 年受理案件详细统计数据"，http：//www.ccpit.org/Contents/Channel_3466/2017/0817/861598/content_861598.htm，http：//hkiac.org/about-us/statistics，最后访问时间：2022 年 10 月 12 日。

[2] 本节数据均来自 KLRCA 2016 年官方公布年报数据，参见：https：//klrca.org/annual-reports.php，最后访问时间：2022 年 10 月 12 日。

[3] 本节数据均来自 LCIA 2016 年官方公布年报数据，参见：http：//www.lcia.org/LCIA/reports.aspx，最后访问时间：2022 年 10 月 12 日。

以上所选择机构均为沿线区域内知名的仲裁机构。通过这些仲裁机构 2016 年全年度数据表现的对比，不难发现：一方面中国企业在沿线知名仲裁机构中案件数量占比还是相对较多的，换言之，在某种意义上，中国对于国际商事仲裁需求较大；另一方面则是中国在国际仲裁领域中的话语权表现并不乐观，不管是机构管理还是中国国籍仲裁员的任命，都只有极小的发挥空间。因此，如何更好地发挥中国国内在满足涉及"一带一路"纠纷解决需求方面成为需要考虑的现实问题。

2. 官方文件对于国际商事仲裁的引导现状

截至 2016 年，"一带一路"沿线国家和地区目前共计 65 个，签订有双边投资协定的共计 56 个，未签署双边投资协定的有 13 个国家（包括文莱、东帝汶、马尔代夫、孟加拉国、不丹、阿富汗、尼泊尔、波黑、拉脱维亚、黑山、巴勒斯坦、约旦、伊拉克）。

而在已经签订的双方投资协定中，重点均在于处理缔约国之间以及缔约国与缔约另一方投资者之间的纠纷，极少有约定缔约一方投资者与缔约另一方投资者之间的争议解决方式。值得一提的是，52 份双边投资协定中，仅有中国与马来西亚的文件中提及"缔约一方投资者与投资所在缔约另一方投资者之间的争议，可以根据双方订立的仲裁条款通过国际仲裁解决"。

在其他官方性文件中，如"联合声明"等，据检索，并未在本书所讨论的国际商事仲裁可能涉及的私权纠纷中得以运用。

3. 以亚洲基础设施投资银行为代表的核心功能性机构对于国际商事仲裁的使用

在亚洲基础设施投资银行官方网站所列的申请表格及法律规章中，对于争议解决预设使用联合国贸法会规则，机构则使用 PCA 秘书处（Permanent Court of Arbitration）。其中对于开庭地点约定在海牙（"Except as the parties to such arbitration shall otherwise agree, the place of arbitration shall be The Hague"，除仲裁方另有约定，仲裁地为海牙）。[1]

此外，据我们了解，丝路基金、国家开发银行等，对于"一带一路"项

---

[1] 参见亚投行网站：https://www.aiib.org/en/projects/preparation-special-fund/index.html#form，最后访问时间：2022 年 10 月 12 日。

目中的商事纠纷也很少约定国内的仲裁机构予以解决，而更多优先选择境外的仲裁机构。中国仲裁机构有必要在充分理解争议解决需求和供给现状的基础上进行供给侧结构性改革，从而有效把握"一带一路"带来的潜在机遇。

（三）中国国内对"一带一路"争议纠纷的供给现状考察

1. 中国商事仲裁话语权不足

合理的规则是保证各国按照既定秩序进行贸易的前提。"一带一路"倡议作为我国发起的一项国家级政策，只有充分的话语权和规则制定权才能保障该倡议如预期发展，保证各个合作项目安全推进，且发生纠纷后，中国企业能够得到合理应有的权益保护。但事实上，目前很多对外投资出现法律问题后，受制于项目之初就争议解决未作选择或者未做深虑的选择其他争端解决机制，一旦引发纠纷，往往会导致对于外方规则不了解，从而造成巨额损失。国际商事仲裁作为对外经贸投资应然层面的主要争议解决方式，其发展应当受到国家层面的支持和主推。但事实上，中国国际仲裁话语权较弱，与国际老牌仲裁机构相比，国内仲裁机构在国际案件处理量上占比极少，并且也尚不具有充足的国际争端解决能力。此外，在规则研究和制定层面，也往往是尾随潮流而行，尚不能引领发展前沿、主导游戏规则的制定与解释。

同时，在国际商事仲裁领域中，仲裁地的选择往往直接决定该地域及所在国家的仲裁话语权。但实际上，中国往往很少成为国际商事仲裁案件的仲裁地选择，换言之，国际上大型企业极少将中国法作为其仲裁程序与实体的法律适用法。这也就直接导致，中国司法制度对于仲裁话语权的主导力微弱。因此，如何尽快、更好地推动国内仲裁业跻身国际水准行列，应当成为此倡议项下重点关注的问题。当下而言，这一问题也是造成目前沿线纠纷解决中最大问题之关键原因。

2. 商事仲裁过程中律师储备不够

作为法律共同体而言，除了企业应当加强对于商事仲裁以及商事调解制度的了解之外，商事仲裁律师更应当发挥代理人和领路人的作用。从目前状况看，虽然"一带一路"倡议前台业务推进快速，且收效很大，但后台保障机制却十分欠缺。对于律师人才配备而言，据2015年8月召开的全国律师工作会议的披露：目前，全国能够熟练办理涉外法律业务的律师不到3000人，能办理"双反双保"（反倾销和反补贴、保障措施和特别保障措施）业务的律师还不到50人，能够在WTO上诉机构独立办理业务的律师甚至只有数名。[1]以广州深圳为例，腾讯、华为等世界五百强企业及国内超大型重点企业林立，海外业务十分广泛。但事实上，深圳的涉外律师目前不到300人，缺口达1000多人，[2]北京、上海等一线城市情况亦然。相比之下，其他倡议沿线城市涉外律师队伍建设更加堪忧。2017年1月，司法部、外交部、商务部、原国务院法制办公室联合印发了《关于发展涉外法律服务业的意见》，[3]该意见也描述了目前存在的问题："涉外法律服务业的工作制度和机制还不完善，政策措施还不健全，中国涉外法律服务业的国际竞争力还不强，高素质涉外法律服务人才比较匮乏"。

另一个问题在于，目前国内储备的涉外律师大多具备的是英美等发达国家背景，对于"一带一路"倡议下发展中的小型国家的涉外业务而言，不管是司法制度，还是政治状况，了解知晓的律师可以说少之又少。因此，在没有高素质律师队伍的保驾护航情况下，海外投资往往风险暴露在外，更何况是在这些沿线国家之中进行资本输出。

3. 中国仲裁机构的国际公信力有待提高

对于中国商事仲裁行业发展以及中国《仲裁法》修改的研究过程中，不可回避的一个重点问题即在于仲裁机构本身的体制运行方式，这一点也直接决定中国商事仲裁机构能否值得被当事人选择。事实上，有关"民间化""去行政化"等名词近些年被大量提及，[4]虽然本书在此不就前述问题进行实质性探讨，但有关"利益之争"[5]的问题，将直接影响中国企业在对外开展投资经

---

[1] 陈宜:《"一带一路"战略下律师行业的机遇与挑战》，载《中国司法》2016年第3期。

[2] 该组数据来源于2015年8月深圳律协召开的"全国律师工作会议"学习研讨会，报道来源于沈婷婷："深圳涉外律师缺口达千人以上远远落后北京上海"，载 http://www.legaldaily.com.cn/Lawyer/content/2015-08/25/content_6236472.htm?node=32988，最后访问时间：2023年5月10日。

[3] 《建立具有国际视野的涉外法律服务队伍》，载《人民日报》2017年1月10日，第09版；"四部门印发《关于发展涉外法律服务业的意见》"，http://www.chinacourt.org/article/detail/2017/01/id/2509604.shtml，最后访问时间：2023年5月10日。

[4] 相关文献可参考：沈四宝、薛源:《论我国商事仲裁制度的定位及其改革》，载《法学》2006年第4期；陈福勇:《我国仲裁机构现状实证分析》，载《法学研究》2009年第2期；宋连斌、杨玲:《我国仲裁机构民间化的制度困境——以我国民间组织立法为背景的考察》，载《法学评论》2009年第3期；汪祖兴:《仲裁机构民间化的境遇及改革要略》，载《法学研究》2010年第1期。

[5] 陈福勇:《我国仲裁机构现状实证分析》，载《法学研究》2009年第2期。

贸活动中，多大程度上可以依赖中国仲裁机构，以及合同相对方能够在多大程度上对中国商事仲裁机构产生信任。

（四）通过供给侧结构性改革提升中国商事仲裁的竞争力

面对"走出去"企业所碰到的诸多问题以及"一带一路"倡议的特殊性，中国应当促进商事仲裁作为争议纠纷的主导处理方式。通过改革供给侧关系，改善中国商事仲裁发展中所遭遇的困境局面，提升中国仲裁的竞争力。

1. 将仲裁纳入倡议体系之中，加强仲裁在涉"一带一路"商事纠纷中的保障作用

现代商业投资贸易领域，仲裁以其专业、高效、域外执行等诸多优点受到商事主体的青睐。对于中国"走出去"的企业而言，由于资金的跨国交易性以及法律体系的差异性，因此通过传统涉及国家主权条约下的诉讼或其他争端解决协调机制很难满足现有纠纷处理需求，商事仲裁所独具的特点使其应当成为"一带一路"倡议项下主要的争议解决方式。

对此，中国政府应当强化仲裁在此之中发挥的价值作用，将其纳入体系建设一部分。在与沿线国签署合作框架或其他项目文件时，有意识地将商事仲裁，尤其是国内仲裁机构仲裁列为争议解决方式示范条款之中，以保障中国企业合理利益能及时得到法律维护。同时，还应当积极将国内仲裁机构吸收到"一带一路"体系问题研究团体之中，促进商事仲裁，特别是国内仲裁参与到该倡议推进之中，及时反馈仲裁视角下的贸易投资中存有问题的解决之道。

2. 引导中国企业和律师掌握现代商事仲裁技巧，提高对仲裁的熟知度和使用率

提高国家商事仲裁能力和水平，不仅需要有良好的仲裁业发展，同时还需要仲裁服务使用方更好地理解规则和技巧，以便其在参与国际商事仲裁过程中，能熟练运用已有规则项下仲裁措施。从该点出发，就需要国内企业，尤其是国有企业，以及争议解决律师提高仲裁能力素养，注重全队伍的法律观念培养以及法务团队的仲裁训练，不仅通过讲座、培训、模拟等方式增强对于商事仲裁的了解，更需要积极主动在合同条款中预设仲裁进行纠纷解决。如此，一旦项目合同履行出现问题，则后续即可通过实际参与仲裁进而获得实践经验。此外，依赖中国企业的资金优势，争取将仲裁条款确定为中国境内的仲裁机构，将仲裁语言确定为中文或者中英文双语，将仲裁地约定为中国大陆地区。同时，还可以将国内纠纷约定由中国仲裁机构解决，通过积攒国内仲裁案件的实践经验，培养商事仲裁思维和理念，进而逐步完善国际商事仲裁的应对方案。

3. 政府支持国内仲裁行业发展，鼓励中国仲裁机构面向国际展开合作，并提供必要的便利和优惠支持

将商事仲裁纳入该倡议体系之中，必须要求国内仲裁业积极有效发展。中国政府应当加大对于仲裁行业发展的有效支持力度，鼓励引导国内仲裁机构面向国际化发展：一方面，应当积极促使中国仲裁机构多参与、多组织国际性会议和研究，在国际层面寻求与知名仲裁机构的相互合作和资源共享，通过增强国际活跃度和知名度，从而提升中国仲裁的话语权和主导权。在此方面，国内部分仲裁机构目前国际仲裁一线场合已经较为活跃，国际商事仲裁理事会（ICCA）、亚太区域仲裁组织（APRAG）等国际大型会议也都出现了国内仲裁机构身影，同时，国内仲裁机构与国外机构之间合作也日渐频繁，如与沿线仲裁机构发起设立"'一带一路'仲裁行动计划"[1]等。

另一方面，应当在该倡议项下为仲裁机构对外合作和交流提供必要的税收支持和便利的外事流程审批。目前，由于国内仲裁机构的独特性质定位以及当前我国政策形势下，使得国内仲裁机构参与国际活动受到一定阻力。在这一方面，相关衔接政府部门应当结合仲裁所应具有的国际化特点，为仲裁机构相关审批手续提供便利通道和简化式审查。

4. 利用亚洲基础设施投资银行等机构的资本优势，争取将仲裁地放置于中国城市

在国际贸易关系之中，规则制定和话语主导至关重要。合理的规则是保证各国开展合作、互利共赢的贸易的前提。而在此方面，中国一直未能占据较强的主导和解释地位。事实上，"一带一路"倡议的推进就是中国与其他国家、地区组织制造新规则的过程。在此之中，从争议解决层面而言，能否在一开始就主导规则直接关系中国企业在投资后端是否能更为妥善处理纠纷、及时收回资本。

国际仲裁中，话语权具体表现为国际商事仲裁案件的仲裁地选择。仲裁

---

[1] 北京仲裁委员会："深入探索仲裁机构联结机制，共同构筑'一带一路'仲裁大厦——'一带一路'仲裁行动计划成立仪式暨马来西亚、埃及投资环境与争议解决研讨在北仲成功举办"，http://www.bjac.org.cn/news/view?id=2964，最后访问时间：2023年5月10日。

地对于国际仲裁而言，一般有如下四个方面的作用：其一，确定仲裁程序的适用；其二，在没有特殊约定的情况下，仲裁实体法和冲突法的适用（如仲裁协议效力的认定、仲裁员资质、仲裁的程序等）；其三，仲裁裁决地的确定；其四，仲裁地司法体系（如法院）对仲裁的影响（如管辖权异议的裁定、组成仲裁庭、紧急措施、裁决的撤销等）。综合前述四个方面，可以简单地说，仲裁地的意义即在于确定仲裁案件及仲裁裁决的"国籍"。作为"一带一路"倡议的主导和投资输出方，中国所具有的诸如为《纽约公约》缔约国、最高人民法院对于仲裁的支持力度、法治化建设及仲裁法体系的完善、司法审查的克制态度、仲裁人才的储量、交通位置便捷等有利因素，都决定了中国能够成为沿线商事仲裁的最佳仲裁地。在此基础上，如果中国能够成为大量沿线仲裁案件的仲裁地，不仅可以大大节约中国企业参与仲裁的成本（如语言沟通、交通住宿、文化习惯、法律障碍等），而且有利于更多中国仲裁人才（如仲裁员、代理律师等）参与进来，增加中国法律人才的业务机会，促进中国仲裁水平的提高，进而提高中国当事方的胜诉率，提高全球环境下的中国国际商事仲裁的话语权。中国作为"一带一路"倡议下最大的资本输出国，同时也发起设立了亚洲基础设施投资银行机制，因此，可以充分利用资本优势，发挥亚洲基础设施投资银行的决定作用，将争端解决条款的确定权留在中国企业和机构，合适情况下将仲裁地放置于中国，选择中国仲裁机构。

5、适时修改《仲裁法》，明确仲裁机构定位与性质，并合理搭建"一带一路"商事仲裁协同机制

中国仲裁行业自《仲裁法》施行以来，已经积攒了二十多年的经验。同时，在目前社会发展过程中，当事人对于仲裁机构的独立性、特殊仲裁程序的需求越发强烈，因此，有必要适时启动《仲裁法》的修订。此外，在构建"一带一路"商事仲裁机制的过程中，尤为需要注意构建统一的"'一带一路'仲裁中心"。

从目前情况来看，对于"一带一路"商事仲裁机制的构建，存在如下两种主要意见：其一，全新设立"'一带一路'仲裁中心"；其二，以原有仲裁机构为发展平台进行发展。本书认为后者的效果将远远优于前者。事实上，供给侧结构性改革重心在于改革，而并非在于创造新的供给。是否创建新的"'一带一路'仲裁中心"，其本质在于利益的衡量以及相应边际效率的考核：一方面，放弃现有中国商事仲裁机构积攒的公信力，而再去发展新的仲裁机构，势必事倍功半；另一方面，利益博弈过程中也会产生巨大的成本损耗，协调现有机构的立场、搭建新机构的运行机制与规则等，都会造成相应的投入无法得到足额的产出。因此，必须要清醒地认识到组建统一的机构需要慎重考量。对于后者而言，在现有仲裁机构的平台基础上，采取本书前述改良方案，并促进形成优良的仲裁联盟，共享仲裁资源，将会大大促进现有中国商事仲裁市场满足"一带一路"中争议解决的需求。

商事仲裁是现阶段解决国际商事纠纷的最有效手段，进一步推动中国仲裁国际化和供给侧结构性改革是"走出去"战略的必然导向。因此，中国应当发挥资本输出方优势，尽快掌握合作过程中的仲裁话语权，以"仲裁输出"，推进"规则输出"，促进"商品和投资输出"：在短时间内，尽可能将投资贸易合同在国内进行仲裁，以国内本土优势贯彻有效保护；长远来看，应当在合适的时机扩大争议解决方式，成立具有联合性质的国际仲裁联盟，制定我国能够参与、主导意见的统一区域内仲裁规则体系，以仲裁网络形式涵盖该倡议项下沿线国贸易，从而达到域外仲裁中中国企业也不受域外语言、法律环境等较为陌生因素的干扰。总之，强化中国在商事仲裁中的主导地位就是在纠纷处理上充分保护中国企业的合理利益，届时，也才能多建立几个真正意义上的"国际商事仲裁中心"。

六、构建综合、公正、高效的"一带一路"争端解决体系

"一带一路"倡议辐射了65个沿线国家和地区，这些国家有着不同的宗教或意识形态、不同的文化背景、不同的政治体制，经济发展水平和法治化水平也高低不一，使得地缘关系异常复杂。无论是政治解决、司法解决还是民间解决，都只是解决争端的一种机制，面对"一带一路"倡议复杂的国际环境所带来的贸易争端，其都显得力不从心。"单矢易断，众矢难折"，只有构建系统化的争端解决体系，做好事前的纠纷预防，完善事中的争端解决机制，事后积极总结经验，做好机构配套、提升专业服务，才能真正做到综合、公正、高效地解决争端，更好地推进同有关国家和地区多领域互利共赢的务实合作，打造陆海内外联动、东西双向开放的全面开放新格局。

本部分内容分为四个方面：第一，提出了我国应从政府和民间两个层面入手，建构更加完善的纠纷预防机制；第二，提出我们应该注重国际争端解决机制的多元化，更加重视替代性纠纷解决机制的运用，以便应对"一带一路"倡议复杂的国际环境；第三，提出应注重争端解决机制的体系化，处理好

政治性和司法性、国际化和本土化之间的关系，做好不同争端解决方式之间的衔接；第四，提出除了完善的争端解决机制，"一带一路"倡议需要一个强有力的争端管理常设机构和相对可靠的法律服务人才储备，这是争端解决机制落实的重要保证，只有实现了争端解决机构、机制、人才等要素的有机配合，才有可能真正实现构建综合、公正、高效的"一带一路"争端解决体系的目标。

（一）建构更加完善的纠纷预防机制

建构更加完善的纠纷预防机制，防患于未然，有助于最大限度地保障和促进"一带一路"沿线各国的利益，改善国际贸易环境，拓展"一带一路"的纵深。在这一方面我们可以借鉴相关的国际经验，如联合国贸易和发展会议（UNCTAD）对争议预防政策（Dispute Prevention Polices，DPPs）所做的研究。[1] 我们应当在借鉴经验的基础上，结合"一带一路"倡议自身的特点，为建构更加完善的纠纷预防机制建言献策。

1. 政府层面

（1）建立多层次的信息共享机制

首先，要完善国内各级政府机关之间的信息共享机制。这样做一是要降低政府因疏忽而违反国际法律义务的风险，二是要保证各级政府能够切实履行国际法律义务，三是要帮助各级政府适应国际条约的相关惯例。从比较的视野来看，埃及政府设立了"投资条约专家"（Investment Treaty Savvy）一职以促进各级政府之间的信息共享，韩国司法部也采取了积极主动的措施以增进各级政府机关对投资者—国家争端解决机制（Investor-State Dispute Settlement，ISDS）的了解。[2] 出于专业、高效的考虑，我国可以新设政府间信息共享机构，若能达到较好的效果，对"一带一路"沿线各国也能起到良好的示范作用。

其次，要完善各国政府机关之间的信息共享机制。泰国在投资者—国家争端解决机制的基础上，建立了一套相对完善的国际磋商机制，促进了与他

---

[1] 投资者—国家争端，"Investor-State Disputes: Preventionand Alternativesto Arbitration, http://unctad.org/en/docs/webdiaeia20108_en.pdf，最后访问时间：2023年4月8日。

[2] 参见 https://unctad.org/system/files/official-document/diaeia200911_en.pdf。

国之间的信息共享，值得我们借鉴。[1]

最后，要加强母国与投资者、东道国与投资者之间的信息共享机制。"一带一路"沿线各国可以设立相应的信息共享机构，一方面是向投资者宣传相关的国际法律知识和本国的对外政策，另一方面可以从投资者处得到及时的信息反馈，了解投资者的具体动态，以便为采取进一步的措施做好准备。我国政府应该采取措施为海外投资者提供顺畅的信息渠道，尽快建立海外投资争端风险预警机制，为海外投资者提供咨询服务；中国驻外使领馆应加强对各驻在国投资法规及政策的调查研究报告制度，并建立电子通信传播网。

（2）建立早期预警机制

只做好信息之间的共享是不够的，"一带一路"沿线各国还要对收集到的信息加以认真分析，建立早期预警机制，以确保将矛盾控制在一定的限度内，不使其恶化为争端。这就需要各国建立相应的早期预警机构，以期尽可能早地察觉风险，在给投资者造成实际损害之前解决问题。

早期预警机制是与信息共享机制相结合的，对于与各国利益切身相关的预警信息，可以通过信息共享网络进行共享，避免出现危机蔓延或者爆发国际危机的情况。

（3）建立统一的领导机构

如果在信息共享机制和早期预警机制的基础上更进一步，建立统一的领导机构，便能大大提高信息交换和预警的效率，更好地保护各国的利益。举例而言，一些拉丁美洲国家与部分北美国家之间便有这样的政府建立的统一领导机构（Lead Government Agency），大大促进了条约履行方面的国际合作，有效规避了国际违约风险。[2] 但是鉴于"一带一路"沿线各国数量之多、地缘环境之复杂，要想建立统一的领导机构，有相当大的难度。

我们可以在完善本国纠纷预防机制的同时，利用现有的平台（如亚洲基础设施投资银行），推动"一带一路"沿线各国在纠纷预防方面的合作。

2. 民间层面

建构更加完善的纠纷预防机制，无疑需要各国政府的政策支持，但投资者也需要修炼内功，做好涉外事项的风险管理，二者相互配合，才能够真正

---

[1] https://unctad.org/system/files/official-document/diaeia200911_en.pdf。

[2] https://unctad.org/system/files/official-document/diaeia200911_en.pdf。

起到预防纠纷的作用。本书认为，可以从以下三个方面入手：

（1）转变认识，理解争议解决条款的重要性

虽然中国已经逐渐由资本输入国转变为资本输出国，但是许多中国投资者仍缺乏相关经验，表现之一便是不了解争议条款的重要意义和作用，没有意识到争议条款的设计本身便起着预防风险的作用。许多中国企业对争议解决方式的选择、仲裁机构的选择等具体事项没有足够的研究，事后只能吃哑巴亏。有鉴于此，我国投资者需要充分认识争议解决条款的重要性，进一步压缩争议产生的空间。

第一，不要习惯性地接受外方提供的格式条款。我国投资者在审查合同时要注意其合并的其他格式合同、术语、条款中是否有仲裁条款，对中方有何利弊，避免因不慎而被迫采用海外仲裁争议条款的情况。[1]

第二，要意识到选择国外仲裁的风险性。选择国外仲裁，基本上相当于使仲裁地、仲裁规则、仲裁员、仲裁费用等重要事项都沦为不可控的因素，而且争议解决的时间周期长，增加了投资者解决争议的成本。

（2）公司内部需制定明确的纠纷预防政策

在理解争议解决条款重要性的基础之上，我国投资者需要加强对各种争端解决方式的研究，在对各种争端解决方式进行分析、比较甚至试错的基础上，制定明确的纠纷预防政策，以供公司相关人员参考，使公司上下对此有明确、统一的认识，并在谈判时加以运用。

如果条件允许（如大的集团公司），可以将分公司和子公司的案件集中在一个或几个渠道解决，有利于对争议解决方式的知识和经验的积累，进而提高纠纷预防水平，在无形中获得比较优势。

（3）强化争议预防培训，培养人才

由于纠纷预防是专业化程度较高的工作，要想达到好的效果，还需要具有相应知识的专业人才。调查显示，大部分公司的法务人员表示有必要进一步对法务人员进行关于国际仲裁或争议预防与解决方面的培训。[2]

除了培育专业的法律人才，对业务人员也要进行一定的培训，一是因为业务人员要参与争议预防的工作流程，如关键往来文件的保存和交接工作；二

---

[1] 比如，我国企业在海事、粮食贸易中经常使用外国行业协会、商会提供的标准合同条款，而这些标准合同中往往合并有海外仲裁（主要是伦敦仲裁）的争议解决条款。（陈福勇：《我国企业涉外解决风险管理现状分析》，载《北京仲裁》2011年第4期。）

[2] 陈福勇：《我国企业涉外解决风险管理现状分析》，载《北京仲裁》2011年第4期。

是因为假如矛盾恶化为争议，业务人员可能需要出席法庭或者仲裁庭接受交叉询问。

（二）更加重视替代性纠纷解决机制的运用

替代性纠纷解决机制是"一带一路"争端解决体系的有机组成部分，最高人民法院提出要发挥各种纠纷解决方式在解决涉"一带一路"争议争端中的优势，进一步推动完善商事调解、仲裁调解、人民调解、行政调解、行业调解、司法调解联动工作体系，不断满足中外当事人纠纷解决的多元需求。[1] 只有更加重视替代性纠纷解决机制的运用，做到国际争端解决机制的多元化，才能应对"一带一路"倡议的复杂情况，综合、公正、高效地解决争端。

1. 重视替代性纠纷解决机制的必要性分析

（1）司法解决具有一定的缺陷

司法解决指的是将国际争端提交到法院，法院通过司法程序解决争端的方式，分为两类：一是国际司法解决，即将争端提交国际法院裁决；二是将争端交给各国法院裁决，包括东道国法院、母国法院和其他国家法院。虽然司法解决具有客观性、公正性、约束性与可预见性，且具有强制执行力，但由于其本身固有的特性和制度设计而具有一定的缺陷，主要有以下三点：

首先，由于司法具有较强的国家主权特征，而"一带一路"倡议沿线国家多为发展中国家，大多具有强烈的主权意识，因此，无论是国际司法还是国家司法，在解决"一带一路"相关争端上都会受到较大阻碍，无法扮演国际争端主要解决方式的角色。就国际法院而言，其把当事人限定为国家，这就使得受案范围大大减少，而且由于国际法院管辖需要争端双方国家自愿，各国在遇到争端时，基于主权、利益的考量而不愿意提交到国际法院，受案范围进一步限缩了。就国内法院而言，无论是东道国还是母国都希望争端能够在本国司法系统内诉讼解决，但在管辖权确定上又有属地管辖、属人管辖和普遍管辖等，会产生管辖权的冲突，争端双方就管辖权往往很难达成一致意见，而其他国家法院管辖又以争端双方的同意为前提，因此国家司法方式在解决国际争端上大打折扣，作用比较有限。

其次，司法解决模式还限制了沿线各国调整政策的空间。由于司法机关

---

[1]《最高人民法院关于人民法院为"一带一路"建设提供司法服务和保障的若干意见》第11条。

依事先确定的程序性规则审理争议案件,这些程序性规则一旦确定,一般不会改变,灵活性较差;司法机关所作出的裁决是刚性裁决,压缩了各国通过政策调整解决争端的空间,[1]如果裁决不注重平衡各方的利益,给败诉国以及其他有关国家的重大利益带来损害,还会损害各国之间的睦邻友好关系,不利于"一带一路"倡议的纵深发展。

最后,司法解决审理周期长、诉讼成本高、保密性差。以解决国际投资争端中心的仲裁为例,通常要耗时数年,有的甚至长达十年,[2]这对于国际商事交易来说,一方面,其所耗费的成本实在是太高了,最终的结果可能是双方当事人两败俱伤;另一方面,由于司法解决不重视纠纷主体的信息保密,进一步打压了争议当事人选择司法解决模式的积极性。

(2)替代性纠纷解决机制具有较大的应用价值

相比于司法解决模式,替代性纠纷解决机制具有以下几点优势:[3]

第一,自主性强。是否采用替代性纠纷解决机制、采用何种替代性纠纷解决机制,都是通过当事人之间的合意确定的,充分尊重当事人的意思自治。

第二,灵活性强。首先,不像司法解决必须采用既定的程序和步骤,替代性纠纷解决机制的当事人可以自行确定更加便捷、高效的程序;其次,双方当事人可以在合意的基础上选择中立第三方对纠纷进行评判,纠纷解决的主题更加广泛、灵活;最后,替代性纠纷解决机制可以根据双方当事人的请求,在有利于双方根本利益的原则下灵活把握争议问题的范围,有助于更深入地解决争端。

第三,更加便捷。替代性纠纷解决机制费用更低,双方当事人能够自主选择程序,更为省时高效。

第四,对抗性较弱。与司法解决过程中双方当事人剑拔弩张的情况不同,在替代性纠纷解决机制中,气氛相对和缓,有助于以和平互利的方式达成妥协,解决争端,维护双方的持久合作。在"一带一路"地缘政治异常复杂的情况下,较为和缓的气氛显然有助于"一带一路"沿线各国的睦邻友好、通力合作。

第五,保密性强。除非当事人另有约定,替代性纠纷解决机制均遵循保

---

[1] 钟立国:《论区域贸易协定争端解决机制的模式及其选择》,载《法学评论》2012年第3期。
[2] 徐霖:《论ADR在国际投资争端解决机制中的应用》,中国社会科学院2017年硕士学位论文。
[3] 余劲松主编:《国际经济法学》,高等教育出版社2017年版,第486页。

密原则，相关调解人员不得向外界透露案件相关信息，这是商事纠纷当事人选择替代性纠纷解决机制的重要原因。

当然，这并不是说替代性纠纷解决机制没有缺点，上述特点既是优势，也是缺点，实践中可能会出现当事方只考量自身利益，而拖延纠纷解决的程序和时间，拒绝及时有效地达成纠纷解决方案的情况；[1]此外，由于替代性纠纷解决机制不具有强制效力，若其中一方拒绝履行纠纷解决方案，则只能付诸进一步的仲裁或者是诉讼。但总的来说，在司法解决模式受地缘环境掣肘、应用不足的情况下，替代性纠纷解决机制仍有其现实必要性，我们应更加重视替代性纠纷解决机制的运用。

2. 更多地运用替代性纠纷解决机制的方案设想

加强替代性纠纷解决机制的运用是一个系统性的工程，我们可以借鉴相关的国际经验，在结合"一带一路"倡议特点的基础上，从加强替代性纠纷解决机制自身的机制建设、加强国际合作以推动机制发展、做好引导和保障工作三个方面入手。

（1）加强替代性纠纷解决机制自身的机制建设

虽然替代性纠纷解决机制符合"一带一路"倡议发展的需要，然而其目前仍处于相对滞后的状态，在实践中运用零散无序，无法系统化地为我国企业解决与东道国投资争议提供保障。[2]应该从以下两个方面入手，加强替代性纠纷解决机制自身的机制建设。

首先，从制度层面入手，在相关法律规范或者公约中明确替代性纠纷解决机制，明确其合法性。《联合国国际贸易法委员会国际商事调解示范法》对调解的程序、信息的披露、诉诸仲裁或诉讼的条件等有关事项作出了明确规定，[3]我国对于这些现有的替代性纠纷解决机制文本可以加以借鉴。

其次，从实践层面入手，为替代性纠纷解决机制设置配套的组织，如设立专门的替代性纠纷解决机制组织，促进产业化发展。在美国，替代性纠纷解决已成为一种产业，这不仅为争端的解决提供了新的路径，还通过争端的

---

1 余劲松主编：《国际经济法学》，高等教育出版社2017年版，第486页。
2 漆彤、鲍怡婕：《"一带一路"投资争议处理体系的构建》，载《人民法治》2017年第2期。
3 参见联合国国际贸易法委员会国际商事调解示范法："UNCITRAL Model Law on International Commercial Conciliation（2002）"，http：//www.uncitral.org/uncitral/en/uncitral_texts/arbitration/2002Model_conciliation_status.html，最后访问时间：2023年6月10日。

解决创造了新的社会效益。[1] 我国可以借鉴相关经验，通过政策激励，加强对替代性纠纷解决组织规则的研究，鼓励替代性纠纷解决的产业化发展，培育相关的专业人才。

（2）加强国际合作，推动替代性纠纷解决机制谈判

要想在"一带一路"倡议中推动替代性纠纷解决机制的运行，沿线各国政府的积极配合是必不可少的，仅凭少数国家单方面的意愿，难以实现信息交流与风险互控。我国应当推动"一带一路"倡议沿线国家间的替代性纠纷解决机制谈判，或者更进一步，考虑联合"一带一路"沿线国家，通过公约的形式建立专门的"一带一路"争端解决机构，将专门的"一带一路"争端解决机制制度化，扩大替代性纠纷解决机制的适用范围。

由于"一带一路"沿线复杂的地缘环境，要在短时间内建立专门的"一带一路"争端解决机构有一定的难度。就短期而言，我国可以与"一带一路"沿线国家签订更多的双/多边合作条约，推动具有"一带一路"特色的替代性纠纷解决机制的构建，将中国的国际合作理念物化到实体规则之中。

（3）做好替代性纠纷解决机制的引导和保障工作

由于替代性纠纷解决机制稳定性较差，具有较高的灵活性，这就使得缺乏经验的当事人难以选择合适的解决纠纷方式，并承担处理结果不稳定的风险。有鉴于此，我国政府应该建立完善的引导和保障制度，做好社会宣传以及政策指导工作，鼓励争议当事人主动采用替代性纠纷解决机制的方式。如果有条件的话，还可以考虑在政府机关内部设立替代性纠纷解决机构，从而更好地起到引导作用。

（三）不同争端解决方式之间的衔接

鉴于"一带一路"倡议沿线各国在文化、政治体制、法治化水平和经济发展水平上存在较大的差别，单一的争端解决方式无法满足需求，不利于"一带一路"倡议的贯彻落实和合作共同体的长久发展。综合不同的争端解决方式，做好不同争端解决方式之间的有机衔接，自是题中应有之义。本书认为，应该在处理好政治性和司法性、国际化和本土化关系的基础上，根据争端类型的不同，设置不同的衔接方式。

---

[1] 徐霖：《论 ADR 在国际投资争端解决机制中的应用》，中国社会科学院 2017 年硕士学位论文。

1. 处理好政治性和司法性的关系

（1）发展中国家和发达国家在选择上的一般规律

发展中国家和发达国家在政治性和司法性的选择上体现出不同的倾向性：发展中国家更易于采取政治性手段，发达国家更倾向于采取司法性手段。这主要是因为：

第一，发展中国家往往是作为吸资国，担心会因对国际法律不熟悉而导致权益被侵害，政治性手段更为灵活，更能守住底线，有利于维护自身主权。

第二，发展中国家法律制度发展相对落后，缺乏国际司法解决争端的经验和能力；而发达国家的法律制度经历了较长时间的发展、完备，具有较为深厚的法律传统，传统的争端解决方式是在发达国家主导下制定的，具有相对优势。

（2）如何处理好政治性和司法性的关系

司法化，是当前国际争端解决机制的发展方向，纯粹的政治型争端解决机制越来越没有市场，如WTO机制虽强调磋商的作用，但也在不断趋向司法机制的改革。但司法型的争端解决机制也存在以下两个问题：其一，需缔约国让渡主权，对区域一体化要求比较高，并不适合"一带一路"倡议下的共同体；其二，争端解决方式单一，不符合争端解决的灵活性、多元性的要求。

当前，政治性和司法性的融合是国际争端解决机制的主流形态。有观点认为，政治争端只能用政治手段来解决，法律争端只能用法律手段来解决，而国际贸易争端原则上应属于法律争端。[1]但事实上，政治争端和法律争端并不如楚河汉界一般分明，国际法院在其判例中明确指出，根本就不存在政治问题的法律原则，所有的国际争端都含有政治因素，所以，不能在解决国际争端中将政治和法律简单地剥离开。[2]总体而言，在构建"一带一路"倡议下的争端解决机制时，应该将政治性手段与司法性手段相结合。

从"一带一路"倡议出发，在制度构建上需对"政治与司法相结合型"争端解决机制做一定的修正：

第一，在该模式下，磋商等只是强制性手段，重点在司法性手段，但在

---

[1] 潘俊武：《解析国际争端解决机制及其发展前景》，载《法律科学（西北政法大学学报）》2009年第4期。

[2] 潘俊武：《解析国际争端解决机制及其发展前景》，载《法律科学（西北政法大学学报）》2009年第4期。

"一带一路"倡议下，要加大磋商等政治性的作用。首先，"一带一路"沿线国家基本上都是发展中国家，要适当考虑这些国家的心理需求；其次，从"一带一路"倡议目标看，我们还停留在取消各种贸易和投资壁垒的畅通贸易阶段，沿线各国有着不同的宗教或意识形态、不同的文化背景、不同的政治体制，经济发展水平和法治化水平也高低不一，地缘关系复杂，在此情况下，运用政治手段可能会更快捷、更有针对性地解决纠纷。

第二，对于涉及败诉国以及其他有关国家重大利益的政治性国际争端，如果当事国执意要将此类争端诉诸国际裁判机构，那么国际裁判机构应保持司法克制，尽量避免直接对其中的敏感性问题作出刚性裁决；如果国际裁判机构不得不作出裁决，那么也应发挥司法能动性，注意平衡各方的利益，防止裁判的结果给败诉国以及其他有关国家的重大利益带来损害。[1]

2. 处理好国际化和本土化的关系

（1）资本输出国和资本输入国在选择上的一般规律

在选择何种方式解决国际投资争端这一问题上，资本输出国与资本输入国站在各自立场分别主张不同的解决方式。

（2）如何处理好国际化和本土化的关系

国际化是当前国际争端解决机制的发展方向，国际争端本身就具有国际性，超越东道国和母国的国际争端解决组织，中立性更强，一定程度上还能克服弱势国家在政治博弈中的劣势和不确定性，因此，国际化还是发展中国家的一种发展战略。包括国际仲裁、国际调解和国际专家组在内的国际化的争端解决方式，必然要发挥重要作用。

但鉴于"一带一路"倡议复杂的地缘关系，还应多加考虑资本输入国的需求。这当然不是提倡纯粹东道国救济的卡尔沃主义，而是提倡结合东道国救济架构国际争端解决机制，赋予争端方对于东道国救济和国际仲裁/调解等自由选择权，总体而言，在构建"一带一路"倡议下的争端解决机制时，应该将国际化与本土化相结合。可考虑通过具体的制度设计，实现保障投资者和东道国利益保护之间的平衡，如可规定优先东道国救济，但设定较为宽泛的东道国不具备救济条件的内容，进而以国际仲裁/调解和国际法院衔接。

---

[1] 徐崇利：《"政治性国际贸易争端"的裁判解决》，载《法商研究》2009 年第 3 期。

但在确定国际仲裁等管辖权时，需要双方同意，不可由投资者单方启动。

3. 争端解决方式的衔接模式

（1）国家之间的争端

对于国家之间的争端，可以考虑采取"政治磋商＋国际调解＋国际司法/准司法"的模式。国家间投资争端主要有两种情况：一种是国家之间由于条约的解释所产生争端，它是由国家条约义务直接产生的；另一种则是资本输出国行使外交保护权或代位求偿权的结果，是由东道国与海外投资者争端转化而来的。对于国家之间的投资争端等，主要是采取政治协商的方式沟通、解决，这是对各国主权的最大尊重。

如果政治磋商确实不能达成一致，在双方同意的情况下，可提交国际调解，若任何一方表示放弃调解，则调解程序终结。

在双方同意的情况下，可选择提交国际司法或准司法机构解决，这里的准司法机构包括 WTO 专家组机制、可受理国家间争端的国际仲裁机构或者未来"一带一路"框架下设立的仲裁机构等。出于对国家主权的尊重，不可过度追求争端解决的强制性和终局性，我国在国际法院强制管辖上签订了保留条款，应充分相信、调动双方基于最大限度地保护自身利益的解决争端的积极性。

（2）国家和他国投资者之间的争端

对于国家和他国投资者之间的争端，可以考虑采取"磋商前置＋调解＋东道国救济或仲裁（双方同意）＋外交保护"的模式。这是研究"一带一路"倡议下争端解决机制的重中之重，应在充分调研的基础上做系统、全面的构建。对此部分争端应做广泛意义上的界定，传统的包括投资者与东道国之间因为征收、国有化等发生的争端，另外包括投资者参与政府采购项目或国有经济项目而产生的争端，都可以纳入此类争端中。对此，初步建议采取"磋商前置＋调解＋东道国救济或仲裁（双方同意）＋外交保护"的争端解决机制。具体言之，当海外投资者与东道国发生纠纷时，双方要尽量通过沟通、协商和互相妥协等一切和平方式解决，在此过程中可引入调解主体，增进沟通的有效性。

如磋商未达到预期，可以提交国际调解机构调解，但当一方明确表示放弃调解，调解程序即告终结。争端的双方可以自由选择东道国救济或者国际仲裁等，原则上建议优先选择东道国救济，这也是符合现实的：一方面，如果东道国是发达国家，法律制度比较健全，东道国司法救济对于公正地解决纠纷有一定的预期；另一方面，如果东道国是发展中国家，则充分考虑了东道国的主权心理需求，同时扩大排除东道国救济的情形，可以采取明确、细化列举的方式，如不具备某一类型的法规或某法律没有采取某原则等。

如果争端方选择了东道国救济，那么在穷尽所有救济的情况下，母国可以采取外交保护作为最后的保障，尤其是在劳工、环境等问题的争端上要强调外交保护的作用。如果争端方选择了国际仲裁，那么可以基于双边投资协定接受解决国际投资争端中心管辖，遵循其仲裁规则，也可提交未来"一带一路"框架下设立的仲裁机构。

（3）不同国籍投资者之间的争端

对于不同国籍投资者之间的争端，可以考虑采取"约定＋东道国救济＋外交保护"的模式。此种争端是发生在不同国籍投资者之间的纠纷，包括母国国籍投资者与东道国国籍投资者之间的纠纷、母国国籍与母国国籍在东道国项目上的纠纷、母国国籍与非东道国的他国国籍投资者在东道国项目上的纠纷。这些投资者没有国家背景，是经济上的私主体，所以投资者之间是典型的具有涉外性质的民商事纠纷。民商事法律的帝王原则是意思自治的自由，因此，在排除母国代为投资者行使权利等特殊情形外，原则上以当事双方的约定为争端解决的依据，双方既可以约定东道国救济，也可以约定国际商事调解、还可以约定他国或国际商事仲裁。在约定不明的情况下，出于对国家主权和原始资料权益的尊重，适用东道国法律救济。在东道国法律确实不健全、不具备公正裁判的条件时，尤其是在争端涉及劳工、环境等重大利益时，母国可行使国家代位权或外交保护权。

（四）争端解决机构、机制、人才等要素的有机配合

要构建综合、公正、高效的"一带一路"争端解决体系，争端解决机构、机制、人才等要素之间的有机配合是必不可少的。强有力的争端解决机构和高素质专业人才是国际争端解决机制有效运行的保障，若没有强有力的争端管理常设机构和相对可靠的法律服务人才储备，即使争端解决机制再科学，也难以发挥定分止争、促进合作的作用，甚至会成为"空中楼阁"；相应地，若没有相对完善的争端解决机制，争端解决机构也难以发挥影响，而专业人

才则难有用武之地，二者是有机配合的关系。

1. 争端解决机构及相关人才现状

"一带一路"倡议并没有专门的争端解决机构，作为"一带一路"倡议首倡者的中国，应该担负起主导创建专门的"一带一路"争端解决机构并以此构建相应的争端解决规则的责任，中央全面深化改革委员会也于2018年1月23日通过《关于建立"一带一路"争端解决机制和机构的意见》，要求建立与争端解决机制相配套的机构，但我国在建立强有力的争端解决机构方面，经验仍然不足，有待进步。举例而言，缺乏管理争端的常设机构是中国—东盟自由贸易区的争端解决机制现实运行被架空的主要原因之一。专门的"一带一路"争端解决机构的缺乏，不利于解决区域国际投资争端、保护区域地缘性投资、优化第三方机构国际投资争端解决现状。[1]

推进"一带一路"倡议，建立健全高效纠纷解决机制，需要熟悉沿线国家人文社会、掌握东道国语言、了解当地文化、有贸易争端解决经验的复合型法律人才的参与。而在人才储备方面，由于我国法律服务事业起步晚，国际化律所数量不多，涉外法律服务人才严重缺乏。比如，虽然解决国际投资争端中心仲裁机制在我国具有较好的基础，但是我国在参与仲裁的经验上基本为零，相关的仲裁人才严重缺乏。符合条件的复合型人才过少，难以满足推行"一带一路"倡议的需求，使得建立健全高效纠纷解决机制的方案大受迟滞。

有鉴于此，我国有必要创建专门的"一带一路"争端解决机构，大力培育相关专业人才，做好人才储备工作，完善争端解决机制的配套措施。

2. 创建"一带一路"争端解决机构的方案设想

要想创建一个为"一带一路"倡议沿线国家所公认的争端解决机构，制定和缔结相应的公约是必不可少的。亚洲基础设施投资银行作为"一带一路"倡议的重要组成部分，其成员国覆盖了"一带一路"沿线国家，为公约的起草和征求意见提供了不可多得的平台。中国作为"一带一路"倡议的首倡者，可率先向亚洲基础设施投资银行行长提出设立专门的"一带一路"争端解决机构的倡议，由行长提请董事会讨论。若得到董事会的同意，即可依据亚洲

---

[1] 鲁洋：《论"一带一路"国际投资争端解决机构的创建》，载《国际法研究》2017年第4期。

基础设施投资银行的工作章程及相关规定，逐步、分批地起草、审议、修改、通过公约，建立专门的"一带一路"争端解决机构。

专门的"一带一路"争端解决机构建立的过程，实际上也是"一带一路"争端解决机制的完善过程。在"一带一路"争端解决机构的制度设计上，可以借鉴解决国际投资争端中心的相关经验，但由于"一带一路"倡议的地缘关系复杂，在公约内容的优化上还要多加考虑。对于具体的制度优化，本书有如下设想：

（1）完善信息共享与合作磋商机制

完善"一带一路"倡议沿线各国之间的信息共享机制，建立完善磋商沟通机制和快速反应通道，推动各国之间的磋商、交流以及预警信息分享，防患于未然，有助于最大限度地保障和促进"一带一路"沿线各国的利益，改善国际贸易环境，拓展"一带一路"的纵深。

（2）争端解决方式多元化

以解决国际投资争端中心为例，其只采用了调解和仲裁两种方式，[1]但在争端解决方式逐步增多以及新的争端解决方式已经得到成功运用的大背景下，理应以诉讼、仲裁与调解为中心，吸纳有益的争端解决方式，如事实调查、纯粹案件登记管理、纯粹争端解决人员指定，[2]以及临时仲裁、在线仲裁等，方便争端当事人自由选择最适合的方式。

（3）构建有特色的调解制度，并设置调解前置

"一带一路"沿线国家中东方国家占不小的比例，而调解是带有东方智慧的争端解决机制，在当前国际争端解决实践中也越来越体现出解决国际商事争端的价值，因此，"一带一路"倡议下争端解决机制的构建应赋予调解制度显著的位置，结合国际商事调解的规则和经验，在商事调解与法院判决和仲裁裁决的衔接上寻求突破，构建有"一带一路"鲜明特色的调解制度。

要想推动"一带一路"沿线各国的睦邻友好、通力合作，在争端解决上应尽可能地采取柔性规范。调解被国际社会誉为"东方瑰宝"，可以考虑设置调解前置的争端解决措施，若调解不成，当事人可以选择仲裁，将司法解决

---

[1] 《解决国家与其他国家国民之间投资争端公约》, "Convention on the Settlement of Investment Disputes Between States and Nationals of Other States", http://icsidfiles.worldbank.org/icsid/icsid/staticfiles/basicdoc/partA-preamble.htm, 最后访问时间：2023年6月10日。

[2] 鲁洋：《论"一带一路"国际投资争端解决机构的创建》，载《国际法研究》2017年第4期。

作为最后手段，形成"以仲裁为中心，以调解为优先，以司法为保障"的三位一体、优势互补模式。

（4）制定管辖权竞合时的选择使用规则

沿线各国多为发展中国家，大多有强烈的主权意识，但由于各国适用的冲突法不同，可能会出现管辖权竞合的情况，双方往往很难就管辖权问题达成一致意见，而其他国家法院管辖又以争端双方的同意为前提，这也是为何司法解决方式的作用有限。为了进一步拓宽司法解决的应用空间，提高争端解决结果的稳定性，有必要制定明确的冲突法规范，但是应该留有一定的余地，以应对"一带一路"倡议沿线复杂的国际形势。

（5）制定统一的仲裁员遴选标准和仲裁标准

许多发展中国家抱怨解决国际投资争端中心的仲裁庭倾向于作出对投资者有利的裁决，仲裁员"集团化"、缺乏独立性和中立性。有鉴于此，有必要在各国合意的基础上，制定统一的仲裁员遴选标准和仲裁标准。中国—东盟争端解决机制的仲裁规则是很好的探索和经验，但在仲裁当事人、仲裁程序、仲裁监督等方面存在不足，在借鉴的时候应多加注意。如果短期内无法形成合意，也应尽可能地争取更多国家的认可。

（6）提高仲裁的透明程度

解决国际投资争端中心以裁决不公开为原则，双方同意公开为例外，这也是仲裁的基本特征之一。但是近年来，人们日益关注国际投资争端仲裁程序之透明性，而且由于"一带一路"倡议地缘环境的复杂，过度注重不公开原则，不利于信息的共享。有鉴于此，可以在公约中规定"除非任何一方书面反对，裁决应当公开"。

（7）增设上诉机制

"一带一路"倡议辐射65个沿线国家和地区，地缘关系复杂，且这些国家对其在争端的解决上能否争取到足够利益有很强烈的担忧，而解决国际投资争端中心一裁终局制度显然难以实现"一带一路"沿线各国之间的利益平衡。有鉴于此，在创立专门的"一带一路"争端解决机构时，可以考虑增设上诉机制。

3. 做好人才的培育工作

推进"一带一路"倡议，建立健全高效纠纷解决机制，需要高素质的专业人才，本书认为可以从以下三个方面着手，推动人才的培育工作。

（1）高校方面

现有的高校人才培养模式难以为"一带一路"倡议输送足够的专业人才，[1]各高校，特别是富有实力的法学高校，应该注重人才培养模式的改革，针对"一带一路"沿线各国的不同特点增设相应的课程，培养熟悉各国政治、文化以及当地法律的综合类人才。

（2）司法机关方面

司法机关本身就聚集了大量高质量的法律人才，在专门人才的培养上具有先天优势。司法机关应加强专题、专项培训，及时制定相应的法律人才培养规划，加快专门人才队伍的建立，重点培养一批具有国际视野的外向型、通晓国际经济运行规则、掌握国际法准则、熟悉沿线国家法律法规的复合型法律人才，努力造就一批能够站在国际法律理论前沿、在国际民商事海事审判领域具有国际影响的法官，这是司法机关的职责所在。[2]

此外，司法机关还可以加强与国内法律高校的合作，建设实践基地，将更多的实习机会给予本国的法学生，给他们积累经验的机会，一旦毕业就可以正式投入工作，大大加快了人才培养的速度。

（3）行政机关方面

现在我国政府每年向"一带一路"沿线国家提供1万个政府奖学金名额，地方政府也设立了丝绸之路专项奖学金，鼓励高校的优秀学子赴"一带一路"沿线各国留学深造，[3]通过加强教育合作来促进人才培养。最后，还可以通过一定的宣传和政策引导，鼓励相关的企业和社会组织做好纠纷预防、争端解决的工作，在实践中培育出堪用之才。

习近平主席在2013年访问中亚、东南亚各国时，先后提出构建"丝绸之

---

[1] 传统法学教育体制无法适应"一带一路"人才培养需求，首先，法学教育存在学科分得过细、学科之间隔膜过深的问题，长期得不到有效解决，学刑法的不懂民法，学经济法的不懂海洋法，学国内法的不懂国际法。"一带一路"法律人才最需要的是国际法、国际经济法、国际私法的相关知识，但大部分法学院国际法专业设置的主要是英美法律体系课程，鲜有关于其他国家的法律体系的课程，小语种国家更甚；其次，法律专业外国语教育存在单一化现象，绝大部分法科学生外国语学的是英语，对于阿拉伯语、俄语、泰语等语言缺乏了解。(刘洋、姜义颖：《"一带一路"涉海高端法律人才培养研究》，载《合作经济与科技》2017年第24期。)

[2] 刘敬东：《"一带一路"建设的法治化与人民法院的职责》，载《人民法治》2015年第11期。

[3] 习近平：4年来，'一带一路'建设成果丰硕"，http://www.xinhuanet.com/world/2017-05/14/c_129604230.htm，最后访问时间2023年7月10日。

路经济带"和"21 世纪海上丝绸之路"的倡议，至今已十余年。十年来，共建"一带一路"从理念转化为行动、从愿景转变为现实，已有 150 多个国家和 30 多个国际组织加入了共建"一带一路"大家庭。2013 年至 2023 年 10 月，我国与共建国家进出口总额累计超过 21 万亿美元，对共建国家直接投资累计超过 2700 亿美元。[1] 可以说，"一带一路"倡议在古丝绸之路的基础上，将中国传统的处世之道的精髓融入当今的全球经济治理体系，努力打造人类命运共同体。然而随着"一带一路"沿线各国之间的密切交往而来的不仅有贸易，还有争端和摩擦。唯有完善争端解决体系，才能更好地推进同"一带一路"沿线各国多领域互利共赢的务实合作，改善国际贸易环境，拓展"一带一路"向纵深推进，提升参与全球经济治理能力，重塑中国在全球范围内的话语权。

"一带一路"倡议辐射了 65 个沿线国家和地区，这些国家有着不同的宗教或意识形态、不同的文化背景、不同的政治体制，经济发展水平和法治化水平也高低不一，使得地缘关系异常复杂。这也决定了我们不可能照搬照抄他国的制度，只能在对自身经验进行反思的基础之上，[2] 通过平等的协商，以动态性原则、灵活性原则、系统性原则、多元性原则为指导，建构一套"一带一路"专属的争端解决机制。

对于完善争端解决体系，本书有以下设想：

第一，尽可能地利用现有的争端解决资源。虽然现有的争端解决机制（如 WTO、ICSID）可能不一定完全适用于解决"一带一路"的争端，但是毕竟它们已具有了成熟的运作经验，在专门的"一带一路"纠纷解决机制尚未构建成功的前提下，建议暂时利用既有的争端解决机制。

第二，建立专门的"一带一路"争端解决机制。"一带一路"沿线各国可以亚洲基础设施投资银行作为平台进行磋商，在借鉴国际经验的基础上，建立专门的"一带一路"争端解决机制，完善信息共享与合作磋商、促进争端

---

[1] 国家发改委：10 年来我国与'一带一路'共建国家进出口总额累计超 21 万亿美元，https:// baijiahao.baidu.com/s?id=1783414231341306284&wfr=spider&for=pc，最后访问时间：2023 年 7 月 10 日。

[2] 我国当前国际争端解决机制主要存在以下几个问题：（1）吸资国站位的争端解决机制模式不再适应"一带一路"倡议的需求；（2）较为依赖政治性外交手段解决争端；（3）采用仲裁手段解决国际争端的经验稀缺，仲裁规则设计有缺陷；（4）私人、企业成为争端解决主体的机制存在导向偏差；（5）争端解决机制缺乏针对性，附属保留等运用不够充分；（6）国际争端解决机制中的机构配套、专业服务等方面有待提升。

解决方式的多元化、构建有特色的调解制度、制定管辖权竞合时的选择使用规则、制定统一的仲裁员遴选标准和仲裁标准、提高仲裁的透明程度、增设上诉机制。

第三，在建立了专门的机制后，还要做好衔接工作，注重柔性程序与强制程序的结合。对于国家之间的争端，可以考虑采取"政治磋商＋国际调解＋国际司法／准司法"的模式；对于国家和他国投资者之间的争端，可以考虑采取"磋商前置＋调解＋东道国救济或仲裁（双方同意）＋外交保护"的模式；对于不同国籍投资者之间的争端，可以考虑采取"约定＋东道国救济＋外交保护"的模式。

第四，建立专门的"一带一路"争端解决机构。强有力的争端管理常设机构是"一带一路"争端解决机制得以成功运行的保障，可以亚洲基础设施投资银行为平台，在"一带一路"沿线各国平等磋商的基础之上，制订公约，建立专门的"一带一路"争端解决机构。

在未来的全球经济治理体系中，中国将成为越来越重要的一员。促进各国共同发展，打造人类命运共同体，我们始终在行动。

第四编
"一带一路"倡议下法律共同体建设

一、构建"一带一路"新型法律共同体的必要性

在历史上，通过建立完善的法律制度、依靠法治手段推动社会进步的例子，比比皆是。面对复杂的社会关系，秩序的建立和秩序的维持是治理的必然要求。规则和法治既是"一带一路"走向世界的通行证，也是应对各种不确定性风险和挑战的安全阀。[1] 通过建立规则、构建法律共同体，可以保证"一带一路"的实施，达到促进国际合作、推动国际社会发展的目的。法律共同体，在内在方面，要求让规则和法治成为共同体成员之间的认同，而形成共同的利益、共同的情感及共同的追求；在外在方面，涉地缘，或以文化、意识形态、语言、宗教、种族、政治、经济、职业等社会因素为表现，使共同体保持其独立的内在资质并具备与外部社会交涉的能力。

（一）法律共同体维持秩序、推动社会进步

法律共同体自我完善、自我发展和合作发展，是推动社会进步的能量。这种例证在人类历史上、在全球范围内、在各个层次展开过，影响了人类社

---

[1] 引用自国务委员兼外交部长王毅在"一带一路"法治合作国际论坛开幕式上发表的主题演讲，参见人民网，http://world.people.com.cn/n1/2018/0705/c1002-30127279.html，最后访问时间：2023 年 7 月 10 日。

会的进步。在历史上，法律共同体以不同的面貌存在过，并且，它仍以多种面貌存在。可以预计，它将继续存在，并发展出新的形态。随着全球化和历史的推进，法治不仅局限于民族国家的统治方式，还发展出各种次国家、跨国家的形态，如次国家层次的法治、区域层次的法治（如欧盟法治）、全球层次的法治（如 WTO 法治）等。在国际、区际层面，存在不同类型的法律共同体。以是否具有创新性为标准，将它们分为一般型法律共同体和创新型法律共同体。

1. 一般型法律共同体对国际治理的积极作用

在当今社会，一方面市场全球化、科学技术推动全球化，另一方面全球性问题日益严重（如环境污染、瘟疫等），这两个方面既是全球化的驱动力，也是全球化的表现形式。[1] 在此背景下，各国经济与社会联系普遍而密切，各国间法律、社会管理体制、文化等领域相互作用，产生融合。这在客观上要求加强国际合作、妥协和协调，为政府间国际组织提供了舞台。[2] 同时，随着法治观念在全球普及，全球化进程也是国际社会从落后到发达、从蒙昧到文明、从"缺乏法治"到走向法治的过程。

国际组织是国际交往中最常见的一种法律共同体，是国家间多边合作的一种法律形式，也是一种常见的固定组织形态。它们体现了国际社会日益法治化，在全球化进程中充当了造法者、执法者、管理者或协调者的角色。尤其是政府间国际组织，是国家间多边合作的法律形式，是国际社会法治化的重要手段，推动国际社会积极发展。具体可以从以下几个方面分析：

首先，政府间国际组织通常是全球性法律原则、规则和制度的推动者、协调者或创制者。其次，国际组织一般是国际规则的组织实施者与监督者。再次，国际组织不可避免地涉及对一些国际问题的管治。

最后，解决国际争端、处理国际问题，为国际社会创造相对和平和稳定的环境。这对维持国际秩序、促进国际合作起到积极作用。虽然世界上仍有战乱，但总体上维持和平局势，没有发生世界性战争。联合国、世界贸易组织等普遍性多边组织及区域性国际组织，均设有争端解决的机制。欧洲联盟

---

[1] 饶戈平：《全球化进程中的国际组织》，北京大学出版社 2005 年版，第 24 页。
[2] 由于本子课题中的国际组织主要是指政府间国际组织，因此以下简称"国际组织"，与"政府间组织""政府间国际组织"交替使用。

在这方面已有较好的成绩。

2. 创新型法律共同体对社会的积极作用

（1）国家层面

在国家层面法律共同体的构建方面，法治推动当代中国不断前进。为解决中国香港、澳门、台湾问题，"一国两制"构想被适时地、极富创造力地提了出来。"一个国家，两种制度""港人治港""澳人治澳"、高度自治等政策，不仅解决了香港和澳门回归祖国的问题、维护祖国统一，还保证了回归后香港、澳门的地位，为香港与澳门回归后的繁荣稳定打下了基础。在法律层面，1982年12月五届全国人大五次会议通过的《中华人民共和国宪法》（以下简称《宪法》）明确规定，国家在必要时需设立特别行政区，在特别行政区内实行的制度按照具体情况由全国人民代表大会决定。《宪法》为"一国两制"在我国的实施提供了宪法性保障。"一国两制"法律化的文件还有《香港基本法》《澳门基本法》，这两个基本法分别是香港、澳门两个特别行政区的宪法性文件，对地区的运行起到了基础性作用。

香港回归中国，是中国在和平解决国际争端方面的一次成功尝试，在国际社会罕有先例可循。我国构造出创新型的法律共同体，一方面解决历史遗留问题，另一方面又将一种新的秩序通过法律确立下来。香港回归祖国二十多年来，"一国两制"和《香港基本法》在香港得到了贯彻执行。回归后，香港是亚太地区重要的国际金融中心、国际贸易中心、航运中心、自由港和国际大都市，继续保持繁荣稳定，经济、政治和社会各方面事业都获得了长足发展。

（2）区域层面

区域法律共同体具有较大的灵活性。从经济合作的紧密程度来划分，有六种合作形式：优惠贸易安排、自由贸易区、关税同盟、共同市场、经济与货币联盟、完全经济一体化。[1] 其中，具有代表性的区域合作是欧洲联盟。在区域层次法律共同体构建方面，欧盟是法律共同体的典范之一。它是一个创新型的、在人类历史上无先例可循的法律共同体。

"二战"后，欧洲独特的历史因素和地缘因素，决定后来欧洲走向一体化。1951年，法国、联邦德国、意大利、荷兰、比利时和卢森堡6国达成条

---

[1] 冯玉军：《全球化中的东亚法治：理论与实践》，中国人民大学出版社2013年版，第486页。

约，条约规定于 1952 年成立欧洲煤钢共同体。这是欧盟的起源。后来的几十年中，它逐渐演变为具有 27 个成员国，货币统一，内部商品、服务、劳动和资本流动自由，具有机构管理的高度一体化的区域合作组织。[1] 从欧洲一体化的发展进程来看，其大致可以划分为四个时期："初创时期"是以 1952 年为开端，以欧洲煤钢共同体成立为起点；"欧共体时期"以 1967 年为开端，以煤钢、原子能和经济三个共同体合并为标志；"欧盟时期"开始于 1993 年欧盟的成立，以 1993 年欧盟的成立为标志；"制宪时期"的起点为 2003 年，这一年欧盟宪法草案提交讨论。[2]

第一，"通过建立无内部边界的空间，加强经济、社会的协调发展和建立最终实行统一货币的经济货币联盟，促进成员国经济和社会的均衡发展"。为了实现这一宗旨，在法律层面，它有独立的立法功能，法律规则无须经各国批准即可生效，并在效力上，高于各成员国法律。欧盟有自身的法院，可以处理与共同体法有关的法律问题。这些独特的制度，表明欧盟的成员国国家和人民，在保持原有的国家政治形态和公民身份外，又创设了新的法律共同体。

如今，在"多强"林立的世界中，欧盟是一个独特的存在，是世界经济、政治格局中重要的一极。从 1952 年至今，欧盟成员国从初创的 6 国发展为现在的 27 国，政治和经济地位较高，国际影响力不断增加，是多极世界中重要的一极。当前，欧盟作为区域一体化最为成功的区域，在发展历程中积累了丰富的经验，但也应当看到，出现了许多难以解决的问题和矛盾。

第二，"一带一路"沿线有 65 个国家和地区，但我们认为，"一带一路"具有灵活性和开放性，只要是致力于"一带一路"发展的，都是丝路国家。各国国情、法律规定各异，甚至存在多种法律体系，要在沿线国家中建立统一的自由贸易区目前来说较为困难。国际社会已有世界贸易组织这样的经贸组织存在，因此建立较低水平的贸易投资性国际组织没有必要。"一带一路"的题中应有之义也不在于建立一个这样的组织。而"一带一路"经济贸易合作仍需要确立规则、统一标准来保驾护航，其带来的法律争端需要解决，这

---

[1] 2013 年，克罗地亚加入欧盟，欧盟的成员国也随之成为 28 个。2018 年 3 月 19 日，欧盟与英国就 2019 年 3 月英国脱离欧盟后为期两年的过渡期条款达成广泛协议。2018 年 6 月 26 日，英国女王批准英国脱欧法案，允许英国退出欧盟。7 月 12 日，英国发布脱欧白皮书。

[2] 顾颖、董联党：《欧洲一体化进程中的区域经济发展》，中国社会科学出版社 2008 年版，第 55 页。

样就形成了以法治为纽带的法律共同体。它在统一标准、确立规则、争端解决方面，同"一国两制"、欧盟等法律共同体类似，是一种创新型的法律共同体。

（二）法律共同体是建立贸易与投资法律合作机制的要求

1. 经济贸易互联互通的需要

当今世界正面临着巨大的变化，世界经济缓慢发展分化。"一带一路"促进经济要素有序自由流动，资源高效配置，市场深度融合，促进更大范围、更高水平、更深层次的区域合作，打造开放、包容、均衡、普惠的区域经济合作架构，[1]以基础设施建设为优先领域，推进骨干通道建设，加强技术标准对接，形成连接亚洲各区域、连接亚欧非的基础设施网络。但是在许多国家，贸易保护主义思想卷土重来。但应当看到，贸易保护主义仅是当前国际投资贸易格局和多边投资贸易规则酝酿调整在局部地区的表现。我国是全球化的受益国家，我国的改革开放已经进入深水区，这些因素都决定，我国应顺应全球化的趋势，继续坚持多边主义，在法治道路上研究投资贸易便利化问题，同沿线国家和地区建设自由贸易区，激发释放合作潜力，做大做好合作"蛋糕"。其中有关贸易和投资的国际合作，必不可少的是走法治的途径。

2. 服务中国经济发展需要

在经济全球化影响下，中国与世界已经建立了广泛的联系。与中国崛起伴随而来的是，外部世界对中国充满了提防与不信任，中国与外部世界存在着政治上、价值上的矛盾。中国民主法制不断进步，法治建设取得了巨大成就，而西方国家却始终以自己的价值观为标准屡屡对中国进行攻击。中国要在全球化进程中发挥更大作用，与外部世界建立有效和互动的、相互认同的法律价值关系是重要的且必要的。

中国企业在走出去和国际化过程中，面临着越来越大的商业风险、政治风险和法律风险，随着"一带一路"不断深化，中国企业涉及的跨境商事纠纷日益增加。搭建起双边或多边的条约和约定，推动"一带一路"区域合作的法律框架，确立行为准则，提供争端解决途径，有利于维护我国企业利益，

---

[1]《推动共建丝绸之路经济带和21世纪海上丝绸之路的愿景与行动》。

服务于我国企业走出去的需要。

（三）法律共同体是解决"一带一路"法律冲突的需要

"一带一路"沿线国家的国家体制、法律制度、法律文化存在较大差别，法治化水平差异明显，有的国家法治化程度较高，如新加坡，而有的国家法治化程度较低，国内执法环境较差。国家间的法律冲突是我国"一带一路"地区法治建设必须要面临的问题。

"一带一路"法律冲突可以分为两类：一是不同国家间国内法的冲突；二是双边条约与多边条约之间的冲突，条约之间的冲突。国家主要通过订立条约来调整关系，条约订立的先后时间、缔约国不同，条约有时会存在冲突。

法律合作和互联互通是"一带一路"的重要一环。"一带一路"沿线包括亚、欧、非等众多国家，各国的法治水平差异大，法律体系也存在诸多方面的不同，包括在文化传统方面。构建良好的法治环境，形成秩序以及约定共识，已经成为"一带一路"参与各方的共同利益诉求和现实关切。

从"法律全球化"的角度说，全球化将对人类社会生活、社会关系、社会制度、社会行为、社会观念的各个方面产生革命性的冲击。

从共通法理论、法律发展的视角看，商人习惯法、商事惯例具有灵活性，能适应环境的变化。商人习惯法和商事惯例，是在市民社会和商贸往来的基础上，自发形成的。表现形式为原则、劝导、建议等。它是一种软法，没有强制性。但是，在实践中，它却有着巨大的协调性，同时具有稳定性，是国家间达成条约、进行合作的基础。[1]

（四）法律共同体有助于提高中国话语权

1. "一带一路"需要健康的话语

话语能够影响政策和行动的实际效果。一个国家需要健康的话语，一项政策、倡议和行动均需要健康的话语。[2] 话语权并不意味着要称霸世界，而是积极地影响世界。健康的话语有利于推进"一带一路"倡议，既有利于推进中国与沿线国家相互关系，也有利于消除相互之间的隔阂和误会，还有利于

---

[1] 《推动共建丝绸之路经济带和21世纪海上丝绸之路的愿景与行动》。
[2] 胡键：《"一带一路"健康话语的构建》，"一带一路"百人论坛。

促进沿线国家的项目合作。[1] 顺应国际性价值推崇的公共产品、国际话语、制度规则和合作平台，生成了具有引领性的国际制度性话语权与强大的软实力。话语作为国家软实力的一种，是一个国家重要的实力。[2] "一带一路"推进欧亚非沿线"五通"，构建与维护沿线"命运共同体"的战略目标，构成了具有东方特质的政治、经济战略环境，同时也构成了软实力构建的文化环境。[3]

新型法律共同体对于国家而言，是一种现实的至关重要的国家利益。如前所述，政府间国际组织是国家间多边合作的法律形式和组织形态，是国家对外关系与对外政策的延伸与扩展，是一种必须善加利用的国际资源和国际交往工具。[4] 从狭义上看，国家借助国际组织中的多边外交合作机制，不但有助于自己构建全方位、多层次的国际关系，为本国的建设与发展谋求和平的国际环境，而且可以为本国谋求更多、更新、更广泛的资金、技术和市场，促进与成员国之间的经济贸易关系。从广义上看，国家可以参与国际组织的活动，可同其他国家一道共同维护世界与地区的和平、安全，参与国际规则的制定，促进国际社会整体的发展与繁荣，此举有利于建立一个多极化世界和公正、合理的国际政治经济新秩序；并且可借助国际组织扩大国家的影响力，提高本国的国际地位。从国联、联合国到区域政治性组织，大国莫不利用国际组织扩展本国的利益。积极参与国际组织，是现代国家的一种权利和义务。

《中共中央关于制定国民经济和社会发展第十三个五年规划的建议》强调，"坚持开放发展，必须顺应我国经济深度融入世界经济的趋势，奉行互利共赢的开放战略，发展更高层次的开放型经济，积极参与全球经济治理和公共产品供给，提高我国在全球治理中的制度性话语权，构建广泛的利益共同体"。这里强调了"提高我国在全球治理中的制度性话语权"。在国际社会，规则已经成了国家之间交往、解决国际争端、设计国际制度、国际关系构架的通行话语。找准自身的国际地位，是一国成功应对国际形势变化的要求，也是制定正确外交战略和政策的前提。一国的国际地位虽然一直处于动态变

---

[1] 胡键：《"一带一路"健康话语的构建》，"一带一路"百人论坛。
[2] 软实力建设包括文化建设、价值建设、制度建设等方面的内容。
[3] 王天琪、曹小曙：《"一带一路"文化意蕴的软实力构建》，"一带一路"百人论坛。
[4] 饶戈平：《全球化进程中的国际组织》，北京大学出版社2005年版，第18页。

化中,但在一定历史时期有一个基本定位。[1] 当前,广大发展中国家在全球经济治理中的代表性、发言权、决策权严重不足;当前的治理规则没有从根本上反映新兴国家群体崛起这一变化及趋势。[2] 如今,崛起的中国已经成为国际体系中有举足轻重地位的大国,在过去的几百年中,中国从来没有像今天这样接近世界舞台的中央。在经济方面,中国对世界和平与稳定负有不可推卸的责任和义务。正是基于此,我国政府积极倡导人类命运共同体理念,构建新型法律共同体,提高自身的话语权。

中国同"一带一路"沿线国家建立法律共同体,就能够更好地利用这种通行话语,在国际社会进行沟通,表达自己的观念,更容易获得国际社会的认同、支持和关注。不仅能最大限度地维护自己的利益,成为世界上的真正强国,还能通过这一理念向别的国家传递自己的价值和理念,构建新型国际关系和国际格局。

2. 法律共同体有助于传播法治中国的话语权

中国的法治具有鲜明的特色。屹立于世界法治国家之林的,不应仅有西方的法治。应当尊重制度、文化的多元性,尊重各国国情,传播"法治中国"的话语权。使用"法治中国"这一概念,有助于加强我国同其他国家在法治领域的交流,扩大中国在世界上的法治话语权和影响力,推动国际关系民主化、法治化进程。

(1) 中国传统法律文化和中国特色法治理念

中华民族几千年法律发展史中形成的中国传统法律文化,是中华文化的重要组成部分。文化竞争已经日益成为综合国力竞争的主要体现,其中,法律文化的竞争又将是文化竞争的一个领域。法律文化的竞争,即不同渊源和不同性质的法律文化的竞争与冲突。

随着中国国际地位不断提升,中国特色社会主义法治体系的不断完善,我们在开展法律交流和输出方面也已经具备条件。在对外交往的过程中,要积极输出中国法律观念和价值、法律制度和法治经验。在尊重对象国主权和国家文化的基础上,积极传播中华优秀传统法律文化,输出我们的法律规则

---

[1] 王帆、凌胜利:《人类命运共同体——全球治理的中国方案》,湖南人民出版社2017年版,第13页。

[2] 王帆、凌胜利主编:《人类命运共同体——全球治理的中国方案》,湖南人民出版社2017年版,第213页。

和方法，树立"法治中国"的国家形象。

（2）中国特色法治话语体系

历史上，西方法律文化的话语具有较为强势的地位。近代以来的第一次法律大规模移植发生在资本主义向全球进行殖民扩张，西方的判例法法系和大陆法系向世界其他部分传播的时期。欧洲殖民者为殖民地带来了本国的法律。第二次出现在发展中国家法律现代化进程中。许多发展中国家为了现代化，引进西方法律。开始于20世纪初，如我国清末民初的"西法东渐"；"二战"后，在"法律与发展运动"中达到高峰。[1]

此外，"二战"后成立的国际组织、建立的国际规则，也提高了西方国家的话语权。以世界贸易组织为例，它减少了各国政府对国际资本、服务、商品的干预，反对贸易保护主义，废除歧视外国资本的措施，降低关税。更重要的是它在新的历史条件下，借助于经济交往跨越国界的流动，使经济关系全球性与国家主权领土性之间的矛盾更加凸显，进而将以西方文明成果为核心的超国家、超民族价值及其制度推至全球，造成人类现代历史发展的必然态势和理念认同。

（五）法律共同体有利于保障国家安全

1. 国家安全概览

（1）国家安全的界定

国家安全，是指国家政权、主权、统一和领土完整、人民福祉、经济社会可持续发展和国家其他重大利益相对处于没有危险和不受内外威胁的状态，以及保障持续安全状态的能力。[2]2014年4月，习近平在中央国家安全委员会第一次会议上提出了"总体安全观"，并在这一思路之下，于同年5月在上海举行的亚信峰会第一阶段会议上提出共建安全合作的"亚洲安全观"。[3]总体安全观具有广泛的内涵和外延，囊括了"共同安全""综合安全"等过去数十年国际社会对于国家安全的主流观念。总体安全包括政治安全、军事安全、经济安全、社会安全、公共安全、网络安全、宗教安全、能源安全、环境安

---

[1] 冯玉军：《全球化中的东亚法治：理论与实践》，中国人民大学出版社2013年版，第94页。

[2] 《国家安全法》第3条。

[3] 习近平："积极树立亚洲安全观，共创安全合作新局面，"新华网：http://www.xinhuanet.com/world/2014-05/21/c_126528981.htm，最后访问时间：2023年7月12日。

全、海外安全等方面。其已不再是传统意义上的政治安全、军事安全等。

（2）国家安全与世界局势紧密相关

国际安全与国家安全密切相关，国家安全和国际形势是分不开的。[1]首先，"总体国家安全观"中的政治安全、经济安全、军事安全、能源安全、环境安全等都受到国际局势的影响。其次，一个国家的外部安全更是与世界局势紧密相关。具体到我国的国情，自改革开放以后，我国已经成为全球化中积极的一员，我国与世界的关系发生了历史性变化。这使得新时期"国家安全"的概念发生了变化。我国的政治、经济、社会都需要从国际的角度、国际的格局进行把握和认识。这要求我们以开放的思维认识国家安全和国际安全，寻求共进之道。

因此，国家安全政策需要统筹资源，科学谋划，以应对安全威胁。通过"一带一路"倡议，从内部到外部，从本土到周边，再到全球，形成布局。发展与安全是一对相互联系的概念。我国提出的安全观中包含可持续安全观念。"对于亚洲国家来说，发展是解决安全问题的总钥匙"，贫穷会引发社会动荡、国家和民族冲突。"一带一路"服务于参与国当地的经济有利于提高民众就业率，帮助减少贫困，维护社会稳定，有利于可持续发展。

2. 法律共同体的构建是维护国家安全从被动到主动的举措

随着中国的崛起，国家安全诉求应从被动转为主动。现在，我国有能力追求"进取型国家安全"，以实现有效国家安全。我国实现有效国家安全的优势有以下几个方面：第一，全球经济普遍下滑，我国经济增长的相对优势突出。第二，多极化进程加快，我国参与、影响国际事务的能力日益上升。第三，随着我国综合国力的提升，积极参与国际事务，我国突破国际制约的能力提高。有学者认为，过去，中国通过三十多年进取性的经济政策实现和平崛起，在很大程度上就是"随势"的结果。[2]

中国应充分利用历史机遇，顺应国际格局，拓展国家核心利益。我国应在经济战略上保持开放态度，和各国保持经济合作，在政治上与各国保持对

---

[1] 叶宗奎、王杏芳主编：《国际组织概论》，中国人民大学出版社2001年版，第145页。

[2] 复旦大学国际关系与公共事务学院"国务智库"编写组：《安全、发展与国际共进》，载《国际安全研究》2015年第1期，第52页。

话，积极介入国际安全事务。[1]

"谋势"的方式之一是推进区域法治，构建新型的法律共同体，推进国际规则。"二战"后，国际组织成为促进国际规则发展的基本因素，如前所述。第一，国际组织的基本文件是国际法的重要来源。第二，国际组织成为实施国际法的中心，加强了国际法的约束力，提高了国际法效应。第三，国际组织促进了国际法编纂工作的大发展。从历史的角度看，在过去的几十年中，国际组织对国际安全和国家安全起到了积极作用。

3. 法律共同体有助于保障我国的外部安全和经济安全

我国必须在对外和对内两个层次上思考国家安全问题，即将国内和国际两个大局统筹起来，全面考虑国家安全战略。外部安全是中国和平发展的保障。周边安全是外部安全的重中之重，需要优先谋划。我国提出的"一带一路"倡议，是统筹国内国际的重要举措，覆盖了欧亚大陆和海洋，形成平衡的战略区域和战略支点。

当前，全球经济增长速度减慢，世界贸易保护主义抬头，我国又面临地缘政治冲突风险、能源供应风险以及国际经贸规则变动风险。[2]具体而言，我国企业面临的市场性风险有以下几个方面：第一，垄断和不正当竞争。我国企业在海外经营时，对于经济规模较小的国家，尤其要注意中国大企业规模效应所带来的垄断风险。例如，2015年3月，国务院国资委原则上同意中国南车和中国北车两家公司合并。南北车在国外有很多业务，合并过程中需要遵循当地法律，取得反垄断监管机构的批准。而中国公司以往在合并时，很少出现需要在多个国家取得反垄断机构批准的情况。第二，信用违约与合同欺诈。第三，违规转嫁风险，逃避债务。第四，贸易中的倾销与补贴。[3]

（六）法律共同体促进人类命运共同体的构建

我国先后提出了"共商、共建、共享"理念和以"命运共同体""利益共同体"为代表的"共同体"理念，从而倡导多边共赢的国际合作新局面。"一

---

[1] 复旦大学国际关系与公共事务学院"国务智库"编写组：《安全、发展与国际共进》，载《国际安全研究》2015年第1期，第48页。

[2] 复旦大学国际关系与公共事务学院"国务智库"编写组：《安全、发展与国际共进》，载《国际安全研究》2015年第1期，第19页。

[3] 王义桅：《"一带一路"：机遇与挑战》，人民出版社2015年版，第155页。

带一路"以历史上文明共同体理念为基础,按照经济全球化,欧亚一体化的战略布局,打造中国大周边的利益共同体、责任共同体、安全共同体,最终建设命运共同体。它立足于全球化时代各国之间联系的紧密性,号召各国树立"一荣俱荣,一损俱损"的共同体意识,各国共同面对安全方面的挑战,实现共同发展与共同进步。具体来说,"利益共同体"指的是各国之间的利益在不同程度上存在契合,各国应在寻求共同利益的过程中,不断减少分歧,以利益促合作、谋发展,从而实现彼此之间的互利共赢;"命运共同体"指的是在全球化高度发展的今天,各国命运紧密地联系在一起,牵一发而动全身已经成为一种普遍的态势;"责任共同体"指的是目前国际社会的许多问题超越了国别、国界的限制,单靠一国的力量难以解决,诸如生态问题、非传统安全问题等,这就需要各国承担起相应的责任,彼此加强沟通配合,摒弃意识形态的羁绊,同心同力应对挑战。[1] 人类命运共同体理念内涵丰富,涉及政治、安全、经济、环境等诸多领域。政治上,它提倡各国之间平等相待、互商互谅。因为各国之间只有形成不分彼此、同舟共济的伙伴关系,才能携手应对全球化时代的诸多困难和挑战。[2] 安全上,它提倡各国应不断为共同安全而努力。经济上,积极推动共同发展与合作共赢。文化上,坚持互相尊重、兼收并蓄和开放包容。生态上,它提倡实现人和自然的和谐相处,构建环境友好型社会。有学者认为,"一带一路"倡议是构建人类命运共同体的一个方式,人类命运共同体有"双翼"和"抓手",正确的义利观和亚洲新安全观是命运共同体的"双翼",亚洲基础设施投资银行和"一带一路"倡议则是两大重要"抓手"。[3]

中国先后向东盟、非洲、拉丁美洲和加勒比地区国家表达过树立"共同体"意识,促进中国同这些地区国家全面开展合作的意愿。例如,中国提出建设"中国—东盟命运共同体",强调要坚持讲信修睦、合作共赢、守望相助、心心相印、开放包容,为双方和本地区人民带来更多福祉。[4] 习近平上任后在其首份非洲政策演说中指出,"中非从来都是命运共同体",并支持非洲

---

[1] 王义桅:《"一带一路":机遇与挑战》,人民出版社2015年版,第187页。
[2] 王帆、凌胜利主编:《人类命运共同体——全球治理的中国方案》,湖南人民出版社2017年版,序言。
[3] 王帆、凌胜利主编:《人类命运共同体——全球治理的中国方案》,湖南人民出版社2017年版,序言。
[4] 王义桅:《"一带一路":机遇与挑战》,人民出版社2015年版,第198页。

国家积极探索适合本国国情的发展道路。从沿线国家互联互通的客观效果来看，"一带一路"可以使中国与沿线国家一道，共同打造政治互信、经济融合、文化包容的利益共同体、命运共同体和责任共同体。

随着经济全球化的深入和现代交通、通信技术的长足发展，国际行为主体之间相互依存的关系持续加强，人类面临的共同挑战和外部性问题日益增多，国际治理格局正在发生变化。"零和博弈"和冷战思维已经过时，共同体意识恰恰反映出中国对国际合作的新看法：一国的发展不应以损害别国发展为代价，平衡发展不是零和式的发展转移，而是完全可以实现以创新为基础的共赢的发展。从政策层面，共同体理念将互利共赢的合作观提升到了新的高度，充分体现了中国新一届领导集体在外交理念上的超越和升华。"一带一路"沿线国家对经济发展有着共同的诉求，又在和平共处五项原则的指导下进行频繁的沟通交流，加上"一带一路"本身着重沿线基础设施建设，畅通的交通和通信将同处于共同体沿线的国家更紧密地联系起来。换句话说，"一带一路"将助推沿线国家"共同体"共识的形成，帮助实现共同的、有活力的、和谐的发展。

为了实现这些价值、理念、目标，在前期的双边合作和国际框架构建之后，需要法律共同体来维持"一带一路"的成果。法律最基本的功能是建立一种秩序，一种规定当事人的权利义务以及判断是非曲直的法治秩序。随着国际社会全球化的进一步加强，国与国之间日益紧密的联系，以及科学技术的发展，公民权利意识的兴起，使人们逐步认识到，现代国际社会需要采用更加理性的方式来解决包括国家间争端在内的国际问题，法律外交正是和平解决此类争端的有效手段。"一带一路"同样需要秩序，通过制定和执行稳定的法律规则来促使整个社会的有序良性发展。

有观点认为，从"一带一路"带来的区域经济合作来看，点、面、线是其发展的三个要素。[1]点是最基本的空间因素，起主导作用；线由点要素组成，如交通线路、通信线路、能源供应线等都是现状要素的地物；面是点和线存在的空间基础，经济区、文化区等各种类型分区都是面状的地物。[2]我国的自贸试验区在"一带一路"中充当着点的作用，线是我国自贸试验区与"一带一

---

[1] 福建师范大学福建自贸区综合研究院：《"一带一路"与中国自贸试验区融合发展战略》，经济科学出版社2017年版，第55页。

[2] 福建师范大学福建自贸区综合研究院：《"一带一路"与中国自贸试验区融合发展战略》，经济科学出版社2017年版，第55页。

路"沿线国家之间的交通连接,面是依托点和线串联的战略经济合作带。[1] 与地理区位相对应,这样便形成了一个由我国充当主导作用,由一系列国际协议构成的新型法律共同体。这必然会带来双边、多边的国际协议。

二、构建"一带一路"新型法律共同体的可行性

(一)法律共同体形态:新旧更替,生生不息

法律共同体在现实中表现的形态大概有以下四类,这些新旧更替、生生不息的不同形态共同体,一方面表明法律共同体是推动社会进步的正能量,另一方面也表明中国完全可以通过"一带一路"倡议构建新型法律共同体。

第一类是在当今世界上最普遍、最显见的一种形式:主权国家。第二类是由若干主权国家协商组成的,以政治性的协作与联合为主要内容的共同体。第三类是在某些特定领域、以特定任务为目标的共同体。所谓特定的领域或特定任务,从军事合作到经济联盟,从公共卫生到体育竞技,都会是创设一个共同体的主题。第四类是类似欧盟这种超国家的法律共同体。

将上述四类形态贯穿起来观察,就可以体会到法律共同体自我完善、自我发展和合作发展,带动社会进步的能量。法律共同体能量已经在全球范围内的各个层面上开展,已经影响到世界的各个角落。法国学者在谈到全球性合作的"世界法"的时候指出:"世界法并不以消灭国家和国内法为目标"。法律共同体不仅在人类历史上曾经以多种面貌存在过,而且相信它仍将以多种面貌存在,并且有可能延展出新的形态面貌。新旧更替,生生不息。[2]

(二)新型法律共同体的构建:几百年一遇的历史格局

从国际层面说,"一带一路"具有难得的历史机遇。"二战"已结束近80年,欧盟经济复苏困难,中国自2010年起GDP成为世界第二。在历史上,欧洲的先一步崛起使其成为法律交流最成功的地区,欧洲法律交流的成功奠定了大陆法系与英美法系的基本格局。在美国化的全球化难以为继之际,中

---

[1] 福建师范大学福建自贸区综合研究院:《"一带一路"与中国自贸试验区融合发展战略》,经济科学出版社2017年版,第55页。

[2] 鲍禄:《法律共同体初论》,载《求实》2003年第12期。

国提出"一带一路"倡议。近几年，一些大国提出了类似的战略构想，影响较大的是日本的"丝绸之路外交战略"、欧盟的"新丝绸之路计划"等，但都没有中国的"一带一路"更引人关注、受人期待。

从国内层面说，中国国内存在产能过剩、资源获取问题，东部发展迅速，而中西部还较为落后。如何超越崛起困境？崛起的中国不仅要成为一个重要的国家，更要成为一个受尊重的国家；中国不仅要经济成长，更要赢得民心和人心。[1] "负责任的大国"不仅要参与全球治理还要提供公共物品。作为最大的发展中国家、联合国安理会常任理事国、儒教文明的发源地，中国应当承担"大国责任"。"大国责任"不仅是因为大国对国际政治格局变迁的影响最大，而且因为在无政府状态中，权力最大的单元（国家）将担负起特殊责任——提供公共物品。[2] 例如，在18、19世纪的英国霸权时代，其提供了自由贸易和金本位制度的理念，使得自由贸易和金本位制成为国际新秩序的标志，同时使得伦敦的声音被许多国家所获悉。

在历史上，西方国家法律交流的成功又进一步巩固了国家崛起的成果，减少了其崛起的阻力。中国推进"一带一路"的目的是建设一种更具包容性和弹性的区域经济合作架构，不会效仿欧洲的殖民政策，但是，欧洲直接用法律交流手段消除贸易壁垒、促进市场准入等阻碍经贸合作的制度建构也值得学习。在这样一个法律共同体中，法律规则之间的协调和纠纷解决机制的共识化也是特别值得借鉴的。要实现"一带一路"倡议构想，法律保障是基础性的、必不可少的关键要素。只有在合理有效的法律框架下，才能协调和规范各方行为，促进双边和多边合作，实现我国和相关国家与地区的互利共赢。为此，我们必须就如何加强相关国家与地区的法律共同体构建进行深入、系统的研究，并在此基础上，推动和保障双边和多边合作。

（三）新型法律共同体的已有基础

目前，已有100多个国家和国际组织表达积极参与"一带一路"的意愿，中国已同40多个沿线国家签署了共建协议、同30多个国家开展了国际产能合作，重大项目储备已达1400多个。[3] 截至2021年4月，我国共签署了

---

[1] 赵磊主编：《"一带一路"年度报告：从愿景到行动》，商务印书馆2016年版，第4页。
[2] 转引自赵磊主编：《"一带一路"年度报告：从愿景到行动》，商务印书馆2016年版，第4页。
[3] 福建师范大学福建自贸区综合研究院著：《"一带一路"与中国自贸试验区融合发展战略》，经济科学出版社2017年版，第305页。

145个双边投资保护协定，在"一带一路"国家中还有13个国家未签署类似协定，包括塞尔维亚、孟加拉国、阿富汗等国家。我国已与全球111个国家和地区签署了双边避免双重征税协定，但是在"一带一路"国家中还有缅甸、东帝汶、马尔代夫、阿富汗等国未与中国签署双边避免双重征税协定。[1]

在争端解决方面，2018年6月，中共中央办公厅、国务院办公厅印发了《关于建立"一带一路"国际商事争端解决机制和机构的意见》。其中提出，最高人民法院设立国际商事法庭，牵头组建国际商事专家委员会，支持"一带一路"国际商事纠纷通过调解、仲裁等方式解决，推动建立诉讼与调解、仲裁有效衔接的多元化纠纷解决机制，形成便利、快捷、低成本的"一站式"争端解决中心，为"一带一路"参与国当事人提供优质高效的法律服务。最高人民法院在广东省深圳市设立"第一国际商事法庭"，在陕西省西安市设立"第二国际商事法庭"，受理当事人之间的跨境商事纠纷案件。此外，一些地区还做了有益的尝试。例如武汉仲裁委组建了"一带一路"仲裁院；中国建筑业协会成立了调解中心；海南仲裁委已先后组织了两届中国东盟商事仲裁合作论坛。

三、"一带一路"新型法律共同体的基本内涵

（一）法律共同体

1. 共同体的概念

早期"共同体"的概念不同于现在常说的"共同体"。"共同体"一词可以追溯到德国社会学家斐迪南·滕尼斯的《共同体与社会》，在书中他对共同体与社会作出了区分，认为受"本质意志"驱使所形成的现实的或者自然的统一就是共同体，而受"选择意志"左右而形成的思想或者认为的统一则是社会。因此，共同体是一种原始的和天然的状态，其典型表现为家庭、村落和小镇；相较于共同体，社会是后发的，是在传统、法律和公众舆论基础上建

---

[1] "我国签订的避免双重征税协定一览表"，国家税务总局官网，https://www.chinatax.gov.cn/chinatax/n810341/n810770/c5171677/content.html，最后访问时间：2023年10月12日。

立的大规模组织，如城市、州（邦）或国家。[1]

然而，随着世界的发展，大多数社会关系都部分共同体化、部分社会化。任何一种哪怕是目的合乎理性的和冷静地建立的和有的放矢的社会关系，都能促成一些超出随意选择的目的的感情价值。反之亦然，一种其通常的意向是共同体化的社会关系，也可能为所有的或若干参加者完全地或部分地以目的合乎理性为取向。目前存在与此对应的例证有欧洲经济共同体、东非共同体、南部非洲发展共同体、安第斯国家共同体、东盟经济共同体、非洲经济共同体、欧亚经济共同体、中非经贸共同体、区域共同体、法律共同体、学习共同体、科学共同体、学术共同体、生物产业信息化共同体、生命共同体等。同时，这些概念也说明，共同体在通常意义上已经发展成为一个具有普遍意义的概念，任何一种聚合，只要能找到连接的共同性，其所形成的社会关系我们都可以称为共同体。这也意味着"共同体"的概念已经失去了与"社会"的二元对立。因此，随着结合因素或者同质性的增多，随着情感和理性的交错相融，从大处着眼，我们这个世界可以称为一个共同体；次之有国家、国际组织等形式；微观方面，行业联盟、行会、社区、单位、家庭等也属于"共同体"。

2. 法律共同体的概念

学者们对"法律共同体"的解释并不统一。德国社会学家马克斯·韦伯认为"法律共同体"是由某种共同的特质维持或形成的其成员间因共识而达成协议的群体，其特征是具有同质性；这种同质性的表现是出生、政治、道德、宗教信仰、生活方式、职业等社会因素。德国学者哈贝马斯把"法律共同体"等同于一个民族国家。而在许多著作中，"法律共同体"指的是"法律职业共同体"，即由法官、检察官、律师以及法学家等组成的法律职业群体，群体成员间相互作用、相互联系、相互制约，从而形成一个法律事业共同体、解释共同体。这几种解释的共同点是当一个群体或社会以法律为其联结纽带或生活表现时，就可以称其为"法律共同体"。[2] 也可以认为，当对法律的认同和对法治精神的追求是一个群体或社会的明显特征和生活表现时，那么可

---

[1] ［德］斐迪南·滕尼斯：《共同体与社会》，林荣远译，商务印书馆1999年版，第146-174页。转引自卢学英：《法律职业共同体引论》，法律出版社2010年版，第2页。

[2] 卢学英：《法律职业共同体引论》，法律出版社2010年版，第5页。

以认为产生了一个法律共同体。

基于上述概念界定,"一带一路"倡议语境下的"法律共同体"是广义的"法律共同体"中的一种,并非"法律职业共同体"。具体而言,这个群体以法律为其联系纽带,对法律的认同和对法治精神的追求是该群体的明显特征和生活表现。

在历史上,"共同体"一词为人所熟知是因为 1965 年欧洲经济共同体的成立,其代表区域经济一体化进程中进入一个新的阶段,是区域经济合作制度化的表现。[1]世界上现存的名为"共同体"的组织不多,它们大多是地区性的合作组织,频繁的经贸往来和较高水平的经济合作是它的主要内涵。但是,依照前述概念界定,不难发现,在国际关系中,政府间国际组织,实际上是法律共同体的一种。

此外,随着经济全球化的深入和现代交通、通信技术的长足发展,国际行为主体之间相互依存的关系持续加强,人类面临的共同挑战和外部性问题日益增多,国际治理格局正在发生变化。在这样的背景下,党的十八大报告提出了"人类命运共同体"的概念,倡导在追求本国利益时兼顾他国合理关切,在谋求本国发展中促进各国共同发展,建立更加平等均衡的新兴全球发展伙伴关系。在 2015 年发布的《推动共建"一带一路"的愿景与行动》中提到,"中国政府倡议,秉持和平合作、开放包容、互学互鉴、互利共赢的理念,全方位推进务实合作,打造政治互信、经济融合、文化包容的利益共同体、命运共同体和责任共同体"。在这一框架思路下,我国与多个国家和地区签署了双边协议,建立经济走廊和自由贸易区,以"政策沟通、设施联通、贸易畅通、资金融通、民心相通"为主要内容。由此可见,"一带一路"倡议下,双边、多边国际条约是它发展的途径和必要的保障。在当今国际社会中,丛林法则会让强者更强,而规则能保障强弱两方的利益。"一带一路"需要规则来保障。根据它的规划,虽然它不是典型意义上的"国际组织",但它逐渐形成制度化、类国际组织,并以法治为核心,也可以被认为是法律共同体的一种新形式。

---

[1] 王义桅:《"一带一路":机遇与挑战》,人民出版社 2015 年版,第 197 页。

(二)国际组织与新型法律共同体的关系

1. 国际组织：国际合作制度化的表现

在国际关系的语境中，"法律共同体"的近义词有"国际组织"，但两者之间仍存在一些差别。"二战"结束后，国际组织开始增多。尤其是近几十年，随着全球化深入，国际社会出现了各种各样的国际组织，全球性的、区域性的，政府间国际组织、非政府间国际组织。上至外层空间，下至海床洋底，在人类生活的许多领域，国际组织已构成国际社会的重要组成部分。

广义的国际组织包括政府间国际组织和非政府间国际组织，狭义的国际组织专指政府间国际组织，即若干国家或其政府通过签订国际协议而成立的机构。[1] 政府间国际组织是国际法所重点研究的对象，因为一般来说只有这类组织才具有国际法律人格，并且在世界事务中发挥着较大的作用。本部分所论述的国际组织，主要是政府间国际组织。

国际组织是国家间合作的一种形式，是国际交往制度化的表现。[2] 通常来说，国际组织以政府间协议作为其存在的法律基础。与一般的国际性会议不同，国际组织通常设有常设机构。[3] 国际组织基于特定目的设立，它需要对外开展活动，而这种地位的前提条件是它具有相对独立于成员国的法律人格，即依法独立享受权利和承担义务的资格。但一个国际组织在法律关系中并不当然地具有法律人格，这取决于国际组织各成员国所共同制定的建立该组织的基本文件是如何规定的。

国际组织对于国际社会有序发展作用是巨大的。国际合作制度化的表现主要在于国际组织和国际规则（国际法）。而国际组织和国际规则又是相互作用的。国际组织对国际法的发展产生了较大的影响。首先，国际组织的发展是国际法本身的一种发展。进入现代以后，各种国际组织逐年增加，它们所管辖的事项涉及人类生活的各个方面。现在国际社会已经形成了巨大的国际组织体系。其次，国际组织影响国际规则的发展。建立普遍性国际组织的条约，往往规定有国际社会需要共同遵守的一般性规范。加入这种组织的国家

---

[1] 马呈元主编：《国际法》，中国人民大学出版社2008年版，第265页。
[2] 梁西：《国际组织法》，武汉大学出版社1998年版，第3页。
[3] 梁西：《国际组织法》，武汉大学出版社1998年版，第7页。

越多,接受这种规范的国家就越多,从而使得某些重要规范产生一般国际法的效力。这方面最突出的例子是《联合国宪章》,它虽然形式上是基于一般国际法而制定的国际组织的组织章程,只对成员国有拘束力,但就其实质来说,却是一项对全球产生普遍影响的最大公约。[1] 各类国际组织章程,尤其是行政性国际组织的章程,有关行政事务的各种规定及实践,促进了国际行政法的形成与发展。最后,国际组织是国际规则重要的实施主体。国际法传统的实施主要依赖于国家的自我遵守和自助行为,使其处于一种各行其是的分散的无政府状态。"二战后",国际组织作为一类特殊的国际法主体进入国际社会的法律体系,参与国际法实施进程。[2] 此外,国际组织是国家参与全球治理的一种方式。

2. 国际组织实践的发展

(1) 传统的国际组织

制度化是政府间国际组织的基本特征之一。[3] 相关"制度"包括国际组织有成员资格、组织结构、表决制度、活动程序、职权范围等法律制度。政府间国际组织通常具有几个构成要件:它是以国际条约为基础而建立的,该条约具体规定该国际组织的宗旨与原则、主要机构、职权范围、活动程序以及成员国的权利和义务等,国际组织通常还设立常设机构。[4] 国际组织在国际法上具有法律人格和行为能力。

其他观点认为,政府间国际组织应包括如下要素:第一,成员主要是国家,少数情况下国际组织也可被吸收为成员;第二,必须建立在符合国际法的条约基础之上;第三,必须有不同于其成员国的独立意志,并被赋予法律人格;第四,必须有常设的组织机构;第五,必须能够通过针对其成员国的规则。[5] 一些学者在此之外还列出了更为具体的标准,包括在常设机构、投票权、财政预算等方面的要求。

---

[1] 梁西:《国际组织法》,武汉大学出版社1998年版,第17页。
[2] 饶戈平:《国际组织与国际法实施机制的发展》,北京大学出版社2013年版,前言。
[3] 马呈元主编:《国际法》,中国人民大学出版社2008年版,第269页。
[4] 马呈元主编:《国际法》,中国人民大学出版社2008年版,第266页。
[5] 这四个特征是菲利普·桑兹和皮埃尔·克莱因在鲍威特国际法研究所中的总结,许多国际组织的研究者也在其著作中列出了与这四个特征类似但有微妙差别的定义,但这并不妨碍这几种特征成为公认的国际组织应该具有的基本要素。

国际组织的上述这些特征和定义，足以把国际组织同目前无法界定的组织形态区分开来，如国家间论坛缺乏一个条约的基础，国际组织之间的联合项目可能并没有独立的法律人格，条约性组织可能不具备独立的意志和权力。根据联合国经社理事会在 1950 年第 288（Ⅹ）号决议的规定："任何国际组织，凡不是仅由政府间协议而创立的，都被认为是为此种安排而成立的非政府组织。"然而，从这一概念出发，国际组织法下国家间多边合作的制度化形式被局限于协定性政府间组织的一种。在这样的两分法之下，一些缺乏国际组织构成要件但又实质上体现了国家间合作的组织形态被置于一个法律性质的灰色地带，从而被排除在正式的政府间组织之外。

（2）国家间多边合作制度化新形态及分析

①国家间多边合作制度化新形态

随着全球化的推进，国家间的多边合作形式多种多样，从和平时期的多边外交到战争时期的联盟合作，从非正式的国家首脑会议到具有严格组织形态的政府间组织，国家的对外交往活动无时无处不在渗透多边合作的因素。统计数据表明，政府间国际组织在经历了第二次世界大战和 20 世纪 80 年代的飞速增长之后，在 20 世纪 90 年代开始出现了缓慢下降。1986 年政府间组织共有 369 个，为发展的最高峰，而到了 2001 年只有 232 个，总量下降超过了 30%。[1] 然而，20 世纪 90 年代，却称得上是全球化迅猛发展的十年。这十年中，国际社会平稳有序发展，国家之间的相互依赖加强，合作频繁，然而国家间多边合作的唯一制度化形式——协定性政府间国际组织的数量本应相应猛增，而事实上却出现了持续下滑，这一理论和实践上的矛盾的确是引人思考的。

20 世纪 80 年代前形成的政府间国际组织已经大致覆盖了人类活动的各个领域，继续扩展的空间很有限。比较合理的解释是，已有的国际组织已经满足了国际多边合作的需要；已有的国际合作之外出现了新的合作形态填补了国际多边合作的需求而无须设立新的组织。协定性政府间国际组织因其机构臃肿、职能重复、效率低下而备受争议。与此同时，新合作形态的出现满足了国家间合作的新需求。新的合作形态其实早就萌生了，只不过在这些年中才有了大发展。这些新的合作形态在国际实践中发挥着越来越大的作用，具有

---

[1] 饶戈平：《全球化时代国家间多边合作的组织形态》，载《全球化进程中的国际组织》，北京大学出版社 2005 年版，第 41 页。

相当的优势和特点。

这样特殊的多边合作形态在现今的国际社会中存在的情况较多，诸如七十七国集团、八国集团、亚太经济合作组织等。它们在各自领域内以特有的运行模式促进了国家间有成效的合作，同时也向传统的国际组织法中规定的国际组织的构成要件提出了挑战。实践证明，理论应当服从于实践的发展，尤其是国际法学科中的一些现象。

②国际政治学科的相关理论

国际组织是国际政治与国际法学的交叉研究对象。仅从国际法学的角度研究国际组织，往往不能解释规则为什么这样达成；仅从国际政治的视角研究国际组织，不能透彻地研究国际规则。因此，只有将国际政治和国际法学有机结合，才能真正了解国际组织。然而，不同学科的研究视角、方法、理论有时是大相径庭，而相互启迪的。与国际法相比，在国际政治学界，传统的现实主义学派强调，国际社会是权力冲突的社会，所谓合作不过是权力支配下的合作，而且国际组织仅仅是国家对外政策的工具。新现实主义学派则从国际政治与国际经济的联结处，强调国际冲突与国际合作的结合。而对于现今的国际社会，许多政治学学者认为，国际关系的主要内容是合作而非对抗，整个国际体系依赖于包括国际组织在内的多样的国际机构。

相较于国际组织法对国际组织具体的机构性特征的重视，近年来国际政治学者多从更广义的政府间联系的角度来分析国际组织，或者更多地使用"国际机制"（International Regime）和"政府间网络体系"（Governmental Network）的概念。在这种语境中，国际组织的定义非常模糊，只是非常广阔的国际关系上国家合作的一个侧面。从国家合作的角度出发，国际组织不再是孤立的，同时也被赋予更多更深刻的内涵，可以解释许多在传统的国际组织法领域无法解释的组织形态。这些形态可以被认为并作为国家间多边合作的一种或几种制度化形式而进行研究。

一些学者对国际组织的界定在于其"制度化"。[1] 一般认为，国际组织法的研究对象限定于协定性政府间组织。不可否认，作为国际合作的重要制度化形式，协定性政府间国际组织意志被认为是国家间多边合作的核心因素，然而它是不是国家间多边合作的唯一制度化形式都是值得质疑的。自20世纪

---

[1] 饶戈平：《全球化时代国家间多边合作的组织形态》，载《全球化进程中的国际组织》，北京大学出版社2005年版，第37页。

90年代以来,"多边主义"和"全球治理"作为当代国际政治学的核心话语,推动了国际政治学领域对国家间多边合作的广泛讨论。全球化浪潮,以及国家间多边合作形态的多样性现实都对"国家多边合作的唯一制度化形式"的传统理论提出了挑战。

③国际法视野下的新型"国际组织"

基于实践的发展,变动中的国家间多边合作模式已经对传统的国际组织法理论提出了挑战,那么这些协定性政府间组织之外的多边合作模式是否可以纳入国际组织法的视野之下,是否可以运用国际组织法的方法进行研究,进而丰富国际组织法的研究对象和国际组织的内涵呢?对于这一问题,考察国际组织的最基本特征是必不可少的。

任何国际组织都是依照国际社会的需要而产生和发展的。而且从历史来看,国际组织的形态自产生之日起就处在不断的变动发展之中,很难找到一种统一的、确定的组织形态。通过审视国际组织发展的历史,不难发现,国际组织最基本的特征可以概括为一句话,即它们是国家间多边合作的制度化模式或制度化安排。适应国家间多边合作的需求是国际组织产生的重要根源,并导致了国际组织近两个世纪的发展;而制度化模式或安排这一要素使之区别于一般非固定、非规范的国际多边合作。二者的有机结合则成为所有政府间组织的普遍特征。

在此基础上就会发现,在纷繁复杂的国际社会中,这样的特征存在于其他特殊的国家间多边合作形态中。这些特殊的组织形态虽然在具体的机构设置和法律基础上与协定性政府间国际组织不同,并且一般不具有独立的法律人格,但它们同样是以国家间多边合作为目标,同样具有制度化安排的特性。这些特殊的组织形态在实践中早已存在,仅仅是在法律上未确认其地位。当前,体现国家多边合作的组织形态至少还包括以下三类:论坛性组织、国际组织间的联合机构(项目)、条约性组织。[1]例如,国家间论坛性组织,即以国家间论坛的方式来对共同关心的问题进行讨论和交流并处理相关的危机,以期进行合作而提升共同的外交政策利益。这种合作模式和传统的政府间组织不同,彼此在组织形态上也并非完全一致,但它们明显地具有一些共性。

这方面典型的例子之一是八国集团。为了解决1973年之后世界石油价格

---

[1] 饶戈平:《全球化时代国家间多边合作的组织形态》,载《全球化进程中的国际组织》,北京大学出版社2005年版,第41页。

飞涨和建立在固定汇率基础上的布雷顿森林体系崩溃给西方经济带来的问题，西方主要工业化国家法国、美国、联邦德国、日本、英国、意大利于 1975 年 11 月在法国的朗布依埃举行了第一次首脑会议。以八国集团的基本目标不难看出，加强八国间的多边合作是八国集团产生的初衷和主要职能。经过几十年的发展，在首脑会议的基础上，八国集团逐渐建立了一个日趋完善和复杂的系统，除定期召开的峰会外，还有一个稳定的多方面的部长级会议系统和夏尔巴协商体系。[1]

由于新型"国际组织"并没有被国际社会公认，为了区别于上述国际组织，本子课题特将"一带一路"形成的制度化安排称之为"新型法律共同体"。这也符合前述"法律共同体"的定义，"一个群体以法律为其联系纽带，对法律的认同和对法治精神的追求是该群体的明显特征和生活表现"。

（三）国际法治与法律共同体的关系

学界对于国际法治有不同定义，但普遍同意国际法治描述的是国际场合中法律至上的基本治理形态。[2] 一般认为，国际法治的思想和制度渊源都在于国内法治，因此与国内法治存在密切的联系。

对于国际法治与主权国家的关系，有学者强调，国际法治首先离不开以主权国家为中心的国际体系结构。因此，有学者将国际法治视为主权国家的政策性工具或资源，对国际法治的前景持悲观态度。中国国际法学会常务副会长李鸣认为，国家的对外决策过程需要国际法，决策者需要用国际法的形式来包裹其价值偏爱和利益要求，需要用国际法的话语来表达这些偏爱和要求，需要用国际法的程序和组织上的效力来追求这些偏爱和要求，以实现自己的政策目标。法律是政策的需要，国际法是推行国家政策有用的工具。国际法治的基本目标应该是建设一个更有秩序、更有效率和更加公平的国际社会。

很多学者都强调国际组织的造法功能。除正式的立法活动，还强调国际组织活动和成果本身的国际法效应。

---

[1] 饶戈平：《全球化时代国家间多边合作的组织形态》，载《全球化进程中的国际组织》，北京大学出版社 2005 年版，第 53 页。

[2] 贾烈英：《联合国与国际法治建设》，载《国际政治研究》2018 年第 2 期。

（四）"一带一路"新型法律共同体的定位及特征

我国提出的"一带一路"，不同于历史上出现的经济区和经济联盟。[1] "共建'一带一路'的途径是以目标协调、政策沟通为主，不刻意追求一致性，可高度灵活，富有弹性，是多元开放的合作进程。中国将与沿线国家一道，不断充实完善'一带一路'的合作内容和方式，共同制定时间表、路线图，积极对接沿线国家发展和区域合作规划。"[2] 可以看出，"一带一路"作为我国提出的经济合作形式，是需要探索的。

"一带一路"的合作机制有：加强双边合作，开展多层次、多渠道沟通磋商，推动双边关系全面发展。强化多边合作机制作用，发挥上海合作组织等多边合作机制的作用。继续发挥沿线各国区域、次区域相关国际论坛的建设性作用。[3] 在当前一些主要的发达国家"贸易保护主义"抬头的背景下，"一带一路"倡导加强国际合作，它是一个中国的品牌，在中国的推进下，充分发挥已有的双边、多边合作机制以及国际论坛等，促进国际合作。与欧盟等在组织机制的设置以及制定统一规则的方式不同，"一带一路"倡议主张发挥沿线各国自身独特文化和制度优势，提倡不同发展程度的国家互通有无共同参与。它具有以下特点：

1. 以法治为新型法律共同体的基本治理形态

规则和法治是"一带一路"走向世界的通行证，也是应对各种不确定性风险和挑战的安全阀。"一带一路"包括亚、欧、非等众多国家，各国的法治水平差异大，法律体系也存在诸多方面的不同，包括在文化传统方面，如何构建良好的法治环境，形成秩序以及约定共识。

构建新型法律共同体有助于"一带一路"倡议实施：一是法律共同体有助于发现、协调与解决相关国家和地区之间的法律差异或冲突，消除国际投资及经贸合作等方面的法律障碍；二是法律共同体可通过议定具有法律效力的特定标准或协议，推动相关国家和地区完善各自的软硬件建设，使之符合"一带一路"的要求；三是法律共同体内的高端法律人才，更能通过合理有效的司

---

[1] 王义桅：《"一带一路"：机遇与挑战》，人民出版社2015年版，第174页。
[2] 参见《推动共建"一带一路"的愿景与行动》。
[3] 参见《推动共建"一带一路"的愿景与行动》。

法或仲裁等手段，及时调整、解决相关纠纷。

2. 以制度化为新型法律共同体的发展路径

不同于传统政府间国际组织设有常设机构、表决制度、活动程序、职权范围等法律制度，甚至具有独立意志，被赋予法律人格，"一带一路"法律共同体具有创新性。初期的法律共同体表现为签订条约、建立争端解决机构来保证"一带一路"的施行；中后期，可以将"一带一路"的法律合作制度化，如设立常设性的论坛，欢迎沿线国家参与，达成合作意向，促进政策互通。

3. 推进贸易规则、投资规则的趋同化

当前，旧的国际经济秩序世界贸易组织（WTO）多哈回合陷入僵局。同时，随着全球化的深入，自由贸易区、双边投资协议遍地开花，并不断发展。另外随着气候变化、环境保护要求的提高，以及技术的发展，WTO中的一些规则已经不能适应新的发展，亟须新的贸易规则。在"一带一路"倡议下，我国积极与一些国家签订新的协定，客观上会推动国际贸易规则、投资规则的发展，推进贸易规则、投资规则的趋同化。

4. 新型法律共同体的发展与"一带一路"的发展程度相适应

"一带一路"中的经济治理旨在解决三个核心问题：一是沿线国家交通、通信、能源等基础设施的标准、规格的协调与兼容，以及通道安全和维护等问题；二是沿线国家经贸规则的协调和对接，主要是双边或区域贸易投资协定的谈判、签订和更替，以维护贸易投资秩序，降低相关交易成本、防控有关贸易投资风险等问题；三是沿线国家金融监管合作，主要防范和处置相关融资项目的信用风险、市场风险等。

"一带一路"尚未形成专门的区域治理平台，应与"一带一路"发展程度相适应，以双边的高层会晤、主场外交、多边机制嵌入相关议题等形式，谋取沿线国家合作治理的共识。未来，"一带一路"在建设过程中亦可能逐步形成以"一带一路"峰会为主要专业平台，双边、区域多层次经贸治理机制辅助推动的复合型治理机制，甚至可能就"一带一路"形成专门的次区域或区域合作组织。新型法律共同体首要的特点便是与"一带一路"的发展程度相适应。

5. 参与国家国情复杂多样

"一带一路"沿线国家国情复杂,一些国家局势严峻,且沿线涉及多种法律体系,有较为发达、完善的法律体系,还有一些国家法律制度较为落后。因此,如果像跨太平洋伙伴关系协定(TPP)那样尝试高标准、严要求的自由贸易区,不一定有较好的成效,需要循序渐进推进新型法律共同体的建设。除了需要按照通行的路径推进治理以外,还应充分考量"一带一路"所涉阶段的复杂性及国家的差异性,承继中国与亚洲国家以关系治理为主的传统,并在新的历史条件下加以创新和发展,形成一种融入中国及亚洲元素的治理新模式。

这决定了我国在提出"一带一路"倡议时,不仅提出政策沟通、设施联通、贸易畅通、资金融通,还强调民心相通。民心相通是"一带一路"的社会根基。传承和弘扬丝绸之路友好合作精神,广泛开展文化交流、学术往来、人才交流等,为深化双多边合作奠定坚实的民意基础。"一带一路"以历史上文明共同体理念为基础,按照经营全球化、欧亚一体化的战略布局,打造中国大周边的利益共同体、责任共同体、安全共同体,最终建设命运共同体。"一带一路"倡议,更大程度上立足于全球化时代各国之间联系的紧密性,号召各国树立"一荣俱荣,一损俱损"的共同体意识,共同面对安全方面的挑战,实现共同发展与共同进步。

6. 在经济贸易规则之外,同时推进其他相关规则的必要协调

在全球化的背景下,气候变化、网络事件、恐怖主义等全球性问题不断发酵,"全球治理"一词在近些年日益成为主流。我国提出的"一带一路"倡议,既包括经济合作,还强调构建人类命运共同体,解决人类面临的全球性问题。值得学习和借鉴的是上海合作组织,它为中国和中亚地区国家反对恐怖主义的合作提供了良好的平台。《上海合作组织反恐怖主义公约》的签署与生效也将为"一带一路"倡议在反对恐怖主义领域提供良好的外部规则的引导,为各国在中亚地区的经贸安全,战略利益提供良好的保障。[1]

---

[1] 王义桅:《"一带一路":机遇与挑战》,人民出版社2015年版,第71页。

四、构建"一带一路"新型法律共同体的条件与途径

(一)"一带一路"新型法律共同体的条件

1. 政治方面

(1)继续坚定地推进"一带一路"倡议

进入 21 世纪后,全球化是不可逆的进程。但当前美国贸易保护主义卷土重来,欧洲经济复苏困难。在此局势下,我国 2013 年提出的"一带一路"倡议具有重大意义。它对内推动我国中西部发展及产业结构升级,对外促进国际合作、推动经济发展。虽然我国政府是"一带一路"倡议实施的"火车头",但是并不能决定倡议的发展程度。国际局势、国际关系、地缘政治为"一带一路"实施的影响因素;地方政府和企业对倡议的实施,也都是倡议实现必不可少的要素。

在一定程度上,"一带一路"也是摸着石头过河,一边实施,一边积累经验,推广成功案例。作为我国新时期对外开放的顶层设计,"一带一路"倡议应具有长期性,切不可成为新世纪最大的烂尾工程。"一带一路"目前正处于它的初期,我国应在较长时间内坚持推进"一带一路",这是新型法律共同体得以构建的前提条件。在国际上,也很难再出现一个类似于我国这样的国家来做"一带一路"的领路者。

(2)政治认同

中国经济开始崛起的初期,国际社会对我国负面舆论不断,有观点提出了"中国威胁论"。在"一带一路"提出之际,国际上对它的质疑声不断,有观点称其是"北京的马歇尔计划",是面向东盟、中亚等地区的对外投资和发展计划;[1] 还有观点认为,"一带一路"倡议是中国过剩产能的对外转移战略。[2] 我们在推进"一带一路"的过程中,要向其他国家传达一种共识,即"一带一路"不是要和别的国家竞争,更不是要与美国争夺霸权,而是要挖掘中国

---

[1] 胡键:《"一带一路"健康话语的构建》,"一带一路"百人论坛。
[2] 胡键:《"一带一路"健康话语的构建》,"一带一路"百人论坛。

自身的潜力，提升自我，"一带一路"不是转移财富的过程，而是创造财富的过程。它是中国从地区性大国向世界性强国转变过程中外交理念的重大调整，是中国由"负责任国家"向"负责任大国"转变的重要体现，是中国向国际社会提供的公共产品，与以美国为代表的西方国家所推崇的"民主和平论"等公共物品有本质的不同。

应当看到，随着"一带一路"的推进，越来越多的国家对它产生了兴趣，一些国家专门有机构研究之。其中典型的代表是日本。日本作为中国重要邻国、世界第三大经济体和第二大外汇储备国，在中国倡议提出之初，并未对"一带一路"倡议抱有兴趣，而是采取轻视、排斥态度，对"一带一路"的认知也停留在质疑和批判之中。随着倡议的推进，日本近期开始主动寻求参与，频频释放积极友好信号。[1] 其他国家释放出的友好信号，一方面证实了倡议的有益性和可行性，另一方面也认可了一个观点，即倡议不是我国称霸世界的工具。因此，即便在短期内我国看不到较大的经济效益，但在长期时间内，该倡议在其他方面的效益、影响力将仍然值得我国持续推进。

中国有丰富的传统文化资源，有成功的经济崛起实践，有与世界打交道的上千年历史经验，完全可以为人类社会贡献不同于西方话语的精神财富，应当争取为人类文明作出更大贡献。"一带一路"的推进需要合作国家有一种主流思想、一种政治认同，即中国将以实际行动改变"崛起大国必将挑战现存霸权"的国际关系霸权兴衰逻辑，尊重世界文明多样性和各国发展模式的独特性，加强思想文化领域和不同宗教之间的国际对话，倡导相互尊重、开放兼容的文明观，以一个"文明型国家"的崛起为国际社会做出更大的原创性贡献。[2]

2. 经济和贸易方面

在全球化时代，经济总是先行。这也是"一带一路"为国际经济发展带来的新模式。经贸关系的发展也将是"一带一路"的基础和先导，推动沿线国家形成国际合作格局。"一带一路"贯穿欧亚大陆，连接了亚太经济圈和欧洲经济圈，沿线总人口超过44亿，经济总量约39万亿元。[3] "一带一路"的

---

[1] 王义桅、崔白露：《日本对"一带一路"的认知变化及其参与的可行性》，"一带一路"百人论坛。
[2] 赵磊主编：《"一带一路"年度报告：从愿景到行动》，商务印书馆2016年版，第7页。
[3] "甄新伟：《央企高质量参加"一带一路"建设意义重大》，中国一带一路网，https://www.yidaiyilu.gov.cn/p/86585.html，最后访问时间：2023年10月12日。

推进将在基础设施建设、道路交通、物流、商品产业链等领域进行更加完善的建设，推动贸易投资自由化、便利化。

"一带一路"在发展经贸合作方面，需要在厘清现实的基础之上，抓住各国所需，按需分配，逐步推进。[1]在具体实施过程中，应从以下几个步骤着手推进：第一，完善铁路、公路、油气管道、电网、互联网、航线等基础设施的建设。由于"一带一路"涉及区域广，其中中部广大发展中国家在基础设施建设方面不够完善，如道路运输条件差、安全隐患多、信息沟通交流不通畅，通信网络覆盖范围小、传输效果差等，而基础设施的完善是实现一切互联互通的基础，因此将基础设施的协作作为"一带一路"倡议中区域合作的第一步与切入点具有合理性与必然性。

第二，在完善基础设施的基础之上，深化彼此了解，加强政策沟通，力图推进各类自贸区建设，并同域内业已存在的各类战略目标相契合，提高区域合作的紧密性与层级性。在这一过程中，中国应进一步寻求区域合作的契合点，按照不同国家的需要展开不同类别的企业合作、能源合作等，如可以推进中国国内过剩产业如钢铁产业的外向转移。同时，为了保证"一带一路"的进一步落实，中国可以提升合作层次，如打造中国与东盟自贸区关系的升级版，尝试同中亚国家建立自贸区，将非洲北部国家或其他沿线国家纳入合作轨道。

第三，在不断实现"五通"的过程中，逐步建立起涵盖东亚、南亚、东南亚、中亚、西亚乃至欧洲的欧亚大陆集群，在此集群内，实现生产要素的自由流动，促进劳动力、资本和货币等自由流通，建立起便利的交通运输网、信息合作网和科技交流网，减少贸易壁垒，加强经贸合作，真正建立起和谐稳定的共同体，推动实现共同繁荣、共同发展、共同进步。

3. 文化与社会方面

在推进"一带一路"的过程中，要注意讲好"一带一路"故事，充分利用媒体和智库，做好"一带一路"形象建设；重视民心相通在合作中的作用，重视文化交往和人文交流在倡议中的作用；通过倡议初期的一些具体实践，中国政府和中国企业应正面面对其他国家的民众，在倡议实施过程中展示出一种负责任大国的形象，消除民众对所谓"中国威胁论"的担忧。新型法律共

---

[1] 王义桅：《"一带一路"：机遇与挑战》，人民出版社2015年版，第183页。

同体为国际合作提供了平台,在一些发达国家国内贸易保护主义思潮抬头的背景下,"一带一路"倡议为促进政策沟通与民心相通提供了平台,不仅促进国际经济交往,还促进其他方面的交往。

"一带一路"倡议的实施使我国部分省市从对外开放的大后方一跃成为对外开放的最前沿,这也促使各民族地区与国内其他地区及亚欧各国、各民族之间的交往日趋频繁,其生活方式、风俗文化、宗教信仰、价值观念交织碰撞,涉及民族因素的矛盾纠纷也将会呈现出易发高发态势。学者梁永佳、李小云等还特别提醒说:"宗教在实施'一带一路'的区域不仅仅是信仰问题,而是完全处于这些国家政治经济和社会文化生活的核心。在"一带一路"倡议实施下,不同民族之间交往日益频繁,而不同文化背景、社会环境、生活习俗的差异使得民族宗教问题也趋于复杂微妙,因此在"一带一路"倡议实施中必须充分考虑到宗教因素的影响。[1]

(二)"一带一路"新型法律共同体的途径

1. 国别研究:美国构建法律共同体的经验

美国对外法律交流的开展是以经济全球化为背景的。其法律交流的成效也相对较晚。英、法、德等国法律交流开展的背景是梅因所说"由身份到契约"的过程,其对外输出法律思想一般强调个人权利、契约自由、所有权绝对等个人本位的思想。从历史角度讲,美国在构建法律共同体过程中可以分为三个阶段:第一阶段,接受国外的法律和制度,做英国法的接受者。第二阶段,由规则的接受者转为规则的制定者,做法律和制度的输出者。第三阶段,参与主导国际规则的制定,使后继加入者不得不接受其法律价值。

2. 法律共同体典型样本分析

(1)法律共同体概览

经济全球化带来多边贸易体制的迅速发展,区域一体化进入一个新的阶段。区域一体化通常包含两个层面的含义:一层是指成员国之间的活动(尤其是经济活动)中各种限制和障碍逐步被消除,各国市场得以融合为一体,企业面临的市场得以扩大;另一层含义是指成员国之间签订条约或协议,逐步统

---

[1] 吴大华、黄孝慧:《"一带一路"战略下的民族法治建设》,载《中华文化论坛》2015年第1期。

一经济政策和措施，甚至建立超国家的统一组织机构，由该机构统一实施经济政策和措施。过去几十年中，区域法治的典型代表有欧盟、北美自由贸易区、世界贸易组织、跨太平洋战略经济伙伴关系协定等；非典型性的区域法治还有二十国集团等。

区域一体化的主要形式是自由贸易区。据WTO统计，正在实施的区域一体化中，绝大多数是自由贸易协议，占所有区域贸易安排的72%。

TPP自2002年开始启动，该协议的主要目标之一是建立自由贸易区。2017年1月，美国总统特朗普宣布从TPP中退出。2017年11月11日，日本经济再生担当大臣和越南工贸部长宣布11国将签署新的自由贸易协定，新名称为全面且先进的TPP（CPTPP）。与世界贸易组织这一存续时间较长的国际经济体系不同，TPP从传统、单一、狭义的贸易协定发展为现代、广义、综合的贸易协定。除经济元素外，TPP还包含许多非经济元素。TPP成员不仅要受到贸易机制的制约，还要受到法律法规、社会团体、生态环境、商业模式和公众评判等制约。这是整体、多层次发展的自由贸易新模式。这可以说是新时代主流发达国家对自由贸易的全新注解。但是，从目前的发展来看，TPP存在着一些问题，譬如在环太平洋这个发展程度参差不齐的区域建立自由贸易区，会摧毁很多国家相对落后的产业。实际上，TPP是把社会经济发展水平差异极大的国家放在一起谈自由贸易区建设的大杂烩。由于目前该协议还未见成效，因此，此处也不选取该协议来进行分析。

WTO是目前唯一协调和管理国际贸易关系的全球性国际经济组织。世界贸易组织（WTO）的前身是"关税与贸易总协定"（GATT 1947）。在历史上，WTO对于促进贸易自由化，促进世界经济发展，推进全球化起到了较大的作用，因此，本部分选择该组织来进行分析。

（2）联合国与国际法治建设

第二次世界大战以后，国际社会的法治化程度逐步提高，联合国做出了重要贡献。作为道义与合法性代表，联合国平衡大国和小国利益，充分利用其网络制度优势，在冲突地区和发展等领域有效地推进国际法治建设。联合国在国际法治建设方面取得的成绩离不开会员国的支持，尤其是大国的相助。

从海牙会议、国际联盟、1928年《非战公约》到1945年《联合国宪章》和1970年《国际法原则宣言》，联合国成为国际法的集大成者，它完成了国际法的体系化。

归纳起来，联合国框架下的法治理念和措施主要分为三个方面：国际层面的法治；推进争端、冲突中和冲突后地区的法治，尤其是国际法治的能力建设；以发展作为长远框架的法治。而这些努力所创造的成果，分布在法治的理论基础与法律依据、国家治理与国家间关系、发展与问题治理这三个方面。[1] 首先，联合国以《联合国宪章》为准绳，竭力创造各种条件使正义、遵守条约和其他国际法原则得到遵循，并推动国际法的编撰、实施与发展，协助促进国际争端的司法解决。其次，联合国发动各国普遍缔结、参与多边条约或公约以处理国家间关系。最后，在许多具体的问题领域，联合国的法律工作都是创举，它识别具体问题、引领相关研究、建立处理原则，并建设以法治为组织、行动原则的相关国际机构。[2]

联合国在促进国际法治方面具有独特优势。第一，联合国是道义与合法性的代表。[3] 第二，联合国是权力政治与权利政治的结合，其很好地平衡了大国与中小国家的利益。第三，联合国的制度网络优势。

正是由于联合国的多重优势和不懈努力，战后近80年来，联合国在国际法治方面取得了举世公认的成就。联合国的主要机构、专门机构及与在联合国获得咨商地位组织的工作，都构成国际法治的一部分。正如有学者指出，近80年来，联合国从发展国际法、维护国际法、增强法治等方面做出了重要贡献，其中，中国对联合国法治建设也做出了自己的努力。

（3）世界贸易组织

① GATT1947建立前存在的与国际贸易有关的学说

WTO/GATT1947的产生与发展和国际贸易基本理论有着密切的联系。与国际贸易有关的学说有以下几种：重商主义学说、绝对优势理论学说、比较优势理论学说、国际贸易保护理论学说。重商主义学说产生于15世纪，盛行于16世纪和17世纪上半叶，17世纪下半叶和18世纪初衰落。它最早出现在意大利，后来在西班牙、葡萄牙、尼德兰、英国和法国流行。16世纪晚期，它在英国和法国得到了重大发展，源于一些重要的重商主义思想家和著作。重商主义的主要观点认为国内贸易只是一种货币转手活动，并不能增加国家财富，除了开采金银矿藏以外，获得财富的唯一途径是发展国际贸易；大力主张国家干预经济活动，要求政府用法律手段保护国内工商业，为其提供便利条

---

[1] 贾烈英：《联合国与国际法治建设》，载《国际政治研究》2018年第2期。
[2] 贾烈英：《联合国与国际法治建设》，载《国际政治研究》2018年第2期。
[3] 贾烈英：《联合国与国际法治建设》，载《国际政治研究》2018年第2期。

件,促进其发展。以重商主义为指导贸易政策主要体现为贸易保护主义政策,即采取限制进口、鼓励出口的贸易政策。这种贸易政策往往在国际上容易遭到其他国家的贸易报复。

绝对优势理论学说认为,世界各国都应当生产本国最擅长即生产成本绝对低廉的产品,然后用这些产品同其他国家交换,换回自己最不擅长即生产成本绝对高昂的产品,这样就会使双方都大大节约劳动,从而增加商品享用量。亚当·斯密提倡自由贸易,在他看来,社会的每一个人都受一只看不见的手在指导,这只基于利己的"看不见的手"指导人们把资本和劳动尽可能地投入符合社会发展需要的产业中去,指导人们加强管理,改进技术,尽量增加社会总收入。国际贸易也是如此,只有让它自由和自然地发展,社会才能得到最大利益。自由国际贸易不仅不会使一国破产,反而会使它变得更加富裕和强大。

亚当·斯密的绝对优势理论学说无法回答的一个国际贸易现实问题是:如果一个国家与另一个国家相比,任何产业均无优势,但事实上两者都在做贸易,那么,是两国均能获益,还是没有优势的国家净损失,另一国净受益? 1817年,英国大卫·李嘉图在其《政治经济学原理》一书中提出了比较优势理论学说,回答了这一问题。李嘉图通过简单的假设使人们认识到:参与国际贸易、融入经济全球化,不管是发达国家还是发展中国家,都会从中获益。比较优势理论学说认为,使用国际贸易最自由的政策,是最明智最稳妥的政策,加诸国际贸易的任何限制,所限制的不是别的国家的利益,而是自己国家的利益。李嘉图的比较优势理论经过生产要素比例说、产品周期论等理论的不断完善与发展,成为国际自由贸易理论的核心理论。应该说,以比较优势理论学说为基础和核心的自由贸易理论解释了国际贸易的成因和开放市场的积极效果。各国通过生产自己具有相对比较优势的产品进行自由贸易,使资源在世界范围内得到更佳配置,增加各国的财富,并促进经济发展和人民生活水平的提高。

我国加入WTO后国际贸易迅速发展的实践是对比较优势理论的有力诠释。加入WTO前,由于与发达国家相比,我国相当多的产业处于劣势地位。因此,很多人担心加入WTO后会对中国经济发展产生较大负面影响。加入WTO后的实践证明,中国对外贸易发展非常迅速。

然而,学说归学说,现实生活中,没有一个国家或地区实行绝对的自由贸易,都或多或少地采取贸易政策对国际贸易进行干预或管理。美国汉密尔顿在1791年向美国国会提交的《关于制造业的报告》和德国著名的经济学家李斯特在1841年发表的《政治经济学的国民体系》都提出了国际贸易保护理论。该理论的主要观点如下：第一，出于对幼稚产业的保护，国家可以实行贸易保护。处于发展初期的国家，应该通过保护性的措施来保护其国内有关产业，尤其是制造业，直到该产业达到一定的规模和先进程度，能与进口产品竞争或能与出口产品竞争。第二，国际合作的关注。比较优势理论仅仅关注国际分工，没有关注国际合作问题。国际合作缺乏及执行安排，一旦遇到战争或商业恐慌，合作关系往往立即中断，缺乏国际合作，自由贸易就没有基础。第三，国家经济安全的考虑。当今世界，有的国家经济发展已经达到较高程度，有的国家则还比较落后，后者如果不实行保护关税的制度，其国民经济就会在前者的优势竞争下被打垮，从而沦为被奴役的地位。第四，有节制的贸易保护。保护性关税制度不能被滥用，对不同工业部门的保护程度要区别对待，保护制度并不能保护一切商品；在国际贸易实施保护措施的基础上，国内市场应当充分竞争。

在国际经贸实践中，国家往往出于政治目的和产业界的压力，如担心贸易竞争造成某些产业工人失业，为了争取某些产业的政治支持等，没有国家实行完全的自由贸易，往往是自由贸易政策与贸易保护政策并存。比较优势理论学说和国际贸易保护学说在 WTO/GATT1947 多边贸易体制中同样也得到了清晰的反映。WTO 一方面为扩大货物和服务的自由贸易努力，另一方面又规定了自由贸易的若干例外条款，如幼稚产业保护条款、保障措施条款等。

②创建历史及谈判焦点

《关税与贸易总协定》是第二次世界大战后国际经济贸易发展的产物。在 GATT1947 之前，由于不存在约束各国政府干预国际贸易的国际条约或协定，各政府拥有干预国际贸易的绝对主权。19 世纪末 20 世纪初，资本主义由自由竞争进入垄断阶段。迫于国内垄断资本的压力，各主要资本主义国家逐渐放弃了自由贸易政策，纷纷实行贸易保护主义政策，逐步提高关税税率，抵制其他国家工业品的进口。1929 年至 1933 年，爆发了历史上规模空前的世界性经济危机，各国政府为了转嫁危机、挽救国内产业、提高就业水平，纷纷采取提高关税、限制进口、鼓励出口和实行外汇管制或竞争性货币贬值等一系列贸易保护主义措施。这些措施导致国际贸易的严重萎缩，加上国内需求的减少，各国工厂倒闭，工人失业，民族情绪高涨。第二次世界大战前夕，战胜国开始探讨设立一个处理和协调国际贸易的专门机构，以推行贸易自由化。

20世纪30年代，大萧条时期的高关税壁垒及其他限制贸易措施实际上是第二次世界大战的根源之一，人们希望为国际经济贸易关系搭建制度性的构架，增加各国多边贸易合作以减少经济冲突。1944年7月，美国、英国等44国在美国新罕布什尔州建立了国际货币基金组织和国际复兴开发银行。而本打算建立的国际贸易组织（ITO）由于美国国会的拒绝批准而夭折。所幸的是，在起草ITO宪章的过程中产生了GATT1947。1947年10月30日，23个国家在瑞士日内瓦共同签署了《关税与贸易总协定》（GATT1947）。由于绝大多数国家最终没有批准ITO宪章，GATT1947一直以临时适用的多边协定形式存在。GATT1947从1948年1月1日开始实施，到1995年1月1日WTO正式运行，独自运作了47年。截至1994年12月31日，GATT1947已有128个缔约方。

GATT1947对国际贸易的突出贡献在于，每隔一定时间，其缔约方都会举行关税减让的多边谈判。乌拉圭回合多边贸易谈判自1986年9月开始至1994年4月正式结束，成为GATT1947历史上费时最多的一次多边贸易谈判。乌拉圭谈判中，不仅解决了多边贸易体制的传统难题，如农产品、纺织品、保障措施等；而且包括了新议题，如知识产权、与贸易有关的投资措施和服务贸易，从而扩大了多边贸易体制的管辖范围。[1]1994年4月12—15日，贸易谈判委员会在摩洛哥的马拉喀什召开部长会议。124个参加乌拉圭回合的谈判方于同年4月15日签署了包括《WTO协定》在内的乌拉圭回合最后文件，并通过了《马拉喀什宣言》。《马拉喀什宣言》强调，WTO的建立开创了全球经济合作的新纪元。随着乌拉圭回合最后文本的通过和签订，GATT1947向WTO过渡；1995年1月1日，WTO正式成立。

③世界贸易组织的法律体系

WTO的法律框架由以下几个部分组成：一是WTO基本法，即WTO协定，WTO协定是世界贸易组织的最基本法律文件。WTO协定列于乌拉圭回合最后文件各项协议之首。其规定了WTO的宗旨和原则、活动范围、职能、组织结构、成员资格、法律地位、决策机制等。二是WTO关于货物贸易的法律制度。其中包括GATT1994，其他有关货物贸易的多边协定，包括《贸易技术壁垒协定》《卫生与动植物检疫措施协定》《装运前检验协定》《原产地规则协定》等。三是WTO关于服务贸易的法律制度。这一方面主要体现在《服

---

[1] 曹建明、贺小勇：《世界贸易组织》，法律出版社2011年版，第16页。

务贸易总协定》中。四是 WTO 关于与贸易有关的知识产权法律制度，该点集中体现在《与贸易有关的知识产权协定》中。五是 WTO 关于争端解决机制的法律制度。主要体现在乌拉圭回合所达成的《争端解决规则和程序的谅解协定》中。六是 WTO 关于贸易政策评审机制的法律制度。WTO 贸易政策审查机制是在乌拉圭回合谈判过程中产生的，并最终形成了贸易政策审议机制的协定，即《贸易政策评审机制协定》，列入《WTO 协定》附件 3。七是 WTO 关于复边贸易协定的规定。比如，《民用航空器贸易协定》《政府采购协定》《国际乳制品协定》《国际牛肉协定》，这类守则的签约方大都是 GATT1947 部分缔约方，显然达不到 WTO"多边"的要求。

相比于 GATT1947，WTO 的法律框架超出了传统的国际贸易法的范围，包含了有关服务贸易、与贸易有关的知识产权和与贸易有关的投资措施等新领域的法律制度。WTO 的法律体系尽管涉及不同部门和领域，但各部门、各领域的法律之间既相互区别，又彼此联系与协调，具有内在的统一性。第一，各领域的基本法律原则具有一致性。虽然 WTO 货物贸易法律制度、服务贸易法律制度和与贸易有关的知识产权制度调整的领域不同，但均遵循一些基本的法律原则，如最惠国待遇原则、国民待遇原则、透明度原则等。第二，管理机制的协调性。与 GATT1947 相比，WTO 不仅在组织机构上更为完备，而且在管理体制上更注重协调，形成了一整套协调网络。各领域的每一项协定几乎都设立了专门理事会或委员会，这些机构一方面是有关协定的管理机构，另一方面又隶属于 WTO 的总理事会，受后者的领导和监督。第三，而且争端解决机制的统一性。WTO 的争端解决机制不仅程序更趋完善，争端解决方法中增添了新的司法特征，更重要的是它具有 GATT1947 无法比拟的统一性。不论是 WTO 协定本身的争端，还是其附件中有关的多边贸易协定范围内的争端，均纳入 WTO 争端解决机制。

但 WTO 的法律体系内部也会有不协调乃至冲突。根据规定，当《WTO 协定》的某一规定与任何多边贸易协定的某一规定发生冲突时，《WTO 协定》的规定应在冲突的范围内优先；当 GATT1994 的某一规定与各项货物贸易的多边协定的某一规定发生冲突时，货物贸易多边协定的某一规定应在冲突的范围内优先；当 WTO 普通争端解决机制与《争端解决规则和程序的谅解协定》附录 2 中所规定的涵盖协定中所含有的特殊或附加规则和程序存在差异时，特殊或附加规则优先。

④世界贸易组织的功绩

1）对世界经济的意义

"二战"后的 GATT1947 到 WTO 均对世界经济的促进作用较大。普遍认为，多边贸易体制对战后世界经济的恢复与增长，提高人民的生活水平，促进经济全球化，维护世界和平与发展等发挥了巨大推动作用。回顾关贸总协定和世贸组织的发展历史，多边贸易体制从建立到不断完善，已经成为世界经济的重要支柱和经济全球化的重要推动力量。具体来说，WTO 成立以来的成就主要集中在以下几个方面：

第一，WTO 逐步推进贸易自由化。WTO 内的各项协议，包含了歧视待遇、无条件最惠国待遇、国民待遇、政策法规透明度、互惠待遇、关税减让待遇贸易政策等基本原则；规范各成员国在商品流通、通关程序、关税和非关税壁垒的削减、商品检验、服务贸易、知识产权保护，与贸易有关的投资政策、税收政策、金融货币政策等广泛领域的行为。

第二，WTO 健全了组织机构。为了确保组织机构的建立，WTO 通过了有关其主要机构及其附属机构的规则和程序，采取了一系列重大措施，其中最重要的就是建立受理上诉的常设上诉机构，为 WTO 协定全面运行提供了争端解决的几种保障。[1]

第三，WTO 在新的领域取得谈判成果。WTO 成立以后，一直推动乌拉圭回合谈判尚未达成协定的领域取得成果而努力，并取得了较大成功。例如，在 1997 年达成了《全球基础电信协定》《信息技术协定》《全球金融服务贸易协定》。其中《全球基础电信协定》和《全球金融服务贸易协定》是乌拉圭回合服务贸易谈判中悬而未决的议题。

第四，WTO 的成员方日益增多，它有了"经济联合国"之称。截至 2023 年，WTO 共有 164 个成员方。20 世纪 90 年代冷战结束，东西方之间原有的壁垒倒塌，一些原来实行中央计划经济的国家或地区逐渐采取或过渡到市场经济模式；发展中国家逐步放弃进口替代战略转而支持更为开放的贸易和自由市场。

第五，WTO 争端解决机制及规则，维持了国际贸易环境的稳定。乌拉圭回合中增强了争端解决机制的司法特性，减少了各方阻碍专家组成立和 DSB 通过裁决的可能性，并设立了上诉机构。WTO 的贸易争端为国际社会提供了

---

[1] 曹建明、贺小勇：《世界贸易组织》，法律出版社 2011 年版，第 387 页。

解决贸易争端的一种途径。此外，WTO 还举行高层会议，帮助最不发达成员解决贸易发展问题。2001 年 WTO 第四次部长级会议发表的多哈宣言，明确将提升贸易对促进经济发展和解除贫困进程中所取得的作用、处理最不发达国家成员方在经济全球化进程中出现的边缘化问题作为谈判目标之一。对将开始的新一轮多边贸易谈判，当时的总干事提出即将开始的多边谈判成为"多哈发展议程"。该名称实际上反映出人们希望 WTO 首轮贸易谈判在促进发展中国家的经济发展问题上发挥更大的作用。

2）对我国的意义

我国加入 WTO 的历史是曲折的。2001 年 11 月 10 日，在卡塔尔首都多哈举行的 WTO 第四次部长级会议上，审议通过了关于中华人民共和国加入的决定和《中华人民共和国加入议定书》。11 日晚，原外经贸部部长代表中国政府签署了《中华人民共和国加入议定书》，向 WTO 秘书处递交了中华人民共和国主席签署的批准书，完成了中国加入 WTO 的所有法律程序。2001 年 12 月 11 日，中国正式成为 WTO 成员。我国加入 WTO 后，享有 WTO 带来的一系列权利。例如，享有多边贸易体制确立的非歧视待遇的权利，享有全面参与多边贸易体制的权利，获得开放市场与法规修改的适当过渡期，享有服务贸易市场逐步开放的权利。

可以说，2001 年加入 WTO 是中国改革开放的一个重要里程碑。中国这 10 年完成了从 WTO 的新成员到多边贸易规则的参与者，并逐渐成为推动者的重大转变。通过加入 WTO，中国走出了一条以开放促改革、促发展的道路。加入 WTO 这二十多年来，我国经济快速发展，出口规模增长 4.9 倍，成为世界第一大出口国。国内生产总值迅速增长，经济总量跃居世界第二。

⑤世界贸易组织存在的缺陷及面临的挑战

随着经济全球化的继续加深，WTO 的缺陷逐渐体现出来，WTO 现有体制面临挑战。当前，世界经济发展缓慢，贸易保护主义增强，需要举行新的多边贸易体制，加强贸易自由化共识，增强抑制贸易保护主义的能力和纪律。除此以外，WTO 成立以来，世界经济贸易中出现了许多新事物和新现象，如电子商务的兴起，环境贸易措施的增多，成员方境内的贸易与投资关系的进一步协调，贸易与技术转让之间的关系等，这些新问题对世界贸易的发展影响加大，需要通过多边贸易谈判确立新的规则。否则，将会影响 WTO 作用的发挥。

多哈回合谈判后，成员方之间的分歧反而更加尖锐，多哈回合谈判久拖不决表明 WTO 多边贸易体制面临着严峻的挑战。

首先，WTO 面临着发展中国家发展的挑战。在全球经济危机的冲击下，以中国、俄罗斯、印度、巴西和南非为代表的新兴经济体保持了经济的稳定发展，并在世界经济复苏中发挥了重要作用。新兴经济体对全球经济结构的诸多弊端有切肤之痛，建立公平、公正、包容、有序的国际经济金融新秩序成为新兴经济共同而迫切的诉求。没有发展中国家特别是新兴经济体的参与和认同，发达国家借助 WTO 多哈谈判构筑 21 世纪国际经济秩序比较困难。

其次，当前存在的问题引发了人们对经济全球化理念的反思。经济全球化是促进各国经济繁荣的重要因素，但 2008 年美国"次贷危机"引发的全球金融危机引发了人们对经济全球化负面影响的重视和思考。人们普遍认为自由市场可以自我调节，推崇贸易自由化、金融自由化等。但过度自由化、过度放松监管甚至不要监管理念与实践最终导致一些强势的利益集团受益、其他消费者受损；那些不完全遵守规则且拥有较强影响力的国家受益、其他国家利益受损。经济全球化所带来的环境与健康问题、贫富不均加剧、金融危机和经济危机加速扩散、人们幸福指数下降，迫使一些国家对传统的经济增长和全球竞争观念进行反思。

⑥世界贸易组织给新型法律共同体的启示

1）GATT1947 建立前存在的与国际贸易有关的学说

对于重商主义学说、绝对优势理论学说、比较优势理论学说、国际贸易保护理论学说这几种学说，应当坚持比较优势理论学说以及国际贸易保护理论学说。由于国际社会始终存在各国的主权和安全考虑，不可能实行百分之百的自由贸易，因此，在合理的法律框架内，推动国际合作和自由贸易，是应对全球化，进行全球治理的方式。

在当今世界局势下，部分国家贸易保护主义抬头。WTO 在过去一些年中对世界经济推动成效较大，这表明国际贸易、互通有无的重要性。我国在当前的国际形势下，更应乘势而上，坚持国际合作，继续倡导经济互联互通。在看到 WTO 的作用时，也应看到 WTO 存在的不足。WTO 体制不能完全适应现在多种多样的经济往来。WTO 规范的范围主要是商品贸易、服务贸易、投资等方面，对于我国企业走出去进行基础设施建设以及当下的网络贸易没有规定，而新的法律共同体应对此方面进行规定。

2）推进高标准的贸易和投资规则

从我国加入世界贸易组织至今，互联网逐步普及并发展，科技和经济也实现了进一步发展。过去横亘在人类跨国交往面前的高山、河流、海洋以及空间已经不是太大的问题。但人类面临的问题（如环境问题等）也日益需要在贸易及投资规则中进行规范。WTO 规范传统的商品、服务、投资国际规则，较为过时，而新型法律共同体应结合实际，推进高标准的贸易和投资规则。

3）建立争端解决途径

WTO 与以往的贸易规则体系相比，突破之一在于建立了新的争端解决方式。该争端解决方式也存在一定的缺陷。新型法律共同体应探索合适的争端解决方式，为国际贸易和投资领域的争端创造解决途径，维护我国企业的利益，保证国际合作的成效。

（4）东亚共同体

东亚是全球经济增长速度最快、发展潜力最大的地区之一，区域与次区域合作被正式提上议程。1990 年，马来西亚总理马哈蒂尔呼吁建立"东亚经济集团"，由东盟及中日韩三国组成。日本基于抗衡"北美自由贸易协定"和"欧洲经济共同体"的需要，提出了东亚经济圈的构想。[1] 1994 年前后，美国极力反对，日本也因此回避。"东亚经济集团"最终失败。因"集团"二字具有排他性和封闭性，1992 年，东盟将东亚共同体的名称改为"东亚经济核心论坛"。1994 年，东盟借助欧盟的力量，排除了美国的干扰，倡议并成功召开"亚欧会议"。参加"亚欧会议"的亚洲国家正是"东亚经济核心论坛"的成员国，即东盟各国及中国、日本、韩国。至此，东盟另辟蹊径，最终实现了"东亚经济集团"的设想。这一阶段是东亚共同体的草创或前期准备阶段，东盟国家在此过程中起着重要作用，特别是马来西亚总理马哈蒂尔，在他的倡导下，东盟国家克服了美、日等大国的阻挠，通过其他方式，巧妙地实现了东亚共同体的设想。在 1999 年 11 月召开的第三次"10+3"领导人会议中，各方签署了《东亚合作联合声明》。韩国领导人金大中提出建立"东亚合作展望小组"，以推进东亚的合作与发展。

2001 年，东亚合作展望小组倡议建立"东亚自贸区"和"东亚共同体"。2002 年，该项倡议在"10+3"领导人第六次会议上通过。2002 年 11 月，东亚合作展望小组向第六次"10+3"首脑会议提出了关于建立"东亚共同体"的最终研究报告。该报告确定了"东亚共同体"的三个主要目标，即区域和

---

[1] 曹建明、贺小勇：《世界贸易组织》，法律出版社 2011 年版，第 17 页。

平、共同繁荣和人类进步。报告提出了"东亚共同体"建设的指导原则，包括包容性、国际规范、区域思维、稳步的制度化，与全球体系相一致等。报告就"东亚共同体"建设提出了22项关键建议，共包括57项具体的措施，内容涉及贸易、投资、金融、政治、安全、环境、社会、文化、教育、制度化合作等诸方面。

2003年年底，日本和东盟举行特别首脑会议，会后发表的《东京宣言》也确认了建立东亚共同体的目标，即寻求建设一个外向的、富有生机活力和共同相互理解精神、维护亚洲传统和价值观，又尊重普遍规则和原则的东亚共同体。

2004年，"东亚共同体"建设作为东亚合作的长期目标，在第八次"10+3"领导人会议上正式确定。2005年，在第九次"10+3"领导人会议和首届"东亚峰会"上，"东亚共同体"建设再次被确认为东亚合作的长期目标，明确"将继续以东盟与中日韩进程为主渠道"。2005年4月，东盟10国召开外长会议，一致同意东盟应在东亚峰会中发挥主导和核心作用。这一阶段，1997年金融风暴成为东亚共同体发展的催化剂，1997年至2005年东亚共同体的推进进入快速发展期，频繁召开领导人会议，签署了多份联合声明，取得了阶段性成果。"10+3"机制逐渐形成，构建东亚共同体逐渐从理想到取得实质性进展。但此阶段的东亚合作更多地集中在经济领域。2006年至2007年，东亚共同体的发展陷入低潮，发展步伐放缓，构建也停留在概念水平。

2010年，中国和东盟组建的世界第三大自由贸易区"中国—东盟自由贸易区"正式建成，全面启动。接下来，随着韩国—东盟自由贸易区、日本—东盟自由贸易区的推进，一个以中国、日本、韩国以及东盟十国为主体的"10+3"东亚经济共同体已经开始孕育。三大自由贸易区竞相发展，发展到一定程度，可能会成为"10+3"东亚自由贸易区，最终可能形成东亚经济共同体。

2012年，东盟领导人会议采纳了"东亚合作展望小组"的建议，提出于2020年前建立"东亚经济共同体"。由此，各方确认以建设"东亚经济共同体"为东亚合作的长远目标，充分说明"东亚共同体"构想已经得到了东亚主要国家的普遍认同，并为多数国家和地区所接受。现今，东亚经济对世界经济增长有很大的影响力，东亚合作前景广阔，潜力巨大。

中韩已正式签订自贸协定，中国—东盟自贸区升级谈判结束并签署议定书，中日韩自贸区经过12轮谈判各项工作稳步推进；各方在维护地区金融稳定、推进互联互通、开展产能合作、减贫、推动人文交流与合作等方面共同努力。2017年，"10+3"合作已启动20周年，东盟十国与中日韩三国进一步推动互联互通，并在其他合作机制中也加强了协调。2017年5月举行的"一带一路"国际合作高峰论坛上，"10+3"各成员国均派代表出席，并签署了一批合作项目，为东亚共同体注入了新的活力。各方确认，携手努力推动并实现在2020年建成"东亚经济共同体"的目标。

21世纪初叶，世界范围内的区域一体化已是世界性的潮流。与欧盟和北美自由贸易区相似，东亚的联系也日益紧密。东亚地区13个国家拥有人口约20亿，占全球人口三分之一，是潜力巨大的消费市场。东亚地区的国内生产总值占世界总量的约20%，东亚国家的外汇储备占世界外汇总储备的二分之一，东亚地区经济增长速度最快。这些经济要素使得东亚地区的重要性在全球范围凸显出来。目前在东亚地区有着各个层级、多种多样的双边、多边互动交流机制，如东亚峰会、APEC、"10+3"领导人会晤、东盟会议、关于解决朝核问题的六方会谈，已经达成的一系列自由贸易协定与合作文件，使得包括政治、外交、金融、贸易、农业、教育等各个领域在内的东亚区域合作蓬勃发展，东亚一体化进程不断加快。[1]这些都将有助于推动东亚国家经贸版图的整合与思想文化的创新，一旦它们发育成熟，便可以成为东亚共同体的基础，并日益凸显出重要的历史意义。

尽管如此，欧洲一体化的经验告诉我们，东亚共同体难以轻易实现，它的形成不但要有一体化的经济基础、文化基础，还要有政治和政策基础，尤其要有法律制度方面的协调与一体化，否则难以形成真正意义上的东亚一体化。

东亚共同体的建立存在着一些问题，[2]其中一个问题就是推动东亚共同体的领导权问题。不同的文化在国家间建构不同的身份，而不同的身份又建构起不同的国家利益，不同的利益进而又会建构不同的行为。基于建构主义的视角，"中、日互不信任、相互竞争，但是在对东盟的看法上却取得了共识，这就决定只有东盟才能扮演东亚合作的主导角色"。东盟作为一个松散的中小国家的合作组织，容易被各大国接受。学界普遍认为，以欧盟和北美自由贸易区为例，一个成功的区域组织至少应该有两大因素：急于达成一体化的强大

---

[1] 冯玉军：《全球化中的东亚法治：理论与实践》，中国人民大学出版社2013年版，第3页。
[2] 冯玉军：《全球化中的东亚法治：理论与实践》，中国人民大学出版社2013年版，第3页。

市场压力以及无争议的领导权。东亚地区拥有全球最具潜力的市场,但东亚共同体若要持续发展,必须先处理好领导权问题。在东亚共同体构建中,东盟的作用非常有限。东盟在区域合作中的中心地位并不是天然形成的,而是受其自身发展和参与东亚地区合作程度的影响。

综合来看,东亚共同体是地理邻近的东亚各国希望通过长期的相互合作和一体化进程而形成的一个紧密整体。它建立在共同利益和地区认同的基础上,并非排他性的集团。东亚共同体应以区域经济一体化为基石,通过自由贸易区、经济共同体、货币联盟等形式,由低级到高级,形成一种你中有我、我中有你、利益交织、相互联结而成的关系状态。现在的东亚共同体还是一个"强理念、弱制度"的状态。对东亚共同体的内涵不必过早定论,从实践的角度讲,今后一段时间仍应以深化经济合作为中心任务,以自由贸易区建设为重点内容,稳妥地开展政治安全对话与合作,使其逐步发展为涵盖各领域的综合性合作机制。

"东亚共同体首先应该是一个政治共同体和安全共同体"。建立东亚共同体,有利于解决区域内现有的争端,推动与促进东亚共同体各成员之间的沟通与协调,利用国际法或其他国际合作机制,以期在朝核与南海等问题上达成一致;同时,为消除不必要的芥蒂与担忧,区域内的各国也应承认和尊重东盟在构建东亚共同体中的主导地位,增强互信和认同,加强沟通与合作。东亚共同体是开放的地区主义,应心怀更开放的态度,朝鲜、俄罗斯、蒙古国加入东亚共同体只是时间问题,域外国家也不应被完全排除在东亚共同体之外。排他性、等级制的东亚共同体构建必定难以为继,因此,除了"一轴两翼""10+3""10+6"等模式,应尝试与新兴的开放性合作模式结合,如"一带一路"倡议,积极探索东亚区域合作的更多有效路径。[1]

3. 中国构建法律共同体的途径

"一带一路"新型法律共同体建构途径,可以参考美国的阶段性政策,但不能照搬照抄。新型法律共同体需要与"一带一路"的发展阶段相适应。"一带一路"还不存在整体的规则建构机制,因其发展程度还是初级的,还没有稳定的框架和结构。

---

[1] 潘玥、常小竹:《"一带一路"背景下东亚共同体构建中东盟的作用与前景》,"一带一路"百人论坛。

（1）第一阶段：政府高层间协商与交流，商讨法治化道路

在"一带一路"提出初期，政府高层间应进行协商和交流，商讨建构新型法律共同体。没有条件建立覆盖整个"一带一路"沿线国家的自由贸易区，需要立足实际，扎实推进。既可能是推动某种法律规则生成的方式，也可能是化解贸易壁垒、建构国际税收新秩序等消除法律差异的重要途径。2016年6月召开的"丝路国际论坛暨中波地方与经贸合作论坛"上，中国国家主席习近平和波兰总统杜达共同出席了该开幕式，该论坛的重点议题包括加强建设规划、技术标准体系的对接；提高运营管理效率，促进设施有效利用；强化运输协调机制、实现国际运输便利化等。

（2）第二阶段：以规则为基础、多种合作形式并进

在这一阶段，特定政府机构之间协商和交流，夯实法治基础。中国政府的司法部门可以主动开展与沿线各国的司法国际合作交流，夯实"一带一路"的法治基础，加快制定双边和区域性的司法合作协议，借此与各国司法机制实现良性有效的对接。同时，采取双边或多边合作框架下就法律问题的协商与交流。进一步加强就相关法律规则的磋商与交流，促进中国法律服务企业的海外业务拓展以及法律服务行业协会的对外交流。律师、公证、仲裁等企业的海外业务拓展将大大降低企业走出去的盲目性，降低企业海外业务的法律风险，提高相关法律资源的利用效率。而法律服务行业协会的对外交流不仅对于中国法律服务业的海外拓展有重要意义，而且对于形成有效的"一带一路"相关法律环境有重要意义。

"一带一路"不是以往"紧密型一体化合作组织"，不会打破现有的区域制度安排，更多的是一种务实灵活的经济合作安排。强调联合国开发计划署的前期贡献，将"一带一路"纳入联合国2015年后可持续发展议程，践行党的十八大报告提出的"五位一体"理念，建设绿色丝绸之路。从当前"一带一路"发展的情况来看，它还不是一个实体和机制，而是合作发展的理念和倡议，依靠中国与有关国家既有的双多边机制，借助既有的、行之有效的区域合作平台，旨在借用古代"丝绸之路"的历史符号，高举和平发展的旗帜，主动地发展与沿线国家的经济合作伙伴关系，共同打造政治互信、经济融合、文化包容的利益共同体、命运共同体和责任共同体。[1]对于"一带一路"覆盖的地理范围、合作领域和合作机制安排、具体实施路径、实施阶段及目标等

---

1 王义桅：《"一带一路"：机遇与挑战》，人民出版社2015年版，第9页。

都需要尽快具体化，形成国际共识。[1]

第一，在"一带一路"倡议提出初期，分别与沿线国家建设自贸区。2015年2月25日，中韩双方完成中韩自贸协定全部文本的草签，对协定内容进行了确认。至此，中韩自贸区完成全部谈判。中韩自贸区谈判于2012年5月启动，是我国迄今为止对外商谈的覆盖领域最广、涉及国别贸易额最大的自贸区。根据谈判成果，在开放水平方面，双方货物贸易自由化比例均超过"税目90%、贸易额85%"。中韩自贸区的正式成立，成为"一带一路"倡议提出后在自贸区建设领域的第一个成果，不仅将带动中韩企业间的互动，也将与中国—东盟自贸区形成相互呼应的效果，成为"一带一路"沿线自贸区的样本和突破口。

第二，建设经济走廊。经济走廊最早是由大湄公河次区域合作机制于1996年在马尼拉举行的第八届大湄公河次区域经济合作部长级会议上提出，其含义是指在一个特殊的地理区域内联系生产、贸易和基础设施的机制。其主要是通过对交通走廊的补充，提高经济利益，促进相连地区或国家之间的经济合作与发展。[2] 建设跨国经济走廊则要求几个国家在其相连或相近区域发挥各自的资源与优势，形成优势互补，开展基础设施、贸易投资、产业合作、贸易旅游等合作。[3] 我国在东北亚、东南亚、南亚、中亚地区依据不同的现实情况，因地制宜地建立了不同的"经济走廊"模式，主要包括"中蒙俄经济走廊""孟中印缅经济走廊""中巴经济走廊"、中国—中亚—西亚、中国—中南半岛经济走廊。例如，孟中印缅经济走廊的建设是中印之间少有的由学术界推动，最终被两国官方接受并接过主导权的外交案例。通过经济走廊的建设，有利于促进区域内生产要素，如劳动力、资本、技术、信息等要素的自由流动。[4] 孟中印缅经济走廊的建设，有利于我国西南部地区提高对外开放的水平，加强西南省份同南亚、东南亚的联系，从而缩小东西发展差距。

第三，"一带一路"倡议中所倡导的互联互通理念、利益共同体和命运共同体意识，与现有的多边合作机制相配合和呼应。在"一带一路"沿线国家中，存在的已有合作机制有上海合作组织（SCO）、中国—东盟"10+1"、亚

---

1 王义桅：《"一带一路"：机遇与挑战》，人民出版社2015年版，第194页。
2 王义桅：《"一带一路"：机遇与挑战》，人民出版社2015年版，第175页。
3 邵建平、刘盈孟：《孟中印缅经济走廊建设：意义、挑战和路径思考》，载《印度洋经济体研究》2014年第6期。转引自王义桅：《"一带一路"：机遇与挑战》，人民出版社2015年版，第175页。
4 王义桅：《"一带一路"：机遇与挑战》，人民出版社2015年版，第177页。

太经合组织（APEC）、亚欧会议（ASEM）、亚洲合作对话（ACD）、亚信会议（CICA），中阿合作论坛、中国—海合会战略对话、大湄公河次区域经济合作（GMS）、中亚区域经济合作（CAREC）等现有多边合作机制。

第四，除了经贸建设之外，其他的国际规则也同时被提上日程。例如，针对恐怖势力，中亚地区的恐怖主义势力影响了中亚地区的投资环境和运输线路的安全，同时也对中国、中亚地区乃至整个世界的安全构成了威胁。对此，上海合作组织为中国与中亚地区反恐提供了平台。《上海合作组织反恐怖主义公约》的签署和生效也将为"一带一路"倡议在反对恐怖主义领域提供良好的外部规则的引导，为各国在中亚地区的经贸安全、战略利益提供良好的保障。[1]

2014年3月31日，中欧双方发表了《关于深化互利共赢的中欧全面战略伙伴关系的联合声明》。提及加强交通运输关系潜力巨大，应共同挖掘丝绸之路经济带与欧盟政策的契合点，探讨在丝绸之路经济带沿线开展合作。这成为较长一段时间内中欧针对"一带一路"倡议进行合作的基石。[2]

此外，截至2021年4月，我国共签署了145个双边投资保护协定，但是在"一带一路"国家中还有13个国家未签署类似协定，其中包括塞尔维亚、阿富汗等国家。目前在这些国家开展投资活动的企业缺少应有的投资保护，一旦投资出现风险，企业将蒙受巨大损失。[3]我国与全球102个国家和地区签署了双边避免双重征税协定，但在"一带一路"国家中还有缅甸、柬埔寨（未生效）、东帝汶等国未与中国签署双边避免双重征税协定。

随着"一带一路"倡议的推进，一些国家对我国"一带一路"的态度也有所转变。日本政府开始转变方针，有意推进中日民间企业在第三国开展基础设施建设合作。日本政府6月公布的基础设施建设领域基本方针《基建系统出口战略》修订版中，也首次加入了推进日中合作的内容。[4]法国参议院发布首份关于中国"一带一路"倡议的评估报告，报告中并未渲染"中国威胁论"等偏见，而建议法国应该推动法中双边关系发展，正式融入"一带一路"。这份报告名为《对法国而言，"一带一路"是简单的经济标签还是世界

---

[1] 王义桅：《"一带一路"：机遇与挑战》，人民出版社2015年版，第71页。
[2] 王义桅：《"一带一路"：机遇与挑战》，人民出版社2015年版，第76页。
[3] 福建师范大学福建自贸区综合研究院：《"一带一路"与中国自贸试验区融合发展战略》，经济科学出版社2017年版，第308页。
[4] 参见中国"一带一路"网。

新秩序？》，报告撰写者说，应该"既不天真幼稚、也不咄咄逼人地看待包括'一带一路'倡议在内的中国政策，中国的经济和军事实力决定中国会采取和大国地位相匹配的政策"。[1]

（3）第三阶段：更高水平的国际合作和法律制度

与以往的国际贸易组织和欧洲人开创的全球化不同，以往主要集中在贸易畅通、资金融通的方面，"一带一路"倡议还强调政策沟通、设施联通和民心相通。在"一带一路"中，我国追求以经济合作为先导、确保沿线国家合作意愿，以政治合作为基石、消除开展经济合作的人为障碍，以文明交流和文化合作为支撑、弥合沿线国家间的信任鸿沟，赢得民心、塑造合作基础，进而拔除极端势力根源、预防安全冲突，打造一种全方位的对外关系发展理念。[2]《推动共建丝绸之路经济带和21世纪海上丝绸之路的愿景和行动》里提到，"共建'一带一路'的途径是以目标协调、政策沟通为主，不可以追求一致性，可高度灵活，富有弹性，是多元开放的合作进程。中国愿与沿线国家一道，不断充实完善'一带一路'的合作内容和方式，共同制定时间表、路线图，积极对接沿线国家的发展和区域合作规划"。

法律界之间的互相交流和合作，输出法律制度。这既有利于培养大批适应"一带一路"需要的法律人才，也有利于形成某种法学上的共识和理解，无疑将有利于形成推动"一带一路"发展的法律理论条件。当前中国的法律输出尚处于刚刚起步阶段，主要内容是指在尊重主权和国家文化的基础上，输出我们的法治理念和经验，传播中国特色社会主义法治文化。法律输出的主要目的包括：其一，对其他国家的法律制度和法治发展产生广泛、深刻的影响，培养他们对中国法治发展的认同感；其二，影响全球秩序和国际规则的重构，进而推行自己的主张。

当然，从多元区域合作规则供给机制的角度而言，其他参与主体的作用不容小觑，中国需要在充分理解与尊重"一带一路"沿线及周边国家具体情况的基础上，进一步考虑如何从法律供给机制建构"一带一路"新型法律共同体，以及建构共同体采用的具体程序等。

随着基础设施的互联互通，我国与"一带一路"沿线国家联系更为紧密，鉴于双方在贸易领域很强的优势互补性，以产能合作和服务贸易为重点，积

---

[1] 参见中国"一带一路"网。
[2] 王义桅:《"一带一路"：机遇与挑战》，人民出版社2015年版，第200页。

极推进双边、区域自由贸易协定谈判,通过自由贸易区的建设推动"一带一路"贸易畅通。[1]

目前已经签订自贸协议涉及"一带一路"沿线 13 个国家,包括"中国—东盟自贸协定""中国—巴基斯坦自贸协定"等。正在谈判和研究的涉及"一带一路"沿线 20 多个国家,包括 RCEP、海合会、马尔代夫、斯里兰卡、以色列、尼泊尔、孟加拉国等。[2]在这样的条件下,逐步形成全球自由贸易区网络。在全球化背景下,加强与各国及地区自由贸易区协定谈判,争取同大部分新兴经济体、发展中大国、主要区域经济集团和部分发达国家建立自由贸易区,构建全球自由贸易区网络。[3]

对于主要区域经济集团和部分发达国家,我国已经先后与美国和欧盟启动了双边投资协定的谈判。随着自贸协议谈判重点由自由贸易领域向投资领域转移,投资规则往往作为新一代的自由贸易区谈判核心环节,因而 BIT 谈判作为 FTA 谈判的基础,也是逐步实现全球自由贸易网络的重要环节。

"一带一路"不同于欧盟带有主权让渡性质的法律共同体,而是以主权国家和地区合作性质的更具有弹性和包容性的法律共同体。这一法律共同体的衡量标准并非首先是法律规则的统一,而是某种成熟有效的法律供给机制的形成。在这样新型法律共同体中,贸易壁垒、市场准入等阻碍经贸合作的制度将会得到有效应对,迅速降低经贸合作的风险和成本。新型法律共同体更强调法律规则之间的协调和纠纷解决机制的共识化,更强调通过法治和合作推进共同体建设。在"一带一路"发展的中期,应加强政策沟通,并同域内业已存在的各类战略目标相契合,提高区域合作的紧密性与层级性。在这一过程中,中国应进一步寻求区域合作的契合点,按照不同国家的需要展开不同类别的企业合作、能源合作等,例如可以推进中国国内过剩产业如钢铁产业,外向转移。此外,为了保证"一带一路"倡议的进一步落实,中国可以提升合作层次,如打造中国与东盟自贸区关系的升级版,尝试同中亚国家建立自贸区,将非洲北部国家或其他沿线国家纳入合作轨道。"一带一路"是顺

---

[1] 福建师范大学福建自贸区综合研究院:《"一带一路"与中国自贸试验区融合发展战略》,经济科学出版社 2017 年版,第 51 页。
[2] 福建师范大学福建自贸区综合研究院:《"一带一路"与中国自贸试验区融合发展战略》,经济科学出版社 2017 年版,第 51 页。
[3] 福建师范大学福建自贸区综合研究院:《"一带一路"与中国自贸试验区融合发展战略》,经济科学出版社 2017 年版,第 51 页。

势而为的策略，是接下来较长一段时间内的国家政策，是对外开放的顶层设计。几十年后，随着国内和国际形势的变化、科学技术的发展以及全球化的继续，国际社会以及我国本身会迎来新的变化。从目前的情况来看，幻想将"一带一路"倡议建设成新的WTO，新的世界贸易规则，或建成一个高标准的自由贸易区还为时尚早，只有一步一个脚印地推进，抓住机遇，应对挑战，下好国内国际一盘棋，为全人类的发展书写中国篇章，推出中国的全球治理公共产品。

在这一过程中，与国内依法治国战略布局的推进一致，在国际上应积极倡导国际规则的建立，构建法律共同体，将法律作为成员联系的纽带。推动国际规则向有利于我国的方向发展，合理处理好其他国家的可持续发展问题，解决国际上面临的共同问题。

五、新型法律共同体人才的培养

随着信息革命浪潮的汹涌澎湃，作为经济发展基本要素的人才已成为最富活力的"第一资源"，成为在日益激烈的全球竞争中决定胜负的关键所在。随着中国国际地位和影响的大幅提高，中国参与国际法律事务的机会越来越多，在国际法律组织中发挥的作用越来越大，高端法学法律人才队伍能力与水平已经成为决定中国在世界法律舞台上担当何种角色的重要决定因素。从目前中国海外投资正反两方面的案例来看，一个成功的项目必须要有一系列法律方面的条件，才能确保该项目能够预先建构起法律风险的控制体系，并最终降低合作成本，获得项目收益。这样一个过程是从法律规则生成一直到最后能够形成直接针对特定项目的法律风险控制体系，每一个环节都凸显法律规则独特的作用。由此，"一带一路"地区法律人才队伍的建设，也应当是"一带一路"倡议实施背景下"一带一路"地区法治建设最重要、最基本的任务之一。

（一）新型法律共同体所需高端法律人才的要求

"一带一路"以政策沟通、设施联通、贸易畅通、资金融通、民心相通为主要内容，这些方面都与法律息息相关，并对法学教育提出了新的要求。维护国家利益和企业权益、发展国际贸易与国际投资、解决国际争端是必不可少的工作。这些工作的开展，都需要与之相关的涉外法律人才。涉外高端法律人才培养正是新型法律共同体建设的重要一环。

"一带一路"沿线国家语种多样，法律体系也多样。从官方语言数量来看，沿线 65 个国家和地区共有 52 种官方语言，仅东南亚国家就有十几种官方语言。还有的国家同时使用几种官方语言，如新加坡。[1] 这要求法律人才要有较强的外语能力、国际化视野，以及法学功底。法律人才的种类包括涉外律师、具有公信力的国际法官、仲裁员和法律学者。

第一，对于国际法官、仲裁员而言，看重的是其经验和资历，临时培养较为困难。这样的人员应突破国籍限制，从当今几大国际仲裁机构中选任仲裁员，从有跨国学习和审判经历的资深法官中选任法官。

第二，"一带一路"的发展离不开法律学者。有观点认为，"一带一路"的有效推进，靠企业，靠政府，是'一带一路'的两翼，学者、专家、智库是第三大主体，是"一带一路"的中枢和大脑。[2] 法律学者与其他人文社会科学的学者一道，提供必要的智力支持和思想保障。当前，我国国内已有较多的智库，如""一带一路"百人论坛""西北大学丝绸之路研究院""北京外国语大学丝绸之路研究院"等。在其他国家，也设立了一些机构专门研究"一带一路"。例如，2017 年 11 月 30 日，由青山周、明日香寿川、江原规由、大西广、大西康雄等数十名日本学者发起的"一带一路"日本研究中心正式在东京挂牌成立。[3]

第三，不同于国际法官、仲裁员要求具有国际公信力，也不同于法律学者需要博士学位以及在学术机构任职的条件，涉外律师或国际律师对资历和学历要求没有那么高。其应是当前我国法律人才重点培养的对象。从事"一带一路"法律事务的律师，要求具有法律底蕴、法律知识和优秀的语言能力。对其的培养也侧重于这两个方面。

---

[1] 国家信息中心"一带一路"大数据中心：《"一带一路"大数据报告》，商务印书馆 2017 年版，第 201 页。

[2] 赵磊：《有思路才有丝路——专访"一带一路"百人论坛发起人赵磊》，"一带一路"百人论坛。

[3] 王义桅、崔白露：《日本对"一带一路"的认知变化及其参与的可行性》，"一带一路"百人论坛。

（二）我国高端法律人才培养现状及存在的不足

1. 现状

2011 年，教育部、中央政法委联合发布的《关于实施卓越法律人才教育培养计划的若干意见》中明确提出："我国高等法学教育还不能完全适应社会主义法治国家建设的需要，社会主义法治理念教育还不够深入，培养模式相对单一，学生实践能力总体不强，应用型、复合型司法职业人才培养不足。"并且提出"把培养涉外法律人才作为培养应用型、复合型法律职业人才的突破口。适应世界多极化、经济全球化深入发展和国家对外开放的需要，培养一批具有国际视野、通晓国际规则，能够参与国际法律事务和维护国家利益的涉外法律人才。"为实施该意见，教育部于 2012 年公布了首批卓越法律人才教育培养基地的名单，其中包括北京大学、中国人民大学、北京师范大学等 58 所高校为应用型、复合型法律职业人才教育培养基地，中国政法大学、复旦大学、山东大学、武汉大学等 22 所高校为涉外法律人才教育培养基地，内蒙古大学、西南民族大学、甘肃政法学院、新疆大学等 12 所高校为西部基层法律人才教育培养基地。[1] 自该通知下达之日起开始建设，建设期为 5 年。以中国政法大学为例，自 2013 年起，中国政法大学开始开办涉外法律人才培养模式实验班，着重培养英语好的涉外法律人才，以目前的情况来看，该班成效较好。

"一带一路"倡议提出后，在中央层面，2016 年 4 月，中共中央办公厅、国务院办公厅印发了《关于做好新时期教育对外开放工作的若干意见》，指出要实施"一带一路"教育行动，充分发挥教育在"一带一路"人才建设中的重要作用。2016 年 7 月，教育部出台了《推动共建"一带一路"教育行动》。这两份文件强调加强教育方面的国际合作，为"一带一路"提供两方面支撑，一是促进民心相通，二是为其他"四通"提供人才支撑。其中没有重点提到法律人才的培养。

2016 年 9 月至 11 月，教育部先后与甘肃、宁夏、福建、广西、海南、贵州、云南、新疆 8 个省区签署了"一带一路"教育行动国际合作备忘录。在

---

[1] 中华人民共和国中央人民政府官网，http://www.gov.cn/zwgk/2012-12/19/content_2293555.htm，最后访问时间：2023 年 10 月 12 日。

地方层面，浙江、海南、河北等省市出台了推动共建"一带一路"的教育行动计划及具有本地特色的"一带一路"人才培养计划和方案。[1]

高校积极加强"一带一路"相关专业化研究和人才培养。截至 2016 年 12 月，国内 60 多所高校出台了教育对外开放规划；2015 年 10 月，8 个"一带一路"沿线国家和地区的 47 所高校成立了"一带一路"高校联盟，共同打造"一带一路"高等教育共同体，推动沿线国家和地区大学在教育、科技、文化等领域的合作，目前联盟成员增至 126 个。[2] 据不完全统计，国内共有 24 所高校根据自身专长和特点成立了专门的"一带一路"研究机构或学院，设立相关专业，加强"一带一路"的学术研究和人才培养。

2. 存在的不足

从政策层面来看，2016 年出台的两个文件，针对的是各行各业的人才，对法律人才没有过多着墨。而"一带一路"所需的法律人才与 2011 年教育部意见中提及的"卓越法律人才"相比又有所不同。首先，"一带一路"新型法律共同体所需的高端法律人才更强调应用型和复合型人才。培养具有国际视野、通晓国际规则，能够参加国际法律事务和维护国家利益的涉外法律人才。其次，该类高端法律人才需要为"一带一路"的发展提供专门化的法律服务。"一带一路"沿线国家国情复杂，法律体系复杂，一个人很难精通沿线所有国家的所有法律。因此，"术业有专攻"，国际法律事务涉及方方面面，需要选择其中的一部分进行深入了解，深入培养。

归纳而言，从我国人才培养的实践来看，当前我国高端法律人才培养存在着以下不足：第一，国际型、应用型涉外法律人才缺乏。据悉，北京近 1 万名律师中仅有 300 名具备从事涉外法律工作能力，上海 5000 多名律师中只有 50 名左右律师具备这样的能力，其他省份更缺乏。[3]"一带一路"沿线国家的国情、法律制度等十分复杂，涉及大陆法系、英美法系以及伊斯兰法系，迫切需要培养一批具有国际视野、通晓国际规则，能够参与国际法律事务和维

---

[1] 国家信息中心"一带一路"大数据中心：《"一带一路"大数据报告 2017》，商务印书馆 2017 年版，第 192 页。

[2] 国家信息中心"一带一路"大数据中心：《"一带一路"大数据报告 2017》，商务印书馆 2017 年版，第 192 页。

[3] 刘洋、姜义颖：《"一带一路"涉海高端法律人才培养研究》，载《合作经济与科技》2017 年 12 月，第 109 页。

护国家利益的涉外法律人才。

第二，我国的法学教育教学内容不能满足"一带一路"人才需求。当前我国各高校法学主要学的是大法学，对于"一带一路"法律人才，只有国际法专业有一些作用，但国际法专业的学生不会学习各国的法律。"一带一路"沿线国家很多为小语种国家，熟知这些国家法律的人才更是少之又少。此外，"一带一路"倡议下，我国与周边国家或地区，以及丝绸之路沿线国家、地区或国际组织进行广泛的经济、文化、教育等合作，这种合作是全方位的，涉及能源、自由贸易、建筑工程、高铁合作等领域，要求掌握东道国法律和有关国际规则。我国当前法律院校对于法律人才培养多数仅仅关注 WTO 等世贸规则，主要集中于商事法律，缺乏对沿线国家或地区东道国法律的研究。

第三，涉外法律人才语言能力较弱。"一带一路"倡议对涉外法律人才的语言能力提出了更高的要求。当前涉外法律人才多以英语为培养语言，且专业英语过多侧重于书面语言而缺乏口头交流能力，涉外法律人才的语言跨文化交际能力有待提升。

第四，涉外法律人才培养缺乏实践性。很多学校培养的涉外人才学习的内容仅为纸上谈兵，缺乏实践经验。随着全球化的深入，我国一线城市有一些涉外的律所、外所、涉外企业、国际组织驻华办事处，同时国家留学基金委员会也有资助去联合国、联合国教科文组织等国际组织进行实习的项目。对此，可选拔人才接受国家留学基金委员会的资助去国际法院、国际仲裁法庭、国际海洋法法庭、商务部条法司、涉外律所、涉外企业锻炼，增强涉外法律人才的实践能力。

（三）新型法律共同体所需高端法律人才的培养路径

1. 国内法律人才的培养

对"一带一路"地区现有的法律人才队伍，通过专题专项培训、国际合作交流等方式，加强"一带一路"倡议、金融外贸及航运知识、沿线国家政治法律文化的学习，在短期内培养一批熟悉相关国际条约、国际惯例，掌握国际经贸航运知识，并具有丰富实务经验的复合型专家型法律人才。最高人民法院《关于人民法院为"一带一路"建设提供司法服务和保障的若干意见》也明确提出要"加强专业人才培养，不断提升与'一带一路'建设相适应的司法能力"。

在"一带一路"倡议推进的同时，法律人才的培养也需要有宏观规划，不能依靠各省份、各高校各自为政的举措来解决。

第一，国家层面出台"一带一路"人才建设专项规划，其中包括深化涉外法学人才培养的课程改革，加强实践能力培养，构建系统化实践教学体系。[1]根据目前沿线国家以及国内参与"一带一路"的人才现状，研究出台有针对性地囊括人才培养、需求对接、人才交流等方面的规划。完善保障人才建设相关机制，充分调动国内以及沿线国家人才参与"一带一路"的积极性。[2]

第二，教育应和研究结合起来。"一带一路"倡议自从2013年提出以来，研究和倡议的推进是密不可分的。倡议刚提出的几年内，对于它的研究，是政策解读和未来走向预测方面的。而随着倡议的深入，应做好国别研究、国际规则研究、典型案例研究。国别研究要求对沿线国家有关法律、政策和环境做出分析及研究，并出台相应的报告或专著。国际规则研究应不局限于现有的国际公法、国际经济法和国际私法，还应着眼于国际上新的规则和新的国际组织，如自由贸易规则、亚洲基础设施投资银行规则、CPTPP等。典型案例研究应和走出去的企业实践结合起来，不能闭门造车。这要求研究者与政府职能部门和一线中国企业做好深度对接，找准"痛点"，整理出有实际意义的问题清单，借此确保研究成果和服务适销对路，做好典型成功案例的推广工作，对于失败案例，做好分析和归纳工作。这些研究成果都应当是"一带一路"法律人才所学习的素材。

第三，依托高校和研究机构，设立"一带一路"小语种班，从小语种学生中选拔人才学习相关法律；从法律院校中选拔优秀人才重点培养英语和第二外语。在沿线的国家中，从语言使用和分布情况看，英语、俄语、阿拉伯语是主要语言。其中，东南亚的新加坡、菲律宾和南亚的印度、不丹4个国家使用英语；东北亚的俄罗斯、中亚的哈萨克斯坦、吉尔吉斯斯坦、塔吉克斯坦以及中东欧的白俄罗斯5个国家均使用俄语。上述多数国家也同时至少使用一种其本国通用的民族语言作为官方语言。此外，西亚和北非地区有14个国家使用阿拉伯语，还有3个国家使用马来语，2个国家使用泰米尔语。除官方语言外，各国国内使用的地区语言或少数民族语言也种类繁多。除官方语

---

[1] 刘洋、姜义颖：《"一带一路"涉海高端法律人才培养研究》，载《合作经济与科技》2017年12月，第110页。

[2] 国家信息中心"一带一路"大数据中心：《"一带一路"大数据报告2017》，商务印书馆2017年版，第199页。

言外,各国国内使用的地区语言或少数民族语言也种类繁多。例如,菲律宾境内除其国家通用语言和官方语言外,使用人口超过百万的民族语言就有他加禄语、宿务语、伊洛卡诺语等十几种。[1]概言之,法律人才掌握官方语言即可。因此,英语、俄语、阿拉伯语是重点学习的语言。

针对"一带一路"倡议对"一带一路"地区法律人才队伍建设提出的新要求,"一带一路"地区高等院校相应调整法律专业的人才培养方向和重点(如培养小语种"双语"法律人才,注重国际性法律人才培养等),使人才培养更好地适应"一带一路"倡议的需要。此外,响应《推动共建丝绸之路经济带和21世纪海上丝绸之路的愿景与行动》之要求,利用"一带一路"地区的地缘优势,通过合作办学、国际交流的方式,引进"一带一路"沿线国家相关领域权威人士来中国培养法律专门人才,从而为倡议"驰而不息,久久为功"提供强有力的人才保障。

值得一提的是,选拔优秀人才进行培养,可参考一些国际组织对人才的要求。中国联合国教科文组织全委会秘书长杜越在其员工培训中,曾提到国际组织的工作人员拥有三种能力,其一是学习的能力,其二是沟通的能力,其三是领导能力。新型法律共同体法律人才在国外遇到的问题很可能是过去没有的,从事的工作也具有跨国、跨文化性,因此人才本身具有的能力也应当与国内机关工作的公务员等人员不同,对于这类人才的培养工作不可古板守旧。杜越秘书长提到的这三类能力,是值得借鉴和参考的。

其一,学习的能力。对于一个普通的学生或工作人员而言,不可能熟知一个国家所有的法律。因此,遇到法律问题或争端后,需积极地学习和研究相关国家的法律,需要具备的是研究者的思维以及解决问题的思维。其二,沟通的能力。沟通的能力不仅要求具备相应的语言能力,还要求该人员具有积极乐观、敢于面对问题、解决问题、积极沟通的性格。过于内向、悲观主义的人不适合从事此类工作。其三,领导能力。领导能力的含义并非"领导"的能力,而是在一个群体里影响他人、获得跟随的能力。领导能力存在于我们周围,在管理层、课堂、球场、政府、公司甚至家庭中,我们在各个层次、各个领域都可以看得到领导力。它是一种特殊的人际影响力,组织中每一个人都会去影响他人,也接受他人的影响,因此每个组织的成员都具有潜在的

---

[1] 国家信息中心"一带一路"大数据中心:《"一带一路"大数据报告2017》,商务印书馆2017年版,第202页。

和现实的领导力。

除了这三类能力外,有过国际组织实习经历、国际志愿者经历的学生应当优先考虑成为培养的对象。这类学生中有些学生不喜欢死板的生活,具有一颗"大爱"和"漂泊"的心,更能接受经常出国出差在外的生活。

第四,从具体的人才培养模式上说,建议为新型法律共同体法律人才配备导师,注重实践环节。建议为"一带一路"法律人才配备导师,导师有针对性地为学生制订单独的培养计划,并监督学生完成。

第五,各地区特色发展。一线城市北京、上海、广州、深圳接触涉外事务的机会较多,且高校相对于内陆高校普遍更具有国际化视野。地方高校法学专业的突破重点是地方特色。

2. 国际法律人才的培养

除国内人才培养外,可靠的国外人才也是我们发展和培养的对象。近年来,中国法学会主要通过举办国外法律人才交流项目研修班的方式培养国外法律人才。教育部数据显示,"一带一路"沿线国家成为来华留学生的主要来源地。

涉外法律事务中,东道国法律人才具有优越的母语条件、法律知识条件,并熟知东道国的人文环境、人际关系等。如果我国能对其进行培养,使之成为两国经济交往、文化交往、政策沟通的桥梁,出现了摩擦后成为调解甚至解决摩擦的"润滑剂",那将是一个较好的计划。

对此,我国可以从以下几方面入手:第一,设立"一带一路"奖学金,吸引外国法律人才来我国攻读"一带一路"方向法律硕士或应用型法律博士学位。此类学位课程不同于我国其他法律研究生,可包括汉语、我国法律、"一带一路"相关国际规则,相关国家(包括其母国)法律法规等。同时,为其配备称职的法律硕士生或应用型法律博士生导师。

第二,继续推进孔子学院的汉语教学及文化传播工作。有文章指出,美国进行区域研究时,强调研究政治经济军事和强调外语学习,不重视研究这些国家自身的思想和文化。文化是人类发展历史上开出的最美丽的花,政治是暂时的,文化是永恒的。推动文化交流、民心相通,有利于"一带一路"倡议的开展,推动世界和平和发展。

有数据显示,与经贸合作相比,沿线国家孔子学院的分布与我国经贸发展情况并不十分匹配。与我国双边贸易额超百亿美元的国家中,有 49% 是

"一带一路"沿线国家。但这些国家拥有的孔子学院和孔子课堂仅占 20.26% 和 5.04%，在与我国双边贸易额超百亿美元的前五位沿线国家中，越南、马来西亚、新加坡、印度的孔子学院仅为 1 至 2 所。[1]

第三，积极开展其他类型的交流活动。例如，政府间的、民间的交流论坛，可以从法律、经济等多个角度对"一带一路"进行交流。中国与沿线国家为促进双多边经贸合作，联合进行一系列员工培训、调查研究、论坛研讨等沟通交流活动，有利于各国更好地了解国际市场以及对方国家的动态，有助于国际化人才培养。此外，可以采取其他方式共同培养人才，例如通过联合办学、互换留学生等方式加强交流。

---

[1] 国家信息中心"一带一路"大数据中心：《"一带一路"大数据报告 2017》，商务印书馆 2017 年版，第 204 页。

图书在版编目（CIP）数据

"一带一路"法律供给机制研究 / 许传玺等著. -- 北京：中国法制出版社，2023.12
（"一带一路"法律保障研究丛书 / 许传玺主编）
ISBN 978-7-5216-3320-7

Ⅰ.①一… Ⅱ.①许… Ⅲ.①法律－研究－世界 Ⅳ.①D910.4

中国国家版本馆CIP数据核字(2024)第029275号

责任编辑　李璞娜　　　　　　　　　　封面设计　杨泽江

"一带一路"法律供给机制研究
"YIDAI YILU" FALU GONGJI JIZHI YANJIU

著者 / 许传玺等
经销 / 新华书店
印刷 / 北京虎彩文化传播有限公司
开本 / 710毫米×1000毫米　16开　　　印张 / 27.125　字数 / 458千
版次 / 2023年12月第1版　　　　　　　2023年12月第1次印刷

中国法制出版社出版
书号 ISBN 978-7-5216-3320-7　　　　　　定价：75.00元

北京市西城区西便门西里甲16号西便门办公区
邮政编码100053　　　　　　　　　　　传真：010-63141600
网址：http://www.zgfzs.com　　　　　编辑部电话：010-63141670
市场营销部电话：010-63141612　　　　印务部电话：010-63141606

（如有印装质量问题，请与本社印务部联系。）